この生

世俗的信と精神的自由

This Life

Secular Faith and Spiritual Freedom

マーティン・ヘグルンド 著
宮﨑裕助・木内久美子・小田透 訳

名古屋大学出版会

わが友
ニクラス・ブリスマー・ポールソン
いつも自由な時間をともに過ごした彼に捧ぐ

ねえ、ネリー、わたし、もし天国へ行ったら、とてもみじめな思いをすると思う。〔…〕わたしは一度、天国へ行った夢を見た。〔…〕天国はわたしの住む場所じゃない気がした。地上に帰りたくて胸がはりさけるほど泣いたものだから、天使たちがすっかり怒ってしまって、わたしを放り出した。ヒースの荒野のまんなかの嵐が丘の上へ。そして目をさましたわたしは、嬉しくてすすり泣いていた。

――エミリー・ブロンテ『嵐が丘』

〔小野寺健訳、光文社古典新訳文庫、二〇一〇年、上巻一三四頁〕

目次

凡例

一、本書は、Martin Hägglund, *This Life: Secular Faith and Spiritual Freedom*, Anchor Books, 2019の全訳である。

一、諸符号の転記は原則として慣例にならう。すなわち、" "は「 」に直し、（ ）、［ ］は原文通り（ただし中略記号として［…］を用いた）、単行本や雑誌などの題名には『 』、論文名や作品名には「 」を用いた。イタリックによる強調は原則として傍点を付したが、内容に応じて「 」で括った場合や転記しなかった場合もある。

一、亀甲括弧〔 〕は訳者による註記・補足、山括弧〈 〉は大文字で始まる語や成句、語句の意味上のまとまりを示す。ダブル・ハイフン「＝」は、欧文人名でのハイフンの転記のほか、多義語にたいする複数の訳語を併記するために用いた。また、シングル・ハイフン「-」、ダッシュ「——」の使用はおおむね原文に沿うが、対応しない箇所もある。

一、ルビは原語の表示や理解の助けになるよう適宜カタカナを付した。これは必ずしも原語の発音を表示するものではない。

一、文中、日本語の既訳がある場合には可能なかぎり参照し、該当ページを示すようにした。ただし原文、その翻訳、引用前後の文脈などを考慮して、訳者の判断によって適宜訳文を作成している。したがって既訳を参考にしたが、必ずしも既訳に従うものではない。

一、原文の書誌や参照ページ数などにかんして、単純な誤記や誤植と判断されるものは、断りなく訂正した。

序章

I

私の家族はスウェーデン北部の出身である。母が生まれ、私が毎夏過ごしてきた家は、バルト海に面している。あたり一面に広がる森林、峻険たる山々、海岸に高くそびえ立つ断崖絶壁——そのドラマチックな風景は、一万二千年前の氷河期末期にさかのぼる氷が解けて切り拓かれたものだ。陸地はいまも隆起しており、氷河の後退によってその風景はさらに広がり続けている。私の母が子供だったころに海底の砂地であったところが、いまでは私たちの庭の一部となっている。足元の岩場は、私たちが塵芥にすぎないような地質学的な時間を想い起こさせてくれる。そこにいるだけで、私が呼び戻されるその時間の形態によって自分の生の短さが際立つのだ。祖母の住む家に一歩踏み入れると、家系図が壁に掲げられているのが見える。それは一六世紀の農民や農村労働者へとさかのぼる家系だ。海からそびえる山に登って見渡せば、いまもなお、氷河期から続く規模で私たちのいる風景がかたちづくられているのがわかる。

実家に帰ってくると思い知らされるのは、私の生がいかに歴史に依存しているのかということである。歴史というのは、進化という自然の歴史、そして、私より以前に生きた先人たちの社会的な歴史の両方である。私が何者なのか、何ができるかは、私だけで決められることではない。私の生は、何世代も前の人たち、私の世話をしてくれた人たちに依存しており、それどころか、私たちはみな地球の歴史に依存している。この地球はいとも簡単に別様でありえたし、私たちの誰も誕生しなかったかもしれないのである。

そのうえ、私の生は、まだ与えられていない未来に向かっているという意味で歴史的である。私が一部をなす世界、私が支えている企図、そして私を支えている企図は、開花することもあれば、劇的に変化することもありうるし、分裂し、衰退し、死滅することもありうる。私の家族や友人をつうじて開かれるさまざまな世界、私の仕事や政治的なコミットメントをかたちづくるさまざまな企図は、私の生の約束を担うだけでなく、私の生を打ち砕いたり無意味にしてしまったりする危険も孕んでいる。要するに、私の生も、私のかかわっている企図も、有限なのである。

有限であるということは、主としてふたつのことを意味している。それは、他者に依存しているということ、そして、死と関連して生きているということである。私が有限なのは、自分だけでは自身の生を維持できないからであり、死ぬからである。同様に、私が献身的に取り組んでいるさまざまな企図もまた有限である。なぜなら、それらの企図は、献身的に取り組んでいる人々の努力によってのみ存続するからであり、それらが放棄されれば消滅してしまうからである。

私自身の死、そして私が愛するすべてのものの死を考えることは、まったくもってつらいことだ。私は死にたいとは思わない。自分の生と愛するものの生を維持したいと思うからだ。それと同時に、自分の生が永遠であることも望まない。永遠の生は実現できないだけでなく望ましくもない。それは、私の生を活気づける気づかい《ケア》や情熱を消し去ってしまうことになるからだ。この問題は、永遠の生を信仰する宗教的伝統のなかにさえ見つかる。『USカトリック』誌のある記事はこう問いかけている。「天国、それは退屈なところでしょうか」。この記事は「いいえ」と答えている。というのも、天国では魂は「永遠の休息ではなく、永遠の活動、つまり永遠の社会的な関心事(1)」に召されるからである。しかしこの答えは問題を強調することしかしていない。なぜなら、天国にはそもそも何かについて気にかけたり関心を寄せたりすべきものがないからである。気にかけることが前提としているのは、何かがうまくいかなかったり失われたりすることがありうるということである。そうでなければ気にかけることなどないだろう。永遠の活動は――永遠の休息と同様に――止むことがありえず、誰かが維持する必要もないため、誰の関心事でもない。問題は、永遠の活動が「退屈」ということではなく、私の活動として理解可能ではなくなるということである。私のどんな活動も（退屈な活動も含め）、私がそれを支えていくことを必要としている。永遠の活動については、そもそも退屈と感じる人も他のなんらかの仕方で関与している人も存在しえない。それはそもそも誰かに支えられるということに依存していないからである。

永遠にあっては私の行動に目的がなくなるため、永遠によって私の生は意味のあるものになるどころか、意味のないものになってしまう。私が何をするのか、何を愛するのかが自分にとって重要になるのは、私が自分自身を死すべき存在として理解しているからこそである。自分自身を死すべき存在として理解するからといって、それが明示的なものであったり理論的なものであったりする必要はない。その理解は、私の実践的なコミットメントと優先順位のすべてに暗黙裡に含まれている。みずからの人生をかけて何をすべきかという問い――この問いは私が行なうあらゆることで問題になることだ――が前提にしているのは、私が自分の時間を有限であると理解しているということである。自分の人生をどのように過ごすべきかという問いが問いとして理解可能になるためには、私は自分がいつか死ぬだろうということを信じていなければならない。もし自分の生が永遠に続くと信じていたとすれば、私は、自分の生が自分にとって争点になると考えることはけっしてできないだろうし、自分の時間を使って何かをしたいという欲求にとらわれることもないだろう。そもそも私は自分の人生で〈いずれ〉ではなく〈すぐに〉でも何かをするということがどういうことなのか理解することすらできなくなるだろう（「いずれ」と「すぐに」の対比については本書第4章第Ⅳ節参照）。そこにはどんな企図や活動であれ、それらに切実さを与える有限な人生の時間感覚がないからである。

自分がかけがえのない生を有しているという感覚は、いつか生が終わってしまうという感覚と切り離すことができない。毎夏帰郷して同じ風景を眺めているのにそれが心を揺さぶるものとなるのは、もう二度と見ることができないかもしれないということがあるからだ。さらにその景観を保存することを気づかうのは、自然環境の存続もまた保証されていないということを自覚しているからである。同様に、愛する人への献身は、その人が当たり前に存在しているわけではないという感覚と切り離すことはできない。家族や友人との時間が貴いのは、私たちはそれを最大限に享受しなければならないと思うからである。私たちが一緒に過ごす時間は、それが永遠に続くわけではないという感覚、私たちの生の脆さゆえにお互いを気づかう必要があるという感覚によって照らし出されるのである。

有限であるという感覚――私たちが気づかうすべてのものが究極的には脆く壊れやすいものだという感覚――は、私が世俗的信と呼ぶものの核心にある。世俗的信をもつことは、終わりのある生に献身することであり、失敗したり破綻したりしうる企図に献身することである。以下では、具体的なこと（葬儀の仕方）から一般的なこと（どうすれば生きがいをもちうるか）まで、世俗的信が、最愛の人を弔う仕方、コミットする仕方、持続可能な世界を気づかう仕方にどのように表れてくるのかを示すことにしよう。私が世俗的〔secular〕信と呼ぶのは、それが時間に縛られた生の形態に捧げられているからである。ラテン語の「saecularis」という言葉の意味にしたがって、世俗的信をもつことは、世界内的〔worldly〕かつ時間内的〔temporal〕な人々や企図に献身することである。世俗的信とは、失われ傷つきうる何かや誰かを気づかうさいに私たちの誰もが維持している信の形態である。私たちはみな、自分自身のため、他人のため、自分がいる世界のために気づかうのであり、この気づかいは、喪失のリスクと切り離すことができない。

それにたいして、私が宗教的な信仰形態と呼ぶものに共通しているのは、私たちの有限な生の価値を低次の存在形態として貶めることである。すべての世界宗教（ヒンドゥー教、仏教、ユダヤ教、イスラーム、キリスト教）は、最高の存在形態、あるいはもっとも望ましい生の形態が有限ではなく永遠であると主張している。宗教的であること、あるいは生について宗教的な見方をすることは、私たちの有限性を、欠如、幻想、堕落した存在のあり方とみなすことである。そのうえ、生のそのような宗教的な見方は、制度化された宗教や実際の信者に限られるわけではない。宗教的な信仰をもたなくても、有限性は制約であって永遠の生を得られずに私たちは苦しんでいるのだと考える人は多い。

　宗教的な見方からすれば、私たちの有限性は、理想的には克服されるべき嘆かわしい状態であるとみなされてしまう。これこそ、私が問題にしている前提条件である。私が示そうと試みるのは、生きる価値のあるどんな生も有限でなければならないということ、世俗的信を必要とするということなのである。

　世俗的信は、失われるかもしれない人々や企図にコミットし、それらを未来のために生き続け［live on］させようとする。世俗的信は、ただ死に身を委ねることではなく、死を繰り延べて、生の諸条件を改善しようとするものである。のちに見るように、生き続けることを永遠と混同してはならない。生き続けることへのコミットメントが表しているのは、永遠に生きることへの願望ではなく、より長く、より良く生きることへの願望であり、死を克服することではなく、ある生の形態の持続を延長し、その質を改善することなのである。

　生き続けることへのコミットメントには、それ自体のうちに有限性の感覚がある。生き続けることの運動がどれほど長く保たれていたとしても——生き続けることの質がどれほど改善したとしても——いつでも終わる可能性がある。自分たちの生をはるかに超えた理想——未来の政治構想や、次世代のための持続可能な遺産——のために戦う場合であっても、私たちは、途絶するかもしれない生の形態、あるいはけっして実現しないかもしれない生の形態に身を捧げるのである。こうした有限性の感覚は、誰かや何かが生き続けることがなぜ重要なのかという問いかけのうちにそなわっている。私たちが何ものかの存在を生み出し、長引かせ、高めようとするならば——それをより良い仕方で生き続けさせようとするならば——私たちが行動しなければそれは失われるかもしれないという感覚に駆られる。この喪失の危険を冒すことがなければ、企図をかなえようとする私たちの努力や忠誠は必要なくなるだろう。

　世俗的信をもつことは、信の対象が信の実践に依存しているということを認めることである。私が世俗的信と呼ぶのは、自分の身を捧げる対象が、その重要性を信じる人々や、忠誠心によってこの対象を生かす人々から独立して存在するわけではないからである。世俗的信の対象——たとえば、私たちが過ごそうとしている生、打ち立てようとしている諸制度、実現しようとしている共同体——は、私たちが何をどのように行なうかということと切り離すことができない。私たちは、世俗的信を実践することをつうじて、規範となる理想（個人や共同体としてのあるべき姿についての考え）にみずからを縛る。しかしながら、理想そのものは、私たちが自分たちのコミットメントによってどのように信念を貫くかにかかっており、挑戦されたり、変形されたり、覆されたりする可能性に開かれたままである。それにたいして、宗教的信仰の対象は、有限の存在たちが抱く忠誠心から独立したものとみなされている。宗教的信仰の対象は、神であれ他の無限の存在であれ、有限な生のいかなる形態にも依存しない以上、究極的には信仰の実践から切り離しうるものと考えられている。

私たちの歴史的契機においてもっとも根本的な有限性の例は、いつか地球そのものが滅びるだろうという見通しである。地球が滅びるならば、私たちにとって重要な生命形態はすべて絶滅することになるだろう。そうなれば、誰も生き続けることはなく、私たちの生のいかなる側面も思い出すことができなくなるだろう。

だが、宗教的信仰の観点からは、そのような生の終わりは見かけ上のことでしかない。たとえ生き続けることのあらゆる形態が終わったとしても、本質的なものは何も失われない。なぜなら、本質的なものは有限ではなく永遠だからである。ウィリアム・ジェイムズが古典的な著作『宗教的経験の諸相』の結論で述べているように、有限を永遠に従属させることは、正統派の諸宗教にも、あらゆる形態の宗教的神秘主義にも共通している。「この世界は、たしかに科学が確証するように、いつの日か燃え尽きたり凍りついたりするかもしれない」が、宗教的信仰をもつ者たちにとっては「神の存在は、永久に保存されるべき理想的な秩序があるということの保証である(2)」とジェイムズは記している。したがって、宗教的な観点からすれば、世界の終わりは究極的には悲劇ではない。それどころか、多くの宗教的教義や宗教的幻視は、世界の終わりを救いの瞬間として期待している。この瞬間は、(ユダヤ教、キリスト教、イスラームのように)天罰が下り救済が訪れるさいの人類全体の終末として、あるいは(ヒンドゥー教や仏教のように)無時間的な存在へと吸収統一される個人の終末として思い浮かべることができる。いずれにしても、有限な存在である私たちの生は、それ自体が目的ではなく、人類の歴史の終わりに達するための手段とみなされている。

同じ理由により、気候変動や地球滅亡の可能性も、宗教的な観点からは実存的な脅威とみなすことができない。自分自身や将来の世代にたいする実存的な脅威を把握するためには、生が有限であるというだけでなく、価値あるもの――重要になるもの――はすべて有限の生に依存していると信じるのでなければならない。だが、このことはまさに宗教的信仰が否定する当のものである。宗教的な信仰をもつならば、有限の生がすべて絶たれても真に価値あるものは残り続けると信じることになるからだ。

ダライ・ラマは次のように質問されたときにこのことを完璧に要約している。「仏教徒にとって有限な世界は幻想にすぎず、彼らは過ぎ去っていくすべてのものから解脱しようとするのであれば、どうして現在の環境危機を心配することができるのでしょうか」。それにたいして「仏教徒ならそうしたことは問題にならないと言うでしょう」とダライ・ラマは答えている(3)。この答えに驚く人もいるだろう。なぜなら仏教の倫理は、自然や生きとし生けるものとの平和な関係を提唱していることで有名だからだ。だが、仏教の倫理は、目的それ自体として自然や生きものに関心を寄せているわけではない。むしろその動機は、カルマ（業）から解き放たれることであり、それは生から皆とともに解放されて、他のものも同じ終わりに到達するのを手助けすることを目的としている。仏教の目標は、誰かが生き続けることではなく――地球そのものが存続することでもなく――そうしたことがそもそも何も問題にならない涅槃《ニルヴァーナ》の境地に達することなのである。

こうした仏教の見方は例外ではなく、それが明らかにしているのは、永遠を求めるどんな宗教的なコミットメントにも暗黙裡に含まれていることである。永遠の生を目指すのであれば、有限の生はそれ自体として重要なのではなく、救済を得るための手段として役立つのである。

もちろん、宗教上の理由からであっても、地球上の私たちの生の運命に強く懸念を抱くことはできる。しかしながら、私の主張の要点は、もし私たちの生の形態を目的それ自体として気づかうのであれば、たとえ宗教的であると主張したとしても、世俗的信にもとづいて行動しているのだということである。宗教的信仰は、道徳的な規範に従うことを伴いうるが、私たちが行なうことの究極の目的――私たちがお互いや地球をどのように扱うのかが問題になる究極の理由――が、ともに生きる私たちの脆く壊れやすい生なのだということを認識することができない。宗教的な観点からすれば、私たちが行なうことの究極の目的は、神に仕えたり、救いを得たりすることであって、私たちの共同生活や私たちが責任を負うべき将来の世代を気づかうことではない。私たちの有限な生――そして私たちの有限な遺産を継承するかもしれない将来の世代――が、それ自体として目的であることを認めるやいなや、みずからの信ずるあり方が宗教的信仰ではなく世俗的信であるということが明確になるのである。

それゆえ、環境危機は、世俗的信の立場からのみ真剣に引き受けることができる。世俗的信だけが、目的それ自体としての有限な生――地球上の持続可能な生命形態――の繁栄にコミットできるのである。環境危機に瀕している現在、地球そのものが気づかいの対象になっているとすれば、それは地球が枯渇しうる資源であり、損傷したり破壊されたりしうる生態系であると私たちが信じるようになったからである。地球自体のためにと地球を気づかうのであれ、地球に依存している種のために地球を気づかうのであれ、地球という存在の危うさを自覚することは、なぜ地球を気づかうのかの理由の本質的な部分をなしている。地球が失われる可能性があるといっても、それだけで地球を気づかって大切にするというわけではない。私たちが地球を気づかうのは、むしろ地球に積極的な質を認めているからである。しかし、私たちが地球の積極的な質を気づかう理由の本質的な部分は、私たちにとってもそれ自体にとっても、それらが失われうると信じているからなのである。

自分自身の生、愛する人の生、自分が責任を負うべき人の生を気づかう仕方にも同じことが当てはまる。誰かや何かを気づかうには、その価値を信じていることが必要だが、価値あるものが無くなりうるということも信じていなければならない。気づかうためには、未来をチャンスとしてだけでなくリスクとしても信じていなければならない。リスクに照らしてこそ、つまり失敗や喪失の可能性に照らしてこそ、私たちは価値あるものの生の維持にコミットすることができるのである。世俗的信は、それだけでは責任ある生をおくるのに十分ではない――そして世界の状況を自動的に改善するものでもない――が、倫理、政治、親子関係のコミットメントを動機づけるのに必要である。

そこで、世俗的信が責任感の核心にあるということを示そうと思う。基本的な例として、次のような黄金律を挙げてみたい。「自分がされたいと思うように他人を扱う」というのは、世俗的にも宗教的にも道徳的な教えの基本原則である。この黄金律は、しかしながら、どんな宗教的信仰のかたちをとる必要もない。それどころか、他者への真の気づかいは、世俗的信にもとづいていなければならない。黄金律を神の命令だと信じて従うと仮定しよう。とすれば、それはもうひとりの他者への気づかいではなく、神への服従が動機となっている。同様に、黄金律に従うことで神からの報酬（たとえば、カルマからの解放）を授かるだろうと信じているのであれば、他人の安寧を心配するから行動しているのではなく、むしろ自分自身の救済を心配して行動しているということになる。もし相手を気づかう配慮が宗教的信仰にもとづいているとすれば、その宗教的信仰をなくせば相手を気づかうことを止めてしまうだろうし、そのために、その相手を目的それ自体としてけっして気づかうこともなくなるということが明らかになるだろう。

本書のすべての議論と同様、私はここでの議論を、宗教的な読者と世俗的な読者の双方に差し向けている。自分が宗教的な立場にあると考えている読者には、自身が他者に向ける気づかいが、神の命令や神からの報酬を信じていることによって実際には動機づけられていないかを自問してもらいたい。さらに、宗教的な読者にも世俗的な読者にも、責任の条件として有限な生に関与しているのだということを認識してもらいたい。黄金律は、宗教的な永遠の感覚に依存するものではない。そうではなく、それは世俗的な有限性の感覚に依存しているのである。

有限な存在だけが相互の気づかいを必要としうる以上、自分がされたいと思うように他人を扱うためには、私たちは共通の有限性をお互いに認識しなければならない。無限の存在はけっして何かを必要とすることはなく、自分がどのように扱われるかを気にかけることもできない。したがって、黄金律が要求しているのは、私たちが相手を有限だと認識し、目的それ自体として相手の信義を尊重することである。私は有限であるからこそ、必要としている状態に置かれるのであり、自分がどのように扱われるのかが自分にとって問題になるのである。同様に、私があなたを有限だと認識するからこそ、あなたが必要としている状態にあるということを理解でき、私があなたをどのように扱うかが問題になるのである。もし私たちが自分たちの共有する被傷性〔傷つきうること〕と有限性とを認識していなければ、相互に要求し合うということが理解不可能になり、私たちは、目的それ自体としてお互いを気づかうべきだと駆り立てられることもなくなる。

それゆえ、私がこれから提示しようと思うのは、私たちの世俗的信と私たちの本質的な有限性とを認識することにどのような解放的な潜勢力がそなわっているのかについての見通しである。世俗的信の解放的な潜勢力はひとつの可能性であり、現在私たちの置かれている世俗化の状態でそれが実現されるにはほど遠く、世俗的な生のすでに解放された形態と混同されるべきものではない。そのうえ、私のいう世俗的な生がたとえ達成されたとしても、それは私たちのコミットメントをつうじてのみ維持される以上、つねに脆く壊れやすいままにとどまる。有限性の認識は、私たちが正しい仕方でお互いを気づかうさいのどんな保証ももたらすわけではない。私たちが共有する有限性の認識は、相互の気づかいの要求が理解可能になるための必要条件だが、そう認識するからといって実際の相互関係にとってけっして十分ではない。むしろ、私たちが相互に依存しており、私たちの生が脆く壊れやすいために、社会的正義と物質的福祉の諸制度を発展させることが求められている。私たちが他者を正しく扱うことができるかどうかは、親から注がれる最初の愛情の経験から、私たちのいる社会の組織にいたるまで、まさに私たちが自身をどのように扱い気づかってきたのかにかかっている。世俗的な見方によってのみ、本質的に私たちが行なうことの問題としてこれらの規範となる実践――しつけ、教育、労働、政治的統治といった諸形態――に焦点を当てることができるのである。これらの実践は、私たちが責任を負っているもの、私たちが維持したり問い質したり修正したりしなければならないものであり、自然や超自然的な天命によって与えられたものではない。

同じ理由により、世俗的信は自由の条件でもある。私の主張としては、自由であるとは、主権があるとか、すべての制約から解放されているとかといったことではない。むしろ、私たちが自由なのは、自分の時間を使って何をすべきかを自問できるからである。あらゆる形態の自由――行動する自由、話す自由、愛する自由など――が自由として理解できるのは、私たちが自分の時間を使って何をすべきかという問いに取り組む自由があるというまさにそのかぎりでのことなのである。もし何をすべきか、何を言うべきか、誰を愛すべきかが与えられていたとしたら――つまり、もし自分の時間を使って何をすべきかが与えられていたとしたら――私たちは自由ではなくなるだろう。

この問い――「自分の時間を使って何をすべきか」という問い――を尋ねる能力は、私が精神的自由と呼ぶものの基本条件である。自由で精神的な生（たんに自然の本能によって定められた生ではなく）をおくるためには、自分がすることに責任をもたなければならない。だからといって、私が自然や社会の諸制約から自由だということではない。私は、自分にたまたま与えられた制約や能力をみずから選んで生まれてきたわけではない。そのうえ、誰が私のことを気づかい、私の世話をしてくれるのか、その人が私にたいして、そして私のために何をしてくれるのか、私にはコントロールするすべはなかった。私が何かできるようになる前に、私の家族――そして私が生まれ落ちたいっそう広大な歴史的文脈――が、私をかたちづくったのだ。同様に、社会の規範は、自分自身が何者になることができるのか、自分の人生で何ができるのかの可能性を与え続けてくれる。社会の規範――私が独力で発明したわけではなく私がいる世界をかたちづくっている諸規範――がなければ、私は自分が何者であるべきか、何をすべきかについての理解をもつことはできない。にもかかわらず、私にはこれらの規範を引き受ける責任、それらにたいして挑戦や変革をする責任がある。私は自然や規範によって不意に左右されるだけではなく、私が挑戦し変革することのできる諸規範に照らして行動するのである。[4] このことが意味しているのは、精神的な生を有するとはどういうことなのかということである。生物学的な生存、物質的な幸福、社会的な地位を犠牲にしてでも、私は自分自身が信じている原理原則や大義のために自分の人生を捧げることができる。

それゆえ、私の自由には、自分の時間を使って何をすべきかを自問できることが必要である。自分がしていること、言っていること、愛するものにすっかり夢中になっているときでも、この問いかけの可能性は、私のなかで働き続けていなければならない。私は自分の活動に専念している場合に退屈するリスクを負わなければならない――そうでなければ、私が従事していることは強制的な必然性の問題となってしまう。私は愛するものに献身している場合に、それを失ったり諦めたりするリスクを冒さなければならない――そうでなければ、私が愛するものを維持し活発にかかわることに賭けられているものは何もなくなってしまうからである。もっとも根本的なこととして、私は、取り返しのつかない死とかかわるなかで生きなければならない――そうでなければ、私は自分の時間が無限にあると思い込み、自分の人生を何かに捧げることに何の切実さもなくなってしまうだろう。

したがって、私たちの自由の条件とは、自分自身が有限であると理解しているということである。自分がいずれ死ぬ――寿命は不確定だが有限である――と懸念していればこそ、ただその場合にのみ、自分の生で何をすべきかを自問し、自分自身を賭けて活動することができるのである。そういうわけで、これから見ていくように、永遠についての宗教的な見方は、究極的には不自由なものの見方になる。永遠が成就されれば、自分の生で何をすべきかという問いは存在しなくなるだろう。私たちは永遠に至福へと吸収統一され、それによっていかなる行動の可能性も奪われるだろう。何をするのか、何を愛するのかということと自由な関係をもつのではなく、必然的に享受するのを強いられることになるだろう。

II

本書『この生』は、宗教的な読者と世俗的な読者の双方に向けて書かれている。私は、宗教的な読者（および宗教的傾向のある読者）には、自分が実際に永遠への信仰をもっているのかどうか、そしてこの信仰が自分の生を活気づける気づかいと両立するのかどうかを自問してもらいたいと思う。さらに私は、宗教的な読者にも世俗的な読者にも、なぜ私たちの生の有限性を欠如や制限や堕落状態とみなすべきではないのかを理解してもらえるよう働きかけたいと思う。私たちは、永遠の不在を嘆く代わりに、有限の生を、何かが賭けられていることの条件、誰もが自由な生をおくるための条件とみなすことで、有限な生へのコミットメントを認めるべきである。

宗教的信仰にたいする私の批判は、まずもって科学的知識に訴えるものではなく、宗教的価値観にたいする私の批判は、まずもって科学的事実に訴えるものでもない。むしろそれは、私たちが何を信じ、何を大切にしているかについて、新たな展望をもたらすものである。私たちは、誰かや何かを気づかうことで暗黙裡の世俗的信をすでに実践している。脆く壊れやすい誰かや何かにたいして私たちは献身的だからだ。私の目的は、私たちが行なうことの理解にかんして私たちの世俗的信を明るみに出し、それによって私たちの気づかいの実践と、私たちの共同的な生とを変革するためのさまざまな解放の可能性を開くことである。

私の主張は、宗教についてもっとも広く受け入れられている想定のひとつに挑戦するものである。多くの調査によれば、アメリカ人の五〇％以上が、道徳的で責任ある人生をおくるためには宗教的な信仰が必要だと考えている。この想定は、著名な哲学者や一般の人々のなかで、政治神学が復活しつつある全般的な傾向の一部をなしている。思想史家ピーター・E・ゴードンは、チャールズ・テイラー、ユルゲン・ハーバーマス、ホセ・カサノヴァなどの思想家のあいだで生じている政治神学の再生を跡づけることで、そのもっとも包括的な定義をもたらしている。ゴードンの説明によれば、政治神学はふたつのテーゼによって定義される。第一のテーゼは、規範の欠陥を提示する。世俗的な生は、道徳的要素の欠如によって損なわれており、私たちの政治的共生のための有効な基礎を築くことができない、とされる。第二のテーゼは、宗教的な充実を提示する。世俗的な生は、規範の欠陥を埋め合わせるために宗教に頼らなければならない、とされる。宗教は、それなくしては社会がまとまることのできない道徳的で政治的な教導を行なう唯一の特権的な資源だからである。ゴードンが示しているように、政治神学のこれらふたつのテーゼは、思想史だけでなく現代の哲学や社会学でも際立った仕方で根強く残っている[5]。

そのような政治神学は、世俗的な生の可能性にかんする否定的物語の広がりに寄与している。今日の世俗の時代では、永遠の生や永遠の存在への信仰は衰退してきたと言われている。しかし、宗教的信仰の消滅が大きな喪失であるという考え方も広まっており、それによれば、永遠への希望は、たとえそれが実現できなくても、私たちのもっとも深遠な願いを表している。ならば、世俗的な生は、規範の欠陥と実存の欠陥の両方によって特徴づけられることになるだろう。私たちは世俗化によって、社会をともに維持するのに必要な道徳的基盤と、私たちの生に意味を見いだすのに必要な救いとなる希望との両方を失ったと考えられるのである。

　世俗的な生へのそうした否定的評価のうち、もっとも影響力のあった解釈は、二〇世紀初頭に社会学者マックス・ウェーバーによって打ち立てられた。ウェーバーの有名な主張とは、世俗的な生は、世界の「脱魔術化〔魔法が解けること〕」に苦しんでいるというものであり、この主張は、政治神学のアリバイとして役立ちつつ、宗教的信仰なき社会にそなわる絶望的な欠乏感覚を広め続けている。ウェーバーによれば、脱魔術化には三つの主要な含意がある。[6] 第一に、脱魔術化が意味するのは、世界で起きていることにたいして「計算不可能な神秘的力」――や他の超自然的な説明形態――にもはや訴えることができなくなっているということである。むしろ理性の形態は、「すべてのものを原理的に計算によって支配できる」と想定する道具的理性になっている。第二に、ウェーバーは、脱魔術化が次の事態を意味するものと受けとめている。すなわち「もっとも崇高な究極的価値が公共空間から撤退してしまった」ために、私たちはいかなる形態の「真の共同体」をも奪われてしまったのだ。第三に、脱魔術化は、死がもはや「意味のある現象」でなくなったことを含意するとウェーバーは嘆いている。

　ウェーバーの主張によれば、魔術化された世界に生きていた人々（彼の例は「アブラハムや昔の農民たち」）は、死にたいして「意味のある」関係を取り結んでいた。なぜなら、その人たちは「人生に満ち足りて」死んだと考えられるからであり、自分自身がひとつの「有機的な循環」に属していたとみなされるからである。アブラハムや昔の農民が死の淵に立たされたとき、当人は「人生が提供できるだけのものをもたらしてくれた」がゆえに「もう充分に」生きたと考えることができたであろう。「彼には解きたいと願う謎は何も残っていなかった」のである。これにたいして、ウェーバーが脱魔術化したと描写する人間（「文明人」）は、進歩の可能性（「思想、知、諸問題を付け加えることで洗練されていく文明の過程」）にコミットしており、そこにみずから参加することを望む以上、いつまでも自分の生が完成したとみなすことができない。そのような人は、自分の生がけっして完成することがないために、つねに不満を抱えているとウェーバーは論じる。「その人がつかんだものはつねに暫定的なものであり、最終的なものは何もない。したがって、こうした人にとって、死は無意味な出来事である」。死は、生の意味のある結末や永遠への昇天とみなされるよりも、生の無意味な中断だとみなされるにいたったのである。以上からウェーバーは次のような結論に達する。すなわち、地上での進歩へのコミットメントが、私たちの生を意味あるものよりも、無意味なものにしているのである。「死が無意味であるがゆえに、まさにこの無意味な「進歩性」によって死に無意味の刻印を押すのは、ほかでもない文明的生活それ自体ですらある」。

二〇世紀初めにウェーバーがこのような診断を下して以来、多くの思想家が、世俗的な生にはびこる脱魔術化や虚無感の治療法を提示しようとしてきた。私の主張は、それとは反対に、この診断そのものが深く誤解を招くものであり、あらゆる点で疑問視されるべきだというものである。

基本的な問題は、ウェーバーが、近代の世俗的な生の顕著な歴史的成果であるところの自由へのコミットメントを把握できていないという点にある。ウェーバーにとって、私たちの生から宗教的な規範や価値が取り除かれたときに残るのはただ、どんな「究極の価値」や「真の共同体」も不可能にする不毛な道具的理性にすぎないとされる。だが、単独で働く道具的理性などという考えは理解不可能なものだ。私たちは、生を営む目的というものがなければ、そもそも道具的に理性を働かせることができない。なぜなら私たちは、それ自体で目的をなす価値に照らし合わせることがなければ、何も手段とみなすことができなくなってしまうからである。はっきりとした目的がなければ――すべてが道具的手段に還元されてしまえば――、何かをする意味そのものを理解することが不可能になるだろう。世俗的信は、宗教的信仰とは対照的に、私たちの生の決定的な目的が、私たちのコミットメントに依存することを認識している。私たちの規範の権威は、神の啓示や自然の諸特性によって確立されるものではなく、私たちの実践によって制定され、支持され、正当化されなければならない。私たちが、神秘的な力や超自然的な権威に訴えないからといって、（ウェーバーが主張するように）すべてが計算で統御できると信じていることにはならない。そうではなく、世俗的信をもつことが認めるのは、私たちがみな自由で有限な存在である以上、支配したり制御したりすることのできない他者に本質的に依存しているということ、だからこそそうした他者に応答できるようになるのだということなのである。

それと同時に、私たちが生を営むさいの規範は、疑問視されたり、異議を申し立てられたり、修正されたりすることがある。私たちが自分たちの共同生活の形態に責任を負うという認識は、「真の共同体」にとっての障碍になるどころか、民主主義にたいする近代的な世俗的コミットメントの核心をなすものである。しかしながら、ウェーバーは、他の政治神学者と同様、実際の人民の力としての民主主義を信じておらず、民主主義はカリスマ的指導者（つまり総統《フューラー》であり、ウェーバーはヒトラーが権力を掌握する一五年前にその働きを指し示していた）に従属しなければならないと考えている。指導者が宗教的な権威の役割を果たすことがなければ、民主主義には人々を活気づけるどんな「魂」もないとみなされるだろう。ウェーバーにとって、世俗的な生活には、人々を真の共同体に団結させうるどんな特質も存在しないからである。(7)

それゆえ、ウェーバーはみずからを「価値中立的な」診断を下す者として描いているものの、世俗的な生の可能性にたいする彼の否定的な評価は、ウェーバーの宗教的な前提条件を明るみに出している。宗教的な前提条件というのは、ウェーバーが神や永遠を信じているということではなく、人間の有限性を否定的な制約とみなしているということ、そして世俗的な生が必然的に意味の欠如に苦しむと想定しているということである。ウェーバーは、みずからが宗教なき生の「空虚さ」に立ち向かう勇気をもっていると自負している――「時代の運命に耐えることができず」「慈悲深く差し出された古い教会の腕のなかに黙って抱かれたがっている」[8]人々と自分を比較している――が、世俗的な生を空虚で無意味なものとみなす彼の考え方は、それ自体が宗教的な観念である。

かくして、ウェーバーが地上での進歩へのコミットメントによって私たちの生が意味あるものではなく無意味になると主張するとき、彼が訴えている権威は、敬虔な宗教的作家レフ・トルストイである。ここでのウェーバーの議論全体が示しているのは、自由で有限な生を営むことのダイナミクスを驚くほど理解できていないということである。一見したところ、ウェーバーの考えでは、ひとは満たされた生によって最終的な満足感や達成感にいたるべきであるとされている。そこでひとは「もう充分に」生きたし、死そのものを「意味あるもの」として迎え入れることができるというわけだ。しかしこれは、生を営む人間たることが何を意味するのかについて根底から誤った見解である。ひとりの人間であるということは、到達しうる目標ではなく、維持しなければならない目的なのである。

たとえば、(ウェーバーのように)自分の天職が社会学にあるとしよう。自分の生の意義は、社会学者であることへのコミットメントに照らして理解される。社会学者であることは、完了しうる企図ではなく、みずからが生を営み、行なうことに従事するための目的なのである。社会学者としての生が満足ゆくものであったとすれば、それは、私が充分に社会学者であったということではない。そうではなく、社会学者としての生を維持することにコミットしているということを意味する。たとえ社会学者を引退して他の活動に従事したとしても、自分がした仕事に思い入れをもって同一化するかぎりで、依然として社会学者であることにコミットしているのである(同一化することには、自分の見解を修正したり、他の人々の仕事が自分自身の仕事を引き継ぐのを認めたりすることも含まれうる)。もし私が本当に社会学者であることをなし終えた――「もう充分に」やり遂げた――とするならば、それは、私がした仕事や社会学者としての自分にたいしていかなる気づかいをも放棄したことになるだろう。しかし、たとえ社会学者であることをなし終えたとしても、私の生は完成したわけではない。私が生を営むかぎり、私は自分を何者とみなすのかを定義する目的、ひとつないし複数の目的――たとえば、引退していること、祖父母であること、市民であること、友人であること――にコミットし続けなければならない。私の生を営むことは、最終的に成就して終わるプロセスではなく、私にとって重要な何かのために継続しなければばならない活動なのである。私の生を定義する目的が破綻したとしても、私は目的をもとうと努力しているがゆえに、その破綻そのものが私にとって重要である。自分の生を営むという活動——目的をもつべく努力すること——は、そもそも原理的に完了しえない。もし私の生が完成したら、それは終わってしまうことになり、私の生ではなくなってしまうだろう。私が生を営むさいに努力するのは、私がどんな人間なのかを決める不可能な完成のためではなく、私がどんな人間になろうとしているのかを問い続ける一貫性、その脆く壊れやすい可能性のためである。それは、自分自身をどんな人間とみなすのかを定義するコミットメントにたいして首尾一貫して反応し続けることである。満足のいく生を営むことは、成就した状態を達成することではなく、自分のすることに没頭すること、自分にとって大事な活動に身を投じて専念することなのである。

同じ理由により、自分に飽き飽きするほど生きたので死を歓迎するまでになったとしても、それは自分の生が満たされて、その最終的意味が明らかになったということではない。そうではなく、自分の生を「もう充分に」生きたのだとするならば、それは、自分が意味のある生をうまく営めていないということでしかない。私の生が完了「している」ことはありえない以上、死は、私の生が意味ある仕方で完了していることにはならない。私の死は、自分の存在の可能性そのものを排除してしまう以上、何かの完了として経験できるものではない。私の生が自分のものであるかぎり——私が自分の生を営むかぎり——私の生という書物は依然として開かれており、私自身を「閉じる」ことは可能でもなければ、望ましいことでもない。

ウェーバーが主張していることとは反対に、意味のある生を営むことと、死を生の完了として受け入れることとのあいだには、なんの相関関係もない。自分の生が自分にとって問題となるかぎり、私たちは自分の生を（完了ではなく）継続することにコミットしているのである。

同じ理由により、進歩の可能性——そこに含意されているのは、私たちが気づかうものが自身の生涯を超えて続いていくために「完了する」ことはありえないということだ——へのコミットメントは、私たちの生を無意味にするものではない。そうではなく、私たちが行なうことの意味の一部は、それが将来の世代にとって意義をもちうるということ、それによって彼ら彼女たちの生活がいまの私たちよりも良いものになりうるということなのである。[9]

したがって、民主主義の進歩の可能性を真剣に受けとめるならば、魔術化された前近代の世界へのウェーバーの保守的なノスタルジーに対抗すべきである。批評家ブルース・ロビンズがウェーバーについての洞察に満ちた分析のなかで論じているように、「「真の共同体」がかつて存在していたと示唆することで省略されているのは、そのような共同体から排除された人々——たとえば、一連の多くの例から無作為に挙げれば、古代ギリシアの奴隷や女性——についての考察である。共同体の真正さをめぐっては、誰の経験が念頭に置かれているのかによって意見が分かれるだろう。中世の小作農民からすれば、そうした共同体が真正かといえばかなり疑いの余地があるように思われる[10]」。さらに、現代の労働者が、ウェーバーが想像した過去の農民よりも自分たちの生活に大きな不満を露わにするとしたら、それは「脱魔術化されてそうなったというより、将来の期待が高まった結果である——それは、民主主義の進歩の産物であって、何世紀にもわたって貧しい人々が自分たちの避けられない社会的運命を強いられてきたのとは対置されるべきことである。とすれば、そう、過去への郷愁などなかったのだ。なぜか。なぜならかつての人々は身のほどを知っていたからだ[11]」。かくして私たちは、自分の置かれた窮境をめぐって、ウェーバーやその支持者たちが提案したものとはまったく異なる診断を下すことができる。世俗化した現状への不満は、進歩の観念によるものではない。ロビンズが強調するように、その不満はむしろ「進歩の失敗」、すなわち「前近代の世界が達成しようともしなかった社会正義の水準を達成できなかった」ことによるのである[12]。

そのように世俗的生の約束を理解する鍵は、カール・マルクスの仕事に見いだすことができる。マルクスの思想は、しばしば二〇世紀の全体主義的な共産主義体制と混同されるが、私が論じようと思うのは、マルクスこそが自由と民主主義にたいする世俗的なコミットメントのもっとも重要な継承者だということである。ウェーバーや他の政治神学者とは対照的に、マルクスは前近代の世界にいかなるノスタルジーももってはいない。むしろマルクスが明確にしているのは、資本主義も自由主義も、みずからが推進する解放のための歴史的な可能性の条件なのだということである。だからこそマルクスは、資本主義と自由主義を批判するなかで、これらの生の形態をそれら自体の仕方で反論している。マルクスが示そうとしているのは、自由と民主主義への世俗的コミットメントが資本主義と自由主義の内部でそれらによって担われている一方で、資本主義と自由主義自体がそうした世俗的コミットメントによって乗り越えられることを必要としているのだということである。

マルクスが生きていた当時——そしてその後マルクスの著作に鼓舞された時代——には、私たちはみずからがなすところの者であり、何かをするのにもこれまでとは異なる仕方でなしうるのだという世俗的な認識が高まっていた。私たちは、宗教や資本の諸法則に従う必要はなく、集団行動をつうじて自分たちの歴史的状況を変革し、目的それ自体として社会的個人を自由に発展させるための諸制度を創出することができるのである。

かくして一九世紀末から二〇世紀初めにかけて——ウェーバーが「真の共同体」と考えていたものの喪失を嘆いていた数十年のあいだに——労働者たちは民主社会主義的な組織を形成し、それによって倫理的および政治的な目的のみならず、実践的なアイデンティティや連帯の感覚をもたらすにいたった。労働者の運動は、青年団、合唱団、ブック・クラブ、スポーツ・チームをはじめ、その他の共同活動を組織した。また労働者たちは、日刊の新聞や雑誌を刊行し、運動の目標や争点について継続的で公開の議論を行なう場を提供することによって、地に足のついた民主主義を追求した。あらゆる種類の労働者によりよい教育が提供され、女性は団結してみずからの解放を求め、そこにはよりよい社会を築くために努力を分かち合う共通の大義があった。三三歳で八人の子供がいたドイツのある鉱山労働者による一九一二年の言葉は、この時代の多くの労働者の証言と共鳴し合っている。「現代の労働運動は、認識の光を大きくすることによって、私と私の友人のすべてを豊かにしてくれる。私たちは、自分たちがもはや金床ではなく、子供たちの未来をかたちづくるハンマーであることを理解しており、その感覚は金《きん》よりも価値がある(13)」。精神的自由のこの感覚——私たちは自分たちの歴史の主体かつ主題であり、たんにその歴史に服しているのではないという感覚——が、マルクスの解放の概念の核心にある。

労働者運動の国際的連帯の高まりは、一九一四年の第一次世界大戦の勃発によって大きく崩れた。一九一七年のロシア革命のころまでには、新たな社会形態をつくるための物質的および社会的な諸条件はほとんど破綻していた。偉大な政治思想家、フェミニストにして活動家だったローザ・ルクセンブルクが当時の状況を見て述べたように、ロシアは「世界大戦で荒廃し、帝国主義に圧殺され、国際プロレタリアートに裏切られた、孤立した国」であった(14)。そのような状況下では、模範的な民主社会主義を実現することは事実上不可能であった。ルクセンブルクが言うように、革命家たちに「奇跡を起こす」のを期待することはできないだろう。そうではなく、革命家たちは「歴史的な可能性の限界内で」理解されなければならない(15)。だが、ロシア革命の初期段階ですでに、ルクセンブルクは、革命の必然性という美徳を口実にして民主主義へのコミットメントを失うことの危険にたいして正しく警鐘を鳴らしていた。彼女の主張によれば、革命家が「このような致命的状況によって強いられている戦術すべてを無視して完成した理論体系へと凍結す」べきだとするならば、また革命家が「ロシアにおける苦難によって生じた歪み、究極的には現在の世界大戦における国際的社会主義の破産の余波にほかならなかった歪みを新しい認識としてただ武器庫に収める(16)」べきだとするならば、致命的な事態になるだろう。

スターリンと毛沢東の時代に、この破綻は全面化することになる。今日マルクスの思想を取り上げる者は誰であれ、彼の思想をこのような全体主義体制の言い訳にすべきではない。というのもこれらの全体主義体制は、マルクスの洞察を実践面だけでなく理論面でも把握できなかったからである。私たちは、マルクスの洞察を取り戻し新たな方向に向けて発展させるために、マルクスが関心を寄せていた自由についての根本問題に取り組む必要がある。

この課題は、ここ数十年のあいだ、自由《フリーダム》への訴えが、政治的右派の主張する議題に組み込まれてきただけにますます重要になっている。それによれば、自由の概念は「自由市場《フリーマーケット》」を守るために役立つものであり、おおむね個人の自由という形式的な考え方へと還元されてしまう。これにたいして、政治的左派の多くの思想家は、自由の概念から撤退するか、それを明示的に拒否すらしている。これは致命的な誤りである。どんな解放的な政治も、資本主義の批判と同様、自由の概念を必要とする。私たちは、自由へのコミットメントに照らしてのみ、何かを抑圧、搾取、疎外として理解可能にすることができる。加えて、自由へのコミットメントに照らしてのみ、私たちは何を達成しようとしているのか、なぜそれが重要なのかを説明することができるのである。

このように、マルクスがコミットしている自由の概念を理解しないかぎり、マルクスの資本主義批判を理解することはできない。この概念を理解するには、経済と物質的条件についての問いが、なぜ自由についてのあらゆる精神的な問いと切り離すことができないのかを理解する必要がある。私たちの社会の経済組織は、個人の目的を追求するためのたんなる道具的手段ではない。むしろ、私たちの共有する経済そのものが、私たちが手段と目的の関係をどのように理解しているのかを表している。経済問題は抽象的なものではなく、私たちが自分の時間を使って何をするかというもっとも一般的で具体的な問いにかかわるものである。本書で詳しく示すように、私たちが経済をどのように組織するのかという問いは、私たちがどのようにして共生し、集団として何に価値を置くのかに内在している。

初期の著作から晩年の著作までマルクスが経済問題について行なった分析は、生きることと自由であることが何を意味するのかの哲学的な把握に由来している。すべての生物は、それだけで自給自足していないという意味でも、死ぬことがあるという意味でも、有限である。それゆえ、生物は環境に頼って自身を維持しなければならない。生物はたんに存在しているのではなく、生き続けるのに何かをしなければならない。生ける有機体が自身を維持するために必要なこと——自分たちが生き続けるのに必要な労働——が最小限定めているのは、マルクスが「必要の領域」と呼ぶものである。私たちは生物である以上、自分たちを維持するために働かなければならない。だが、私たちの有する時間のすべてが、生物学的な生存を確保するために必要では必ずしもなく、剰余時間〔余剰時間、余った時間。のちにマルクスの用語「剰余価値」や「剰余労働」と関連づけられる〕で何をすべきかは私たちにとって開かれた問いである。だからこそ、マルクスにとってみれば、私たちは自由の領域にも生きているのである。私たちが自由な活動としてみずからの生命活動にかかわることができるのは、何をすべきか、そうすることが正しいのかどうかを自問することができるからである。

そのうえ、私たちは〔簡素な道具から高度な機器にいたる〕技術革新をつうじて、生存の確保に費やす時間を減らすことができる。技術革新によって〈生きた労働〉の大部分を、社会財を生産する〈生きていない諸能力〉に置き換えるのである。私たちはこれにより、必要の領域〔生存し続けるのに必要な時間〕を縮小し、自由の領域（それ自体で目的とみなされた活動に利用できる時間であり、自分にとって何が重要か、どの活動をそれ自体目的とみなすべきかという問いに取り組む時間を含む）を増大させることができる。

　私たちの精神的自由の行使は、物質的な生産条件と社会的な承認関係の双方に依存している。充実感がなく生存手段として役立つにすぎない仕事に自分の時間を費やしているかぎりでは、私たちの労働時間は自由ではない。なぜなら自分がしていることが、自分が何者であるのかの表現となることを肯定できていないからだ。私たちの生は、どうすれば自分の生が生きるに値するものとなるのかについての問い——自分の時間を使って何をすべきかについての問い——に自由に取り組む代わりに、生存に必要な労働形態に費やされてしまうことになる。自由な生をおくるには、自由への権利をもつだけでは充分ではない。私たちは物質的資源を利用しうるのでなければならないだけでなく、次のような形態の教育、つまり自由を追求しつつ自分の時間を使って何をするのかという問いを各々自身のものとして「所有する〔own〕」ことができるようになる教育を受けうるのでなければならない。私たち一人ひとりに属しているもの——どこまでも自分自身のもの——は、財産や物品ではなく、みずからの生の時間なのである。

　明確にしておくなら、「私自身の〔own〕生」——あるいは「あなた自身の生」——を強調することは、社会性と対立するものではない。マルクスはこう強調している。「私自身の存在が、社会的活動なのである。それゆえ、私が自分からなにかをつくり出すにしても、それは社会のために自分からつくるのであり、しかも一個の社会的存在としての私の意識をもってつくるのである」[17]。したがって、自分の生を「所有する」とは、独立することではなく、自分が依存した存在であるのを認めることができるということである。その良い例が、愛の経験である。誰か——たとえば、友人、親、生涯の伴侶——を愛しているとき、相手への依存は、自分の自由を妨げる制約ではない。そうではなく相手への依存は、むしろあなたが自分自身のものとして肯定する生そのものに属している。愛する人のために行動することは、自分とは異質な目的ではなく、自分自身を認めることができるコミットメントの表現である。なぜなら、相手の利益や幸福《ウェルビーイング》を気づかうことは自分がどんな人間なのかの理解の一部をなすからである。同様に、もし自分のする仕事が、それ自体目的として信じている何かのためであるならば——私にとっては授業で教えたりこの本を書いたりするときがそうである——、それは、困難な仕事や疲れる仕事の要求であっても、先立つ自由にたいして外部から押しつけられたものではない。そうではなく、学生の要求や執筆の困難さは、私がコミットしている生の形態に内在した部分なのである。かくして私は、自分の仕事を続けるのが大変なときでも、その困難さを自分自身が抱えている課題として認識することができる。

　職業の目的に自分が合っていると自覚できなければ、たとえ高給で社会的地位の高い仕事であっても、自分の労働時間は疎外されている。これは、私たちの世界に出回る商品を生産している多くの人々の労働条件に比してみれば、小さな問題のように思えるかもしれない。工場でコンピュータを組み立てたり劣悪な仕事場で衣類の縫製に従事したりしている人たちと、そうした労働条件を忘れてコンピュータの電源を入れたり服を身に着けたりしている人たちとの違いは、たしかに悩ましいほどに大きい。だがマルクスの観点からすれば、これらの問題はすべてつながっている。なぜなら、これらの問題は、私たちの共有する経済生活がどのように組織されているか、またそれがいかに私たちの自由を阻害しているかということがかかわっているからである。自由な生活を営み、自分のしていることを各々が所有できるためには、自分の職業の目的と自分の生活を支える労働の社会的条件との両方に自分が合っているのを見いだすことができなければならない。のみならず、自分が依存したり貢献したりしている制度のうちに、自由にたいする自分自身のコミットメントを認めることができなければならない。このように労働の社会的な条件とみずからのコミットメントを同一視できるようになるには、私たちみなが、自分のしていることの目的のありうべき変革——労働の社会的制度の民主的な変革——に参加する自由をもつこと、また、天職と思っていた仕事を放棄したり疑問視したりして別のさまざまな職業を選べる自由をもつことが必要になってくる。

　要するに、私たちの自由が必要としているのは、自分の時間を使って何をすべきかの問いを自身のものとして所有できるということである。マルクスにとって政治的な進歩は、そうした自由がどの程度可能になるのかによって測られる。そういうわけで、人間の有限性を克服するという最終的な解決——全体主義的な国家の形態であれ、ユートピア的生の形態であれ——を政治目標とするあらゆるマルクス読解は、彼の仕事のもっとも重要な洞察を裏切ることになる。政治目標は有限性を克服することではなく、自由な生を営む私たちの能力を質的に変容させることなのである。もっとも理想的な状態にあってさえ、私たちの生は有限性のリスク——愛するものを失ったり、愛することを行なう能力を失ったりするリスク——を考慮しなければならないだろう。なぜならこれらのリスクは自由そのものに内在するものだからである。

　そのうえ、必要の領域から解き放たれるという可能性はまったくない。自由の領域でどのような生を営むかは、必要の領域でどのような生を生きるかということと切り離すことはできない。私たちは、生物として、生命を維持するために必ずなんらかのかたちで仕事をしなければならないだろうし、労働がそれ自体で悪いことであるわけではない。それどころか、自由な活動——私が教えたり書いたりする例のように——は、それぞれが労働の諸形態なのである。解放された生とは、仕事から解放されて自由だという生ではなく、自分自身のコミットメントにもとづいて仕事を追求する生なのである。社会的に必要な労働であっても、共通の善のために共有されるのであれば、それは自由の表現となりうる。その場合、必要の領域と自由の領域との関係を民主的な問いにすることで、必要の領域を減らし、自由の領域を増やすことを目指すことになるからである。私たちは――良かれ悪しかれ――つねに働かなければならないが、何を必要な労働とみなし、何を自由な労働とみなすかは、私たちのコミットメントと社会組織の問題である。同じ理由により、必要と自由の関係に完全に決着をつけることはできず、つねに交渉されなければならない。マルクスには決定的な政治的解決策があるわけではない。そうではなくむしろ、きわめて重要な問題が明らかにされている。私たちが――個人的にも集団的にも――交渉を必要としているのは、私たちの自由の条件である有限の時間をいかに涵養するのかという問題なのである。

　かくして私たちは、資本主義の到来がなぜマルクスにとって進歩の一形態であるのかを理解することができる。資本主義下での賃金労働は、歴史的に言って、私たちの各々が自分の生の時間を「所有」し、自分の生涯が本質的に「価値ある」ものであるということを原理的に認めた最初の社会形態である。奴隷――時間の所有権がシステム上否定されている者たち――とは異なり、私たちには自分の労働力を買いたいと思う人に売る「自由」がある。そのうえ、賃金労働は、私たちにとって、自由な生活を営むという目的を達成するための手段と明確にみなされている。

　しかしながら、賃金労働をつうじて自由を実現するという約束は、資本主義下での生の価値をどのように測るのかという仕方によって、必然的に矛盾してしまう。資本主義下での価値尺度にたいするマルクスの批判は、彼の全著作のうちでもっとも重要な論点であると同時に、もっとも誤解されている論点でもある。マルクスは、左派の支持者にも右派の批判者にも広く信じられている前提に反して、労働があらゆる富にとっての必要な源泉であるとする一般労働価値説を支持していない。そうではなく、むしろマルクスの主張は、資本主義下での富の生産には、歴史的に特定の価値尺度（社会的に必要な労働時間）が伴うが、この価値尺度は自由時間の価値と矛盾する以上、私たちの解放のために乗り越えられねばならない、というものなのである。

　私が主張したいのは、資本主義的価値尺度にたいするマルクスの批判を展開することにより、価値を価値転換することが必要になるということである。問題となる価値転換には、私たちが自分の生を営むあり方について理論的にだけでなく実践的に変革することが必要になる。私たちは、労働の社会的組織、商品の技術的生産から教育形態にいたるまで価値転換を追求する必要があり、それによって私たちの有限な生涯は、何が重要で何が価値あるものなのかを問うための条件として認められることになるのである。マルクス自身は、残念ながらよく知られるように、資本主義を超えて私たちがどのような生を営むことができるのかについて、ほとんど語っていない。しかしながら、私は、マルクスが共産主義《コミュニズム》と呼んだものを参考にしつつ、民主社会主義［democratic socialism］の新たな展望の概要を示す。この展望がコミットしているのは、私たちの相互依存を互いに承認しながら、各人が自由な生活を営むための物質的かつ精神的な諸条件をもたらすことである。私は、資本主義と自由主義をそれぞれの観点から批判することをつうじて、民主社会主義の一般原理を明確にし、その具体的な意味合いを詳述する。民主社会主義と私が呼ぶものは、押し付けられた青写真でもなければ、抽象的なユートピアでもない。むしろ私は、民主社会主義の諸原理を、私たちがすでに表明している自由と平等へのコミットメントから導き出している。

民主社会主義の政治的プロジェクトは、世俗的信を必要とする。自由を現実化する可能性を信じることは、自由が保証されている、あるいは確保できると信じることではない。自由の可能性を信じることは、それが充分に現実化している場合でさえ、つねに危うく異議申し立ての余地があるという事態を信じることである。

自由のための闘争は、本質的に有限である個人的および集団的な生の形態にコミットしているがゆえに、世俗的信の行為である。自由で有限な生へのこのコミットメントは、搾取と疎外にたいするあらゆる形態の抵抗のうちに暗黙裡に含まれている。搾取されたり疎外されたりしうる唯一の能力――そして解放されうる唯一の能力――は、自分の時間を使って何をすべきかの問いを自身のものとして所有できるという私たちの能力である。なぜならそうした能力は、自由のあらゆる形態によって前提されているからである。この能力はたしかに発展途上であり、文化的な陶冶を必要としているが、そのような能力を信ずることなしには、自由の概念は理解不可能なものになる。誰かの生が搾取されたり疎外されたりすることに反応するためには、その人が自分の時間を所有できる能力に含まれた脆く不確かな可能性とその能力の内在的な価値とを信じていなければならない。この世俗的信は、自分自身の抑圧にたいして闘争にとりかかる者が示すものでもある。自分が搾取されたり疎外されたりしていると理解するためには、自分には生きるのに有限で貴重な時間があり、その時間が奪われることで自分自身の生が奪われるのだと信じていなければならない。

したがって、進歩的政治には世俗的信の涵養が不可欠である。解放の追求に必要なのは、自由のための物質的および社会的な条件の改善に専念することである。だからこそマルクスは、宗教批判には既存の共生形態にたいする批判が伴わなければならないと強調しているのである。奴隷にされている人々や貧困にあえぐ人々が、自分たちの生活を続けるのに神への信仰を必要とするかもしれない。しかしだからといってこのことは、宗教的信仰を奨励する理由になるわけではない。そうではなく、奴隷制や貧困を廃止する理由になるのである。

そうした批判的かつ解放的な展望を開くことは、相変わらず急務である。私たちが生きている時代は、社会的不平等、気候変動、グローバルな不正義といった問題が、宗教的なかたちをとった権威の復活と絡み合っており、そうした宗教的な権威がこれらの問題の究極的な重要性を否定するにいたっている。その結果、進歩の可能性への世俗的信から撤退することで、道徳的で精神的な生を維持するための宗教的な「充足感」の必要を主張することが支配的な趨勢となっている。本書が探求するのは、そのような政治神学のあらゆる形態にたいして闘いを挑むことである。その一方で、なぜすべては、私たちがともに時間を使ってなすことにかかっているのかという問いについての世俗的な見方を、私はもたらそうと思う。永遠にたいする宗教的信仰の衰退は、けっして嘆くべきことではない。それはむしろこの生〔this life〕それ自体を目的とする世俗的信を明確にして強化する機会をもたらすのである。

III

本書は二部からなり、それぞれ、本書の副題をなす「世俗的信」と「精神的自由」というふたつの概念にあてられている。

第I部で追究されるのは、世俗的信と宗教的信仰の違いについての争点である。私が宗教的信仰と呼んでいるものは、無時間的な安息（涅槃《ニルヴァーナ》のような）、超越神、内在的な神的〈自然〉といったかたちで、永遠の存在や、存在を超えた永遠を信じるあらゆる信仰形態である。宗教的信仰をひとつの信念体系として取り上げる場合に、永遠が存在しないことを証明するという意味で私はこれを反証しようとしているのではない。私が問題にしているのは、永遠が望ましいという考えである。永遠が望ましいという想定は、いわゆるその存在にかんする確実性の主張よりもはるかに広く行き渡っている。神の存在証明という神学的な企ては、現代の多くの宗教的信者にとって時代遅れであるが、永遠の存在に献身する価値があるという考えは、宗教的信仰を擁護するために不可欠である。永遠は愛する人の喪失にさいして、この喪失を意味のある仕方で慰めたり代替したり逃れさせたりしてくれる、そう信じるのでなければ、永遠を信じる理由もない。

それにたいして私が示そうと思うのは、永遠の生は、生き続けたいという私たちの願いをかなえることはないだろうということである。永遠の生ではなく、生き続けることへのコミットメントが、世俗的信の核心にあるのだ。世俗的信についての私の説明は、宗教的信仰との対比に依存するものではない。なぜなら、世俗的信はどのようなかたちの気づかい《ケア》にも内在するものだからである。しかしながら、私たちの置かれた歴史的状況にあっては、信仰の理解は、宗教的な考え方と依然として深く絡み合っている。信仰についてのさまざまな通念を変革するには、これらの考え方に直接取り組む必要がある。そういうわけで、本書の前半部での私の議論は、宗教的な書き手との明示的な対話のなかで現れてくることになる。彼らの著作に取り組むことは、世俗的信の理解を展開し、もっとも深刻な反論にたいして世俗的信を擁護する機会となる。かくして、私が世俗的信の概念を練り上げているのは、聖書と仏教哲学を読むことをつうじてのみならず、ギリシア・ローマのストア派から聖アウグスティヌス、マルティン・ルター、ダンテ・アリギエーリ、マイスター・エックハルト、バールーフ・デ・スピノザ、セーレン・キルケゴール、パウル・ティリッヒ、C・S・ルイス、チャールズ・テイラーにいたる著名な書き手の宗教論を読むことによってである。これらの宗教的な書き手たちは、まさに世俗的信を超越することを目指しているがゆえに、そうした世俗的信の危険を鋭く見抜き、そのダイナミクスを詳しく描き出している。

第1章では、世俗的信が、あらゆるかたちの気づかいにとっての理解可能性の条件として説明される。世俗的信の現象学を鮮明にするために、私は、もっとも困難で苦悩に満ちた出来事、つまり最愛の人の死から説き起こす。私の目的は、宗教的信仰をもつことを主張する人々にとってすら、世俗的信が問題の核心にあるということを示すことである。マルティン・ルターは娘マグダレーナの死を嘆き、C・S・ルイスは妻ジョイ・デイヴィッドマンの死を嘆き悲しんだ。悲痛に満ちた彼らの言葉が時代の距たりを超えて証言しているのは、神と永遠にたいする彼らの信仰が、最愛の人へのコミットメントに駆り立てる世俗的信といかに相容れないかということである。ただ世俗的信だけが、愛の経験と悲嘆の経験のどちらにも公平であることができるのである。このことが際立ってくるのは、私たちが、自分のなかのもっとも深いコミットメントを認めるよう心を動かされて、情熱や苦痛のうちに暗黙裡に含まれていることが明らかになるという場合である。

第2章では、アウグスティヌスの『告白』における時間と永遠の分析をとおして、世俗的信という概念を練り上げる。『告白』は、もっとも影響力のある宗教的回心の物語のひとつであるというだけでなく、西洋の伝統での最初の主要な自伝であり、また、とくに時間の問いを扱っている点で奥深い哲学的論考であると認識されている。アウグスティヌスがそこで明らかにしているのは、世俗的信が私たちの生のあらゆる面で働いているということである。至福であれ嘆きであれ、喜びであれ苦しみであれ、どんなときであれ、私たちは終わってしまった過去の後、そしてやってこないかもしれない未来の前で生き続けている。アウグスティヌスが述べているあらゆる活動――話すこと、歌うことから、愛すること、希望すること、思い出すことにいたるまで――の意味は、生き続けるという時間内的な経験に依存しているのである。逆に言えば、アウグスティヌスが宗教的切望の目標として約束する永遠が現前してしまえば、これらの活動に終止符が打たれることになるだろう。時間を超えた現前のもとでは何も生き続けることはできず、永遠に続く存在のなかでは何も問題になりえない以上、永遠にあってはどんな有意味な活動も存在しえないのである。

かくしてアウグスティヌス自身の説明は、時間内的な生への信を継続し、永遠への信仰を克服する理由をもたらしてくれる。このような見方を追求すれば、世俗的な告白――宗教的な告白ではなく――を書かねばならなくなるだろう。私はそのような世俗的な告白を、カール・オーヴェ・クナウスゴールの『わが闘争』のうちに読み取った。これはアウグスティヌスへの現代的な応答とみなすことができる。クナウスゴールは、世俗的生に入念な注意を向けることで、私たちを日常生活のただなかに置く。彼はアウグスティヌスのように、私たちを他者へと結びつける気づかいを探求し、時間の経験がいかにしてあらゆる瞬間を貫いているのかを問うている。しかし、アウグスティヌスが私たちを永遠に向かわせようとするのにたいし、クナウスゴールは、私たちを自分の有限な生へと振り向かせるのであり、そうした有限な生こそすべての重要なものの核心にあることを示すのである。クナウスゴールの著作を突き動かしている原理とは、有限な生への愛着という原理であり、それがどんな愛着の両義性にも忠実なままであるがゆえに、なおさらいっそう奥深いものとなっている。私たちは世俗的な生に専念することで、至福と荒廃、希望と絶望、成功と失敗、いずれにも感動することができる。そうしてクナウスゴールは、死ぬ運命にある生を信じ続けることにどんな意味があるのかを旗幟鮮明にしている。のちほど論じるように、この世俗的信は、すべての情熱と意味のある関与の可能性を開くのである。

　第3章では、先立つ最初のふたつの章への反応として必ず出てくる問いから議論を始める。なぜ世俗的信——この世界に専念し、有限な生に献身する——は、永遠を信じる宗教的信仰と必然的に反目することになるのか。宗教的信仰を擁護する人ならば、宗教的信仰は、現世の生から人々を遠ざけるのではなく、この生にいっそう深く関与させることができるのだと反論するかもしれない。この論点については、この議論をもっとも深く追究した思想家セーレン・キルケゴールの古典『おそれとおののき』をつうじて取り組むことにしたい。キルケゴールにとって、宗教的信仰は、私たちをこの世の外へ連れ出すものではなく、むしろ私たちの生きる生にいっそう深くコミットすることを可能にするものである。だが、キルケゴールは、時間内的で有限な存在へのコミットメントと、永遠で無限な存在へのコミットメントとのあいだに葛藤があるということを充分に自覚している。『おそれとおののき』では、この葛藤は、アブラハムに息子イサクを犠牲にするよう命じた神の命令の意味として、きわめて劇的に演出されている。アブラハムのイサクへの愛は、生き続けることへのコミットメントを表現している。アブラハムは、イサクの生がイサク自身のために栄えることを望むと同時に、アブラハムの遺産を存続させることのできる唯一の者としてイサクを尊重してもいる。唯一無二の生——イサクの生——へのこのコミットメントこそが、永遠のために断念されなければならないのである。イサクを愛することは、取り返しのつかない喪失を被る可能性がある。なぜなら、イサクは有限の存在であり、それゆえイサクは神のためにあらかじめ放棄され犠牲にされなければならないからである。それにもかかわらずキルケゴールが主張するのは、イサクへのすべての愛——有限なものへのすべての愛——を保持すると同時に、イサクを放棄し、神が失われたものすべてを回復してくれるだろうと信ずることができる点に、信仰の最高形態があるのだということである。このような信仰があれば、有限の世界に完全にコミットすることができ、それと同時に、神にならばすべてが可能であると信じることができる以上、喪失にたいして無傷でいられるのである。
アブラハムの宗教的信仰の結果は、しかしながら、実際に起こることへの無関心であることが判明する。アブラハムがイサクを手にかけて殺めることができるのは、神がイサクを連れ戻してくれると信じているからであり、結局のところ、イサクが犠牲になったかどうかは（信仰の観点からは）どうでもよいことになる。同様に、現代版解釈によるアブラハム――信仰の騎士――も、最終的には有限なものの運命に無関心であることが明らかになる。信仰の騎士は、有限の生に完全にコミットしている人物として提示されているが、現世での希望が打ち砕かれても「まったく奇妙なことに、彼は同じままである」。信仰によって喪失の経験を免れているからこそ、彼は、実際に起こったことの結果をそもそも気にかけることができないのである。

以上の問題は、本書が論じるように、キルケゴールの語る物語に限ったことではなく、なぜ気づかいや責任が宗教的信仰にもとづくことができないのかの理由を明らかにしている。もしイサクへの責任が神の命令にもとづいていると主張するならば、イサクの殺害が神の命令であると判明した場合、イサクを殺さなければならなくなる。もし神がそのようなことを命じるはずがないと反論するならば、そのとき、実際には神に依存しない価値基準への信仰告白をしていることになる。なぜなら、神が何を命じようが、イサクを殺すことは間違っていると信じていることになるからである。それと同様に、有限な生のかけがえのない価値への信仰告白もしていることになる。もしこの価値が置き換え可能だと信じているならば――たとえばイサクは天国で永遠に生き続けるとか、地上で復活するとかいった具合に――死の淵に置かれている彼の運命にたいして無関心になるだろう。イサクが生きていようが死んでいようが、失われたものはすべて回復されるのだから、究極的には自分にとってどうでもよいことになる。

それにたいして、イサクへの気づかいは、取り返しのつかないかたちで失われうるという生の価値への世俗的信によって支えられている。のちほど示すように、世俗的信こそ、生を決定づけるあらゆるコミットメントの条件であり、生きるうえで何かが重要になるための条件なのである。

本書の第Ⅱ部は、世俗的信の解放的な可能性を追求する。ここでは、生、時間、価値の構成にかんする根本的な問いに関連して、精神的自由の概念についての議論が展開される。そのうえで、資本主義と宗教にたいするマルクスの批判に新たな仕方で取り組むことにより、本書の議論全体の筋道をまとめ、私たちがどのように生を営むべきかについて本書が有する遠大な意味合いを明らかにしている。

第4章で提示されるのは、生の有限性がなぜ行為能力《エージェンシー》と自由のための必要条件なのかについての、私の中心的な哲学的議論である。私の出発点は、すべての生物の基本的活動をなす、自己維持活動である。どんな形態の生命も、みずからを生かし続けるという活動に従事していなければ、生きているものとしては理解できなくなる。このことから帰結するのは、あらゆる生命形態が有限であり、脆く壊れやすい物質的身体に依存しなければならないということである。もし生物が分解されることがなければ、自己維持活動――たとえば、食べる、飲む、寝るといった活動――には何の目的もないことになる。生命の維持が争点になるためには、死の危険を冒さなければならないのである。そのうえ、自己維持活動をつうじてこそ、まずもって生きている時間が成り立ちうるのである。生物の自己維持は、自分自身を生かし続けるのに「費やす」必要がある以上の生の時間を必然的に生み出す。そういうわけで、どんな生物にも少なくとも最小限の剰余時間というものがある。単純な植物でさえ、生存に必要な栄養補給にすべての時間を費やす必要はない。こうした剰余時間は動物の生ではさらにいっそう明白である。というのも動物は、たんなる自己保存の活動とは異なる自己享受の活動――たとえば、鳥のさえずり、猫が喉を鳴らす声、犬のじゃれ合い――にかかわる能力をそなえているからである。多くの種類の動物は、そのようなかたちでの自己享受をつうじて、剰余時間を「自由時間」の一形態として享受する能力をそなえているのである。だが、自分の時間を自由時間として理解できないかぎり――自分の時間を使って何をなすべきかを自問できないかぎり――、高度に洗練された自己享受能力をそなえた動物であっても、私が「自然的」自由と呼ぶものの境界内にとどまっている。これにたいして、精神的自由と私が呼んでいるものは、当の行為主体《エージェント》が、自分の時間をどのように使うべきかを自問し、自分がみずからの生を浪費しているというリスクに反応しうるということを必要とする。私たちは、そのようなリスクとの関係がなければ、精神的な生を営むことができない。というのも、そもそもそうした関係なしには、自分の時間を使って何をすべきか、自分にとって何が重要なのかという問いに取り組むことができなくなるからである。

第5章では、マルクスを取り上げて、マルクスの資本主義批判――および解放の可能性――が、剰余時間を使って何をすべきかという問いにかかっていることを示す。鍵となるのは、経済と価値についての問いが私たちの精神的自由の核心にある点を把握することである。経済をどのように組織するのかという問いは、時間を使って何をする価値があるのか、社会のなかで何を優先するのかを表している。資本主義下では、私たちが集団的に優先するものは利潤である。なぜなら、そうして優先されるものは、私たちの生を維持するための資本の富をどのように測定し生産するかに組み込まれているからである。資本の成長がなければ、社会全体に分配できる社会的富は得られない。同じ理由により、私たちは、実際にする必要があると信じていることや、実際にすることに意味があると信じていることを犠牲にしてでも、利潤を生むものを優先しなければならない。マルクスは、利潤の優先から実際に生じる有害な諸帰結、すなわち、労働の疎外、時間の搾取、生の商品化、失業の必然性、破壊的な経済危機への内在的傾向などについて強力な説明をもたらしている。私はこれらの議論を分析的に再構築し、私たちがなお生きている歴史的条件を理解するためにこれらの議論がかかわってくるということを示す。しかし、なぜ資本主義の価値尺度が矛盾しているのか――なぜ利潤の優先が精神的自由を疎外するのか――を十全に理解するには、マルクスが前提としながらけっして明示的に解明することがなかった分析の水準が必要になってくる。この分析の水準がかかわっているのは、精神的生の経済というものがそもそもどのようにして理解可能になるのかということである。つまり、何かをコストや価値として捉えることができ、自分の優先順位を反映する時間の経済として自分の生にかかわることができる人とは、どういう存在なのかということである。

　私は、分析の水準をもっとも深くへと推し進めることで、マルクスの価値概念について新たに理解する仕方を解明し、古典的な反論や、影響力のある新古典派経済学の革命にたいしてこれを擁護する。私が論証するのは、需要と供給についての支配的な理論が、マルクスの分析の中心にある価値の概念を前提としているということである。もっとも重要なこととして、歴史的生活様式としての資本主義に内在する矛盾、そしてそれがなぜ価値を価値転換することを求めるのかを明らかにする。

　第6章では、価値の価値転換が理論と実践の両面で私たちに何を求めているのかを詳論する。マルクスにとって資本主義の乗り越えとは――根強い誤解に反して――民主主義を廃止することではなく、現実的民主主義《アクチュアル・デモクラシー》を可能にすることである。資本主義下では、私たちが集団として何に価値を置くかという根本的な問いについて経済の目的が民主主義的討議の力を超えてしまう以上、実際には交渉することができない。私たちは、自分たちの社会的富の分配にかんしては決定できるが、私たちの富を生産するさいの最終目的（利潤）はすでに決定されている。それゆえ、私たちが現実的な民主主義の達成に専念するというのであれば、富の再分配だけでなく富の生産をかたちづくる価値尺度そのものを価値転換することにも取り組まなければならない。ほとんどすべての形態の左翼政治は――ほとんどの種類のマルクス主義から、社会民主主義的な福祉国家やユニヴァーサル・ベーシックインカム（ＵＢＩ）の提唱者にいたるまで――資本主義批判を分配様式の問題に限定し、生産様式を性格づけている価値尺度を問い質すことができないでいる。しかしながら、すべての再分配改革は、私が説明し例示するような諸矛盾に陥ることになるだろう。要点は、再分配改革を放棄すべきだということではなく、私たちの改革を、民主社会主義という目的に向けた手段として、戦略的にも実質的にも構想し直す必要があるということである。民主社会主義は、私たちが共生する仕方を根本的かつ実践的に価値転換することによってのみ達成できるのである。

　民主社会主義が挑む課題を提示しそれに答えるために、私は、政治経済学の主導的なリベラル思想家、すなわち、ミル、ロールズ、ケインズ、ハイエクにたいする内在批判を行なう。民主社会主義の目的は、優先事項となっている経済問題を一挙に解決することではない。なぜなら、そうした経済問題は、私たちの精神的自由に内在した問題だからである。むしろ私が説明するのは、民主社会主義の原理を練り上げていくことで、民主社会主義下での生によって私たちは、個人的にも集団的にも〈自分の有限な時間を使って何をすべきか〉という問いを、いかにして自身のものとして「所有」できるようになるのかということである。同じ理由により、私は、資本主義の乗り越えと有限性の乗り越えとを混同しているユートピア的マルクス主義のすべての形態に異議を唱える。もっとも洗練された例は、哲学者であり社会学者でもあるテオドール・W・アドルノであり、彼はマルクス主義の幅広い領域に影響を与えている。この章を締めくくるにあたって私が示すのは、アドルノが世俗的自由の約束（有限な生の解放）と宗教的な救済の約束（有限な生からの解放）をいかに混同しているかという点である。それにたいして、私は、マルクスの宗教批判に賭けられていたものを発展させ、なぜ私たちが救済ではなく自由にコミットすべきなのかを説明する。

最後に、本書の終章で深く掘り下げるのは、マーティン・ルーサー・キング・ジュニアの政治哲学と政治活動である。キング牧師の経歴全体にわたって私が示すのは、自由を現実化しようとする彼のコミットメントは、いかにして資本主義批判をますます徹底化していったのかという点である。キング牧師による政策提言は、富の再分配を中心としたものだが、それだけではなく、彼はまた資本主義下の価値の問題をより深く感じ取っている。晩年の彼は次第に〈価値の価値転換〉と私が呼ぶもの、つまり民主社会主義への運動を要求するものの必然性を把握するにいたっている。そのうえ、キング牧師の足跡をたどることでわかるようになるのは、実際の解放を追求するために、世俗的信と精神的自由に賭けられているものがいかに重なるのかという点である。キング牧師の政治的演説と彼が参加している具体的な歴史実践を細部まで注視することによって、彼の政治活動を活気づけている信は、彼が公に支持している宗教的信仰よりも世俗的信の観点からのほうがよりよく理解されるものだということを私は明らかにする。

私がキングの著作を世俗的に理解するさいの鍵は、マルクスとキングの双方にとって決定的に重要だった哲学者によってもたらされた。ゲオルク・ヴィルヘルム・フリードリヒ・ヘーゲルである。ヘーゲルの哲学は本書全体に伏在しており、ヘーゲルについては、本書の終章で明示的に詳しく論じている。念のために言えば、ヘーゲルの著作は哲学史上でもっとも読みにくいものであり、どんなヘーゲル解釈も論争の的になることを余儀なくされる。哲学者マイケル・トンプソンは印象深い仕方で、ヘーゲルを「まったく擁護できない文章表現の形式」だと非難しているし、青年マルクスは父に宛てた手紙で、ヘーゲルのテクストがもつ「グロテスクで巌のような旋律」[18]について語っている。それにもかかわらず、私は証言するが、ヘーゲルの思考は論理的に正確無比であり、その哲学的散文には圧倒的な美しさをたたえている瞬間がある。精神的な生活を営むとはどういうことか、そしてなぜ私たちの自由が本質的に社会的、歴史的、物質的で有限な生物として相手を相互に承認し合うことによってのみ可能になるのか、そうしたもっとも奥深い教えを私はヘーゲルから学んだ[19]。生の深遠さは、永遠への信仰をつうじて啓示されるわけではない。そうではなくむしろ、私たちの精神的なコミットメントは、取り返しのつかない仕方で失われてしまうものを気づかい、いかなる最終的な保証もないものに忠実であり続けることから生じるのである。世俗的信はつねに危ういままであるが、その脆く壊れやすいあり方のなかに、私たちの精神的自由の可能性が開かれている。

第Ⅰ部　世俗的信

第1章　信

I

こんな思いをすることになるとは、それまでは知るよしもなかった。彼女は彼の生に足を踏み入れ、彼の世界をつくりかえ、彼の心も体も開かせてくれた。だが、そのあいだもずっと、彼は、彼女に身を捧げることが神への帰依を貶めることはない、と自分に言い聞かせてきた。「現世の幸福を当てにしてはいけないと自分に忠告していた[1]」と彼は回想している。だが彼は、まさに、その幸福を当てにしてしまっていたのだった。彼は彼女を愛し、その愛ゆえに彼女の死に打ちひしがれている。日ごと夜ごとに、彼は「狂った言葉、苦い後悔、胃のむかつき、現実離れした悪夢、むせび泣き[2]」を綴っているのである。

敬虔なキリスト教徒である彼の友人たちは、神と聖パウロの言葉を慰めとせよという。「希望のない者のように嘆いてはいけない」と。だが彼は、「パウロの言葉に慰められるのは、死者よりも神を愛する人だけだ[3]」ということを理解するようになる。神への信仰は、彼を永遠の生へと導いてはくれるだろう。だが彼女を愛し、その死を嘆いているとき、神や永遠への信仰は慰めにならない。彼は永遠の平安にやすらうことなど望んでいない。彼女に互いの存在を分かち合えるこの時空に戻ってきてほしい、二人でともに生き続けたい、そう望んでいるのである。彼はこう記している。「この地上での最愛の人は、あなたのつくり上げたその人のイメージをたえず打ち負かすものだ。また、あなたもそうしてもらうことを望んでいる。あなたは、その人が全力で抵抗し、あらゆる欠点と意外さで迫りくること、いわば確たる独立した現実としてのその人を望んでいる。私たちが愛し続けるのは、イメージでも記憶でもなく、まさにその人なのであり、このことはその死後にあっても変わることはない[4]」。

これはC・S・ルイスの著作『悲しみを見つめて』に記され

た言葉である。この著作は、彼の妻ジョイ・デイヴィッドマンの死後に書かれた。ルイスは当時、もっとも影響力のあるキリスト教作家の一人だったが、『悲しみを見つめて』はそれとは異なる口調で書かれている。伝道でも説教でもなく、むしろ最愛の人を失った痛みと絶望を探求しながら、ルイスは喪の経験において自分に何が起こっているのかを記述しようとする。その説明をつうじて立ち現れてくるのは、妻の死によって彼が神の存在を疑わざるをえなくなったという意味での、みずからの信仰の危機にとどまらない。ここで立ち現れてくるのは、さらに奥深いものだ。それは、神への信仰が、最愛の人の喪失にいかなる慰めも与えてはくれないという洞察である。ルイスは記している。「母親が我が子の死を嘆いているとき、母親はそれでも「神を讃え、神を永遠に喜ぶこと」〔『ローマ書』11：36、『コリントの信徒への手紙1』6：20および10：31、『詩篇』86：9〕を望むのかもしれない。それは「神のほうをむいた母親に宿る永遠の霊の慰め」にはなるのかもしれない。だが、その母性を慰めはしないだろう。母性に特有の幸福は帳消しにされるしかないのだ。母親が息子を膝の上に乗せたり、お風呂に入れたり、お話を読み聞かせたりする時空、子供の将来のことを考えたり、孫の顔を見ることができる時空は、もう二度とやってはこないのだから」(5)。

ルイスは、永遠への宗教的信仰と対照することで、有限な生への情熱的なコミットメントというものを記述している。我が子の死を嘆く母親や愛する人の死を嘆く恋人は、時間をかけて成熟してきた関係に身を捧げている。愛とは瞬時に生じるのではない。むしろ時間をかけて他人を気づかうというコミットメントに表れるものだ。このような愛の時間性は、たんに不可避な条件なのではなく、愛する人とともにあることの積極性に、もともとそなわっている。誰かを愛するなかで、ひとは企図された未来や、行為の反復、ともに生きるという継続的な時間を大切にするようになる。愛する人が失われたとき、ひとはそのようなある時間内的な生の終わりを嘆く。また、ルイスが明らかにしているように、永遠を望むことは慰めにならない。かりにその望みが叶えられたとしても、二人の分かち合った生がふたたび取り戻されるわけではないのだ。

彼女と私が数年のあいだ分かち合った地上での生が、実際には、想像の及ばない超宇宙的に永続するふたつの何ものかの基礎づけか序曲、あるいはその地上での現われにすぎないと仮定してみよう。そのような何ものかを、天体あるいは球体として思い描くことができるかもしれない。〈自然〉の地平が切り開く横断面——つまり地上の生——において、それはふたつの円（球の切断面としての円）として現れる。つまり、接するふたつの円である。だが、私はなによりもそのふたつの円、そしてなによりその接点の喪失を嘆き、恋焦がれ、渇望している。「彼女は生き続ける」とあなたは言う。だが私の心と体は、お願いだから戻ってきてくれ、と泣き叫ぶのだ。〈自然〉の平面で私の円に接し、ひとつの円になってくれ、と。無理なことなどわかっている。私の欲していることがけっして手に入るわけがないことはわかっている。あの懐かしい生活、ふざけ合い、交わされた盃、口論、セックス、そんなささやかな日常で胸が張り裂けそうだ。どんな見方をしても、「Hが死んだ」と言うことは、「すべては過ぎ去った」と言うことなのであり、その死が過去の一部になるということなのである。過去は過去でしかなく、これが時間の意味するところだ。時間こそ死の別名であり、天国とは「かつて存在したものが過ぎ去った［…］」状態のことなのだ。

もちろん、まったく地上流の想像力で、「彼岸」で家族と再会するのだと文字通りに信じることもできる。だがそのような記述は聖書に反しており、悪しき讃美歌や石版画によるものだ。聖書にそんなことは一言も書かれてはいない[6]。

ここでルイスは、愛する人への愛情が、彼女と生き続けること、への コミットメントをつうじてどのように表現されるのかを鮮明に述べている。彼は妻の死と折り合いをつけることができない。なぜなら、彼が望んでいるのは、その人間関係にしかない唯一無二の質を与えてくれていた時間のリズムと身体的な具体性のなかで、二人の生活が続くことだからだ。したがって彼は、その生が（彼の記述によれば「想像の及ばない超宇宙的に永続するふたつの何ものか」が）自己充足的な無時間的存在になることを望んではいない。むしろ彼が望んでいるのは、ふたつの円が互いを必要とし、相互の触れあいによって傷つきながらも変転を受け入れることなのである。同じ理由で、永遠という存在の状態を約束されても、彼が切望するものが届けられることはありえない。永遠というものの成就――ここでは天国の状態であり、それは「かつて存在したもの」が永遠を選びとって過ぎ去ったということ――には、その人間関係を生き続けさせる時間が存在しない。永遠はともに過ごす時間に終止符を打つのであり、そのような状態では、彼らの愛は生き延びられないだろう。

ゆえに、『悲しみを見つめて』のなかで生き生きと描かれている愛する人へのコミットメントは、神へのコミットメントとは相容れない。長年にわたりキリスト教神学を読解してきたルイスは、死すべき存在を目的それ自体としてではなく、神の愛に向かう手段としてのみ愛さなければならないことを十分に心得ていた。『悲しみを見つめて』では、こう説明されている。「もし神を目標ではなく道とみなし、目的ではなく手段とみなして神に近づいていこうとするならば、それはまったく神に近づいていることにならない[7]」。だからこそ、ルイスは、生涯をつうじて愛した人たちとの再会を企図させるような死後の展望は、聖書の支持するところではないと強調する。このような展望は目的としての神に向けられてはおらず、たかだか死すべき愛する人を取り戻すための手段として神を扱っているにすぎない。ルイスの妻が彼を出迎えるという死後の展望は、神の永遠のなかに住まうことではなく、愛する人とともに生き続けることに結びつけられたものなのである。

このようにルイスが明るみに出しているのは、生き続けること（時間内的な生を引き延ばすこと）と永遠であること（無時間的な存在に吸収されること）という、私にとって重要な区別である。ルイスが痛ましいまでに明らかにしているように、前者は後者と相容れない。妻の死を嘆いているとき、ルイスは彼女その人を目的として愛している。彼は彼女以上の何も望んではいない。彼女が戻ってきて、二人で生き続けたいと思っている。「ふざけ合い、交わされた盃、口論、セックス、そんなささやかな日常で胸が張り裂けそうだ」。この切望がコミットしているのは、ありのままの時間を必要とする生を分かち合うことなのだ。彼が愛する人に戻ってきてくれることを望むかぎり、永遠の生は到達不可能だというだけでなく、そもそも望まれていない。彼は永遠の生に吸収されるよりも、二人の関係が続くことを望んでいるのである。

ここで、生き続けることと永遠のどちらかを選択しなければならないのはなぜなのかと問うこともできるだろう。死後についてよく知られた考え方の多くが、生き続けることと永遠に存在することは結合可能だと想定しており、これによって、生の積極的な質を失うおそれを感じることなく保持できるとしている。私の議論に呼応するかたちで、著名な神学者ミロスラフ・ヴォルフは、キリスト教のヴィジョンにおける永遠は、無時間的な存在ではなく終わりなき存在だとするほうがよりよく理解できることを強調する。[8] ヴォルフは、時間がなければ経験も出来事もありえないのだから、無時間的な生には意味がないと認めてはいる。にもかかわらず、永遠に生きることは望ましいと彼は主張する。そのような永遠には、時間はまだ存在しているが、時間における変化が否定的な喪失として経験されることはない。むしろ、あらゆる変化の形態は、神の善性の持続する部分として経験される。このように死後の生は、悲劇的な喪失という展望に影響されない永遠の経験のなかにあり、そこでは愛する人と生き続けられるという。

しかしながら、終わりなき生は無時間の生と同じく無意味であるというのが、私の主張である。そのような悲劇的な喪失——あなた自身の生やあなたの愛する人を失うこと——のリスクは、消去できるような展望ではなく、自分の生をどのように過ごすかがなぜ重要なのかという問いに、もともとそなわっているものなのだ。あなたとあなたの愛する人が、生を有限だと信じていなければ、二人とも、生を危ういものとみなすことはできず、自分の時間で何かをしようという切迫感も感じられないままだろう。脆さや壊れやすさの感覚がなければ、自分も相手も、また分かち合っているコミットメントも、気づかうことがなくなってしまうかもしれない。同様に、人間関係のために努力する必要も感じられなくなるかもしれない。というのも、その人があなたのもとから立ち去り、その関係が壊れてしまうかもしれないと、あなたが不安に思うことがないだろうからだ。深く親密な瞬間は貴重ではなくなり、所与の状態として経験されてしまうだろう。そこではすべてが既決であり、あなたの関与や注意も、愛する人からの予想外の応答も、その状態を左右しないものとして想定されることになる。ならば、想像のレベルでも、愛する人と生き続けることは、永遠のうちに存在することとは相容れない。有限性と被傷性の感覚が取り除かれてしまえば、すぐに恋愛関係がもちうる活力も取り除かれてしまうのである。

有限性の感覚は、あなたの生のあらゆる側面に反響している。生き続けるなかで時間内的な生を営んでいるからこそ、あなたはつねに傷つきうる状態であり続ける。生き続けるからといって、取り返しのつかないことをした後悔や、所与の野心が遂げられなかった苦痛、愛する人に先立たれた悲痛から、あなたが守られるわけではない。むしろあなたの世界が崩れてしまう可能性があるのは、まさにあなたの愛するあらゆるものの死後に、あなたが生き続けているからこそである。この「死」はみずからの死という展望よりも、格段の痛みと不安を伴うものでありうる。なぜなら、なによりもまず、あなたは死を生き延びなければならないからだ。

このように、失う可能性のある人やものに愛情をもつかぎり、あなたは苦しみを受けやすい状態にある。永遠という平安の状態に達するには、愛するものを失うリスクから解放されなければならない。だがそのような解放が可能だとしたら、あなたにとって大事なものが何もなくなってしまうだろう。あなたは文字通り気づかいかなくなるだろう。価値あるものが失われる可能性がなくなれば、何かをする切迫感も、誰かへの愛を維持する切迫感もなくなってしまうだろう。あるひとつの活動を維持しようという意欲すら湧かなくなるかもしれない。なぜなら、あなたがその活動に関与していなければ、それをあなたが喪失として感じることもないだろうからだ。

ゆえに、愛する人とともに生きる情熱やパトスは、永遠の生を保証されることとは相容れない。何かを唯一無二でかけがえがないものだと感じることは、それが失われるかもしれないという感覚と切り離せない。この喪失との関係は、生き続けることの形態そのものに刻み込まれているものだ。生き続けるとは、時間も終わりもない現前にやすらうことではありえない。むしろ失われた過去の後と、予測不可能で到来しないかもしれない未来の前に留まり続けることなのである。

時間という不確かな経験には、否定的な危険性だけでなく、存在し、生き続け、そして行動意欲をもつという肯定的な可能性もある。いかなる形態の企図を遂行しようとする動機づけ——コミットメントを維持し、一連の行動を達成しようとすること——にも、企図の不確かさが必要である。いうなれば、企図は、所与の事実ではなく、信念と誠実さによって支えられなければならないものだ。あなたはその企図の価値だけでなく、その企図がなくなる可能性があるということ、またそれが維持される必要があることも信じていなければならない。つまり、あなたが誰かを愛するとき、あなたが愛を維持するかぎりにおいて愛は存在するということだ。あなたの愛は既成事実ではなく、達成されるべきものなのであり——ひとたび達成されれば——維持され発展させなければならないものなのだ。この企図に必要なのは、あなたが愛の価値を信じることだけではない。愛は失われうるからこそ、あなたの気づかう気持ちを誘うのだということも信じる必要がある。

II

気づかうことと信じることのつながりには、長きにわたる哲学的な系譜がある。アリストテレスは彼特有の明晰さで、気づかいの形態はすべて信に依拠していることを明らかにしている。私たちが抱く信は、理論的な仮説としてではなく、まずは実践的なコミットメントとして理解されるべきだという。続いてアリストテレスは、私たちのもっとも直接的な感情でさえも、私たちがコミットしている信の観点からしか理解できないことを示している。たとえば、もしあなたがみずからの死を恐れているならば、あなたはみずからの生の価値を信じているのみならず、その生が脅かされていることも信じているということだ。アリストテレスが指摘するように、「自分にはなにも起こらないと信じる人は、恐れを抱くことはない(9)」。不確かさの感覚は、自分自身の死という展望にとどまらず、あなたにとって大事なものすべてに拡張される。愛する人が崖の端を歩いているときにあなたが恐れを抱くのは、その人が危うい状況にいるとあなたが思っているからだけではなく、その人の生に価値があると信じているからでもある。どちらかの信が欠けていれば——価値あるものとしての愛する人と、傷つきうる者としての愛する人の両方にコミットしていなければ——状況を構成する他の要素が同じであっても、あなたが恐れを抱くことはないだろう。

古代ギリシアやローマのストア主義者は、アリストテレスの分析の含意を探究するなかで、私たちのあらゆる情念が、信の形態であることを論じている。信は、意識的にもつ必要があるものではなく、情念そのものに明確に現れる実践的なコミットメントの形態だ。あなたが羨望の念に苛まれているなら、他の誰かが所有しているものの価値を信じており、それを手に入れることにコミットしている。あなたが怒りに駆られているなら、他の誰かが破損したものの価値を信じ、報復にコミットしている。あなたが深い哀しみに打ちひしがれているなら、失ったものの価値を信じ、それを記憶することにコミットしている。あなたが歓喜に高揚しているなら、受け取ったものの価値を信じ、その維持にコミットしているのである。

情念とは、あなたの制御を超えた他者や出来事に左右されていることを認知させる諸形態である。あなたが希望をもっているとき、あなたは約束されていることの価値を信じており、恐れを抱いているときには、脅かされているものの価値を信じている。同様に、あなたが傷つきうるのは、これから起こることを最終的には制御できないからである。あなたの希望は打ち砕かれるかもしれず、恐れていることが現実になるかもしれないのだ。

ストア派の目標は、このような傷つきうる状態を克服し、心の平安を得ることである。ストア主義者は、すべての所有物がいずれは奪い去られてしまうことをよく意識しており、その喪失による苦しみを引き起こす情念を取り除こうとした[10]。この議論を展開した初期近代の哲学者スピノザは、情念の「軛《くびき》」からの解放を擁護する。私の定義では、ストア主義者もスピノザもきわめて宗教的な哲学者である。彼らは、世俗的信——他人の壊れやすい承認に左右されるような有限な生にコミットすること——を克服し、永遠への宗教的帰依を優先する。スピノザは宗教的な迷信や、権威への敬虔な服従にたいして非常に批判的である一方、みずからの哲学的な方法を用いて、宗教のもっとも根本的な目的を果たそうとする——その方法とは、「真の救済と恩寵」にいたる道筋を与えることであり、それは「真の心の平安にある」[11]という。その特徴的な一節で、ストア主義の情念分析に依拠しながら、スピノザはこのような心の平安への道筋について記している。

愛されていないものは衝突を引き起こさず、消滅してしまっても悲しみは生じない。他者が所有者であれば、嫉妬も恐怖も憎しみもない。いわば、心の乱れが生じないということである。なるほど、このようなことは消滅しうるものを愛しているときにだけ生じる。なぜなら、先に述べたものはすべて消滅しうるものだからだ。

しかし、永遠と無限への愛によって、その心には悲しみを完全に免れた歓喜が与えられる。これこそが大いに切望され、全力で探求されるべきものである[12]。

ここでは「心の乱れ」——悲しみや恐怖、嫉妬や憎悪——の源は、「消滅しうるものへの愛」だとされている。心の平安を達成するのに重要なのは、このような消滅しうるものからみずからの愛を取り除き、代わりにその愛を永遠なるものに向けることだ。すると「その心には悲しみを完全に免れた歓喜が与えられる」。この歓喜それ自体は情念ではなく、「完全な心の平安」を与えてくれる恩寵（beatitudo）を受けた状態であり、スピノザはこれを宗教的救済と同一視している。

スピノザにとって救済は、個人の魂や不死の魂によって成し遂げられるのでも、超越的な死後の世界に運ばれることで成し遂げられるのでもない。むしろそれは、みずからの情念を手放し、スピノザのいうところの〈神〉すなわち〈自然〉の一部としてみずからを理解することで成し遂げられる。このふたつの語彙は、スピノザにとって交換可能なものだ。なぜなら、いずれもあらゆる存在の永遠で内在的な実体を示しており、消滅する有限な身体とは対照的なものだからである。スピノザが明らかにしているように、有限な身体の所与の観念も触発＝変状も、すべては解体される可能性を免れない。しかも、有限な身体としてのあなたには、あなたよりも強く、あなたを粉々に打ち砕くような外的な力の制圧に苦しめられる可能性がある。だが〈神〉すなわち〈自然〉という永遠の実体に同調することで、あなたは平静さのもとに、こうした苦しみを耐え忍ぶことができるようになるだろう。あなたには希望もおそれもなくなるだろう。なぜなら、あなたは、有限なものにたいする情熱的な愛ではなく、〈神〉のもつ知的で内省的な〈自然〉に導かれることになるからだ。こうして、スピノザは最高善としての純粋な観想を探求すべきだと主張する。私たちは情熱の対象すべてが失われてしまうという事実からは逃れられない一方で、喪失を苦しみに変える情念を取り除き、永遠という立脚点から(sub specie aeternitatis) 世界を観想することで、心の平安に到達できるという。

ここでスピノザが明確に示しているヴィジョンを、永遠にたいする宗教的な切望と呼ぶことにしよう。この切望は、超越的な死後の世界のヴィジョンに限定されているわけではなく、完全な心の平安を達成するという内在的な理想にもかかわっている。ここで私は、喪失による苦痛を免れた状態という理想像を宗教的なものとして定義することにする。多くの宗教的な理想像には、救済への道のりに必要な段階として痛みと苦しみが含まれているが、最終目標は、傷つく可能性を免れることだ。私は、そのような赦免は達成できないのみならず、私たちの努力に値しない目標であると主張したい。なぜなら、それは私たちを突き動かしている気づかいを取り除いてしまうからだ。赦免を超越的だと捉えるにせよ、内在的だと捉えるにせよ、そのために私たちは、有限な生へのコミットメントを放棄する必要がある。赦免を達成すれば、私たちは、死すべき存在を目的それ自体としてではなく、苦しみを終わらせる手段としてしか愛することができなくなる。かりに、苦しみを免れられたとしても——永遠という立脚点から世界を見ているとなれば——、私たちには他人の生死のことなど、もはやどうでもよくなってしまうだろう。というのも、私たちにとって、喪失と見なせるほどの価値をもつ出来事がなくなってしまうからだ。ゆえに、永遠であることは望ましくなく、永遠という立脚点は理解不可能である。なぜならそれは、世界への関与を可能にしているあらゆる実践的なコミットメントの形態を、取り除いてしまうからだ。

しばしばスピノザと並べられる思想家であるフリードリヒ・ニーチェの議論と私の議論とを比較することが役に立つかもしれない。実際、彼は世俗的信の力学をあと少しで捉えられそうだった。ニーチェの宗教的信仰にたいする批判は、「神は死んだ」という、永遠の生や永遠の存在を信じることへの不信感を示した彼の有名な箴言に還元されるべきではない。むしろニーチェの議論で重要なのは、神の死を悪しき知らせとして受け取るべきではないということなのだ。ある人が永遠の生がないことを嘆くとき、心のなかでは永遠の生が実現されることはないと思っているとしても、この人はまだ宗教的な理想に支配されている。これとは対照的に、ニーチェは苦しみや喪失を免れた永遠の生の価値の価値転換を試みる。ニーチェは、永遠の生や永遠の存在という理想を認めることは悪質だと強調している。というのも、これによって、時間内的で有限な生へのコミットメントの価値が切り下げられてしまうからだ。苦しみや喪失は、至福や逃れがたい不運の境遇にいたる道筋に必要な段階であるだけではない。それはむしろ、生を生きるに値するものにする何ものかにもともとそなわっており、その一端を担っているのである。(13)

とはいえ「苦しみは私が望む生の一端だ」ということと、「私は苦しみを望む」ということには決定的な違いがある。ニーチェのもっとも深い洞察は、第一の定式に忠実だが、彼はたえず第二の定式を受け入れる誘惑に駆られており、それによって、みずからの洞察をつかみ損ねている。たとえば、ニーチェは、きまって運命愛（amor fati）を擁護する。愛は非常に「強靭である」がために、それがどれほどの苦しみをもたらしたとしても、ひとは、起きた出来事を恨むことはないという。「ひとは差異など望まない、前にも後にも進まず、永遠にやすらうことも望まない」(14)。だが同様に、人はもはや苦しむこともないだろうという。なぜなら、苦しむとは、起きた出来事にたいして抗い闘うことだからだ。ニーチェによる生の「強靭さ」や死の「迎え入れ［embrace］」の理想化は、彼が肯定しようとしている苦しみの条件そのものの否定に行きつく。ニーチェの主張しようとする方向性に反して、死すべき生は死を迎え入れることを必然的に伴ってはいない。死すべき生は、死に対立し、抵抗し、死をできるかぎり先延ばしにしようとする。だが、死すべき生は、本質的に死に結びついているために、それが対立するものに本質的に縛られているのである。

死すべき生を信じ続けることとは、いかなる強靭さによっても最終的には克服できない痛みに傷つきうる状態であり続けることなのだ。死の必然性は、生を有意味にするものに本来的にそなわっているが、また、それは、生の意味を失わせ、生を耐えがたいものにもする。重要なことは、この傷つきうる状態を克服することではなく、この傷つきうる状態が、私たちの生がなぜ大事なのか、私たちが気づかうのはなぜなのかの理由の一部を、本質的に担っていることを認識することなのである。

III

世俗的信は、いかなる形態の気づかいにとっても理解可能性の条件である。何であれ、それが大事なものとして理解可能になるには——それが争点となるには——、その有限な誰かや何かに、かけがえのない価値があるということを、私たちは信じていなければならない。この世俗的信——永遠にたいする宗教的な切望は、この信を手放そうとする——は、生き続けている誰かや何かにたいして抱く気づかいによって表される。世俗的信は、コミットメントや関与の可能性の条件ではあるが、それは私たちを精神的な打撃や深い哀しみにもさらす。

世俗的信のもっとも根本的な形態とは、生が生きるに値するものだと信じることである。これは、あらゆる形態の気づかいにもともとそなわっているものだ。自分自身の生や他者の生を気づかっているとき、私たちは、必然的に生が生きるに値することを信じていなければならない。これは信の問題である。というのも、私たちは、生が生きるに値することを、それに必然的に伴うあらゆる苦しみにもかかわらず、証明することができないからだ。生が生きるに値することは、論理的な演繹や合理的な計算では証明できない。むしろ、生が生きるに値するという信が、私たちの生が耐えがたく受け入れがたいように思われるときでさえも、私たちを維持してくれる。さらに言えば、私たちは生が生きるに値すると信じているからこそ、そもそも私たちの生が耐えがたく受け入れがたいものとして立ち現れることができるのである。生が生きるに値すると信じていなければ、その生を充実したもの、あるいは耐えがたいものとして経験することはできない。というのも、そう信じていなければ、私たちは、自分の生の質に関心などもたず、何が起きても動じないだろうからだ。

　気づかうという私たちの基本的な能力も、世俗的信に依拠している。世俗的信には、相互に関係する三つの側面があり、これは気づかいの力学においては不可分だが、分析的には区別可能である。

　第一に、世俗的信とは実存的なコミットメントである。生が生きるに値すると信じることは、なんらかの生命力によって引き起こされるのではなく、生の脆く壊れやすい形態へのコミットメントによって構成されている。私たちがコミットしている生の形態は規範的なものだ。なぜなら、私たちは、何者であるべきか、また何をなすべきかについての考えに照らして、生を営んでいるからだ。私たちの生の形態への実存的なコミットメントは、自己保存の欲動に還元できるものではなく、それはもっとも利他的な行為までも条件づけている。私の生を他人に捧げるのは、その人の生に生きる価値があると信じているからであり、その生の維持にコミットしているからだ。同様に、ある大義のために、私がみずからの生を犠牲にするのは、私がその重要性を信じており、歴史のなかでその目的達成の手助けになろうとするからである。ある生の形態への実存的なコミットメントは、そもそも気づかいを条件づけているのだ。私が生きる価値があると信じていなければ、過去の記憶やよりよい未来のために闘おうという気持ちになることはまずないだろう。

　第二に、世俗的信とは、必然的な不確実性である。誰かや何かにコミットするなかで、私は、未来や、自分が頼りにしている人たちを信じていなければならない。他人が何をするのかは、私には確かではないのだから、私は信にもとづいて他人とかかわらざるをえない。信は他人と関係をもつ——他人を信頼する——という肯定的な機会を与えてくれるが、それはまた、欺きや裏切りといった否定的な脅威にも開かれている。これと同じことが、未来にかかわるあらゆる関係についても当てはまる。何が起こりうるのかは、私には確かではないのだから、未来を信じるしかない。世俗的信は、自分に未来があること——コミットすること——の可能性を印づけてはいるが、同じ理由で、未来を信じることに必然的に伴う危険もあり、それは私の希望を打ち砕き、私が身を捧げているその信念を挫いてしまうかもしれないのだ。

第三に、世俗的信の不確かさは、動機づける力となる。ある生の形態を信じ続けるなかで――それは人へのコミットメントをつうじて現れることもあれば、企図や原理へのコミットメントをつうじて現れることもある――、私は、信の対象の不確かさを信じなければならない。継続する誰かや何かの生にコミットすることは、それが自明なものではありえないという私の感覚と切り離せない。ある生の形態の維持においては、いかなるものであれ、それが争点となるには、喪失のリスクが見込まれていなければならない。喪失にさらされなければ、何かを気づかう衝動にも駆られない。なぜなら、気づかう行為を動機づけるリスクが生じないだろうからだ。ある人や企図、あるいは、ある原理を信じ続けずにはいられないことの一端には、それが失われたり損なわれたりする可能性があるという私の不安があり、それゆえにこそ、私の信が必要とされるのである。

世俗的信は、私たちが守りたいものとの関係と、私たちが成し遂げたいこととの関係の双方に活気を吹き込む。気づかうなかで、私たちは、自分が所有し維持しようとしているものだけでなく、みずからが所有してもいなければ成し遂げようとしてもいないことにも身を捧げることがありうる。後者の場合にも、世俗的信の三重の力学が作動している。私たちの未来への信は、実存的なコミットメントを表している。私たちは、他でもないその可能性の探求にコミットする。このコミットメントには、世俗的信につきものの不確実性が必然的に伴っている。なぜなら、私たちは身を捧げている可能性を探求するなかで、失敗や喪失のリスクを負うからだ。しかも失敗や喪失のリスクは、コミットメントそのものを動機づける力に本来的にそなわっているものである。私たちが行動する意欲をもつには、可能性は決定的に与えられるのではなく、私たちの関与をつうじて維持される必要があることを、私たちが信じていなければならない。

つまり、喪失のリスクは、世俗的信の力学の本質的な一端を担っている。実存的なコミットメント――政治的な変革や親子関係、芸術的な創作など――を信じ続けることは、つねに喪失の可能性とともにある。なぜなら、私たちが信じているものがなくなってしまうかもしれず、あるいは一度も実現しないこともありうるからだ。それゆえに、つねに存在し続け、けっして失われることのない誰かや何かを信じることが、なによりも望ましいコミットメントだと考える人もいるかもしれない。この永遠という理想――それはさまざまな形態をとりうる――は、私が宗教的信仰の形態と呼ぶものに見られる共通項なのである。

宗教的という形容詞を(名詞の宗教ではなく)強調しておこう。なぜなら、私が標的としているその理想は、制度化された宗教という特定の形態に限られたものではないからだ。まして私の宗教的信仰にたいする批判は、超自然的な神や、世界の創造主、あるいはあの世の存在にかんする信仰に限定されてもいない。少なくともある主要な世界宗教（仏教）は、なぜ世界が存在するのかを説明しようとする超自然的な神や宇宙進化論を奨励してはいない。さらに、ある仏教の形態では、切望すべき最高の到達点――涅槃――が、あの世にいる状態ではなく、むしろいまここに存在する仕方であるということが強調されている。だがいずれにせよ、涅槃に達するとは、有限性の時間と苦しみから「解放される」ということだ。涅槃に達した人は、いかなる喪失にも苦しむことがない。なぜなら、その人は、すべての有限なものから切り離されているからだ。それゆえに、涅槃という仏教の概念――それが世界に存在するものの内在的な涅槃として構想されているのか、あるいは生を超えた超越的な平安として構想されているのかはさておき――が、永遠という宗教的な理想と一致していることは明らかである。世俗からの離脱を擁護しない宗教的教説であっても、世俗的な企図は、永遠に従属していなければならないか、あるいは永遠にいたる道のりでなければならないと説く。アウグスティヌスは『告白』でこう強調している。「それらの魂があなたに心地のよいものならば、その魂を神のもとで愛しなさい。なぜなら、魂そのものは変わっていくものなのだから」〔4:12、『告白Ⅰ』山田晶訳、中公文庫、二〇一四年、一七六頁〕。ある人が死すべき存在を愛し、世俗的な企図にコミットするとしても、その存在を目的として愛着をもつべきではなく、むしろ、その存在をつうじて永遠なるものを愛すべきだというのだ。

ならば、私が宗教的信仰と呼ぶものは、私たちを世俗的信から改宗させようとする試みによって特徴づけられていることになる。というのも、この信こそ、取り戻しようのない喪失にたいして私たちを傷つきうる状態にするからだ。宗教的信仰をもつことは、生という脆く壊れやすい形態にたいする世俗的信を手放すことである。宗教的信仰の考えでは、私たちの究極的な目的は、私たちに共有された有限性を超越することなのだ。その結果、この生の価値が切り下げられ、この生が存在の過渡的な状態であり、そこから私たちは救済されねばならないと考えられるようになる。これとは対照的に、私が示そうとしているのは、世俗的信を所有し、私たちの唯一無二の生へのコミットメントを認めることによって開かれる変革の可能性に関与することには、どのような意味があるのかということなのである。

Ⅳ

私の議論の争点を、チャールズ・テイラーの画期的な著書『世俗の時代』に関係づけることで、明確にしてみたい。世俗性の台頭をめぐるテイラーの哲学的かつ歴史的な見解を動機づけている問いは、私の見解にとっても重要なものだ。その問いとは、テイラーが世俗の時代と呼んでいるこの現代にとって、信の条件とは何かというものである。世俗性の既成概念（テイラーの出発点となっているもの）は、主にふたつの現象を指している。第一に、世俗性が指しているのは、公共の領域と理性の公共的使用から宗教が撤退していることである。たとえば、政治における熟議は、宗教的信仰に依拠しない公共善の考えに照らして正当化され、科学的探究は、宗教的信念を脅かしかねないときでも奨励される。宗教的なドグマは、もはや公共的な生において権威的な根拠として受け入れられておらず、私的な信仰の問題とされている。第二に、世俗性は、宗教的信仰そのものの衰退を指している。より多くの人が、宗教上の教えを実践しなくなっているということだ。

テイラーの重要な貢献のひとつは、彼が世俗性の第三の側面を明確に述べたことにある。世俗の時代を生きることで、宗教的信仰をもち続けている人も信仰の条件を変化させられる。テイラーは、次のように述べている。

私が定義し追跡したいのは、実質的に神を信じないことが不可能な社会から、忠実な信者にとってさえも、信仰が複数ある人間の可能性のひとつにすぎない社会へと私たちを連れていくような変化である。私にとっては、信仰を捨てることになることなどおよそ考えもつかない。だが、信仰をもたない人もいるし、そのなかには自分にとても考えが近い人もいるかもしれない。そのような人たちの生き方を、堕落的で思慮に欠けるとか、無価値で（少なくとも神や超越的なものへの）信仰を欠いているなどと無碍に退けることなどできない、というのが本音である。神への信仰はもはや公理のように自明ではないのだ。選択肢は他にもある。(15)

（「実質的に神を信じないことが不可能な社会」という前提を伴った）テイラーの歴史叙述を疑問視する人もいるかもしれないが、宗教的信仰にたいする風当たりが強くなっていることについて、彼は本質をついた議論をしている。かつては、無神論者でいることは不可能ではなかったが、無神論者であることを公けにするのは非常に難しかった時代があったし、アメリカでは今日にいたっても、少なくとも選挙に立候補しようとするときには、そう公言することはいまだに困難である。世俗的な社会に生きることは、このような宗教的信仰というヘゲモニーに圧力をかける。その理由は、世俗的な社会によって、信仰を異にする人たちと親しく付き合いながら生活し、協力しあうようになるからだけではない。かつて宗教の手中にあった領域が、宗教なしに機能し繁栄することが示されているからでもある。宗教的権威を参照することなく公共の利益が決定される社会――そして、自然科学が、世界について宗教的主張と相容れない説明を与える社会――では、宗教的信仰は、もはやかつてと同じ仕方ではみずからを正当化できない。

たしかに、信仰の条件が変化したことを否認し、政治や科学、またその他の公共的な生の諸領域において、宗教的権威をあらためて主張する人々は多い。このような宗教的原理主義は、科学的な知によって虚偽を暴こうとする、いわゆる新無神論者の主要な標的となっている。だが、宗教を信じる人々の多くは、自分の信仰がその知と競合しているとは考えない。科学的な探究や民主主義的な多元主義を受け入れつつも、宗教的信仰は、生にそなわった精神の形や生の深遠な意味にとって決定的に重要だと信じている。このような意味での宗教に向き合わない無神論は、信仰にかんする根強い考え方を変革できないだろう。宗教的信仰をもたない人でも、その多くがそのような信仰がもてれば、素晴らしく、また有益だろうと思っているという。この態度をダニエル・デネットは、神への信を信じることとして記述した。「そのような人は神を信じていないにもかかわらず、もしそうできさえすれば、神への信仰とは素晴らしい精神状態なのだろうと考えている」(16)。宗教的権威が社会を組織することや、科学にたいする法的な規制を断念して以来、(宗教的な主張の真実性よりも)宗教的信仰の実存的な価値を信じることが、世俗の時代の宗教を擁護する主要な防衛線になっているのである。

テイラーは示唆に富んだ事例である。なぜなら彼は、実存的な意味で明示的に宗教を擁護しているからだ。無神論者と宗教的信仰とのあいだに対話の空間を創出しようとして、テイラーが次の点を強調するのは正しい。つまり、最初からそれぞれの立場を「対抗する理論」とみなすべきではなく、むしろ「あなたの生をなんらかの手立てで理解することにかかわっている、さまざまな種類の生の経験に目を向けること、つまり、信仰者として生きること、あるいは、信仰なしに生きるとはどういうことなのかに目を向けるべきなのだ」(17)。ここでのテイラーの論点は、所与の生に活気を吹き込むものとしての「充溢性(fullness)」という概念である。テイラーがこの語彙で指しているのは、全うされた生という考え方が何を意味するようになるかということだ。テイラーはこう説明する。

どんな人やどんな社会にも、人間の繁栄とは何かという問いについての考えがあり、それに従って生きている。満ち溢れた生を構成するものは何か、生を生きるに値するものにさせるのは何なのか。私たちは人々の何を、それほどまでに敬愛するのか。私たちはみずからの生にあって、これらの問い、またそのような問いにかかわる問いを発せずにいられない。そしてそれに答えようとする闘いが、私たちの従おうとする見方を規定しているのである(18)。

充溢性には宗教的信仰に依拠しない多くの考え方——生きるに値する生についての多くの見方——があることを、テイラーはよく心得ている。世俗の時代の特質のひとつとは、宗教的信仰がなくとも、社会的正義やコミュニティの形成、豊かな生活の理想像へのコミットメントが発展し、そのために闘い、それらが維持されているということだ。だが、テイラーが力説するところによれば、充溢性の世俗的な概念は、究極的には満ち足りた生にいたることはできない。宗教的な意味での充溢性を参照せずにみずからの生を規定している人は誰であれ、本質的なものの欠如を経験することになるという。というのも、(テイラーによれば)人間には「生を越えた何かに応答しようとする根絶不可能な性向」、いわば「生を越えた」絶対的な「善」にたいする「抑えがたい欲求」があるからだ[19]。

ならば、テイラーにとって、宗教的なものは、時間や有限性を免れた充溢性を参照することで、人間の生を方向づけている他の形態とは一線を画しているということになる（彼の主要な例は、キリスト教の永遠の生の観念と仏教の涅槃の概念である）。宗教的な展望では、有限な生の繁栄が最高善ではない。むしろテイラーが論じているように、最高善という宗教的な概念は、絶対的な充溢性――あるいは仏教では絶対的な空――に訴えるのであり、それは有限の生の繁栄とは「無関係」に、それを「越えて」保持されている[20]。もちろん、これは宗教的展望から生に与えうる唯一の定義ではなく、他にも多くの定義があり、その個々の関連性は、ひとが介入するコンテクストに依拠している。私がテイラーの定義に焦点を当てるのは、それが、私の問題としている発想にとって必要不可欠だからだ。その発想とはつまり、人間には「宗教」や「宗教的なもの」と呼ばれる何かが本質的に必要であり、世俗的な生がその必要を満たそうとしても無駄に終わるというものだ。このような発想を擁護するには、共同体の感覚を与えたり、一連の伝統に従って人間の生を組織したり、あるいは倫理的な価値観にもとづいた行動を動機づけるといった宗教のもつ力に言及するだけでは足りない。というのも、このような特徴は、宗教的実践とその他多くの社会実践とに共通しているからだ。私たちは、宗教的信仰に訴えずとも、共同体を形成し、倫理的な価値観を育み、政治的なコミットメントを高めることができる。だが、世俗的な生の形態がけっして約束できないことがひとつある。それは永遠の生、あるいは永遠の存在の状態である。のちに見るように、テイラーの議論のロジックがもっとも明確に現れるのは、彼が充溢性への宗教的な欲望を「永遠への欲望」として定義するときである。私たちに永遠の生への根本的な欲望があると仮定するなら、その帰結として、世俗的な充溢性の形態――それは有限な生の形態に結びついている――には欠落があり、本来的に私たちの欲望を満たせないことになるだろう。

テイラーが挙げる主な例は、愛する人の死の経験である。フランスの歴史家フィリップ・アリエスの著作――現代の信仰についての社会学的研究でもある――に依拠しながら、テイラーは、愛する人を失うことが、世俗の時代においてもっとも耐え難い経験なのだと強調する。

> 重要なことは、今日における死というものに顕著な特徴、いわば死をめぐる主なドラマが、愛する人との離別であるということだ。アリエスは、かつては必ずしもそうではなかったということを示している。中世後期と近代初期において重大な問題は、死にゆく人がまもなく最後の審判に直面するということだった。さらにそれ以前は、まだ死者は、ある意味、生者と同じ共同体のようなものにいた。アリエスが「私たちの死」「私の死」「あなたの死」とタイトル別に時代を区別しているのはそれゆえである。〈地獄〉の存在が薄らいだからというだけでなく、愛情関係が私たちの生の意味の中心に

なっているからこそ、私たちはあなたの死に、これまでにない不安を抱えて生きているのである。[21]

ここで与えられている歴史的な説明の詳細を疑問視する人もいるかもしれない。たしかに、近代の到来以前でも、あなたの死は鮮烈で深い痛みを伴ってはいた。それはホメロス以後の文学史についての読解が証言してくれるだろう。しかしながら、重要な点は、明示的に世俗的な時代において、愛する人を失う痛みや不安がより強力に現れているということだ。問題は、永遠という宗教的概念が、喪の経験と向き合えるのか、また慰めを得られるのかどうかである。テイラーはこれを当然としており、永遠の生からの信仰の撤退を嘆いている。「ここには空虚と深い困惑の感覚がある」とテイラーは主張し、永遠にたいする信仰の欠如を「私たちが葬儀でしばしば気後れし、遺族にかけることばが思い浮かばず、しばしばできるだけこの話題を避けたいという気持ちになる」[22]理由として例示している。さらに彼はこう示唆する。「宗教を実践していない人々でさえ、宗教式の葬式に頼る」のは、「それを信じているかどうかはさておき、少なくとも、そこに永遠への欲求を満たす言語があるからなのだ」[23]。愛する人への愛や手放すことへの抵抗は、永遠への宗教的な欲望の証左となるものだろう。なぜなら「愛とはその性質上、永遠を求めるもの」[24]だからだ。

この議論の争点を理解するにあたって、テイラーが時間と永遠の関係をどのように明確化しているのかについて、立ち止まって考えてみる価値がある。テイラーは「世俗的時間」という概念を、本質的には相互につながりのない瞬間のたんなる継起に還元している。これとは対照的に、「時間を集めること」――過去を把持しながら未来へと投企すること――は、テイラーの表現を借りれば、私たちの「抑えがたい永遠への渇望」である。[25] テイラーは、私たちの時間の収集の形態が絶対的な永遠の充溢性にけっして到達できないことを認めている一方で、そのような充溢性は目標だと主張する。テイラーは、永遠が存在の無時間状態としてではなく、むしろ集められた時間の瞬間への凝集として理解されるべきだとする。「神は永遠なり」とは、「時間の廃棄ではなく、時間を瞬間に凝集することなのだ」[26]とテイラーは論じる。

テイラーによる区別は、これまで多くのキリスト教の思想家にも立てられてきたが、これは見かけ倒しのものにすぎない。時間を廃棄することと、集めて瞬間に結実させることとのあいだに、理解可能な差異などありはしない。時間が瞬間に集められ瞬間に結実させられるなら、時間は存在しないことになる。というのも、瞬間は未来に道を譲ることもなければ、過去になることもないからだ。むしろ、すべてが現前しているということは、なんらかの出来事が生じる時間も存在しないということである。なぜなら、生じうるすべてのことは、すでに永遠の〈いま〉に内包されているからだ。テイラー自身が強調するように、神の永遠性においては「神にはすべての時間が現前しており、神はそれらの時間を、みずからの延長された同時性において保持している。神の〈いま〉はあらゆる時間を内包している」[27]。そのような永遠の〈いま〉は、時間を「集める」どころか、むしろ、あらゆる意味で時間を取り除く。神の永遠の現前と生の時間を保持しようとする私たちの試みとのあいだには、いかなるアナロジーも成り立たない。永遠の〈いま〉は、私たちの経験を集めて私たちを生かすどころか、私たちから過去と未来を奪ってしまうだろう。私たちの生の時間は瞬間に還元され、私たちには生きるべき生がなくなってしまうだろう[28]。

ゆえに、永遠と生き続けることとを区別することは、決定的に重要である。私たちが愛する人の生が続くことを望むとき、私たちはその生の永遠性ではなく、その生が続くことを望んでいる。同様に、私たちが「時間を集め」て有意味な関係のネットワークへと結実させるとき、私たちは「永遠を渇望している」のではない。テイラーの議論を基礎づけているのは混同である。その混同は、私たちが生き続けるという世俗的な形態を切望しているときに、宗教的な永遠という形態を切望しているかのように見せてしまうのだ。時間の世俗的な経験を、個々の瞬間の連続に還元することはできない。それどころか、あらゆる時間の経験は、過去の把持と未来への投企に依拠しているのだ。これが、生き続けるということの最低限の形態であり、あらゆる形態の「時間を集めること」の前提条件である。生き続けるという形態は、過去と未来を結びつける――私たちの生を持続させ、維持する――ことを可能にしてはいるが、時間を永遠の現在の同時性に還元することは原理的にでさえ不可能である。むしろ、生き続けることとは、いまはなき過去との関係や来たるべき未来との関係を維持することだ。生き続けることの形態は、私たちのコミットメントを支えている――私たちが愛するものを守り、私たちの大事なものを結びつけてくれる。だがそれはまた、結びつける活動に本来的にそなわっている脆さや壊れやすさを印づけてもいるのである。

また、あらゆる愛の絆の脆さや壊れやすさは、私たちがみずからの愛を信じ続け、私たちの生を結びつけることがなぜ大事であるのかということの、内的な理由の一端を担っている。テイラー自身の説明から明らかなように、愛の本質は喪失しうる関係を維持することにあるのだから、永遠よりもむしろ生き続けることへのコミットメントを表している。テイラーは、こう指摘する。「深い愛は生の移ろいやすさに抗って存在し、口論や心変わり、誤解や悔恨などによる決裂や離散にもかかわらず、過去と現在を結びつける」[29]。互いを愛するとは、私たちを引き裂こうとする力にもかかわらず、ともに生き続け繁栄することに身を捧げることである。実際、生き続けるという時間性は、まさに充溢の経験に作用しているが、愛における幸福の絶頂の瞬間――分かち合った生の質的経験を集めて深めること――が、ひとつの瞬間に内包されることはない。なぜなら、その瞬間は意味のネットワークに結びついており、分かち合った過去の記憶と未来の予期へと延長されているからだ。テイラー自身、こう強調している。「もっとも深く強力な類の幸福は、瞬間にあってさえ、ある種の意味を与えられる」。ゆえに「ともにあった生を振り返るとき、かつての幸福な瞬間、陽光の降り注ぐ旅の想い出は、別の年の想い出や別の旅に溶け合い、現在の幸福な瞬間に蘇っているかのように思われた」[30]。

テイラー自身の説明によれば、愛の経験は、同時的な現前には還元できず、あらゆる所与の瞬間を越えた過去と未来に開かれている。にもかかわらず、テイラーは、ともにある生を引き延ばしたい――愛するものを集めて保存したい――という欲望と、仮定された永遠への欲望を執拗に融合させようとする。次の引用を見てほしい。ここでは兆候的なことに、生き続けることにたいする切望が永遠への切望として曲解されている。

すべての喜びは永遠を求めようとする。なぜなら、喜びが続かなければ、その意味が損なわれてしまうからだ。［…］ただ記憶を心に刻むだけでも、その時を存続させ続けることになる。さらにその時について書いたり、それを芸術作品に変えたりすることができれば、それ以上のものにもなるだろう。芸術はある種の永遠を切望している。それは未来の時代に語りかけることを切望しているのだ。だが永遠に劣る様態、永遠の代替物もある。永遠なるものを血族や部族、社会や生活様式といったものにすることもできるだろう。そして、あなたの愛とその愛から生まれた子供たちは、この連鎖のなかに自分の場所をもっている。つまり、あなたが部族や生活様式を保存し、さらには拡大するかぎりにおいて、あなたはそれを受け渡したことになるのだ。このようにして、その意味は継続される。

このことは、私たちの手に入るものが、永遠の劣化した形態にすぎないにせよ、喜びが永遠を求めるとはどういうことなのかを端的に示している。高度に個別化した現代人の私たち個人にとって大事なものは、私たちが一般に与えたインパクトのなかで次第に失われていくとしても、喜びが永遠を求めるとはどういうことなのかを示している。そして当然のことながら、この永遠は本当に忘れられてしまった人々や、功績を残さなかった人々、呪われた人々、排除された人々を保存してはくれない。この恩を知る後世という「永遠」には、全面的な復活はないのだ[31]。

ここでのテイラーの想定は、私たちが何かを存続させようとしているとき、私たちは永遠を求めて努力しているというものである。だがそれは誤った推論だ。私たちが何かを存続させようとしているとき、私たちはそれを永遠に帰そうとしているのではなく、質的な意味でより長い時間持続させようとしている。つまりその何かを未来のために――私たちにとって大事な人々や企図、また次世代のために――生き続けさせようとしているのであって、永遠のためなのではない。記憶をつうじて、私たちは、貴重な幸福の時間を引き延ばし「その時を存続させる」ことができる。芸術的な創作や子育てをつうじて、私たちは、自身の死を越えて、みずからの遺産を生き続けさせることができるのであり、他者とかたちづくる共同体、政治的なコミットメント、持続可能な社会を気にかけることをつうじて、私たちは、みずからの生の期間をはるかに越えて、目的意識を拡張できるのである。これらの挑戦は永遠へと方向づけられているのではなく、生き続けるという形態へのコミットメントを表しているがゆえに、その有限性が考慮されざるをえない。記憶はあてにならず、いつか消されてしまうかもしれず、芸術作品は忘却の淵に沈み、朽ちてしまうかもしれない。未来の世代が存在すること自体、けっして保証されてはいないのだ。

充溢にたいする宗教的な欲望という概念に続いて、テイラーは、これらの生き続けるという形態はすべて「永遠に劣る様態」あるいは「代替物」だと主張する。私たちが情熱的に「その時を存続させ」ようとする——みずからや他者の生を存続させようとする——とき、私たちは永遠を求めていると想定すべきだというのだ。というのも、時間内的な生は「代替物」にすぎないからである。こうして、テイラーは、有限な生の継続と繁栄にたいする欲望が、永遠にたいする欲望を必然的には伴っていないということを無視してしまう。私たちが自分自身や他人の生、私たちの社会の生を引き延ばそうとするとき、私たちは——生き続けるために——ある特定の時間の限界を乗り越えようとしているのであって、時間の条件そのものを超越しようとしているのではない。永遠は、私たちの生き続けたいという欲望を満たすどころか、私たちが維持したいと望んでいるその生を奪ってしまうのである。

同じ理由で、永遠の生が、あなたの死の経験において、私の嘆いている喪失を癒すことはできない。このことをテイラーは、世俗の時代における中心的な問題として強調している。実際、テイラーが癒しになりうると想定してもちだしてくる宗教的な永遠の概念（仏教の涅槃やキリスト教の永遠の生）には、愛する人を返してくれるそぶりすらない。死を免れない愛する人への愛着は支持されるどころか、むしろ涅槃に入るために、失われうるすべてのものからの解脱が要求されるのである。同様に、天国にやすらうとは、生を愛し、地上で愛した人と生をともにすることを追求するのではなく、その愛を神に向けることなのだ。「復活において結婚したり、結婚している状態であることなどない」とは、イエスの教えである（『マタイによる福音書』22：30）。

このように、永遠をめぐる宗教的な言語——テイラーによれば、葬儀で感じられる深さや安らぎとも共鳴しているはずのもの——は、実際には、私たちの強く望んでいるものを捉えておらず、私たちが死を悼んでいるときに感じる気持ちを表現してもいない。テイラー自身が証言しているように、「私たちの何にもまして強い感情に語りかけてくれるような死の儀式」を見つけることは難しい。だが、テイラーは、宗教的な儀式を必要だと考える想定そのものに当の原因があるのかもしれないとは、けっして考えない。私がこの数年間で参列した世俗的な葬儀——愛する人を失った哀しみは痛ましいばかりだった——に、テイラーが宗教的信仰を欠いた葬儀につきものだという気まずさや気後れは、もちろんなかった。むしろそのような葬儀には、有限な生のかけがえのない価値にたいする世俗的信の表れが深く感じられる空間があった。それはその生の喪失から受けた精神的な打撃の表明にとどまるものではない——それは失われた生の生きた過去の価値にたいする信の表明であり、またその価値を私たちが未来へと携えていくことにたいする信の表明でもあったのだ。

V

死者の埋葬は、世俗的信の根本的な形式だとみなされてよい。埋葬という行為——故人に敬意を表する形式として理解されうる行為——をつうじて、私たちは、取り戻しようのない生の喪失と、この生にたいする私たちの変わらぬ信を認識する。私たちは、死者を想起し、敬意を表し、もはや存在しない人たちにたいする責任をみずから認め続けるというコミットメントを表明する。死者は私たちのなかで、私たちをつうじてしか生き続けることができない。私たちがみずからの行動をつうじて、あるべき自分の姿の一部として死者を引き受けるかぎりにおいて、死者は生き続けることができる。死者は生き返れない——取り返しようもなく死んでいる——からこそ、私たちは、死者にたいして責任を負っているのである。だからこそ、喪失の痛みそのものを、忠誠の形態として経験できるのだ。私があなたを愛しているなら、あなたの死を目の当たりにするとき、私は喪失感に打ちひしがれるべきである。この意味での責任とは、世俗的信という立脚点においてのみ理解可能なものだ。というのも、この信は、死すべきものとして認識されている生に捧げられており、その生が死を免れないからこそ、この信は私たちに要求を突きつけてくるからだ。

永遠への宗教的信仰は、弔いの尊厳やパトスになにも付加しない。それは喪失感を軽減することによって、弔いから差し引くだけである。このことは、公けに宗教的信仰を認めている人々が死を嘆かないことを意味しているわけではない。彼らが死を悼むかぎり、その弔いは、永遠への宗教的信仰よりも、むしろ有限な生の、かけがえのない価値への世俗的信に突き動かされているのである。かりに、あなたが、本当に永遠の存在を——永遠の生により価値があるのだと——信じているのなら、有限な生の喪失を嘆く理由などないはずだろう。だから、仏教はこう説く。完全に悟りを開いた人は、過ぎ去る生に執着する欲望をすでに滅しており、弔いや喪失の痛みを超越していると。キリスト教の創始者たちも同様の論理を説明している。聖アウグスティヌスは、自分の母親の死をめぐって、死すべき生の喪失を嘆くことがあってはならないと力強く主張している。彼は涙をこらえることができなかったとき、みずからのむせび泣きを罪ある行為として糾弾した。マルティン・ルターは、一五四二年、娘のマグダレーナの死に際して、「霊にあっては歓喜し、肉体にあっては悲しむ」と述べ、娘の葬儀後、集まった信徒たちに「キリスト教徒である私たちは死を嘆いてはならない[32]」ことを強調している。

みずからの宗教的信仰を真摯に受けとめている人は、その信仰がどのように弔いの経験を突き動かしている世俗的信と対立するのかを経験することになるだろう。このことを、ルターの例は明らかにしている。ルターは、娘の死によってその霊が歓喜すると宣言しながらも、「肉体は頑として服従しない。なぜなら、その別れはあまりに深く私たちを悲しませているからだ[33]」と証言しており、私たちの胸を打つ。ルターは友人のユストゥス・ヨナスに宛てて、彼も妻もマグダレーナの死を神に感謝すべきであるのに、そのような感謝の気持ちを抱くことができないと告白している。

私も妻も、そのような幸福な旅立ちと寵愛を受けた生の終わりに、歓喜をもって感謝せねばならない。これによってマグダレーナは、肉体の束縛から逃れられたのだ。だが、私たちに生来そなわった愛はあまりに深く、心のなかで涙にむせび悲嘆にくれ、私たち自身が死を経験せずにはいられない。そうせずには感謝することができないのだ。あの顔立ち、生き、そして死にゆく娘の言葉と動きは、私たちの心に深く刻まれている。こうしたすべてを取り去るはずのキリストの死でさえ[…]そうすることができない[34]。

ここでルターは、有限でかけがえのない生の価値へのみずからの世俗的信を告白している。生き、そして死にゆく娘の顔立ちや言葉や動きが、悲嘆を伴って彼と妻につきまとっており、永遠の生の約束もそれを償うことができない。「生来そなわった愛」の力は宗教的信仰の力とは相容れず、後者よりも前者がいかに強いかを、ルター自身が記録している。三年後の一五四五年、ルターは、アンドレアス・オシアンダーに宛ててこう書いている。「奇妙に思われるかもしれないが、私はいまでもその死を嘆いている[…]。娘を忘れることができない。とはいえ、私は娘が天国におり、そこに永遠の生があることを、たしかに知ってはいるのだ[35]」。

ルイスの『悲しみを見つめて』では、同様の葛藤が、より深く詳細に掘り下げられている。この著作が書かれた世俗の時代にあって、この敬虔な信者は、有限な生のかけがえのない価値への信をより自由に表現することができている。ルイスの表現がより豊かであるからこそ、その弔いを突き動かす世俗的信と宗教的な立場の葛藤がより切実に感じられる。ルイスは宗教的信仰の立場にあっては、妻の死後に喪失感を抱える理由がないことを明らかにしている。むしろ彼女の死は、彼を神への帰依へと呼び戻すべきはずのものだ。なぜなら、それは死すべき愛する人にたいする献身よりも優先されるべきものだからだ。

私の前に立ちはだかる実践上の問題はなにもない。私はふたつの偉大な戒律を知っているのだから、それに従って生きればよいのだ。たしかに彼女の死は、実践的な問題を終わらせたのである。彼女が生きているあいだは、実践の上で、私は神よりも彼女を優先させる可能性があった。つまり神の欲することではなく、彼女の欲することを私がしてしまう可能性がありえた。そこに対立があったと仮定してのことだが。いまや残されたのは、私に何をすることができるのかという問いではない。すべては感情や意欲といったものの負荷の問題だ。これこそ私がみずからに課している問いなのである。(36)

だがルイスは――ルターと同じく――この教えを肝に銘じることができない。ルイスはみずから神に帰依し、神秘的合一において神と交わることに高い価値があると信じていると明言する一方で、『悲しみを見つめて』における「感情や意欲といったものの負荷」は、むしろ愛する人と共にいたいと証言し続ける。このような傾向を要約している注目すべき節――本章冒頭ですでに分析した――は、この著作の終わりにいたるまで反響している。そこで、ルイスは、臨終にあるジョイ・デイヴィッドマンと交わした会話を回想する。

彼女がなくなる間際に私はこう言った。「もし許されるなら、私の臨終のときは、きみに迎えにきてほしい」。すると彼女は「許されるなんて!」と言った。「私は職務があって天に召されるのでしょう。でも地獄だったら粉々に打ち破って出てきてあげる」。彼女は自分の言葉遣いが神話じみていることはわかっていたし、そこには喜劇めいた含みさえあった。だが彼女の眼には涙とともに輝きがあった。だが彼女の意志には、神話も冗談もなかったのだ。それはいかなる感情よりも深く、彼女のなかでひらめいていた。(37)

彼女の意志とは、想定される神の意志や天の調和に反しても、死すべき愛する人をつかまえていたいという意志である。この情熱的なコミットメント――手放すことへの抵抗――も、彼女の死にたいするルイスの嘆きや、二人がともにしたことへの献身を突き動かしているものだ。このような愛の観点から見れば、苦しみの源は、離別の痛みだけではなく、彼がいつか苦しまなくなるかもしれないという可能性、つまり、彼女を失った痛みも、戻ってきてほしいという欲望すらも感じなくなるかもしれないという可能性にもある。ルイスは、悲嘆のうちにこう記している。「この運命をたどるのは最悪だと思う。想い出のなかで、私が過ごしてきた愛と結婚の歳月が、私のこの終わらない生を短く区切ったひとつの懐かしいエピソード――休暇のようなもの――になってしまう[…]。こうなれば、私のもとで彼女は二度目の死を迎えることになるのだ。一度目よりもつらい死別ではないか。これだけはごめんだ」。(38)

だからこそ、ルイスが最後のページで、彼と彼の妻を結びつけているその遺志を打ち砕く場面を――宗教的な解決として――提示していることに、なおさら驚かされる。すでに見た臨終の場面とはうって変わって、この書物の最後の数行では、神とともにあるために、妻がみずからの意志を敬虔にも退けたことが称讃されている。「彼女は私にではなく司祭に言った。「私は神との平和のうちにあります」。彼女は私にではなく司祭に微笑んだ。そして永遠の泉に身を向けたのだった」[39]。ルイスがイタリア語で書き残した行――ルイスのこの著作の最後の一文――は、ダンテの『神曲　天国篇』の最終歌から引用されている。英語版では「そして彼女は永遠の泉のほうへ向きを変えた」と訳されている。ダンテの愛したベアトリーチェは、ダンテが天国へとのぼる道案内をしたあと、ここで彼から神の栄光へと身をひるがえして去っていく。こうしてベアトリーチェは至福――神の輝きを見つめるという完全なる喜び――の状態に達する。それはダンテによれば、最終的な欲望の充溢だという。ダンテが強調しているのは、「あの光が私たちに降りそそぐと」私たちはつくりかえられ、「向き直って別の顔を探そうなどと思えなくなる（それは不可能なのだろう）」[40]。このように、ベアトリーチェはダンテが生涯愛した人ではあっても（それはベアトリーチェにとっても同じだった）、ここで想定されているふたりの欲望の充溢とは、もはや互いの方に顔を向き直そうとすら思わない状態である。ベアトリーチェの至福にダンテは存在せず、ダンテの至福にベアトリーチェは存在しない。ここから類推するなら、天国のジョイ・デイヴィッドマンにC・S・ルイスは存在せず、C・S・ルイスにジョイ・デイヴィッドマンは存在しないことになるだろう。ふたりの個々のアイデンティティももはや存在しえないと言ってよい。なぜなら、二人には神の輝きに包まれる以外に何もしようがないからだ。このような宗教的成就は、ふたりの愛や生を突き動かしていた望みを満たすものではなく、むしろ忘却させるものである。彼らは神という歓喜のもとに、文字通り失われる《ロスト》のである[41]。

このように、永遠という展望を迎え入れる宗教的信仰は、分かち合われた有限な生へのコミットメントを維持する世俗的信とは直接的に相容れない。弔う人の立場から見て最悪な――つまり愛する人の不在を気にもかけなくなるような――存在状態が、宗教的な立場では最善なものとして示されるのである。

ここで、次のように反論する人がいるかもしれない。そうはいっても、宗教的信仰のある人の多くは、来世で愛する人と再会するという希望に慰めを見いだしているように見えるし、その慰めを奪い去る理由などないではないかと。もちろん、来世という展望が、喪失という精神的打撃を与える経験に立ち向かう助けになるなら、それはそれとして尊重されてもよいだろう。だが、ここで気づいておきたいのは、この議論そのものが世俗的なコミットメントにもとづいているということだ。というのも、この議論は、どのようにすれば人々が生き続けるための慰めを見いだせるのか、ということへの気づかいに動機づけられているからだ。これによって、この議論は永遠にたいする宗教的信仰を、時間内的な生の維持という目的の手段に貶めている。さらに言えば、ルターとルイスの例に見たとおり、愛する人と再会しともに生き続けるという望みが、永遠という概念によって実際に叶えられることはない。宗教において想定される慰めが、信仰心の強い信者のもとでも崩壊しているとすれば、宗教の信者の多くが同じ命運に苦しんでおり、弔いの経験で味わっていることを明確化する別の方法にアクセスできれば、そこで得られるものもあるかもしれない――こう考えることには一理あるだろう。

宗教的な慰めは、なぜ死という問題に向き合わないのか――また、私たちが嘆き、愛し、望み、信じるものを表現する他の方法が必要なのはなぜか。この問いにひとつの理解を与えるのが、本書の目的のひとつである。テイラーは、世俗的な人の多くがいまだに宗教的な葬儀に頼るのは、それが私たちの「永遠への欲求」に語りかけてくるからだというが、私はそうは思わない。私はむしろ、公共的な仕方で弔いを認知するという世俗的な形態が、まだ充分に発展していないからだと考える。この状況は、すでに変わりつつある。宗教的信条によらないグリーフ・カウンセリングや、団体レベルでのサポートなど、弔いのプロセスを理解する世俗的な方法も、世俗的な葬儀のあり方も発展を遂げつつある。このような理解やサポートの現状には、さまざまな点で改善の余地があるが、さらなる発展のために必要なのは、宗教的信仰や宗教的な語彙ではない。もし私たちが愛する人の死による悲しみを受け入れるために、よりきめこまやかで有意味な形態（テイラーの言うように「私たちの何にもまして強い感情に語りかけてくれるような死の儀式」）を実現したいのであれば、私たちに必要なのは、むしろ有限な生の価値への信と、死者の記憶を維持するコミットメントを表現する言語である。

世俗的な生がどのように作用しているかを感じ取るためには――とはいえ、アメリカ合衆国では、公共の場でそれを実際に言葉で言い表すことがどれほど難しいことか――、私たちの同時代に起こり、死者を出した悲惨な出来事について考えてみたい。二〇一二年一二月一四日、コネチカット州ニュータウンのサンディー・フック小学校で起こった銃乱射事件である。二十人の子供と六人の職員が殺害されたこの集団殺人のニュースは、国内に深い哀しみをもたらし、銃規制法の改正や対人殺傷用銃器具の使用規制のための懸命な取り組みにつながった。私は、ここで、そのような取り組みや、愛する人を失った人たちの深い哀しみについて充分に説明できるとは思っていない。私が強調したいのは、銃規制を進めようとする取り組みも――失われた生にたいする深い哀しみも――、終わることを余儀なくされた、かけがえのない生の価値にたいする世俗的信を表しているということである。もし、この世俗的信が取り除かれていたら、かけがえのないものが失われたことにはならないのだから、弔う気持ちにならないだろう。まして、また似たような出来事が起こらないようにしようとする動機が生じないだろう。なぜなら、身を守らなければならない危険が存在しないだろうからだ。

それにもかかわらず、慰めを与えることになっている宗教的信仰の前提には、かけがえのない喪失の否認または相対化がある。だからこそ、ニュータウンでの犠牲者を弔う式典で、バラク・オバマ大統領はこのような教えを引いた。「「子供たちを私のもとへ」とイエスは言いました。「邪魔してはいけません。

そうすることで天の王国の一員となるのです」。神はみなを家に呼び戻したのです」。このような宗教的信仰——それを信じるのであれば——は、ニュータウンでの乱射事件にたいする反応を、根本的に変えることになりかねない。殺された子供たちは、かけがえのない存在ではなく、より高位の存在に移行できるということになる。さらに、殺人そのものも究極的には悲劇ではなく、天国という「家」に子供を呼び戻す神へと向かう過渡的な段階だということになってしまう。たしかに、このような特殊な信仰——子供たちが殺害されたことを、最終的には家へと呼び戻す神にいたることだとすること——は、宗教的信仰を自認している人の多くにとっても不快なことかもしれない。だが、そうであるなら、肝に銘じておかねばならないのは、これに似た死の相対化が、救済を信じるあらゆる宗教的信仰に含まれているということだ。世俗的な慰めには、死を贖う必要はない。反対に、世俗的な慰めは、出来事の核心には取り返しのつかない喪失があるのだと認めることができる。だからこそ世俗的な慰めは、私たちの弔いを維持する社会的なコミットメントに焦点を当てることができるのであり、深い哀しみにもともとそなわっている愛を受け入れ、他者を気づかい、愛の手を差し伸べて、同様の悲劇が起こらないような取り組みへと私たちを動機づけてくれるのである（ニュータウンの例では、銃規制法が強化され、精神医療が充実し、さらなる社会的正義が成し遂げられた）。もし宗教的な慰めに特有のものがあるとすれば、それは別の何かを与えるのでなければならず、またここで問われている死が、実際には本当の終わりではないと——形而上学的な視点から——主張せざるをえなくなる。

同じ理由で、あらゆる宗教的な慰めは死の重要性を矮小化し、死すべき生にたいする私たちの責任の重さを軽減させる。『悲しみを見つめて』の重要な一節で、ルイスはまさにこの点をついている。

「死などない」とか「死は問題ではない」と言う人々は耐えがたい。死はある。そしてどんなものであっても、存在しているものは大切なものなのだ。そして起こる出来事は、どんな出来事であっても、その後に影響を与えるのであり、死もその後の次第も、取り戻しようのない不可逆的なことなのだ。誕生が重要でないと言う人はいないだろう。[42]

みずからの弔いの経験から語るなかで、ルイスは、深い信を明確にしている。それは超越的な神にたいする信仰でも、死を免れた生にたいする信仰でもなく、死に結びつけられた生にそなわっているかけがえのない価値への信である。出来事が重要であり、私たちの行動が帰結をもつのは、それが不可逆的で、取り消しようがないからなのだ。それが取り消せるのであれば、私たちの言動はその重みをもたなくなってしまうだろう。したがって、何かが重要だという感覚は世俗的信から生じており、それが生の有限で脆く壊れやすい形態へのコミットメントを維持している。死のリスクとは、気づかう「原因」ではない。そのリスクは、ある人がそれではなくこれを気づかう理由を説明してはくれない。そうではなく、死のリスクは、人が何かを気づかい、出来事に責任をもつべきである理由の一部に、もともとそなわっているものなのだ。取り戻しようのない喪失がなければ、出来事には有意味な結果などなくなり、私たちが愛する人を信じ続けることには、争点となるものが何もないということになってしまうだろう。

第2章　愛

I

千六百年以上前に、聖アウグスティヌスは、単純な練習をつうじて時間の経験について探究していた。今日でもその練習を試してみることができる。好きな歌をひとつ選んで暗唱する。歌のすべてのパートとメロディのすべての運びを覚えるまで、練習を続ける。こうして歌を歌ってみると、歌の始まりからどこまでが過ぎ去り、終わりまではどれだけ残っているかがわかるようになっているだろう。とはいえ、あなたは、その歌を一曲として扱ってはいながらも、それがすでに過ぎ去ってしまっていることに気づくはずだ。その歌はあなたにたいして、一瞬たりとも現前することがない。あなたはこれからやってくる音符を予測しながら、過ぎ去った音符を覚えていることによってのみ歌うことができる。個々の音調も、けっして現前してはくれない。それは響くと同時に後退していくのであり、あなたが何かを聞き取るには、その音調を保持し続けていなければならないのだ。

アウグスティヌスによれば、このような時間の経験は私たちの生の一つひとつの瞬間に作用している。あなたは、自分が今日ここに現前していると考えているかもしれない。だが、あなたのすることすべてにおいて、あなたは過去と未来に分かたれている。朝起きるとき、一日のある部分はすでに過ぎ去っており、これからその日の残りの時間がやってくる。夜明けに目覚め、一日の最初の一時間だけに注意を向けてみても、その時間を現前する瞬間として捉えることはけっしてできないだろう。アウグスティヌスは次のように書いている。「まさにこの一時間は、過ぎゆく多くの瞬間から成る。その一時間のうち飛び去ってしまった部分が過去であり、まだ残っているのが未来なのだ[1]」。

すると今度は、あなたはまさにいま経験していることに集中することで、この一時間というものを忘れ、現前する瞬間にあらゆる注意を向けてみようとするかもしれない。しかしながら、あなたがその現前する瞬間をつかまえようとすると、それはもう存在しなくなっている。アウグスティヌスは、こう述べている。「もし現在がつねに現前し、何ものも過ぎ去らないならば、時間が存在することはありえず、永遠のみがあることになるだろう[2]」。どれほど直接的な経験であっても、このような時間性に印づけられているのである。留まり続ける現前などけっしてありえない。むしろ、時間の一つひとつの瞬間とは消えゆくものである。だからといって、時間経験が幻覚だということにはならない。反対に、時間はあなたのすべての行為に作用している。いかなる経験にあっても、あなたはもはやない過去を保持し、まだない未来にみずからを投企する必要があるのだ。

　アウグスティヌスはその説教のひとつで、時間経験を次のように記述している。

> 私たちの歳月は日々滅んで行き、けっして留まることなどはないのです。なぜなら、やってきてしまった歳月は、もはやなく、これから来るはずの歳月はまだ存在していないのですから。前者はもう過ぎ去ってしまいましたし、後者は過ぎ去るものとしてこれからやってくるのです。一日についても同じことが言えます。今日という日を例にとってみましょう。この瞬間に私たちは話をしていますが、その前の数時間はすでに過ぎ去ってしまいましたし、この先の数時間はまだやってきてはいないのです。その時間がやってきてしまえば、また過ぎ去っていくのです〔…〕[3]。

他の多くの説教と同じように、ここでもアウグスティヌスは、みずからの発話行為の現在——今日、この瞬間、いま——に注意を促すことで、時間経験を劇的に表現している。こうすることによって、アウグスティヌスは、この瞬間——私がこの言葉をあなたに語りかけているいま——が、把持されようとしている最中にどのように消えていくのかを具体的に感じるよう聴衆を誘導するのである。「私は現在を求めています」と記してから、彼はこう強調する。「ですが、静止するものなどなにもありません。私が前に語ったことは、もはや過ぎ去ってしまいました。私がまさに語ろうとすることはまだ存在していません。私のした行為はもはや現前しておらず、これからすることはまだ現前していないのです[4]」。

　ならば、あなたがどこに行こうとも、休息できる静止点などけっしてありえないということになる。アウグスティヌスは、ラテン語の「伸ばす（tendere）」という動詞に与えた美しいイメージをつうじて、その洞察を捉えている。思い切り手を伸ばして届こうとしたり、精一杯に体を伸ばして何かや誰かを手に入れようとするイメージである。あなたがすることのすべてには、精一杯に手を伸ばして届こうとするという要素がある。あなたが休息しているときであっても、あなたは、自分の休息状態を維持しようと、その期間を精一杯に延ばす努力をしている。なぜなら、究極的にすべての活動は、時間内的なものだからだ。あなたがかかわっている活動——休息という活動も含めて——は、単一の瞬間には還元できず、時間の経過において維持されなければならない。あなたの休息の期間を延ばすことで、あなたは、みずからの置かれた状態を保持し、その継続を手に入れようとしているのである。好きなメロディを歌う例に見たように、休息という単純な行為であっても、あなたの置かれた状態を保持し、あなた自身を継続へと投企することが必要とされているのである。

　このように、アウグスティヌスは、時間経験の形態を広がり(distentio)として記述する。それはあなたの自己を保持させもするが、引き裂きもするものだ。過去を保持し、手の届かない未来にみずからを投企しなければならないのだから、時間経験とはつねに分散状態にある。同じように、あなたが愛するものを維持できる保証はない。幸福とは愛するものを所有し保持する(habere et tenere)ことにある。だが、あなたもあなたの愛するものも時間内的であるために、所有し保持するあなたは、つねに死の嘆きの予感に身震いさせられることになる。あなたが精一杯に手を伸ばしてその瞬間を記憶しようとしても、それは奪い去られてしまうかもしれず、あなたが希望を抱いて体を精一杯に伸ばして届こうとしている可能性も、一度として実現しないかもしれないのだ。

　その結果、生において機会と危機とは不可分なものだということになる。至福の光は、それがあなたの生に満ち溢れているときであっても、つねに喪失の影に付き添われているということだ。アウグスティヌスはこの喪失を、「愛するものや手に入れたものを失うこと、あるいは愛するものやこれまで望んできたものの獲得に失敗すること」だと説明している[5]。これが世俗的生の条件だ。アウグスティヌスはラテン語の「世俗の(secularis)」という単語を用いて、私たちが、私たちの前後の世代のみならず、共有された世界や歴史へのコミットメントをつうじて、どのように時間に縛られているのかを喚起してみせる。私たちの置かれた歴史的な世界は、「世俗的なもの(saeculum)」であり、この世界《ホック・サエクルム》は、時を超えた複数の世代に依拠しているのである。

　見事な論述展開のなかで、アウグスティヌスは、この世界に生きることにはつねに信の問題——永遠への宗教的信仰ではなく、時間内的なもの、あなたをリスクにさらすものへの世俗的信——があることを強調している。これこそ、まさに本書が探究し擁護しようとする信である。アウグスティヌスの主張では、私たちは宗教的信仰のために、世俗的信の条件を超越することを望んでいるというが、本章ではアウグスティヌス自身の洞察に依拠しつつ、世俗的信が私たちのコミットメントの最深部を突き動かし、そのコミットメントを維持していることを示す。世俗的信は——宗教的信仰よりもむしろ——この世界にたいする私たちの情熱や、互いを大切だと思う気づかいの源泉なのである。

　まず初めに、私たちの他人との関係や、他人への依存について見てみよう。アウグスティヌスが『見えないものへの信仰』という論考で指摘しているように、誰かがあなたを愛していること、あるいはあなたに好意をもっていることを、あなたが確実にわかることはけっしてありえない。あなたには、その人が親切で、困難なときに支えてくれると思えることがあるかもしれない。だがこのような行為は、あなたがその人を信頼できることを保証してはいない。アウグスティヌスは、私たちにこう気づかせてくれる。「たしかに人には親切なふりをしながら、悪意をまとって人を欺くことができるのだ。傷つけようと意図すらしていないかもしれない。とはいえ、この人は、あなたといれば得をすると期待し、愛を持たないゆえに愛を擬装する」(6)。ゆえに、その人のあなたへの善意があなたに見えることはけっしてなく、それがあなたにとって確かであることはけっしてない。むしろその人を信頼するなかで、あなたに見えないものを信じなければならないのである。これはもちろん、あなたがやみくもに他人に信頼を置き、信じなければならないということではない。そうではなく、できるだけのことを知ろうとして手立てを尽くしたとしても、あなたがみずからを他の誰かに差し出すことにおいては、信や信頼という還元しがたい要素があるということなのだ。どんなに親密な人間関係にも、けっして確実でないものがあること——つまり他人があなたを愛しているということ——を、あなたは信じなければならない。「あなたは心から自分の心ではないものを信じる」(7)のだから、この不確実性の契機とは取り除くことのできないものである。

続いて、アウグスティヌスは、世俗的信が、友情、結婚、親になることから、社会や共同体での生活全般にいたるまで、私たちの生のあらゆる観点にくまなく作用していることを論証してみせる。「人間の関わりへの信が取り除かれてしまったら、とてつもない無秩序が生じ、恐ろしい混乱が起こるだろうことに気づかない人はいないだろう」。アウグスティヌスは、こう続ける。

> もし私が目に見えるもの以外は信じるべきでないというなら、愛それ自体は見えないのだから、相互的な慈愛において誰かに大切にされる人などいなくなってしまうのではないか。すると友情というものも、相互的な愛にのみ依拠しているのだから、完全に消滅してしまうだろう。こうなったとき、友情には見えるものが何もないことが信じられてしまったら、ひとは他人から何も受け取ることができなくなるのではないか。さらに友情が消滅してしまうと、結婚だけでなく、人間関係や親近感といった絆が心のなかで保持されることがなくなるだろう。というのも、こういった関係にも間違いなく親しみを生む調和の精神があるからだ。すると、愛が見えなければ、愛があることを信じないのだから、夫と妻は互いに愛情を抱かなくなるだろう。また、子供が愛情を返してくれることを信じないのだから、子供が欲しいとも思わないだろう。それに、かりに子供が生まれて成長しても、両親はそれほど自分の子供を愛することはなく、愛は見えないの

だから、子供の心のなかに自分たちに向けられた愛を認知することもないだろう。［…］つまり、私たちが見えないものは信じないというとき、合意というものが消滅して、人間社会そのものが、保持されなくなってしまうだろう。(8)

ここで、アウグスティヌスは、私が世俗的信の**必然的な不確実性**と呼ぶところのものについて説明している。あなたは生き続け繁栄するために他者を頼りにしているのだから、自分の友人やパートナーや子供を信じ続けなければならない。そのような信は「調和の精神」において維持されているのかもしれないが、そこにはつねに壊れる可能性がつきまとっている。なぜなら、信頼された人は各々に変わりやすく、良くも悪くもあなたの予想を覆すかもしれないからだ。

さらに、世俗的信の不確実性は、あなたと他者との関係のみならず、あなたの自己の経験にも必要な条件だ。アウグスティヌスが強調しているように、あらゆる時間内的経験には信じる（credere）という要素が関与しており、これは理解すること（intelligere）にもともとそなわっているものである。(9) アウグスティヌスはこの見解を展開してはいないが、彼の時間分析をたどると、その議論を繙くことができるだろう。過去は**もはやない**のだから確実な対象ではありえず、起こった出来事について自分の記憶や他の人々の見解を信頼する必要がある。また、未来は**まだない**のだから、未来を信用するしかない。世俗的信はあなたを不確実性にさらす。それはあなたの経験の還元不可能なものの一部である。あなたが現前する瞬間にけっして留まり続けることができない――つねに過去の記憶と未来への期待に依拠している――のなら、あなたはあなたの制御を越えたものに依存しているのである。

世俗的信にそなわった必然的な不確実性は、積極的なチャンスも消極的なリスクも生み出しうる。そのおかげで、あなたの過去にアクセスできるようになり、あなたの未来という約束が開かれもする。だが、この約束を信じ続けることで、あなたが起こることに心を打ち砕かれることもありうる。同様に、信は他人を信頼し愛することを可能にしてくれるが、その人を信頼することで、裏切られたり見放されたりする自分に気づくこともあるだろう。このような傷つきうる状態は、世俗的信に本来的な**実存的コミットメント**の証左である。あなたがみずからの生――あるいはあなたが大切に思っている人の生――の維持にコミットしているからこそ、あなたの未来の約束は破られうるのだ。またあなたが愛する人とともに生き続けることにコミットし、ともにある生を肯定するからこそ、離別の深い哀しみに傷つきうるのである。このようなコミットメントは、アウグスティヌスが欲望（cupiditas）と呼んでいるものの表出、つまり時間内的な世界への愛（amor mudi / amor saeculi）である。あなたが愛する人のために愛するとき、あるいは、分有された世俗的な世界を目的それ自体として、その繁栄に身を捧げているとき、あなたはこの欲望にとらわれている。

世俗的な愛が可能なかぎり最善の方法で維持されているとき

でも、それが危険であることに変わりはない。なぜならあなたは、確保できない人や事物に愛着をもつからだ。あなたの愛する人が死に、維持しようとしている世界が崩壊することがある。アウグスティヌスは、このように喪失にさらされていることこそ、私たちが気づかう理由の本質的な一部をなしていると認識している。私たちがするすべてのこと、愛するすべてのものに終わりがありうるからこそ、私たちは気づかう（curare）のであり、心配もするのである。私たちのすることや私たちの愛するものは所与の事実ではなく、維持されねばならないものであり、だからこそ、そこでは自分のしていることを続けるのか止めるのか、守るのか放棄するのかという問いがつねに生じている。このような有限性――私たちの有限性と私たちが愛するものの有限性――は、世俗的生の動機づける力にとって内在的なものである。私たちが愛するものを信じ続けずにはいられないのは、関係が失われる可能性があるからこそ、私たちの信が必要とされていることを、私たちが理解しているからなのだ。

世俗的信の力学を具体化するために、あなたがいま読んでいるこの本を私が執筆していたという例から、始めてみよう。この企図への取り組みにおいて、世俗的信に必然的な不確実性は、私が書いたものをあなたが読むであろう未来と私との関係を条件づけている。私の言葉があなたに届くかどうかは私には不確かであり、かりに届いたとして、どのように受け取られるのかについて、私には確証がない。私は、あなたが私の言わんとするところを理解してくれるだろうことを信頼するしかない。さらに私はこの言葉を書きながら、この私自身の経験も必然的な不確実性に条件づけられている。この文の終わりにたどり着くまでに私に何が起こるのかは、私には不確かである。私は自分の議論の筋道を覚えていられる、私の心臓は動き続け、私の脳には継続的に酸素が供給される――こう信じることしかできない。もし、このことが私にとって大切なのだとすれば、そうであるのは、私にみずからの生を生きるという企図への実存的コミットメントがあるからだ。本書を執筆しながら私が気にしているのは、生き延びてこの著作を書き終え、その受容に参与することだけではない。私は、成功も失敗もありうるような哲学的な企図にコミットしてもいる。この企図のおかげで、私は感化され書き続けることができ、またこの本が理解されることが重要だと思えるのである。だが、成功に照準を合わせるということは、みずからを失敗に開いてもいるということである。この著作が拒否されたり誤解されたりするかもしれず、あるいは、私自身が構想している本書のあるべき姿に見合うものにならないかもしれない。この失敗の可能性は、この本を書くことへの私のコミットメントを維持している動機づけの力に、もともとそなわっているものだ。動機づけの力は、私の言いたいことの重要性を私が信じているということだけでなく、失敗もありうるということを私が信じているということにも依拠している。失敗がありうるという信は、成功しようと努力し、自分のすることに注意を払い、自分の議論や論述を改善することに、私を動機づける一端を担っているのである。

世俗的信の力学は、私が実現に向けて努力してきたことを成し遂げたからといって終わるものではない。三重の力学は、生き、働き、そして愛することを、まさに充溢させるなかで作用し続ける。恋愛関係の例に立ち戻って、私があなたを愛し、あなたも私を愛し、ともにいることがこの上なく幸福だという理想的なシナリオを想定してみよう。このような愛の成熟にあっても、世俗的信の力学は作用している。私があなたを愛することで、私たちの関係がどのように私を変えていくのか、私には知りようがない。それは、私の生を新たな深みへと開いてくれるかもしれず、あるいは、私の思い描いている自分というものを打ち砕いてしまうかもしれない。私があなたを愛しているということの一部には、あなたが私と同一ではなく、あなたが私に何をするのかを、私が制御できないということがある。このように、私には知りえないことにさらされることが、あなたを信頼し、また想定外のことに開く可能性を私に与えてくれているる。だがこのことは、私が苦悶や深い哀しみに開かれてもいるということでもある。これこそが、私たちの愛のもつ必然的な不確実性なのだ。同じ理由で、私たちがともにいることの幸福は、互いを信じ続けることに依拠している。私たちの生にとって可能なかぎりの最善が、ともにあることだと証明してくれるものは何もない。むしろ私たちはそうであると信じ、その信にもとづいて行動しなければならないのである。これこそ、私たちの愛の実存的コミットメントである。さらに私たちのコミットメントを維持するために、私たちは私たちの愛の価値のみならず、その不確かさも信じなければならない。私たちの愛にも挫折がありうることを信じなければならない。つまり、愛は一度与えられれば終わるようなものではなく、大切にしなければならないものだ。このような挫折のリスクは、私たちの愛を動機づける力にもともとそなわっているのである。

これまで私が扱った事例では、個人的な切望や親密な恋愛関係に焦点を当ててきた。だが、世俗的信の力学は、集団的な試みにも表れる。たとえば、さらなる社会的正義を生み出そうとする企図に私たちが身を投じるとき、私たちは一連の原理と、その原理に要請された実践の一形態への実存的コミットメントを共有している。私たちはある価値観を信じ、論争や闘争をつうじてそれを守ることの重要性を信じている。このような実存的コミットメントは、世俗的信に必然的な不確実性に左右される。私たちの集団的な企図が維持されるのかどうか、私たちには確証がなく、私たちの行動の帰結は所与のものではない。この必然的な不確実性は、企図をリスクにさらしている――企図が実を結ぶこともあれば、内部の不和や外的な紛争によって崩壊することもありうるだろう。だがリスクは、その企図への私たちのコミットメントを維持させる動機づけの力の一端を担っている。私たちがみずからを社会的正義に捧げるのは、それが事実として与えられているからではなく、それが持続的に存在するためには、私たちの努力が必要だからなのだ。このような信の力学は、私たちが努力して社会的正義が達成されたときに終わるのではない。なぜなら、社会的正義とはつねに維持されなければならない生の形態だからだ。社会的正義にコミットすることとは、社会的関係があるかぎり続く企図にコミットすることなのである。

このように、世俗的信の力学は、継続的なコミットメント――その対象が個人的な切望や恋愛関係であれ、あるいは集団的な試みであれ変わりはない――の可能性を説明してくれる。これらが世俗的信の形態なのは、それが時間に縛られた企図に捧げられているからなのだ。

ならば、世俗的信と宗教的信仰の形態の違いとは何か。現代の神学者パウル・ティリッヒは、その著書『信の力学』において、私の議論を明確にしてくれるような区別を与えている。ティリッヒは信を「究極的な関心」をもつことと定義する。[10]もしあなたが、目的それ自体としての誰かや何かに身を捧げており、かりに状況が必要とすれば、あなたの信じているもの、あるいは何よりも価値があると信じて手放さないもののために他の利害や情熱をすすんで犠牲にできるのであれば、あなたには信（究極的な関心）があるということである。この意味では、世俗的な人も宗教的な人も信をもっていることになる。だが、決定的な違いは、宗教的なものの究極的な関心が、あらゆる関心を取り払われた存在状態にあるということだ。宗教的信仰は、懐疑や不確実性にさらされながらも、その到達点では「距離という要素が克服され、それとともに不確実性や懐疑、大胆さやリスクも克服された[11]」状態にいたる。宗教的な修練の目標とは、完全に安全な状態に達することだ。そこでは、もはや不確かな信に依拠する必要はなく、あらゆる関心を手放すことができる。ティリッヒはこう強調する。「静謐な神の姿に信仰はない。だが、そのような像に到達する可能性については、無限の関心がある[12]」。アウグスティヌスは、同様の論理に従って、信仰が暫定的なものにすぎず、神の現前にあっては確実性に置き換えられると主張している。[13]私たちは救済に達するとき、それを信じるというよりは知っているのであり、望むというよりは手に入れているのである。救済はあらゆる気づかいに終止符を打つだろう。宗教的に救済されるとは、気づかいがなくなることなのだ。

このように、私たちは、宗教的信仰と世俗的信とを、ふたつの異なる動機づけの構造として記述することができる。もし、私が宗教的信仰に動機づけられているなら、私の努力の到達点は平安に憩うことである。そのような平安に達することはまずないのかもしれないが、かりに私の欲望が満たされるなら、私はあらゆる気づかいから解放されるだろう。私の究極的な関心とは、関心をもたないことなのだ。

これとは対照的に、私が世俗的信に動機づけられているとすれば、関心をもつことは私の努力の目的の一部を担っている。私の欲望が完全に満たされたとしても――社会的公正が達成されたなかで生き、愛する人ともこの上なく幸せで、仕事で活躍していても――、私はそれでもなお関心をもっているだろう。なぜなら、私が気づかい大切にしているすべてのものは、時間をかけて維持されなければならず、そして、いつかは失われるからだ。まして喪失のリスクは、なぜ私が気づかうのか、なぜ起こる出来事が私にとって重要なのか、また、なぜ私はそれにたいして忠実であり続けずにはいられないのかの理由の一部を担っているのである。

II

アウグスティヌスの宗教的観点によれば、世俗的信はもっとも嘆かわしく道を誤った愛の形態にもとづいている。欲望――有限な存在や生の形態を目的それ自体として愛すること――は、アウグスティヌスにとって「誤った」類の愛である。なぜなら、それは失いかねないものに私たちを依存させるからだ。この種の愛は忠誠を鼓舞する一方で、破滅的な感情につながることもある。私たちは政治的な大義に身を捧げているとき、それが失敗に終わると怒りや失望を感じるだろう。同様に、自分ではない誰かを愛するなかで愛する人に見捨てられれば、あなたは復讐心に駆られるか、あるいは心が砕けてしまうかもしれない。私たちの忠実さや愛は、私たちが脅威を感じるものにたいする攻撃性を煽り、不安や憎悪に変えうる。アウグスティヌスが欲望（cupiditas）をあらゆる悪と罪の根源として糾弾した理由はここにある。失う可能性のあるものを愛することで、私たちは傷つけられ、また他人を傷つけかねない(14)。

ここでアウグスティヌスは、ギリシアやローマのストア主義者たちが最深部まで理解していた問題を明確化している。ストア主義者についてはすでに前章で触れた。その論証によれば、私たちの傷つきうることの最深部にある原因は、私たちの肉体が脆いことでも、事故に遭う可能性があることでも、他人が私たちを裏切る可能性があることでもない。むしろ私たちを傷つきうるものにしているのは、それらのことが重要かつ私たちが何者であるかを規定していると、私たちが信じていることなのだ。最終的に制御不可能なもの――たとえば、愛する人や私たちの政治共同体の運命――に愛着をもつことによって、私たちは起こる出来事に心を打ち砕かれるリスクを負う。失う可能性のあるものに左右され、それゆえに怒りや深い哀しみを受けやすくなるのである。

これとは対照的に、ストア主義の目標は、私たちを動揺させうるあらゆるものに左右されなくなることである。このためには、私たちを苦しませる可能性のあるものの価値を信じるのを止める必要がある。もし何かが奪い去られても、失う可能性があるものに愛着がなければ、私たちは喪失感に襲われないだろう。また、かりに誰かに暴力を受けても、傷つきうる自分自身のどの部分にも愛着がなければ、怒りを感じたり復讐しようと思ったりもしないだろう。解脱の実践によって、私たちは何が起ころうとも心の平安を保つのである。ストア主義の到達点は、文字通りの無感情《アパテイア》である。それはいわば、あらゆる情念からの解放だ。というのも、私たちを私たちの制御の及ばない世界の人質にしているのは、私たちの情念だからだ。

このようなストア主義的な解決策を、アウグスティヌスは錯覚だと退ける。[15] 彼が強調するように、私たちはみずからを自己充足的で独立した存在に変えられない。私たちは本質的に依存し情念をもつ存在であり、欲求や欲望のない状態に退却できない。なぜなら私たちは、みずからの存在を維持するために、みずからの外部に支えを求めざるをえないからだ。

ならば、欲望を滅することも、愛を撤回することも、解決策にはなりえない。むしろ決定的な要因は、私たちが誰を、あるいは何を愛するのかということだ。アウグスティヌスは、こう助言する。「愛せよ、ただし、愛するときにはその対象を気をつけて選びなさい」[16]。有限な生をもつ人を愛せば、深い哀しみに打ちひしがれることになる。そのような愛は、少なくとも死や離別によって中断させられる。最悪の場合、それは激しい混乱や、痛ましい裏切りにいたる。アウグスティヌスによれば、だからこそあなたは、有限な存在への欲望（cupiditas）〔本書62頁参照〕を神の永遠の現前への愛（caritas）に改宗させるべきなのである。自分を愛し、あるいはその愛を他者に拡張するとき、あなたはその有限な存在に愛着をもつべきではなく、それらの存在をつうじて神を愛するべきなのだ。これこそが、自分を愛するように隣人を愛せというキリスト教の教えの意味である。アウグスティヌスの説明によれば、この教えが意味するのは、あなたが隣人のために隣人を愛するべきだということではない。反対に、あなたは自分も隣人も、その人として愛するべきではないのだ。あなた自身の自己も隣人も、それ自身としては価値をもたず、神の永遠に置かれることによってのみ価値をもつのである。

こうして、アウグスティヌスは、次のことを強調する。この生において、あなたはいかなるものも、目的それ自体として享受する（frui）べきではない。むしろ、あなたの愛するものを、神の永遠に献身するための手段として利用する（uti）べきなのだ、と。[17] あなたに友人や配偶者、あるいは子供がいても、彼らを彼ら自身のために愛するのではなく、神への愛という目的の手段として利用すべきなのだ。このようにあなたの愛を回心させることによって、あなたが他の有限な存在に依存することはなくなり、神だけを頼みにすることになるだろう。もしあなたの友人が敵になっても、あなたは彼を愛し、そのもっとも残忍な行為も許すことができる。なぜなら、あなたは彼という特有の存在や彼に特有の行為に愛着をもたず、神を愛する機会として彼を利用しているからだ。同様に、あなたの配偶者があなたを裏切ったとしても、あなたは怒りも打ちひしがれもしないだろう。というのも、あなたはその人をつうじて神を愛しており、この愛はその人のどんな行為にも影響されないからだ。ついには、あなたは自分の子供が死んでも、その死を嘆かない。なぜなら、自分の子供がすでに神の永遠の許にあるかぎりにおいて、あなたは自分の子供を愛しているからである。

アウグスティヌスとストア主義者たちは、同じ宗教的な到達点——喪失を免れ、心の平安を手に入れること——にいたる異なる方法を示している。その違いとは、アウグスティヌスが、このような宗教的な充溢を、この生では成しえないと考えていることである。私たちが歴史的な世界の一部であり続けるかぎり、私たちはこの生をそれ自体として愛するという誤った方向に誘導されてしまう可能性があり、私たちはたえずみずからの救済を気にかけねばならない。そして救済は神の恩寵によるものなのである。

とはいえ、救済それ自体は、あらゆる気づかいの終わりだと理解されている。救済とは、あらゆる努力が終わりを迎え、あらゆる行為が止み、あらゆる欲望が静まった状態に達することである。アウグスティヌスは、意識しているかどうかにかかわらず、私たちみなが、そのような平安に向かって努力するのを当然だと考えている。この世界の生にみずからの身を捧げている人であっても、実際には、神の永遠の存在という平安(quies)のうちに憩うことを切望しているという。よく知られているように、アウグスティヌスは『告白』で次のように述べている。「ですから私たちの心は、あなたのうちに憩うまで、安らぎを得ることができないのです[18]」。

ならば、私たちの生の究極的な目標は、平安のうちに憩うことだということになる。この想定は、永遠というあらゆる宗教的理想の共通項だ。この理想によって私たちは、充溢——存在の最高の状態——が気づかいからの解放にあると考えるようになる。ひとはつねに何かを気にかけずにはいられないが、宗教的な到達点とは、あらゆる気づかいから解放されることなのだ。ゆえに、私たちの有限な生への愛着は、救済への到達を妨げる足枷として低く評価される。私たちは有限な生——ここには自分の生も含まれる——に愛着をもつかぎり、気がかりなものからけっして解放されえない。出来事によっては、私たちを悲痛や享楽、希望や絶望へと突き動かしかねない。永遠という宗教的理想を迎え入れている人は、このような被傷性を救済の途上での必要悪だと認識はできても、それを善の一部だとみなすことはできないだろう。

もっとも示唆に富んだ例は、仏教の涅槃という概念である。涅槃に達するとは、傷つく可能性がなくなることだと明確に述べられている。涅槃にあっては、いかなる関心にも動じないため、あなたは傷つけられる可能性を完全に免れている。あなたは完璧な憩いと絶対的な永続状態に達しているゆえに、何も心配しなくなるのだ。仏教ではこのような状態が、唯一、真に「満足」である。それ以外の経験の形態は、根本的に「不満足」とされる。ここでの鍵語は「苦《ドゥッカ》」である。この語はしばしば英語で「suffering(苦しみ)」と訳されるが、より正確には、「unsatisfactoriness(不満足)」という言葉に翻訳できる。仏教者の主張では、有限な生にあるすべての経験——ここには幸福や至福といった素晴らしい経験も含まれる——は、永続的でないゆえに満たされないものだとされる。経験が長期間続いているときでも、私たちはそれをいつ失うともかぎらない。だからこそ、仏教は永続的でないものすべてからの解脱を擁護する。有限な生に愛着をもつことは、みずからリスクを負うことであり、起こることに傷つけられるリスクにみずからをさらすことなのだ。対照的に、仏教は、あなた自身から解脱し、涅槃の平安を切望することを説く[19]。

絶対的な永続状態に価値を見いだすことで、仏教は永続的でないものすべての価値を切り下げる。あるものが永続的でないという事実さえあれば、それが不満足で、私たちの献身に値しないものだとするに、事足りる。だが永続的でないものすべて――存在しては過ぎ去るものすべて――を取り除いてしまえば、そこには文字通り何も残らない。涅槃にあっては、死も誕生もなく、不安も活動もなく、老いも成長もなく、苦悩も情念もない。何ものもその平安を妨げることはありえず、このことは何の出来事も起こりえないことを意味してもいる。

涅槃にある明らかなパラドックスは、あらゆる宗教の永遠の概念につきまとっている。絶対的な充溢は絶対的な空と不可分であり、絶対的な現前は絶対的な不在と不可分だからだ。私は、そのような存在の状態を努力に値する到達点だとする考えを拒否すべきだと主張したい。喪失を宗教的に贖うこと――内在的な解脱をつうじてであれ、超越的な永遠をつうじてであれ――は、私たちの問題を何ひとつとして解決しない。それは私たちの夢を叶えるどころか、むしろ自分がどんな人間なのかを忘れさせてしまうだろう。深い哀しみに傷つかなくなることは、「完全な状態の」成就ではない。それはむしろ、気づかう能力を奪われている状態である。また平安のうちに憩うことは、充溢を意味しない。それは死である。

これはセラピー的な議論である。袋小路にいたる思考法を手放し、永遠の平安が墓にしかないことを認めようではないか。私たちは傷つかないようにするよりも、むしろ傷つきうることが、私たちの求めている善の一部であることを学ぶべきである。それによって、私たちの有限性――さらには私たちの愛するものの有限性――それ自体が、足枷でないことを理解できるだろう。私たちの有限な生との絆は、私たちを制約するだけではなく、私たちを維持し、世界や他者へと開いてくれもする。このセラピーによって、あなたが有限な生にコミットするリスクを免除されはしない。あなたは一人きりの生に耐えられず、とはいえ、あなたの頼りにしている人たちがあなたの生を打ち砕くことがありうる。また、あなた自身の力も有限なのだから、消耗すれば生が耐え難くなることもあるだろう。これは現実にありうる危険だ。だが、そのような危険は、有限性を完全に超越しようとする理由にはならない。むしろこれを理由に、私たちは互いの依存を真摯に受け取り、ともに生きるより良い方法を発展させるべきなのだ。

そのような相互の依存を認識するには、世俗的信が必要である。世俗的信は、保証がないままに他者を信じ続けることを求める。世俗的信は、あなたを喪失によって傷つきうる存在にするにもかかわらず、愛する人を信じ続けることを求める。これは困難なことではある。アウグスティヌスが失われうるものを愛することに見てとった危険のすべては、実際に起こりうることばかりである。あなたは愛するからこそ、傷つけられれば怒り、死にあっては深く哀しみ、希望が打ち砕かれれば絶望する。だが、まさにこの被傷性こそが、この世界や自分自身、また他者への感受性を与えてくれてもいるのである。喜びやつながり、また愛を感じる力を遮断することなしに、不確定性やリスクの感覚を遮断することはできない。制御の及ばないものの重要性を認めることによってのみ――つまり傷つきうることをつうじてのみ――出来事に心を動かされうるのである。喜びの貴重さは、不確かさの感覚と不可分であり、他人とつながることの価値は、つながらなくなるリスクなしには感じられないだろう。

　ならば、傷つきうるとは受動的にさらされることであるのみならず、能動的なコミットメントのあらゆる形態を条件づけるものでもある。何かにコミットしているとは、成功や失敗に傷つきうるということである。あなたが何かをすることにコミットしているなら、あなたは自分をリスクにさらしている。なぜなら、もしその何かができなければ、それを失敗として経験することになるからだ。だが、そのリスクを負うこと――コミットすること――によってのみ、あなたは自分のすることを享受し、そのありがたみを知ることができる。同様に、あなたが他人にコミットすれば、あなたはみずからの生に他人を受け入れるという驚異に開かれもするが、また裏切りや喪失の危険にさらされもする。あなたは、起こることにたいし、厳粛な平静さで自分を守ることができない。むしろあなたは、出来事を至福と苦痛、成功と失敗、可能性と危機という観点から、経験するのである。

　アウグスティヌス自身、このようなコミットメントがどれほど深いものでありうるかを敏感に感じ取っている。『告白』の第四巻で、彼は修辞学の教師として過ごしたタガステでの時間を明るく照らしてくれた友情について回想している。この友情をめぐるアウグスティヌスの記述は眩いばかりであり、研究者の多くが、二人の若者は恋人だったのではないかと考えてきた。ここでアウグスティヌスは、かつてないほどに明るく彼の人生を照らした至福について語っている。その友情は、「当時の私の生活のあらゆる甘美なことにまさって甘美なもの」だったために、「私の魂は、その人なしに過ごせなくなってしまった[20]」という。この強烈な愛着と感受性ゆえに、アウグスティヌスは、時間のリズムに左右されるようになっていく。友人がいなくなると「待ちきれなくなり」、戻ってくれば喜びにとらわれる。ともに過ごす時間は、新たな高みへの上昇であり、離ればなれの時間には不在の痛みが疼く。

　このように、愛の経験はアウグスティヌスの生をより鮮明に捉えさせるのみならず、他人により深く依存させもする。その窮状は、アウグスティヌスが古代ローマの詩人ホラティウスを召喚する一文「私の魂の半分は彼だった」に痛ましいばかりに表現されている。その意味するところは、アウグスティヌスが友人とそれほどまでに親密になり、彼の存在の本質そのものを分かち合っていた一方で、その友人を失うことになれば、アウグスティヌスが自分自身から切り離されかねない――彼の存在の内実そのものにおいてばらばらになってしまいかねない――ということである。そして、まさにその出来事が起こってしまった。二人の情熱的な関係が続いて一年も経たないうちに、彼の友人は死んでしまい、アウグスティヌスはとりつかれたような喪失感に苛まれる。

この悲しみによって、私の心はすっかり暗くなり、目につくものすべてが死となってしまうのでした。私にとって故郷は責め苦となり、父の家はわけのわからぬ不吉なものとなったのです。その友人とともにしたことや語り合ったことのすべては、彼なきいま、おそろしい苦痛に変わりました。私の目はいたるところに彼を探しましたが、どこにも見当たらないのです。かつて私たちが待ち合わせをした場所では、何もかもが憎らしくなりました。なぜなら、そのどこにも彼はおらず、何ものも私に「待て、すぐ来るから」ということができなかったからです。生きていたころは、彼がいないときにも、あらゆるものが私にそう告げることができたのに。いまや、自分自身が自分にとって大きな謎となってしまいました。私は自分の魂に、「なぜ、おまえは悲しいのか。なぜ、おまえは私をこんなにひどく苦しめるのか」とたずねましたが、魂はなにも答えることができませんでした。私が、「神に希望せよ」といっても、魂は従いませんでしたが、それはむしろ当然のことだったのです。なぜなら、私の魂が失ったもっとも親しい友人は、希望するように命ぜられた幻影の神よりも、はるかに真実で善いものだったのですから。[21]

ここでアウグスティヌスは、自分の愛ゆえに喪失の痛みに苦しみ、絶望するリスクを負わされているにもかかわらず、友人にたいするみずからの愛を信じ続けている。これが世俗的信の為せる業である。というのもその愛は、有限な誰かに献身し、傷つきうることが愛の源泉でもあることを肯定しているからだ。アウグスティヌスは、次のように回想する。「あの深い哀しみがあれほどたやすく心の奥底までしみこんだのも、死ぬべきものを［…］愛して、自分の魂を砂上にそそいでいたからなのです」[22]。キリスト教徒であるアウグスティヌスは、このような愛の浪費を嘆く。彼は、みずからの愛を、失われるかもしれない生に結びつけるよりも、神の永遠に投じるべきだったのだ。だが、アウグスティヌス自身が語る経験は、『告白』から読み取れる世俗的信を証し立てている。その友人への忠誠を前提とするなら、彼は、愛する友人のほうが「希望するように命ぜられた幻影の神よりも、はるかに真実で善いものだった[23]」ことを理由に、かけがえのない生が失われたと主張し、神の思惟によって慰められることを拒否しているからだ。

アウグスティヌスは、表向きの語りでは、彼が拒否した神は、彼がその後の人生で見いだした真のキリスト教の神ではなかったと主張している。だがアウグスティヌスの著作は、別の物語も語っている。彼が神に慰めを求めることを拒否した理由は、神聖な永遠についての理解が不十分だったからではなく、その友人を——そしてともに分かち合った生を——目的それ自体として愛していたからだった。彼は彼らの生が続くことを望んでいた。アウグスティヌス自身が明らかにしているように、そのような世俗的な愛は、宗教的な永遠への愛とは相容れない。なぜなら、宗教的な永遠への愛にあっては、死すべき愛する人を手段として扱い、その人をその人として愛さないよう注意しなければならないからだ。アウグスティヌスは『告白』の第一巻で次のように説明している。「私の罪、それは快楽や卓越、真理といったものを神ご自身のうちに求めず、被造物たる自分とそれ以外のもののうちに求めたことです。私はそれによって、罪を犯し、悲嘆、混乱、誤謬のうちに落ち込んでゆきました[24]」。

続いてアウグスティヌスは、過ぎ去るものを保持しようとして「愚か」になってはいけないとみずからの魂に懇願している。魂は神の永遠のほうを向かなければ、「哀しみに釘づけのまま動けない」。なぜなら、時間内的なものはすべて存在しなくなるからだ[25]。アウグスティヌスは見事な精確さで、死を嘆くリスクが、情念としての愛だけでなく、基本的な肉体的感覚の喜びにもあるとしている。現世を照らす光をただ享受するのは、アウグスティヌスにとって危険な誘惑である。なぜなら、それによって、彼は一過性のものに依存することになってしまうからだ。彼はこう説明している。「その物体的な光は［…］誘惑的で危険な甘味を添えます[26]」。日中の光を享受すると、より多くの光を欲するようになり、その光がなくなれば苦しむことになってしまう。彼は世界を見せてくれる光を愛しているからこそ、「光が突然奪われれば熱心に追いもとめ、長いあいだ光がないと物悲しい気持ちになる[27]」。同様に、アウグスティヌスは、ある詩歌を暗唱して心動かされるとき、やがて消えてしまう音や言葉に愛着をもたないようにと自戒する。「私の魂にその言葉にたいする愛着を感じさせてはいけません。そこには身体の感覚によって生じる愛欲のとりもち（glutine amores）があります。それらの音や言葉は、やってきた方向に、すなわち非存在の方向に向かいます。そして厭わしいさまざまな欲望によって、魂を引き裂くのです[28]」。

ここでの詩やメロディへの愛着は、いわば時間によって引き裂かれる（distentio）生への愛着のミニチュア版である。そのような生の情念を求める代わりに、アウグスティヌスは「わずらわされない平安の場所[29]」としての神の永遠の〈言葉〉のほうを向くようにみずからの魂を駆り立てたのだった。この永遠への旋回が、彼の改宗の運動である。

Ⅲ

アウグスティヌスがはっきりと意識していたように、どれほど宗教的に敬虔な人であっても、世俗的世界に生き、歴史の一部として存在し、社会的関係に依存せざるをえない。だが改宗の決定的な観点とは、世俗的世界を目的それ自体としてではなく、手段として扱うということだ。もしあなたが、共同体——友人や家族、あるいは集会に集まる人々——のぬくもりを経験するために教会に行くのであれば、社会的な絆を維持し祝福するという世俗的な目的の手段として宗教的儀式を利用していると、アウグスティヌスに糾弾されるだろう。アウグスティヌスは、ミサでの音楽の使用によって、集会にいる人々が身体的な感覚や交流に過度な快感を得てしまい、神の永遠を内省するよりも、有限な時間経験を享受してしまうことを懸念してもいる。彼は「礼拝における音楽の大いなる使用価値」を認めながらも、それが快感そのものの源泉として享受されてはならず、手段としてのみ用いられなければならないとする。「それにしても、歌われている内容よりもその音楽によって心動かされるようなことがあるとしたら、私は罰を受けるに値する罪を犯しているのだと告白します[30]」。

アウグスティヌスの目標は、時間に縛られた世俗的経験の情念を、神の永遠性にたいする情熱へと改宗させることである。彼は過去と未来に引き裂かれて時間のうちに生き続けるドラマに苦しめられるよりも、永遠のもつ静止を享受するほうがよいのだと、私たちを説得しようとする。

とはいえ、アウグスティヌス自身の説明は、永遠についての彼自身の評価を退ける正当な理由を私たちに与えている。永遠の魅力は「そこではあなたは何も失うことがない」ことだとされている[31]。だが永遠において何も失いえないのは、そこに文字通り失うものが何も残っていないからだ。出来事にもはやなんの重要性もなく、ならば、天国で与えられる「活動」がきわめて単調なのも当然のことだろう。アウグスティヌスはその説教のひとつで、次のように説明している。「私たちのすべての活動は「アーメン」と「ハレルヤ」を歌うことにあり」「私たちは何日も神を讃えることになるでしょう。ですが、これらの日には時間の終わりがないのですから、私たちの讃美も止むことはありません[32]」。何かを永遠に歌い讃えることができるのかという問いはさておき、ここでの真の問いは、なぜそのようなことをしたいのか、また私たちというものを決定づけているあらゆる重要な側面が、無時間的な歓喜へといたる聖変化を、どのように生き延びうるのかということだ。永遠のなかに統一吸収されてしまえば、あなたにも私にもできることは何も残されてはいないだろう。なぜなら、そこでは何も始まりも終わりもしないだろうからだ。私にかぎっていえば、それは私の死である。

その永遠が必然的に自己の死を伴うということは、アウグスティヌス自身の『告白』に見てとることができる。アウグスティヌスは、みずからの生がどのように時間感覚に依拠しているかについて、核心を突いた説明をしている。無時間的な現前に憩うことの不可能性——これをアウグスティヌスは、堕落した状況だと嘆く——は、変化に開かれた未来ある生を生きる可能性でもある。時間の影響を被る者だけが、そもそも未来を手にすることができる。この未来はけっして保証されてはいない。だが、もしあなたが未来を閉ざしてしまえば、あなたは生を営むあらゆる可能性を閉ざしてしまうことになる。

時間という条件こそ、あらゆるものが存在することを可能にする。だがそれは、すべてに過ぎ去ることを運命づけてもいる。アウグスティヌスはこう気づかせてくれる。私たちの生のあらゆる瞬間は「過ぎ去るものなのです。肉体の感覚をもってそれを追いかけていくことは、誰にもできません。その瞬間が現前するときであっても、しっかりとつかまえておくことができる人などいないのです[33]」。時間の運動がすべてを消失させてしまうのであれば、私たちはただ記憶と予感に頼るしかない。感覚知覚でさえ、起こった出来事を保持しつつ、生じうる出来事に関連づけられるものにすぎない。私たちの生の所与の瞬間は、たえず過ぎ去っていくゆえに、そもそも何かを経験するには、記憶によってそれを保持し、予感をつうじてみずからを未来へと開かなければならないのである。

さらに、アウグスティヌスが明らかにしているのは、時間の引き延ばしが彼の魂の最深部にまで達しているということだ。彼がどれほど献身的に内観的な活動に従事しようとも、時間は彼を引き裂き、彼の魂が精神の引き延ばしにあることを明るみに出す。何を探求していても、彼は過去から未来へと精一杯に手を伸ばさねばならず——そうすることで——自分が粉々に砕けるリスクを負う。これが、アウグスティヌスが記憶力をことさらに強調する理由である。記憶がなければ、彼は時間の経過において自己を保持できず、一瞬たりともみずからのアイデンティティを維持できなくなってしまうからだ。記憶力は脆く不確かで、彼の理解を超えたところにあり、それでも彼に生を営む機会を与えている。彼はこう記している。「記憶力がなければ、私は自分を「私」という言葉で呼ぶことができないはずなのに、その記憶力を、私は理解できていないのです[34]」。

アウグスティヌスが自分の記憶について探究しようとするとき、いわば彼は、みずからの存在の条件そのものを探究している。記憶は、彼の生に連続性を与えているだけでなく、彼の現在の自己感覚と連続的でないあらゆるものを彼に気づかせもする。記憶はそれまでの自分を蘇らせる内的空間を開いてくれる（「そこで私は自己に出会い、自己を想起する」）一方で、それはまた「分散し顧みられることなく隠れていた」すべてを思い出させもする[35]。さらに、アウグスティヌスは、もっとも強固な記憶であっても変更され、薄れ、消えてしまう可能性があることを痛感している。

だが、自分の人生の出来事がもはや存在していないにもかかわらず、記憶が彼の生の出来事を保持し、その出来事を生き続けさせるのはなぜなのかと考えるとき、アウグスティヌスは「驚嘆の念がわき起こる」と告白している[36]。これは、明らかに世俗的な驚嘆の感覚である。彼の驚嘆の対象は、無時間的な永遠ではなく、有限な存在がもつ記憶だ。なるほど、アウグスティヌスは、記憶なしには生きられないことを率直に認めている。「記憶の力はこれほどまでに大きい。死すべきものとして生きている人間のうちに、これほどまでに大きな生命の力が含まれているのです[37]」。

これとは対照的に、信仰者としてのアウグスティヌスにとって、記憶とは神へと昇天する手段にすぎない。彼は神のほうへと向きを変えてこう述べている。「神よ、わが真の生命よ、[…]私はこの記憶と呼ばれる自分の力をも超えていきます。私は立ち上がりそれを超えていくことで、あなたのほうへと向かうのです[38]」。このように、アウグスティヌスは記憶の奥深さについて見事な世俗的探究を行なう一方、彼の宗教的目的は、自己を記憶することではなく忘却することだという。彼は明確にこう主張している。「神はそのように愛されねばならないのだから、もしそれができれば、私たちは自分自身を忘れることになるでしょう[39]」。

同様の世俗的な洞察と宗教的な敬虔さとの対比を、アウグスティヌスの愛の探究にもたどることができるだろう。アウグスティヌスの記憶について論じた哲学的著作が、自己をめぐる世俗的な理解に向けて語りかけているように、彼の『告白』での詩的で官能的な質の文章は、その宗教的であるはずの目的を超えて光を放つ。そこでは〈神〉が、まるで死を免れない愛人であるかのように、「私の美しい人」「誰よりも美しい人」「私の人生そのもの」「私の光」「私の甘美なる人」として優しく想起されることはよく知られている。さらにアウグスティヌスは、神への切望を表現するなかで、愛する人への熱い肉体的な欲望にとらわれた恋人の言語を語る。

古くして新しき美よ、遅かった、／あまりに遅かった、あなたへの愛がやってきたのが。／[…]／あなたは呼びかけ声をあげて、／聞こえないこの耳を貫いてくれた。／あなたは光を放ちさらにまぶしく輝いて、／この盲目を取り払ってくれた。／あなたはかぐわしく、その香を吸いこんだ私は／あなたを求めて喘ぐ。／あなたを味わった私は／あなたを求めて飢え渇く。／あなたの心揺さぶる感触は／私の心に平和を求める炎を灯す[40]。

この一節に表現された感動は、タイミングの感覚と密接に結びつき、彼の人生を変えた予期せぬ出来事を喚起している。「あまりに遅かった、あなたへの愛がやってきたのが」は、手遅れになるまえにその出来事を経験したことが大いなる幸運であり、かつ稀有な状況であることを伝えている。だがこの詩句は、それが手遅れにもなりえたことも気づかせる。その危機感は、アウグスティヌスに表現された他者への深い依存のなかに根強くあり、飢えと渇きは、彼の愛の充溢を生死の問題にする。この意味で、アウグスティヌスの言葉は、世俗的な愛の経験の核心に迫りうるものだ。世俗的な愛——そこでは愛する人も愛される人も有限である——では、時間の不確かさが、その愛を価値ある重要なものにするのに一役買っている。あらゆる所与のものには奪い去られる可能性があるが、このリスクがなければ、献身することに争点がなくなってしまうだろう。あなたの愛は魂を吹き込み光り輝くことができる。だがあなたの愛する人への感受性は、あなたの制御の及ばないその人にたいして、あなた自身を傷つきうるものにする。

とはいえ、アウグスティヌスの宗教的観点では、被傷性の経験は、神との和合という目的の手段にすぎない。彼がそれでも救済を求めるかぎり、彼は欲望に耐えねばならず、起こることに翻弄され続ける。とはいえ、到達点は（神の絶対的現前のもとに憩うという）存在状態に達することであり、そこでは欲望は終わりを迎え、もはや何事も彼を打ち砕くことはできないだろう。彼は神の平和への欲望に「炎を灯」されるが、この欲望が満たされれば、情熱の炎はすべて消えてしまうだろう。

このように、アウグスティヌス自身の著作は、宗教的な愛の成熟がエロス的な生の死でもあることを、私たちに知らしめている。アウグスティヌスは、それがよいことだと説得しようとする。エロス的な情熱のリスクをドラマ化することで、欲望に手綱を取られているのは欠如の状態であり、この欠如は埋められなければならず、それはまた治療を要する病なのだと、彼は私たちに感じさせようとする。このように彼は、自分の官能的な言語がもつ力を理解することを拒否している。心を打ち砕かれるリスクは、克服されるべき弱さではなく、愛の充溢それ自体に留まり続けるものだ。心を動かされる可能性は、傷を負う危険性と不可分であり、喪失にさらされることは、歓喜の経験の一部を担っているのである。

このことを、アウグスティヌスは意図的に見ないようにしているのかもしれない。というのも、このような見方は引き受けがたく、痛みを伴うものだからだ。あなたの愛するものが有限であること——また、あなたの愛するものの有限性が、愛する理由の一部を担っていること——を引き受けるのは困難である。それは本当に痛ましく、痛みを取り除くには、愛そのものを失う以外に方法がない。それでも、愛と深い哀しみのつながりに目を向けてみよう。この見方を追求することは、宗教的なものとは一線を画した世俗的な告白を記すことである。そのような告白は、自己のアイデンティティが記憶の脆く不確かな操作にどのように左右され、またどのようにして時間経験が瞬間の一つひとつを貫いているのかを探究したアウグスティヌスを引き受けるものになるだろう。そのような探究は、アウグスティヌスの『告白』と同じく、こう明言することになるはずだ。「いくつかの方向への引き延ばしが私の生なのです（Ecce distentio est vita mea）」[41]。だが、アウグスティヌスとは異なり、この時間の引き延ばしは、永遠という宗教的啓示によって救済されるべき堕落状態だとは見なされない。むしろ時間の引き延ばしは、生の開かれそのものと見なされ、またそう感じられることだろう。ここでの課題は、この生から立ち去ろうとするのではなく、これが——病めるときも健やかなるときも——私たちにある唯一の生だという事実を「所有する」ことである。アウグスティヌスは、私たちを世界に結びつける「気づかいというとりもち（curae glutino）」を非難しているが、世俗的な告白は、私たちが有限な絆によってのみ、みずからの生をつかみ取り、自分になれると主張するだろう。

Ⅳ

ここで、カール・オーヴェ・クナウスゴールの『わが闘争』に作用している世俗的な告白に目を転じることにしよう。まずノルウェー語で出版され、いまでは広く国際的な称讃の的となっている『わが闘争』は、アウグスティヌスへの現代からの応答として読解できる。全六巻、三千六百ページに及ぶ『わが闘争』は、みずからの生について詳細に真実を語ろうというクナウスゴールの決意によって構成されている。彼は、ありのままの生を語るという義務をみずからに課し、——その詳細がどれほどありふれていても、痛ましく内密な内容であっても——彼がどのように経験したのかを告白しながら、経験したことだけを書いている。彼の企図のもつ力は、冒険に満ちた生にも、物議を醸す思考や行為の告白にも依拠していない。むしろ、その力は、ありふれた生に捧げられる並外れた注意力から生じている。

読者である私たちは、日常生活の渦中にある語り手であり主人公でもあるカール・オーヴェ（明らかに著者本人と同一人物）を追いかけることになる。『わが闘争』の執筆中、彼は四十代前半で、結婚しており、三人の子供の世話にかかりきりで、身動きがとれなくなっている。家庭の生活は執筆の妨げになっている一方で、彼はその生活を物語の中心に据える。私たちは多くのページで、彼が食料の買い出しに行き、街なかでベビーカーを押し、子供との日々のやり取りに耳を傾ける場面に時間を費やすことになる。話題となっている経験は、理想化も軽視もされず、すべてが日常生活に忠実に描かれている。家族生活の要求に対処しようとして早く起きてしまったときの気の重さ、まったく片づかないマンションの部屋を目の当たりにするときの脱力感、また、やるべきことが際限なく続いたあとに訪れる無感覚に私たちはチューニングされていく。そして、まさにこのチューニングによってこそ、日常生活の輝かしい瞬間が生み出されもするのだ。クナウスゴールがありふれた存在を辛抱強く探求しているからこそ、彼は習慣の手綱を緩め、私たちに新たな視点で世界を見させてくれるのである。

同様のことは、クナウスゴールが現在の自分の生から過去——二五歳や一八歳、あるいは一二歳から七歳——へと焦点を移すときにも現れる。彼が成し遂げているのは、たんなる想起の行為ではなく、生き直す行為である。それはいわば、当時のままの世界のありように棲み込み、さまざまな制約や約束、誤謬や偶然を、初めて経験したときのままの力で共振させることである。ここでは、七歳の初恋の衝撃や、一二歳の未来への絶望が、成人として親を亡くす痛みや子供を授かる至福と同じ深みを伴って蘇ってくる。

その結果、クナウスゴールのおかげで、読者はより深い注意と関心をもって、みずからの生を振り返ることができるようになる。このような効用については、著名な批評家のみならず、クナウスゴールの著作に魅了された多くの一般読者が記している。ノルウェーで『わが闘争』が出版され（人口が五〇〇万人に満たないこの国で五〇万部を売り上げ）たとき、複数の読者が――クナウスゴールが著作をつうじて、みずからの生を開くなかで――みずからの生も開かせてくれたと証言した。アメリカや他国の多くの読者にも同様の証言がある。クナウスゴールの著作のもたらす変革的な作用は、文化的背景や個人的状況の共有によるものではない。あなたが時間に縛られ、実践的にコミットする当事者であり、みずからの営む生へのコミットメントを探究し、深化するように心を動かされうる人であれば、あなたは彼の著作の潜在的な宛先になりうる。クナウスゴールの著作があなた自身の生への新たな入口を開けるのは、あなたが彼の経験と同一化するからでは必ずしもなく、むしろ『わが闘争』が、ありのままに生きられた生への献身――あなたがみずからの存在との関係において着手し実践できるような献身――を例示しているからなのである。

ここで鍵となっているのは、クナウスゴールの著作を特徴づけている持続的注意という行為である。彼が二〇ページにわたって、ある雨降りの水曜日の朝の朝食での娘とのやりとりを記すとき――あるいは、ある冬の夜、水泳の練習から帰宅途中に一二歳の自分の心のなかで反響していたあらゆる感覚と感情をこじ開けようとするとき――、彼はたんにみずからの生を私たちに押しつけているのではない。彼は私たちに（そして彼自身にも）、私たちが忘れがちなことを想起する方法を教えてくれている。彼は忍耐を要する綿密さで日常を記述することによって、何も起こっていないように見える日々にも、これほど多くのことが起こっていることに、私たちの目を開かせてくれるのだ。また彼は、かつての自分を蘇らせることで、私たちに刻み込まれていながらも消えてしまっていた瞬間にたいする私たちの感度を上げる。それは、疼く傷口を開くような記憶の引き金にもなりうるが、私たちを生へと連れ戻してくれるものでもある。

クナウスゴールの著作の訴求力は、彼の生をあなたの目で見るよう強いることではない。むしろ彼の著作は、あなたの生を彼の目で――彼が生に与える注意力のレベルで――見ることを可能にする。こうしてあなたは、自分が死んでいるも同然だと感じ、日常の存在のありふれた出来事のなかで自分を見失っているときでも、たしかに自分は生きていると実感する無数の方法を認識できるようになる。目前にあるすべきことを処理するなかで、あなたが目にしているのは、あなたの愛や逃走の重みであり、あなたがこれまでどのような人として生き、またこの先どうなりうるのかという歴史である。

他の誰も記憶していない夕方のことが、あなたのなかでは生きている。雪があなたの頬に触れたときのこと、不意に雨に降られたときのこと、あなたがたった一人きりでも、あなたを形作ってきた他の人々にあなたは印づけられていた。あなたには残したまま前に進めないことや取り戻したいことがあり、また消去できない希望もある。その希望は埋もれもすればしぶとくもあり、壊れもすれば自信に満ちることもあり、どちらもけっして互いを排除することはない。

このように引き延ばされた生を、あなたは、クナウスゴールの散文のおかげで、みずからの生として認識できる。あなたが過去に向かって思い切り手を伸ばし、未来に向かって精一杯に体を伸ばすことで、あなたをつうじて世界全体が現れる。この世界をつくったのはあなたではない。むしろあなたは、この世界によってつくられたのであり、いまは、あなたがこの世界を維持している。それがあなたの生であり、それ以外には何もない。だがそこにあるもの――またそこでのあなたの行為――は、あなたをこの世界にあまりにも深く結びつけており、あなたはこの結びつきをほどくことはできない。

ここでの闘争とは、どのようにしてこの生を自分のものにするかである。これこそ、クナウスゴールの企図の出発点だ。『わが闘争』に着手するとき、彼は自分の営んでいる生が自分自身と切り離されていることに気づく。彼は、すべきことを我慢してこなしているが、起こっていることに本当には関わらずに背を向けてきた。彼はみずからの存在と距離を置くゆえに、自分が失うものは何もないと感じ、それゆえに彼には、自分の生が無意味に見えていた。彼はこう書いている。「つまり、僕は日常生活の価値を体感したことがなく、いつもそれから逃れることを切望していた。だから、僕が過ごしていた生は僕のものではなかった。僕はそれを自分のものにしようとしたのであり、それが僕の闘争だった[42]」。

生をみずからのものにしようとする闘争は、依存せずに自己充足的になるための探求ではない。彼の生が彼自身のものでないことは、自分が何者で何をしていくのかについて、彼がこれから自発的に決定できるようになっていくことを意味しているのではない。反対に、クナウスゴールは、私たちが自分では創造していない世界に属し、私たちの制御を越えた他者に依存している様を強く意識している。あなたがみずからの生を所有することは、この依存からみずからを解き放つことではない。むしろ、あなたの存在は、あなたが世界に関与しコミットする仕方から切り離せないということなのだ。たとえば、あなたは(『わが闘争』の冒頭のクナウスゴールのように)結婚して子供がおり、うまく生活をやりくりできていないと感じて、お手上げの状態に置かれているかもしれない。あなたはうまく事を運ぼうとしても――愛する人たちのためにそこにいようとしても――失敗ばかりで、その過程で自分自身が崩れていくのを感じている。

その状況で、ただ辛抱すればよいと妥協し、自分を麻痺させ、心ここにあらずの状態でただ淡々と物事をこなすことは、みずからの生を手放すことである。クナウスゴールは、この誘惑に同調し、彼自身、くり返しみずからの生を手放す。だが、この著作をつうじて彼が取り組んでいる闘争とは、みずからの生を所有することだ。彼は、積極的に自分のすることにみずからを同一化し、自分の愛するものを認知しようとする。これは継続的な闘争だ。自分のすることや自分の愛するものを所有するとは、自分自身を賭けることであり、また、あなたの生が、あなたのコミットメントの命運に左右されることを、実践の中で認めることである。みずからの生を所有するとは、あなたの愛するものを所有するのではなく（それはあなたの所有物ではない）、あなたの愛するものをあなたが愛しているということを所有することなのだ。このことは、あなたにとって何かが大切なものとなる――何かが意味をもつ――ための条件であるが、それはまた、あなたの生を危険にさらすものでもある。もし、あなたが、あなたのする行為を所有しているなら、その行動の受け取られ方によって、あなたは深く影響を受けるはずだろう。なぜなら、あなたは、まさしく自分にとって意味のあることに取り組んでいるからこそ――あなたにとって大切な何かをしているからこそ――、失敗の経験に敏感になるからだ。同じように、あなたの愛するものを愛するということを、あなたが所有しているのなら、起こることに傷つきうる状態になる。あなたの夢は叶うこともあれば、希望が打ち砕かれることもあるかもしれない。あなたには大切なものがあるからこそ、あなたには失うものもあるのだ。

ならば、みずからの生を所有するとは、私有財産として生をもっていることではない。それとは反対に、みずからの生を所有するとは、みずからをさらけだすことである。みずからの生を所有する人――自分のする行為や愛するものにその生を委ねる人――だけが、自分から生が奪い去られる経験をすることができる。

だからこそ、あなたの生を手放すという誘惑が生じる。それはつまり、希望が叶わないまえに希望を葬り去り、あなたが苦しめられるまえにみずからの愛を取り下げようとする誘惑である。これが離脱《ディタッチメント》の道であり、そこでは、前もって捨ててしまうことで、あなたは失敗や喪失の痛みから守られるのかもしれない。たしかに、このような戦略が理にかなっている状況もあり、私たちがみずからの生に耐えるには、ある程度の離脱が必要である――さもなければ、あらゆるものが私たちを壊しかねない。だが原則として、離脱は袋小路である。それが行きつく先には、意味の貧困か、ニヒリズム的な世界の拒否以外に何もない。

クナウスゴールの著作を突き動かしている原理は、むしろ独自の愛着《アタッチメント》である。この原理は、あらゆる愛着の両義性に忠実であり続けるために、より一層深いものとなる。次に示す彼の信条は、『わが闘争』をつうじて反復される言い回しだが、英語に翻訳するのが難しい。クナウスゴールは、ノルウェー語で「Det gjelder å feste blikket」と書いている。この言い回しは、「視線の焦点を合わせなければならない」や「重要なのは視線の焦点を合わせること」と言い換えられる。だが、「焦点を合わせる」と訳されるノルウェー語の動詞（å feste）には、字義通りには「愛着をもつ」という意味があり、この言い回しは、たんなる表明ではなく、自分への行動命令でもある。すると、こう翻訳するほうがよいだろう。見えるものに愛着をもちなさい、見えるものに愛着をもつことで、あなたの視線の焦点を合わせなさい。これが『わが闘争』の命法である。

この命法は、異なる三つの意味で理解できる。この三つの意味は互いに絡み合っているが、これらを区別することは、クナウスゴールの著作の異なる側面を理解するのに役立つ。命法の最初の意味は、あなたが実際に生きている生に、視線の焦点を合わせるということだ。このことは、なぜクナウスゴールが人生の転機となる出来事よりも、明らかに些細な活動に多くのページを割けるのかを説明してくれる。彼が実際に生きている生に視線の焦点を合わせようとするなら、彼はトラウマや至福といった闇にきらめく瞬間（誕生、死、愛、弔いといった）だけを捉えるわけにはいかない。彼はその瞬間が現れてくる時間の伸縮、自分でも覚えていないような日々の行為も捉えなければならないのだ。その行為とは、食卓を整える、家を掃除する、本をパラパラとめくる、どんよりした曇りの午後、散歩に出かける、窓の外を見るといったことである。クナウスゴールにはそのような瞬間を切り開き、つぶさに記述する比類ない才能があり、ぱっとしない経験でも、この世界に存在することの感覚的かつ知覚的で内省的な豊かさによって活気づく。

だが、自分のすることに視線の焦点を合わせるだけでは足りない。なぜならあなたは、見えるものにたいして、自分がどのように愛着をもっているのかも、認識しなければならないからだ。これが命法の第二の意味である。したがってクナウスゴールは、日々のリズムを形づくる倦怠感と高揚感、熱望と落胆、強烈な歓喜と上の空の状態といった波長を表現しようとする。何にもまして、彼は自分にとって一番大切なことに視線の焦点を合わせようとする。またここでも、痛ましい両義性を告白する犠牲を払いながら、彼が自分に見えるものにどのように愛着をもっているのかを認識することが問題となるのである。私たちは、彼と彼の妻が大恋愛の末に結ばれたことだけでなく、不安や些細な苦言、日々の憤り、また二人を引き裂かんばかりの激しい衝突についても知らされる。彼が自分の子供に視線の焦点を合わせているとき、彼は子供たちの個性や、傷つきうる状態にありながらも成長を続ける子供たちの、日々の自己のドラマに関心を向けており、そこには、比類ない優しさが感じられる。だが、自分の子供たちがどのような人間で何を必要としているかがわからなくなり、親としての愛が、怒りや疲労あるいは諦めによって曇らされてしまうこともある。そのような経緯が、耐えがたいまでに詳細に説明されている。

ここでクナウスゴールの著作を、マインドフルネスの一形態として記述できないこともない。だがそうするならば、マインドフルネスを、よく結びつけて語られる仏教の瞑想とは切り離さねばならないだろう。仏教によれば、あなたは、あなたの愛着に必然的に伴っている闘争からあなた自身を解脱させるという目標のもとに、みずからの内的な視線に焦点を合わせ、みずからの愛着に対処しなければならない。あなたは、あなたの意識から立ち上がってくる思考と感情に注意を払うことで、関与を止めることを学ぶべきであり、みずからの思考や感覚と同一化すべきではない。その到達点とは、純粋意識の達成である。そこには、あなたが気づかうことを止めてしまっているがゆえに、完璧な静穏がある。このように、ある種の瞑想のテクニックは、世界にふたたび関与するという世俗的な目的のために応用され、ネガティヴな経験から回復したり、集中力やエネルギーを高めたりする一助とされているが、それは仏教の宗教的目的とは大きく異なっている。世俗的な理解において、瞑想による解脱は、生への愛着から生じる闘いによりよく関与できるように、相対的かつ一時的に用いられる手段である。反対に、仏教における完全な解脱は、目的そのものなのだ。あらゆる愛着は必然的に苦しみを伴うゆえに、完全な解脱のみが、苦しみを取り除くことができる。仏教はこれを、あなたの救済として示すのである。究極的に重要なのは、あなたが誰で何をするかではなく、何も大事なものがないという意識状態に達することなのだ――そうすれば、あなたは平安のうちに憩うことができるだろう。

クナウスゴールのマインドフルネスの目標は、これとは正反対のものだ。彼は、みずからの愛着から生じる闘争に対処することで、その闘争とより深く同一化し、自分が営む生により強く愛着をもとうとする。これが彼の命法の第三の意味だ。あなたは――苦しむ犠牲を払ってでも――見えるものに愛着をもたねばならない。なぜなら、愛着がなければ、意味が生じないからだ。意味がないとは、大切に思う気づかいの対象が何もなく、この世界にあなたを結びつける人がいないということだ。そのようなニヒリズムに抗するのが、クナウスゴールの世俗的告白を突き動かしている熱望である。彼は第二巻の最後にこう書いている。「無関心は七つの大罪のひとつであり、なかでも唯一、生命にたいする罪であることから、実際はそのなかで一番重大な罪にあたる」〔Knausgaard, *My Struggle: Book Two*, p. 590. クナウスゴール『わが闘争2――恋する作家』七八一頁〕。また、最終巻である第六巻には、あなたが見えるものに愛着をもちながら、視線の焦点を合わせることの争点が徹底的に論じられている。

愛着をもたずに何かを見ることが、どういうことなのかを僕は知っている。それは、家も木々も車も、人も空も大地も、すべてがそこにあるのに、何かが欠落しているということだ。なぜなら、すべてがそこに存在しているということが何の意味ももっていないからである。そのすべてが他のものになっても、無に帰しても同じことだ。このように現れるのが無意味な世界である。無意味な世界に生きることも可能だ、それはたんに忍耐の問題であり、ひとは我慢が必要なら我慢するだろう。この世界は美しくなるかもしれない。[…] だがこのことさえ、あなたには何の変化ももたらさず影響もしない。あなたは見えるものに愛着をもたなかったのであり、この世界に属しておらず、いざとなれば立ち去ってしまう方があなたには好都合なのだ。[43]

これはみずからの生を手放した人の立場である。世界を無意味にする――あるいは意味あるものにする――のは、そこに何があるかという客観的な特徴ではなく、あなたに見えるものに向けられるあなたの愛着の程度に左右されるプロセスである。このことは、あなたが世界の意味を自由に決められることを示唆してはいない。だが、いかなる意味ある関与も、他者にたいするあなたの愛着や、この世界に存在しているものにたいするあなたが愛着に依拠していることを必然的に伴ってはいる。あなたが愛着をもつ能力は、あなただけに左右されるものではない――あなたに起こる出来事が、それを可能にも不可能にもする――が、あなたが愛着をもっているのかどうか、またどのように愛着をもっているのかは、この世界で状況を一変させる。

このような生を所有することの困難は、クナウスゴールの著作に欠かせないものだ。彼は生を手放す誘惑と闘いながらも、私たちがみずからの存在を断念しうるさまざまな道筋を詳細に論じている。徐々に無関心さを増していくという緩慢な死はありふれているが、彼の著作には、アルコール中毒の深みにはまり、見境いなく義務を放棄したり、鬱の渦中で短絡的な感情に陥ったり、また、自殺という究極的な自己破壊にいたったりするという道筋もある。クナウスゴールは、このようなみずからの生の放棄の形態を、道徳的判断に依拠することなく探究する。さらに、その探究をつうじて、私たちは、私たちがみずからの生を所有することによって――本質的に世界に存在することによって――しか、意味ある生き方を手に入れるチャンスを得られないことに気づかされる。これこそ、クナウスゴールの告白に作用している世俗的信への回心である。彼はみずからの視線の焦点をみずからの生に合わせ、見えるものに愛着をもつことで、私たちの向きを変える。その方向にあるのは永遠ではなく、すべてが争点となっている場としての私たちの有限な生である。あらゆる回心と同じように、それは一度に達成されるようなものではない。それは、生を所有する継続的な闘争だ。だが、宗教的改宗とは異なり、世俗的回心は闘争を終わらせることを目指してはいない。むしろ生を所有するとは、私たちが生きたいと望む生そのものに闘争があることを認めることなのだ。私たちがみずからの生を意味のあるものにしたければ、失う可能性のある何かを手にしたいと望むべきなのである。

このように、クナウスゴールの告白とアウグスティヌスの告白を比較することは、示唆に富んでいる。アウグスティヌスは告白形式の自伝というジャンルを創始したが、これは彼の宗教的な文脈にあっては、きわめてラディカルな動きだった。アウグスティヌス以前には、聖人の生を扱うテクスト（聖人伝）はすべて三人称で書かれていた。聖人本人はこの世界から身を引き、自分以外の人物に超越にいたる道筋を回想させていた。これとは対照的に、アウグスティヌスはみずからの懐疑や肉体的欲望、また、みずからの罪を告白しながら、みずからの生を物語る。彼はそれ以前の誰とも異なり、三人称の視点の影に隠れるのではなく、一人称の視点を所有した。私たち読者は、彼の老いゆく肉体や心理的葛藤、さらには夢精についてまで知らされる。アウグスティヌスはこう告白する。「しかし記憶のうちには［…］自分の性癖によって付着したそのような過去の事柄の心象がまだ生きています。それらの心象は、［…］眠りの中で現れるときは、私をよろこばせるどころか、よろこびに同調させ、実際そのことを行なっているような気持ちにさせてしまうのです[44]」。

これほど詳細にみずからをさらけ出すことは、高みを目指す神学的権威には、危険なことに見えたかもしれない。だがこれは、アウグスティヌスの戦略の一部だった。彼がみずからの有限な生を誇示したのは、それを神の永遠と比較することで、その生がこれほどまでに恥ずべき不十分なものだという感覚を鼓舞するためだったのである。これこそ、アウグスティヌスが「真実をつくる（veritatem facere）」と呼ぶものである。真実をつくるとは、真実を語る――みずからのしたことを告白する――ことにとどまらない。それはこの世界における生への罪深き愛着を放棄し、神のほうを向くことによって、真実をみずからのなかに存在させることでもあるのだ。アウグスティヌスの『告白』の執筆を明確に動機づけているのは、みずからと他者の中にこのような真実を生み出すことである。「では、なぜあなたに向かい、こんなこまごまとしたことをお話し申し上げるのでしょうか」――彼は、神に呼びかけてこう問う。「もちろん、私の話をつうじてはじめて、あなたがそれを知るためではないのです。そうではなく、自分の献身とこれを読む人々の献身をあなたのほうに高めるためなのです[45]」。

とはいえ、彼が立ち去るべき世俗的生についての鮮明な説明は、彼の著作を世俗的な継承可能性にも開いている。そこでは、真実をつくることが神への献身の問題ではなく、有限な生に忠実であり続けるという問題となる。偉大な作家ジャン゠ジャック・ルソーは、この可能性を（一七六九年から書き始めた彼自身の『告白』という画期的な著作で）取り上げた最初の人物だが、クナウスゴールはそれをさらに推し進めている。クナウスゴールはルソーとは異なり、自分が例外的な存在であるなどとは主張せず、時間を超越した臨在を約束してもいない。彼は、取り返しのつかない終わりを迎えるありふれた生の主体でありながらも、アウグスティヌスにもルソーにも思いもよらなかった些細な事柄に注意を向けている。『わが闘争』の著者として彼が認めている義務のひとつは、この生に忠実［true］であることだ。

とはいえ、クナウスゴール自身も、宗教的な観点からみずからの生を貶めることを免れてはいない。最終巻のある場面で、彼はさまざまな教父の著作（なかでもとりわけ顕著なのはアウグスティヌス）を読みながら、神秘主義者の忘我と比べて、自分自身の経験が不毛だと感じるようになる。ここでクナウスゴールは、「神秘主義者の献身」と比較して、みずからの意味の探求は情けないものだと主張し、自分を「魂の抜けた陳腐な数多の人間の一人にすぎない[46]」と糾弾する。これは、アウグスティヌスが鼓舞しようとしていた恥の感覚と一致している。宗教的観点から見れば、救済のない有限な生はたしかに魂の抜けた陳腐なものだ。このような見方――永遠の感覚が欠如しているゆえに、みずからの生をとるに足らないものだとみなすこと――

は、宗教的信仰のない人々にも継承されており、『わが闘争』の試論的な省察の多くで、クナウスゴールもこの見方に誘導されている。彼は、芸術とは聖性の感覚を取り戻そうと高みを目指すものであるとくり返し主張しながらも、それは私たちにはもはや成し遂げられないことだと嘆く。クナウスゴールは宗教的な聖性の感覚に言及しながら「ロマン主義芸術が表現する昇華とメランコリーこそ、そのようなものへの切望だ」と記し、続けて「またそれを喪失したことへの嘆きでもある。少なくとも、僕が芸術上のロマン主義者に感じる魅力を、僕自身はそう解釈している」と述べている[47]。この考え方によれば、芸術とは、時間や有限性には無縁な「聖なる」世界を開こうとするものだ。その世界では、すべてがそれ自体として現前するものの、私たちはその世界に入ることができない。なぜなら、私たちは「堕落して」おり、「神聖なるものの無関心」や「あらゆるものを消去する善性の光」のなかでは生きられないからだ[48]。

　このような宗教的発想はよく知られており——また一般的に奥深いものとされていることもあって——、クナウスゴールの著作の理解の指針にされがちである。だが、それはちがうだろう。『わが闘争』には全篇をつうじて（とりわけ最終巻には）、この書物の哲学を提示しているように見える数多くの意見表明や短い試論がある。それらの多くは相互に対立し、内的に矛盾しており、これらを額面通りに受け取れば、それらの箇所に含まれている重要なことのほぼすべてをつかみ損ねることになるだろう。クナウスゴールは驚くべき論述家だが、殊に彼の才能は、その論述をナラティヴの一部として立ち上がらせることにある。その理論的な省察は、実践的な行動と同次元に存在する。つまり、この省察は、ある特定の時点でその誰かがどう考え感じているかをめぐるものであって、物語外で意味を制御している誰かの視点を表現しているのではない。

　ならば、『わが闘争』の哲学的な詩学を理解するには、しばしば矛盾している意図の表明の数々と並行して、物語で起こっている出来事に関心を向けねばならない。私たちの世俗的生は魂の抜けた陳腐なものである——それゆえに時間に縛られたみずからの存在から救済される必要がある——という見方は、みずからの生を手放す傾向に属するものだ。『わが闘争』にはこの傾向が一貫して根強くある一方、この書物に書かれたことそのものは逆方向に向かっていく。『わが闘争』の著者は、みずからの生を魂の抜けた陳腐なものだとみなすどころか、有限な生の経験は大変に意義深く、その経験を非常に細やかなニュアンスや感情の残響にいたるまで探究する価値があると信じている。その目標は、みずからの生により深く愛着をもつことであって、その生を超越することではない。この観点から見ると、魂の抜けた陳腐なものは、むしろアウグスティヌスの神秘的な法悦のほうである。なぜならそのような法悦は、なにも起こらない永遠の現前を好み、世界から立ち去ろうとするからだ。アウグスティヌスにおける核心とは、天への昇天ではなく、時間と記憶への降下であり、クナウスゴールは作家としての実践において、この後者の降下の運動を追いかけているのである。

ここで鍵となっているのが時間である。アウグスティヌスは先人の誰とも異なり一人称を用いることで、時間に引き裂かれることが何を意味するのかをドラマ化してみせた。『告白』における彼の抽象的で哲学的な思索でさえも、彼が切望しては嘆き、希望を抱いては不安に駆られ、ある洞察に高揚感を覚えては袋小路に陥って落胆するというような、彼の具体的な存在に印づけられている。だからこそ、アウグスティヌスが『告白』で時間意識について哲学的に分析しているときであっても、彼は読者に、時間の問題がいかに身近で個人的なことであるかを感じさせるのだ。時間の探究自体も時間内的な活動であり、アウグスティヌスは、みずからの議論を明確化する努力を、いつ壊れてもおかしくない一連の継続的な思索として前面に押し出している。同様に、彼が記憶の作用を分析するとき、彼はみずからの記憶の「洞穴と岩窟」に降りていき、彼の自己の統一が、完全には取り戻せない過去によって崩壊させられる筋道をさらけだすことで分析してみせる[49]。さらに、アウグスティヌスは『告白』を書いている渦中にあって、いまだ変化に影響されやすく、彼の葛藤そのものがこの著作の一部となっている。自分自身の現前が消えていくという感覚が強まるなかで、アウグスティヌスは、著作を執筆しているあいだに逃れゆく時間にも光を当てる。「私が告白しようとするいま、この瞬間に、私がいかなる者であるかということを考えてみてください[50]」。

みずからの去りゆく現前のほうを向くことについて、クナウスゴールも同じように『わが闘争』のなかで探求している。第一巻の冒頭で私たちが読むことになるのは、彼がこの著作に着手する夜について記録しているときのことである。「今日は二〇〇八年二月二七日。時刻は二三時四三分[51]」。数ページあとで、私たちはクナウスゴールが著作に取り掛かっている時点がその六日後であることを知らされる。「時刻は朝の八時を過ぎたところだ。二〇〇八年三月四日。僕は床から天井まで積まれた本に囲まれた仕事部屋で、ドゥンゲンというスウェーデンのバンドの曲を聴きながら、自分がこれまで書いたものについて考え、それがどう展開していくのかを考えている[52]」。『わが闘争』全篇をつうじて、このような時の指標が反復されており、最終巻で、彼が本を書き終えようとしているときには、この指標がある特定の頻度で回帰する。「この文章を書きながら、僕は一人きりで座っている。二〇一一年六月一二日。時刻は午前六時一七分。僕のいる部屋の上の部屋で子供たちが眠っており、家の反対側ではリンダが眠っている。窓の外に見える庭の数メートル奥まったところにあるリンゴの木には、斜めから太陽光が降り注いでいる。枝葉は光と影に満たされている[53]」。

このような一見シンプルな観察に、『わが闘争』の詩学が凝縮されている。クナウスゴールの著作は、彼自身のいる時間と場所に細心の注意を払って展開する。そのような注意の形態の根本にあるのは、まさにこの瞬間に起こっている出来事へと向きを変え——まさにいま展開していく生を捉えようという試みである。その目標は、時間経験の速度を落とし、時間内的な瞬間を押し広げ、その質のうちに長く留まることである。この運動が安定した現前を生み出すことはないが、だからこそ逆に、この現前する瞬間がこの瞬間を越える未来に開かれるとき、それがどのように存在しなくなり、またどのように記憶に留められなければならないのかという強い感覚を生み出す。このような移ろいやすさの感覚を醸成することによって、クナウスゴールはみずからの注意のみならず、読者の注意も呼び覚まそうとする。彼は習慣に対抗したいと思っている。つまり、みずからの生を当たり前のこととせず、世界を新たな目で見たいのだ。習慣を断ち切ろうとする試み——生きている感覚を深め、時間内的な瞬間をより鮮明なものにすること——は、必然的なかたちで、有限性の感覚と互いに結び合わされている。彼の生が有限であるからこそ、彼はその生を当たり前のこととしないのであり、ある瞬間に長く留まりたいという彼の欲求は、その瞬間の過ぎ去りに気づくことによって突き動かされるのである。実際、移ろいやすさの感覚は、瞬間それ自体の輝きの本質的な一部をなしている。世界を新たな目で見ることは、あなたが新たな目で見る世界が有限であるという感覚と不可分だ。この世界がこれまでずっと変わらず同じだったはずなどなく、この先も同じであり続けることはない。だからこそ、その世界が消えてしまうまえに捉えなければならないのだ。

　すると、歓喜の瞬間は、つねにそれ自体の有限性によって印づけられているということになる。たとえば、クナウスゴールは第三巻で、七歳のときの初恋について驚くべき説明をしている。それは、見えるものに愛着をもつからこそ、その世界が光に満たされうることを彼が経験した最初の記録である。彼は次のように書いている。「僕のなかには、突如新たな空が存在するようになった。その穹《そら》のもとでは、もっとも身近な思考や行動でさえ真新しく見えてしまうのだった」[54]。その空とは、アンネ・リスベットだった。水色の厚いジャケットをまとい、白い野球帽をかぶり、獰猛な黒い瞳をしていた。ある午後、二人は森でごっこ遊びをしていた。彼は長い別離ののち、彼女のところに戻ってきた船員だった。二人は互いに駆け寄り、彼女が彼を抱きしめると、彼の世界は変貌した。

　僕の胸が高鳴っていた。というのも、僕は森の最深部に立って自分の上に広がる空を見ていただけではなく、自分自身の最深部に立って、明るく開かれて幸福な何かを見上げていたのだった。彼女の髪はリンゴの香りがした。パッド入りの厚手のジャケット素材を介して、僕は彼女の体を感じることができた。その冷たくなめらかな顔は、僕の顔に触れると、輝くばかりだった[55]。

彼自身の最深部に立つ経験とは、彼に見えるものに愛着をもち、別の誰かへの愛をつうじて世界に結ばれる経験である。秋が冬へと移り変わるなかで、彼はアンネ・リスベットにたいする愛ゆえに、出来事の移ろいの一つひとつのニュアンスに夢中になる。

雪が降り始めると、僕らは飛び降りたり、滑り降りたり、穴を掘ったりするのによい場所を探してさまよい歩いた。そのときの彼女の火照った赤い頬、気温によって変化する雪の優しくも独特の香り、それは僕らを取り囲んでいた。そこにあったあらゆる可能性。あるときは木々のあいだに霧が立ちこめ、大気にはしっとりと小雨が混じっていた。僕らは防水服を着ていたから、雪上で摩擦が起こらず、アザラシのように滑り降りることができた。斜面の頂上によじ登ると、僕はうつ伏せになり、アンネ・リスベットが両足で僕にまたがり、ソルヴェイグがゲイルにまたがり〔この二人は『我が闘争』の登場人物。この場面では、四人が一緒に遊んでいる〕、僕らはお腹を下にして、ずっと斜面の底まで滑り降りた。僕がそれまでに経験した最高の日だった。僕らはそれを何度もくり返した。僕の背中に彼女の足が絡まる感覚、僕の肩を彼女がつかむ感触、スピードが出ると彼女があげた歓喜の声、斜面の下に着き、僕らは手足を絡ませて転がりあいながら、素晴らしい回転を感じるのだった。その間ずっと、霧は湿った濃い緑のもみの木に微動なく立ちこめ、大気中の小雨は薄い被膜のように、僕らの顔に横たわっていた。[56]

ここで感じられる可能性の感覚（「そこにあったあらゆる可能性」）は、『わが闘争』のなかのあらゆる至福の瞬間に浸透している。そのような瞬間は、自己充足的なものでも無時間的なものでもない。反対に、彼らの興奮は未来性の感覚にあり、それ以前にはありえなかった感じ方や行動の仕方を切り開く。とはいえ、それらの瞬間はまた脆く壊れやすいものでもある。アンネ・リスベットにたいする彼の愛は、彼の感受性と高揚感を高めもするが、差し迫る喪失感によって引き裂かれもする。「何にもまして矛盾する感覚が私のなかをめぐっていた。ある瞬間に僕はいまにも泣き出しそうなのに、次の瞬間には幸福で胸が張り裂けんばかりなのだ」[57]。この至福の痛みは、『わが闘争』におけるあらゆる幸福の瞬間において反復される。彼は見えるものに愛着を感じれば感じるほど、その喪失に傷つきうるからだ。だがこのような苦悩は、彼の経験に生気と深みを与えるものの一部をなしている。もし彼が、アンネ・リスベットの傍にいられなくなる可能性がなければ、彼が彼女の傍にいることの奇跡を感じることはないだろう。価値あるものが失われることがありえないなら、その状況に夢中になったり、起こる出来事にたいして注意力を高めたり、自分の気持ちを維持しようと努力したりする切迫感も失われる。

クナウスゴールの著作が、その最大の力を発揮するのは、愛着と喪失、感受性と被傷性の関係を懸命に捉えようとするときである。二度目に恋に落ちるとき、彼は一六歳だ。季節はまさに冬から春に転じようとしており、その景色だけでなく彼自身にも大きな変動が生じる。

冷たく雪に閉ざされた一面の冬景色。骨の髄まで凍てつくような命ひとつない静けさ。それが、ものの数カ月も経たぬうちに、青々と緑豊かに茂り、暖気に満ちて、あらゆる種類の生命が動き出す。木々の間を飛び回り歌う鳥から空中のあちこちに房のようになっている虫の群れまで、世の中にこの激しい変化ほど、想像するのが難しいことはめったにないだろう。太陽に暖められたヒースや苔の芳香、樹液ではちきれんばかりの木々、春や夏にむけて氷の融けだした湖。その前兆となるものは、この冬景色のどこにも見あたらない。夏の日の、目に映る白いものといえば、青空に雲がひとすじ、その下には青き川の流れがゆったりと海に注ぎ込んでいる。その完璧に滑らかで冷たい表面は、そこかしこで岩や早瀬や水浴びをするものによって砕け散る。そんな情景を目にして心溢れる解放感は、冬の間にはまったく感じられない。そんなものは、いまは存在せず、すべては白く無音の世界。もし沈黙が破られるとしたら、それは冷たい風か、侘しい牛の声である。しかし、それはやってくる……それはやってくる……三月のある夕方、雪は雨に変わり、根雪が崩れる。四月のある朝、木々は芽をつけて、黄土色の芝生にも緑の兆しが現われる。タンポポ、そして白や青のアネモネも顔を出す。そして暖気が斜面の木々の間で柱のように立ち昇る。陽が当たる斜面では芽吹き、桜があちこちで花を咲かせはじめる。君が一六歳なら、これらすべてが印象に刻まれ、これらすべてがその痕跡を残す。なぜならこれが春だと君が知る最初の春だからだ。全身の感覚で、君はこれが春であることを知る。だが、それはまた最後の春でもある。その後の君の味わうすべての春は、最初の春と比べたら色あせたものになるからだ。そのうえ、恋をしているというのなら、それは……しっかりとつかまえておけるかどうかにかかっている。すべての幸せ、すべての美、すべてのものに存在するすべての未来を。学校からの帰り道、僕はアスファルトで雪が融けているのに気づいた。まるで心臓をつき刺されたかのようだった。僕は店の外の日よけの下に果物が入った箱があるのを見た。あまり遠くないところに一羽の鴉が飛び降り、その音で僕は顔を上げて空を見上げた。なんとも美しい空だった。住宅地を通り過ぎていると、通り雨が降った。僕の目に涙が溢れた。(58)

一見したところ、ここでは、生命の活力がロマンティックに説明されている。春の溢れんばかりの現れが、愛の急激な高まりを映し出す。不毛で凍てつく景色には輝く色彩が充満し、魂を吹き込まれた運動がこの風景を解き放つ。この運動は、自然のみならず、目に見えるものに自分が愛着をもっていることに気づくこの十代の若者にも脈打っている。とはいえ、その活力の感覚は、有限性の感覚と切り離せない。立ち現れるこの生は、これまで変わらず同じだったことはなく(生とは生成しつつあるものだ)、この先もずっと変わり続けるだろう。だからこそ美の経験は、心臓を突かれるような経験であり、ゆえに彼は持続しようのないすべて、「すべての幸せ、すべての美、すべてのものに存在するすべての未来」を保持したいという欲望に駆られるのである。この欲望に駆られるとき、彼は最初で最後の美を見たという感覚を抱く。美しいものを見るのがこれで最後なら、彼の経験はますます輝きを増し、鮮烈なものとなる。なぜなら、彼は、愛するものをまさにいま失いかけているからだ。とはいえ、有限性の感覚は、彼が初めて何かを美しいものとして見つめた経験にすでに作用している。世界の色彩は輝きながらも、その内部に色あせていくみずからの未来を内包している。実際、予感される退色は、その色彩を輝かせるものの一部を担っている。彼が世界の色彩に心を奪われるとき、その色が褪せていくだろうという感覚が、その色彩を心奪わせるものにするのであり、だからこそ、彼はその特質に注意を払い、その美に留まらずにはいられないのである。

　このように、時間の引き延ばし——あらゆる瞬間が過去と未来の際《きわ》で振動するさま——は、世俗的な情熱に照らし出されて現われる。その引き延ばしは、喪失という否定的な条件でありながら、また驚異という肯定的な条件でもある。時間に引き裂かれ、みずからを開く人のみが、心を動かされ影響を受けることができるのであり、有限な人のみが、生きている奇跡を感じることができるのである。

V

カール・オーヴェ・クナウスゴールの偉大な先人は、誰よりも深く時間経験について探究した近代の作家、マルセル・プルーストである。クナウスゴールは、プルーストの『失われた時を求めて』を読んだだけでなく、「すっかり染まっていた」(59)と回想しており、『わが闘争』にはプルーストの作品のさまざまな箇所の痕跡がある。その影響は、この著作の企図の基礎をなす形態にすでに見てとれる。『失われた時を求めて』では、一人の男の生の回想に全七巻、三千ページ以上が捧げられているのにたいし、『わが闘争』でも明らかに同じモデルにならって、一人の男の生の回想に全六巻、三千ページ以上が費やされている。クナウスゴールはプルーストの企図を変容させた——これについては後述する——が、詳細を見ることで、彼がプルーストから何を学んだのかを明らかにしてみたい。

　『失われた時を求めて』の全篇をつうじて、主人公のマルセル自身は学びの過程にある。彼は幼少期から作家になりたいと思っていたが、みずからの才能にたいする懐疑に苛まれており、作品の最後で初めて、自分の著作の主題が自分自身の生であるべきだということを発見する。マルセルは、その想像力をつねに白紙にしてしまうような超越的な主題よりも、「この生や、そこにあらわれたさまざまな悲しみや喜びの想い出」(60)をこの書物の基礎として見いだすようになる。彼はこう明言する。

「これとは逆に真の芸術の偉大さは、［…］この現実をふたたび見いだし、それをふたたびとらえて、私たちにそれを知らしめるところにある。［…］それは、私たちが一度も知ることなしに死んでゆくおそれも大いにある現実でもあるのだが、このような現実こそ、ほかでもない、私たちの生そのものなのだ」[61]。

こうしてマルセルは、自分の著作が「私たちにとってもっとも貴重であるはずのもの」、つまり「私たちの真実の生、私たちが感じた通りの現実」[62]に献身することになると強調している。だからこそ彼は、入眠の経験を三十ページ以上にわたって詳細に記述でき、また官能的な接触に含まれる一つひとつのニュアンスを蒸留しようとする。彼はその散文の力をつうじて、私たちの知覚を研ぎ澄まし、私たちの感覚を錬磨しようとしているのだ。その目指すところは、私たちを別の生へと運ぶことではなく、私たちがすでに生きている生を、私たちに真に経験させることである。そしてマルセルが理解しているとおり、この目標を達成するには、私たちは時間との関係を変容させなければならない。習慣が私たちの経験を無感覚にし、あるいは鈍化させる傾向があるとすれば、それは習慣によって、時間が私たちの感覚に与えるインパクトが減じてしまうからである。一日一日が異なっているにもかかわらず、次の一日がやってくる保証はないにもかかわらず、私たちはこの習慣ゆえに、私たちの生がいつでも変わらず、際限なく続くと感じてしまう。このように、私たちには、自分の愛するものを見るのに慣れてしまうと、その存在の詳細や驚異に気づかなくなる傾向があるのだ。同様に、愛する人と生活することに慣れてしまうと、私たちはその人の存在を当たり前のものとして受け取り、愛するその人にしかない質をありがたく感じられなくなるリスクを負う。

習慣を打ち砕く鍵となるのは、私たちが愛するものを失いうると気づくことである。喪失の次元は、生の価値を切り下げるどころか、むしろ生を価値あるものとして立ち現させるものの一部を担っている。私たちは自分がいつか死ぬことを知っているかもしれないが、その意味するところを私たちに感じさせ、みずからの生へのコミットメントを高めるのが芸術の役割である。だからこそ、マルセルはみずからの生について物語るとき、自分の過去の経験が与える影響やニュアンスに細心の注意を払う。注目に値せず、あるいは幸福でない出来事であっても、その多くが彼の記憶のなかでは輝きを帯びて回帰する。なぜならそれらの経験は、喪失という観点から見れば、かけがえのないものとして立ち現れるからだ。このようにある過去の経験に喪失というパトスが吹き込まれると、その価値が高められることがある。それは、現在の経験の価値が、いつかは失われるという感覚によって高められるのに似ている。

だがマルセルがその洞察を追求するのは、遠い過去にかかわることのみであって、彼はみずからの書く行為と同時に進行しているみずからの生にかかわることは追求しない。『失われた時を求めて』の終わりでは、マルセルを作家にし、私たちがそれまで読んできた著作を書かせることになったものが何であったのかが明かされる。だが、マルセルがどのような状況で第七巻を書いているのか、どれだけ時間がかかるのか、またその著作を書き終えようとしているとき、彼はどのような苦難と闘っているのかについて、私たちが知らされることは一度もない。はっきりさせておくと、『失われた時を求めて』はプルーストの自伝ではないのだ。それはプルーストの生の物語ではなく、マルセルという虚構の登場人物の自伝であり、この小説の作中で、このマルセルという人物が自分の生の物語を書いているのである。プルーストが『失われた時を求めて』に一三年以上をかけ、最期まで校正刷りを必死に推敲していたものの、生前に完成できなかったことは知られている。だが小説の作中で、これに似た闘いを、私たちが読んでいるページの書き手として想定されるマルセルのものとして私たちが目撃することはない。彼が執筆しながらどのような日常生活を送っていたのか、彼の自伝を創作するのに費やされた年月のあいだに彼に何が起こっていたのかは、私たちにはわからないままだ。彼のすべての労力は、彼の継続的な生ではなく、彼の過去に意味と意義を与えることに捧げられているのである。

クナウスゴールが変えたのはこの構造である。『わが闘争』という作品の枠内では、語り手であるカール・オーヴェの現在の生が物語の一部をなしており、彼が全六巻を書き終えるのに正確にどれほどの時間がかかったのかということまで、私たちは知らされる。彼は二〇〇八年二月二七日、午後一一時四三分に第一巻に着手し、二〇一一年九月二日、午前七時七分に最終巻を完成させている。たしかに、語りの始まりと終わりをそこまで完全に正確には特定できないだろうが、ここで重要なのは、継続的な生の一部としてみずからの書く行為を位置づけようとする彼の野心的な試みである。子供の世話や実生活の心配事、また人間関係のトラブルや個人的な不安によって、彼の執筆がどのように中断されるのかを、私たち読者は事細かに知らされる。これらすべてが、まさにこの著作の主題なのである。その闘争とは、過去を取り戻すことにとどまらず、継続しているその生をつかまえ、その生に関与することでもあるのだ。

このようにして、クナウスゴールは、プルーストが隠蔽しがちな困難を明るみに出す。もしあなたが（プルーストと同じように）遠い過去にのみ焦点を合わせるのであれば、あなたの生に新たな評価を与えることは比較的容易だろう。なぜなら、過去を内省の対象にしてしまえば、それがあなたの関与を直接的に要求しなくなるからである。あなたは以前には見落としていたディテールに留まり、その当時は理解していなかった、その出来事に受けた影響にまで入り込み、初めて経験したときには享受できなかったものに、ノスタルジーの湧き上がりを感じることもできる。たしかに、それらすべてのものは過ぎ去ってしまい取り返しようがないという感覚ゆえに、実際よりも私たちに貴重に見えてしまう。ならば、あなたのノスタルジーは、まだこれから生きねばならない生の要求からあなたを守ってくれるだろう。『失われた時を求めて』が、マルセルが本を書くために世界から身を引くところで終わることは意義深い。つまり、彼の生は事実上終わってしまっており、彼には物語を語ることしか残されていないのである。もちろん、マルセルはまだ生きなければならないが、私たち読者にはこのことを忘却し、過去への没入を選択することが想定されている。私たちはその語りの行為に、何度か語り手を垣間見ることがあるものの、それは予定を最小限に減らし、現在の自分の生に見たところ何の価値も置いていない人物像である。「この私という奇妙な人間は、死によって解放されるのを待ちながら、鎧戸を閉ざしたままの生活を送り、世界の出来事はなにも知らず、ふくろうのようにじっと動かず、そしてふくろうのように、いくらか物が見えるのは、暗闇のなかにいるときだけなのだ[63]」。

対照的に、『わが闘争』の構造では、『失われた時を求めて』をかたちづくる構造が意図的に反転されているように見える。マルセルの本が、自分についての物語を書くというみずからの決断をつうじて彼が作家になることで終わるのにたいして、カール・オーヴェの本は、すでに作家である彼が、みずからの生について書くことを決断するのに始まり、この著作の完成後、彼はもはや作家ではないと宣言して終わる。『わが闘争』に書かれた最後の言葉は「もう作家ではないという考えを、僕は本当に心から楽しむことになるだろう」であり、それに続く別のページには、妻と子供たちに向けられた二文が記されている。「リンダ、ヴァーニャ、ハイジ、ヨンに捧げる。君たちを愛している[64]」。マルセルが生から文学に退却することで終える地点で、カール・オーヴェは文学から退却し、生の方を向くことで終えるのである。とはいえ、これは厳密には対立ではない。なぜなら、マルセルは文学に退却することで生を理解し享受したが、生を理解し享受するというカール・オーヴェの能力にとっても、文学は不可欠な役割を担っているからだ。とはいえ、『失われた時を求めて』の結末を変容させたカール・オーヴェの手法は、彼がみずからに課した挑戦を示している。書くことへの退却は、彼を彼の実践的な生に連れ戻しはしても、そこから脱出させることはない。彼は彼という日常的存在として、明確に変わりたい、よりよい人間になりたいと思っていた。『わが闘争』における彼の課題は、過去を取り戻すことに加えて、自分にいま見えているもの、自分がいま生きていることを信じ続けることであり、それを回想する数年後を信じることではないのだ。

さらに、彼は自分の生を享受することと、彼のもっとも深い愛着を維持することの困難に立ち向かわねばならない。妻と子供たちを愛することは、一度に成し遂げられるのではない。なぜなら、それは献身の行為であり、日々維持されねばならず、そこにはつねに失敗の可能性があるからだ。喜びは退屈に道を譲り、愛し大切に思う気持ちは無関心や落胆に妥協し、習慣の無感覚にあっては、驚きの感覚も失われる。『わが闘争』の目標は、そのどちらかひとつを純化することではなく、両者のあいだにある日々の絶え間ない闘いに立ち向かうことである。だからこそ、私たちが目にする語り手は、マルセルのように生から離脱してはおらず、むしろ生のただなかにいるのだ。カール・オーヴェは一度として休むことがない。書斎机に退却しているときでも、彼は日常生活での用事に追われている。その用事には、苦痛だと感じるものもあれば、情熱を感じるものもあり、退屈なものもあれば、高揚感を与えるものもあるだろう。だが、要は、すべてをその具体性において輝かせることなのだ。

このようにして、さまざまな間隔を置きながらみずからの生の物語を語るなかで、カール・オーヴェは過去の語り直しから執筆中の彼自身の描写へと移動する。一文のなかで、私たちは、行動の最中にある若きカール・オーヴェから、数十年後にその出来事を回想している中年の作家へと移動することができる。最初にこの移動が起こるのは、第一巻の冒頭である。そこで私たちは、彼が本を書き始めた、その二月の夕方の彼の状況を知らされる。彼が八歳だったときのある夜についての没入感のある記述に続いて、クナウスゴールは机から顔を上げ、書いているまさにその瞬間に私たちに語りかける。

ここに座ってこれを書いているが、あれから三十年以上の時が過ぎた。僕の前の窓には僕自身の顔がぼんやりと映っているのが見える。きらめく一方の目と少しだけ光を反射している下まぶたを除いて、左側半分は影のなかにあった。二本の深い縦のしわが額を走り、左右の頬にも、それぞれ深いしわが刻まれている。そのどれもが闇を含んでいるかのようだ。目は険しく、口角は垂れ下がっている。なんて陰気な顔つきなのだろうと思わざるをえない。

その陰気さを刻んだのはいったいなんなのだろう。

今日は二〇〇八年二月二七日。時刻は二三時四三分。書いている僕はカール・オーヴェ・クナウスゴール、一九六八年一二月生まれ。つまり現在三九歳。ヴァーニャ、ハイジ、ヨンという三人の子がいて、妻はリンダ・ボーストロム・クナウスゴール。再婚だ。四人はスウェーデンのマルメーにあるフラットでそれぞれの部屋に寝ている。ここに住んで一年半になる。ヴァーニャとハイジが通う保育園の保護者の何人かは例外として、ここでは誰とも付き合いがない。他の人はどうか知らないが、僕自身はそれが寂しいとも思わない。社交から得るものは何もないという人間なので。僕は自分が本当に考えていることをけっして口にせず、心の底にある意見を表したことはいまだかつてなく、その時々に会話している相手が誰でも大体同意するし、彼らの話している話題に興味のあるふりができる。酒を飲んでいるときだけはちがう。酔っていると、しばしばそれとはまったく正反対の態度をとってしまうのだ。そして度を越してしまったのではないかという恐怖とともに次の朝を迎える羽目になる。この状態は歳をとるにつれてひどくなっており、いまでは何週間も続くこともある。飲んでいると突然意識を失い、あるいは行動の抑制が利かなくなることもある。大抵はやけっぱちになり馬鹿を晒すだけだが、ときにはよりやけっぱちで、なおかつ危険な行動に走る。だからもう酒はやめた。僕は誰にも近づいてほしくないし、誰にも見られたくない。そう思って生きてきた結果、誰も僕に近寄らず、誰も僕に会わなくなった。僕の顔にこの深いしわが刻みこまれたのは、そんな自分の所業の結果に違いなく、硬く仮面のような顔、街のショーウィンドウに偶然映った姿を自分自身と認識するのがほぼ不可能な顔になったのはそのせいなのだ。[65]

この夜は、彼が本を書き始めた夜だというだけではない。それは彼の企図の零度を印づけてもいる。ここで自分を見つめている男は、自分をほぼ認知できていない。彼は世界から退却してしまっており、同様に彼は、みずからの生を所有することをやめ、自分自身を手放してしまっている。『わが闘争』の執筆は、このプロセスを反転させ、みずからの生のほうに向き直ろうとする試みである。自分が本当に考えていることをけっして口にせず、心の底にある意見を表したことはいまだかつてない彼が、いまや何千ページにもわたって、本気でそうしようとしている。誰にも見られたくも近づかれたくもない彼が、自分をさらけだし、その生を誰にでも見えるようにしようというのだ。このことは、他者に依存しない自分の隠されたアイデンティティの核が彼にあり、彼がそれをみずからの意思で開示しようとするということではない。反対に、自分の生を所有するという彼の困難が、この世界での彼の行動の仕方と切り離せないことを意味しているのである。他者から退却することも、他者とともにあるひとつの形態であり、世界から立ち去ろうとすることも、そこに存在する仕方である。自分の生を所有するとは、このような依存を認めること、好むと好まざるとにかかわらず、彼が見えるものに愛着をもっていることを認識することなのである。

　このようにして、彼の生を所有するという企図は、文字通り窓に映った自分の姿《セルフ・リフレクション》から始まる。暗闇の窓に映るその顔が見えると、彼はこれまでの自分に何が起こったのかを理解しようとせざるをえなくなる。見方によっては、『わが闘争』の著作全体を、ここで立てられている問い——「その陰気さを刻んだのはいったいなんなのだろう」——に応答する試みだと考えることもできるだろう。彼はみずからの生を取り戻すために過去へと降りていくが、彼はまた、現在と未来に関わることもできるのだ。

　その結果、彼は「肉体と化した時間」とプルーストの呼んだものに立ち向かわざるをえなくなる。肉体と化した時間とは、私たちが過去の影響を意識していないときや、過去が私たちの制御下にないときであっても、私たちがいかに過去を携えているかを示すものだ。プルーストにとって、この肉体と化した時間こそ、自伝を書くことを条件づけるものである。過去が私たちの身体に刻まれているからこそ、私たちは何をしたのかだけでなく、どのように感じていたのかも思い出し、以前の自己とふたたびつながるチャンスを手に入れられる。だからこそ、私たちはみずからの生の真の意味を取り戻すのである。だが同じ理由で、過去とのつながりは希薄なものでもある。私たちは、自分のなかに保存されている経験の大半に一度もアクセスしないままかもしれず、もしそうすることがあったとしても、過去の意味がそれ自体として与えられることはけっしてない。それは、私たちの現在の自己の感覚と未来への投企をつうじて、屈曲させられている。また、私たちの記憶が肉体と化しているなら、記憶が肉体に生じる出来事によって損傷し、消去される可能性もあるだろう。過去の持続は、非物質的な魂には確保されておらず、脆く壊れやすい物質的な肉体に保持された時間に依拠しているのである。

　こうして、マルセルが肉体と化した時間の重要性を見いだすと、彼は肉体に保持された記憶を完全に消去しかねないあらゆる要因を、とりつかれたように意識するようになる。「私は自分の内部にくっきりと、そのとき自分の考えている対象を感じるとともに、［…］［その対象が］私の肉体とともに消滅していたかもしれないのを理解したのだ[66]」。肉体と化した時間の発見によって、彼は『失われた時を求めて』を書こうと思い立つ。だがその発見は、彼の企図の不確かさを印づけてもいる。最終巻の終わりで、まさにマルセルが書き始めようとするとき、彼は脳の損傷やさまざまな事故のせいで、自伝を書けなくなるかもしれないと心配している。そしてまさにこの著作に取りかかる前に、彼は階段から落ち、記憶喪失に苦しみ、その結果、書けなくなることへの不安が強まる。「私は、「まだ時間があるだろうか？」と自分につぶやいただけではなく、「いまでも私にそれができるだろうか？」とみずからに問うた[67]」。肉体と化した時間の含意を追い求めるなかで、ついにマルセルは死んだ肉体に行きつく。それは彼の献身の対象である、生きられる時間の有限性を強調する。彼は作品の終盤のあるページでこう書いている。「死んでしまえば〈時〉は肉体から去っていくのだし、思い出も――まったくどうでもよい、薄れたものとなって――もはやこの世にいない女から消えてゆき、やがては相手の男からも消えていくことになるだろうから。その思い出は、いまでこそまだ男を苦しめているが、生きた肉体への欲望によって維持されることがなくなれば、遠からず男の心のなかでも死に絶えていくことになるだろう[68]」。

　死んだ肉体の問題は、プルーストの小説では結末にしか出てこないが、『わが闘争』では冒頭から前景化されている。プルーストと同じように、クナウスゴールも私たちの生の時間の深みを喚起することを望んでいる。その深みとは、みずからの過去を携え、みずからを未来へと投企することによって、私たちは空間における物理的な位置をどのようにして越えているのかということだ。私たちに歴史《ヒストリー》＝物語と生きた経験をもたらしてくれるのは、時間の引き延ばしである。だが、これと並行してクナウスゴールが強く意識しているのは、生きられた時間――それは希望や不安、隠された豊かさや感情の起伏を伴う――の次元が、引き延ばされた生の失効後に残る物質的な身体にどのように依存しているのか、ということだ。

　それゆえに『わが闘争』の第一巻の最初の数行では、生きた肉体から死んだ肉体への移行が見事に切り出され、私たちはそ

の移行を目の当たりにさせられる。

心臓にとっては生は単純なものだ。可能なかぎり鼓動を刻み続ける。そして止まる。遅かれ早かれ、いつかは、この鼓動を刻む運動もおのずから終わりをつげ、血液は身体のもっとも低い点に向かって流れはじめて、外から見てもますます白くなる皮膚に、黒ずんで見える血溜まりをつくる。同時に、体温は下がり、肢体は硬直し、腸が空になる。[…] 肉体内部で拡大するバクテリアの途方もない増殖を、なにものも止めることができない。もう数時間前に増殖を開始していたなら、すぐに抵抗にあっていただろうが、このときには周囲に一切彼らに逆らうものもなく、ずんずんと湿った闇のなかに深く潜りゆく。ハバース管、リーベルキューン腺、ランゲルハンス島へと歩を進め、腎臓のボーマン嚢、棘筋のクラーク柱、中脳の黒い物質へと進行する。そして心臓にたどり着く。心臓はこのときはまだ無傷だが、その全体の構造が設計された目的である動きが奪われ、たとえて言えば、労働者が急いで立ち去らねばならなかった製造工場のような、何か妙に荒涼としたものがあり、森林の暗闇を背景に黄色に輝く動かなくなった乗り物、打ち棄てられた掘立小屋、山の斜面を交互に上がっていく満員のロープウェーの車両のように映る。

生命が肉体を離れると同時に、肉体は死に属するものとなる。ランプ、トランク、カーペット、ドアの取っ手に窓、草原、湿地、小川、山、雲、空。これらのものと同じになるのだ。どれも僕たちが知らないものではない。僕たちは死の世界の物や現象にたえず包囲されている。にもかかわらず、死に囚われた人間を目にすることほど大きな不快感を僕たちに呼び起こさせるものは存在しない。少なくとも、死者の肉体を視界の外に置こうとするあの努力から判断するかぎりでは。大きな病院では、遺体は勝手に立ち入ることの許されない特別な部屋に隠されるばかりではない。専用のエレベーターと地下通路をもってその部屋にいたる通路までもが秘密にされ、たとえ偶然に運搬中の遺体に出くわすようなことがあったとしてもつねに覆いに包まれている。遺体が病院から搬出される際は、専用の出口を通じ、黒い窓ガラスの自動車に積みこまれる。教会地下には遺体のための窓のない部屋が存在し、葬儀中は閉ざされた棺のなかに置かれ、その後、埋葬されるか荼毘に付される。[69]

これほどまでに一人称の立脚点に特化した小説が、三人称の立脚点でしか示せないような生の視点から始まるのは驚くべきことだ。クナウスゴールが記述している死の瞬間を経験できる人はいない。私たちは死の瞬間を迎える誰かの肉体を観察するとき、その瞬間について推測はできるが、それが自分自身に起こるとき、私たちはもう存在していないのである。そうはいっても、私たちは自分の指令下にないこの肉体に属している。私たちはみずからの肉体に完全に依拠している——それなしには存在できない——が、私たちの肉体は私たちに依拠してはいな

い。私たちがいなくなっても、私たちの不在に無関心なその肉体は、世界に物体として留まることができる。おそらく、だからこそ、死んだ肉体は非常に不気味で、隠されることが多いのだろう。死んだ肉体は、私たちがこの世界のなかに存在しているということだけでなく、この世界のものでもある、つまり腐敗し分解する物質からできていることも気づかせてくれるのである。

　唯物論的な気づきは、『わが闘争』の全篇を貫いている。具体的にいうと、クナウスゴールは二焦点的な視覚を用いており、存在にかかわる一つひとつの現象が、一方では現象そのものとして、他方では生理学的な装置に依拠するものとして見られている。その範例ともいえるのが心臓であり、『わが闘争』では主要な隠喩で、一見したところ、慣習的に用いられている。心臓は明示的に彼という存在のもつ生の原理の隠喩であり、この隠喩は直観的な愛の経験のなかでとりわけ力強く表現される。彼は「心臓にはけっして間違いがない」という句をくり返し用いて、自分の人生を変える決断について説明する。この意味で、心臓は彼のもっとも深く親密な自己の感覚を示している。同時に、心臓は、比喩的にではなく、文字通りに扱われていることもある。右に引用した第一巻の冒頭にあるように、クナウスゴールは、心臓が彼の自己の感覚にまったく無関心な肉体のメカニズムであることをくり返しさらけ出してみせる。彼の意志にかかわらず心臓は脈打ち、そして止まる。彼の心臓の解剖は親密な告白であるのみならず、自分自身の生物学的＝物理的な構成についての探求でもあるのだ。彼はまるでロマンティックな意味でも、外科的な意味でも、自分の心臓《ハート》を開いているかのようである。

　このようにクナウスゴールは、肉体と化した時間という概念を、ありのままの結論へと押し進めていく。幼児のころの自分の写真を見ながら、彼は次のように問う。

> この生き物［幼児の自分］は、マルメーにあるこの場所に座って作品を書いているこの人と同一人物なのだろうか。あるいは九月の曇天のこの日、マルメーのこの場所――旧式の換気装置を通って入ってくる低い交通音や秋風の唸り声が充満した部屋――に座って執筆をしているこの四十歳の生き物は、いまから四十年後、スウェーデンのどこかの森にある老人ホームで、よだれを垂らして震えながら座っているかもしれない背中の曲がった白髪の老人と同一人物なのだろうか。この人物が、いつかは遺体安置室の安置台に死骸として横たえられるだろうことは言うまでもない。そのときでもこの生物は、カール・オーヴェとして知られている人物ではあるだろう[70]。

ここでは、生涯をつうじた彼の肉体の根本的な変化が鮮明に描かれることで、肉体と化した時間にそなわったつながりの希薄さと、究極的な脆さや壊れやすさが強調される。自伝を執筆するなかで、カール・オーヴェは物理的な分解について考えざる

をえなくなり、いつかは訪れてしまうみずからの生の絶対的な終焉、その肉体が死骸へと変貌するときを、とりつかれたように意識するようになるのである。

このようにクナウスゴールは、私たちの肉体の自律的な機能、私たちを構成する腐敗性の物質、また私たちの生の期間を短く見せる地質学的時間を、私たちに執拗に意識させる。だがこのような唯物論的観点は、私たちの生の重要性を減じるものではない。あなたの存在の持続は、地質学的時間のスケールの上では塵にすぎないが、このことは、その持続が重要でないことを意味してはいない。同じように、あなたの一人称的な視点――あなたの生に固有の経験――は、一連の身体的特性に依拠してはいるが、その視点が錯覚であることを意味してはいない。これらのことが意味しているのは、あなたの生が有限だということにすぎない。

このような有限性が、あなたの生を貶めることはない。むしろその重要性が解消しうる状況に抗って、その生がなぜ重要でありうるのか、またなぜ意義をもちうるのかの根拠の本質的な一部を担っている。最終巻でクナウスゴールはこう書いている。「死とは背景である。それに抗うことで生が現れる。死というものが存在しなければ、私たちは生とは何かを知ることはなかっただろう」[71]。死は背景であり、それに抗うからこそ、生は大切でかけがえのないものとして光り輝くことができる。だが死は、その光すべてを消し去ることのできる背景でもある。「死は生を無意味にする、なぜなら、死は、私たちが努力して得たものをすべて消滅させるからだ。同時に、死は、生を有意義なものにもする。なぜなら、死が存在するからこそ、人のもつちっぽけなものがかけがえのない存在となり、一つひとつの瞬間が大切な瞬間となるからだ」[72]。

ここで死は、存在論的なカテゴリーとして理解されているだけでなく、有機体として肉体の死にも開かれている。なるほど、物質的な存在世界において、死骸が私たちの愛するすべての人の運命だということに立ち向かう試練を、クナウスゴールは自分にも読者にもくり返し与えている。すでに見たように『わが闘争』の第一巻は、死の瞬間をそのバクテリアの細部にいたるまで描出することから始まる。同巻の最後のパラグラフでは、カール・オーヴェは遺体安置所を訪れ、最後にもう一度だけ亡き父親の遺体と対面する。

このとき僕は父の生命を失った状態を見ていた。いまとなっては、かつて父だったものは、父が横たわっている台、その台が据えられている床、窓の下の壁にあるコンセントの差込口、あるいは父の横にあるランプに延びる電源コードと何の変わりもなかった。人間は世界によって何度となく生み出されるさまざまな形のひとつにすぎない。世界は命あるすべてのもののみならず、砂や水の模様のように命なきすべてのものにも形を生み出す。そして、死。これまで僕は、死を生においてなによりも重要な尊厳だとみなしてきた。それは暗く、そして有無を言わさぬものだと思ってきた。だがそれ

は、水漏れする管、風で折れる枝、ハンガーから外れて床に落ちる上着以上のなにものではなかった[73]。

肉体の呼吸が止むと、生きる存在として機能しなくなり、こうして世界にある物体のひとつになる。この少し前で、私たちは「しかし、父さんはもう息をしていなかった」という文を読んでいる。「父に起きたのはそういうことだった。空気との接続はすでに途絶えており、それはいまとなっては父に圧しかかっていた。父は切り株や灯油缶、ソファなど他の物体と同じだった[74]」。このように、生きた肉体が死骸に減じることを理解することは、自然が私たちの関心や欲望に無関心であるということ、また、私たちが自己維持のために世界を利用できなくなると、世界はその肉体を枯れるままにするということを理解することだ。「父はもう空気を盗むことはない。呼吸して空気を吸い込むとき、あなたは盗んでいる。あなたは何度となく侵入している、この世界に侵入しているのだ[75]」。世界と相互的に作用する——未来にみずからを投企する——能力は、まさに死をもって失われる。もはや「空気を盗む」ことはなく、ただ空気の物理的な圧力に支配され、個体は分解し、変容という物質のサイクルに取り込まれるのである。

　このような物理的な死とその不安に対処するには、伝統的な方法がふたつある。第一の方法は、肉体という分解する物質とは別に、私たちに不死の魂があると主張することである。私たちの肉体が滅しても、私たちは本当に死ぬわけではなく、高次の存在へと昇天する。この存在はあらゆる肉体からも独立しているか、あるいは腐敗しない肉体を与えられている。第二の戦略は、私たちが物質と連続的な存在であり、それゆえ、死を恐れる理由などないと主張することである。私たちの肉体の物質は別の何かに変容するのだから、実際には本質的なものは何も失われず、他の形態になるだけである。ストア主義的な死の見方もこの一例である。ローマのストア主義者エピクテトスは、影響力のある談義のなかでこう主張している。「たしかにあなたは存在しなくなるだろうが、宇宙がその時に必要とするような別のものになるのだろう[76]」。

　このふたつの観点は、明らかに対立しているとはいえ、死というものが、私たちが保持すべき生の喪失を必然的に伴うことを否定する点では結託している。第一の方法では、私たちは失われる生から離れ、不死の魂を選ぶように告げられる。第二の場合では、失われる生から離れ、物質の継続を選ぶように告げられるのである。このように、どちらの観点も死の悲劇を否定する。このような形態の否定に対抗できるのは、世俗的信——死にあっては失われ取り返しのつかない生にコミットし続けること——だけである。悲劇的な喪失の感覚は、二度と戻らない生のかけがえのない価値を信じることに依拠している。自然には、私たちが生きていようが死んでいようが、どうでもよいことだ。だからこそなおさら、私たちが奪い去られたものを気づかい、記憶しなければならないのである。

VI

クナウスゴールの著作は、まさに唯物論的な死の見方において、あるいはそれをつうじて、世俗的信に捧げられている。私たちに死骸を見つめることを強いるなかで、彼は死者と生者を分かつものを鮮明にする。生者にとって時間は引き延ばされている。私たちは過去を想起し、未来にみずからを投企する。これが私たちの生の時間であり、クナウスゴールが献身的に探究している時間である。死者にはもはや何も見えず、何も感じられない。過去を思い出すこともなければ、未来を計画することもない。亡くなった人にたいして私たちが真摯であるには、その生の絶対的な喪失を認めることが必要である。私たちは死んだ肉体に対面するとき、この肉体が誰かのものであったこと、その人は、死によってすべてを失ったことを思い出すことができる。私たちは誰かの死を悼むなかで、その人の生にたいするその人自身の立脚点が完全に失われたことを認める。私たちは、その人の一人称的な生の完全な喪失を認知することによってのみ、かけがえのない人の記憶に忠実であり続けることができる。また、私たちは、私たち自身の死を予期する——すべてを失うリスクに遭遇する——ことによってのみ、有限な生に焦点を合わせることができるのである。

クナウスゴールの著作が見事なのは、死の必然性の経験が、不安と愛、恐怖と美、その双方の源泉とされているということだ。ひとは死を前にした不安に打ち勝つことなどできず、またそれは打ち勝つべきものでもない。それはむしろ、存在しなくなる生にたいする愛の表現である。

同様に、死すべき肉体に縛られていることは、たしかに恐怖のもとになりうる。あなたは怪我で手足が不自由になったり、あるいは脳内の化学物質のせいで精神を病むかもしれないが、最終的には、あなたの集めた生気のすべては、生命のない物質のうちに霧消することになる。とはいえ、あなた自身が制御を越えた肉体に縛られていることは、痛感したり感動したりする条件でもあり、この世の消えゆく美を受容する契機を与えてくれてもいるのだ。

このように、もっとも平穏な瞬間にあっても、カール・オーヴェは死の必然性を意識している。彼の愛する人々が大切な存在であることは、その物理的な条件の危うさと切り離せない。

僕はリンダを見つめた。彼女は座席に頭をもたせかけて、目を閉じて座っていた。ヴァーニャの顔には髪がかかり、リンダの膝の上に茂みのように横たわっていた。

僕は少し身を乗り出してハイジを見つめた。ハイジは無関心な様子で視線を投げ返した。

僕はこの人たちを愛している。僕の仲間だ。

僕の家族。

たんなる生物量としては、それほど特筆に値する量ではない。ハイジはおそらく一〇キロ、ヴァーニャはおそらく一二キロ、僕とリンダの体重も合わせれば一九〇キロに届くくらいだろう。それは一頭の馬には到底及ばないが、体格のいい雄ゴリラ一頭分と同じくらいだろうか。あるいは僕らが身を寄せ合ったところで、その物理的な体積についても自慢できることはない。アシカ一匹のほうがよっぽど体積があるだろう。だが思考や夢、感情や内的生といった計測不可能なもの、この家族にとって唯一重要なものにかんしていえば、この集団には爆発的な力がある。それは時間をかけて拡散し——家族というものを理解するのに適した次元である——ほぼ無限の表面積を覆うことになる。かつて僕は僕の祖母の母親に会ったことがある。つまりヴァーニャとハイジは五代目ということになる。運命が味方してくれれば、二人はさらに三世代を経験することができるかもしれない。ならば、私たちの小さな肉の山は八世代、あるいは二百年にわたることになるのかもしれない。その肉には文化や社会状況の変化にかかわるすべてのこと、そして言うまでもなく、多くの人々が含まれている。ある小さな世界がまるごと、この晩春の午後、全速力で高速道路を運ばれていく。(77)

ここでは穏やかな幸福が、二焦点の視覚ゆえになおさら輝きを増している。一方では、親密な愛が優しく喚起されている。そこでは、家族の一人ひとりがこの世界の起源とされ、計測可能なものを越えて引き延ばされる「思考や夢、感情」をもっている。他方で、この世界全体は、既定の重量や高さといった限りある「生物量」に依拠している。ここで彼の家族は、高速道路を走る車両に運ばれていく「肉の山」として記述される。注目すべきは、後者の観点がそこに織り込まれている生の価値を切り下げてはいないということだ。その車両が高速道路で死亡事故に遭い、その生物量が死肉と化せば、その家族の生命が永遠に失われることがありうる。だが、このリスクは、病的な妄想として差し出されているのではない。むしろ、それらの生が、当たり前ではない宝物であるという気づきとして差し出されているのである。生の渦中にあって死を予期することは、彼がみずからのまなざしの焦点を愛する人々に合わせ、見えるものに愛着をもち、その唯一の存在を生き生きと感じるためのひとつの方法なのである。

ここで光を放っている愛とは、アウグスティヌスのいう世俗的な生にたいする愛である。その愛は時間に縛られ、歴史に印づけられ、すでにやってきた世代とこれからやってくるかもしれない世代に委ねられている。『わが闘争』をつうじて、この時間の次元が、私たちの生の情熱の鍵を握っていることが示されている。時間の引き延ばしは各々の瞬間を印づけているが、それはさまざまな仕方で引き延ばされており、私たちがどのような人間なのかという問いの深さを開示する。このようにして、クナウスゴールは、一個体の肉体における出来事の堆積と蘇生、記憶と予期を通じた瞬間の結晶化、恋愛関係における時間の手触り、交互に訪れる快楽と苦痛、トラウマで動けなくなる時間と至福の高揚を探究しているのである。

これらすべてが肉体と化した時間の形態であり、この時間をつうじて、私たちは空間におけるみずからの物理的な位置を越えたところへと、みずからの生を引き延ばす。同時に、私たちは物理的な肉体に必然的に結びついている。『わが闘争』に賭けられているのは、双方の視点を同時に保持することだ。私たちは精神であるのみならず物質でもあり、前者は後者に依拠している。私たちはみずからの生を生み出すことができる――形態や意味を与えることができる――が、最終的には分解という無意味なプロセスに消えていく。クナウスゴールは、有限な存在の価値を信じ続けながら、私たちをそのような分解に立ち向かわせる。クナウスゴールは私たちをみずからの生へと振り向かせ、形態と形態のなさ、統合と崩壊の両方を見せてくれるのである。

このように『わが闘争』は、この書名のもととなった著作とは反対方向に進んでいく。クナウスゴールのノルウェー語のタイトル『わが闘争（Min Kamp）』は、アドルフ・ヒトラーの自伝『わが闘争（Mein Kampf）』の直訳である。このことは無根拠な挑発に見えるかもしれないが、書名の選択については、最終巻でその理由が述べられており、クナウスゴールはヒトラーの『わが闘争』とそのコンテクストの説明に四百ページ以上を充てている。彼はヒトラーの幼少時代や青春時代の問題のみならず、当時の危機的状況についても詳説しながら、『わが闘争』が、ヒトラーの生の物語をどのようにイデオロギーに従属させたのかを示してみせる。日常生活における意志の強さは婉曲話法のオブラートに包まれ、人格の複雑さは性格の類型に還元され、失敗と苦難は、徐々に純化する語りに統合される。何よりも重要なのは、あらゆる両義性、懐疑、ためらいが、確実性の言説において解消されているということだ。

その見事な論述展開のなかで、クナウスゴールは、ヒトラーが、どのように二人称による呼びかけを排除しているかを示している。『わが闘争』には私、私たち、彼らはいるが、親密な関係を許すようなあなたがいない。ヒトラーは、どんな形であれ、自分の弱さを見られることを許容せず、脆く壊れやすい他者を受け入れようとすることもなかった。彼はみずからを強靭で理想化された私たちと融合し、あらゆる弱さを外部の彼らに投影する。このようにヒトラーがみずからの生を物語る仕方は、世界の意味を理解するためのより広大なイデオロギーの図式に縛られている。ヒトラーの世界では、純粋で善良な「私たち」が「彼ら」によって堕落させられる危機にある。その不純で邪悪な他者は、もっぱらユダヤ人の姿をしている。私たちが困難にある――私たちの生が解決できておらず、難儀である――かぎり、その原因は彼らにあり、彼らの不健全な影響にある、というのだ。彼ら（邪悪な力）さえ殲滅《せんめつ》できれば、私たちは救済されるのである。

つまり、ナチスのイデオロギーとは、宗教の希求する純化の一類型――とりわけ不吉な型――である。クナウスゴールはこのことを認めており、そのような純化への希求を考慮してもいるが、彼の著作はあらゆる純化の誘惑にたいする能動的な抵抗である。実際にクナウスゴールの『わが闘争』は、ヒトラーの『わが闘争』が消去しようとしている不純さそのものに捧げられている。未決状態、苦難、脆さ、これらが私たちの気づかう生の本質的な部分をなしているのだから、私たちに最終的な救済を与えられる人など存在しない。なぜなら、私たちの生に入りこんでくる一人ひとりが有限な存在だからだ。みずからの生を所有するとは、この本質的な有限性を、共にいる契機であるとともに、別れてしまうリスクとしても認識することである。だからこそ、クナウスゴールの『わが闘争』――一見したところ、過剰なまでに私に捧げられた小説――は、究極的にはあなたに依拠することになる。あなたのほうに向きを変えることで、カール・オーヴェは、制御を越えた世界へのみずからの依存状態をさらけだしてみせる。だが、それはまた、あなた自身の他者への依存と、他者のあなたへの依存を見つめ認識するために、彼があなたに与えている訓練でもあるのだ。このような有限性の認識は、私たちがより責任ある生を営み、互いをより大切にし気づかい合うことを保証するわけではない。だが有限性を認めていなければ、責任や気づかいといった問いが私たちを捉えることすらありえないだろう。あなたのほうを向くこと――私たちのまなざしの焦点を他者に合わせ、見えるものに愛着をもつこと――、これこそが世俗的告白の最深部に達する運動なのだ。私たちが振り返るみずからの生は、私たちの所有物のようなものではなく、まったく有限で、ことごとく他者に依存した存在形態としてある。ここで責任が終わるのではない。むしろ責任はここから始まるのだ。

第3章　責　任

I

彼は、あらゆる合理的な予測に反して生まれてきた。そのとき母親は九一歳、父親は百歳だった。その二人が子供を授かることを信じる人は、他に誰もいなかった。しかし彼は生まれてきたのである。

父親は、その誕生が神の奇跡であり、神から彼に与えられた約束が果たされたと考えた。息子をつうじて、父親は新たな氏族を打ち立て、その氏族は繁栄し、彼の名を記憶にとどめることになるだろう。神は父親に約束していたのだ。「あなたを祝福し、あなたの名を高める。[…]そして地上の氏族はすべてあなたによって祝福に入る」と。(1)

父親の未来も――また彼の氏族の未来も――息子の生の継続にかかっている。彼らの希望はすべて、この子に委ねられている。だが、それにもかかわらず、神がその子を殺すように命じたとき、父親にはその子を殺す用意、しかもみずから手を下す用意があった。彼は異を唱えるどころか、早朝に起床し、息子を連れて出かけた。三日間の旅ののち、一人は燔祭が行われる山に到着した。父親は小刀を手に取り、息子を手にかけよう――すべてを手放そう――とした。だがそこに神が現れ、父親を止めた。それは父親の服従への報奨だった。父親はこう告げられた。「あなたが神をおそれる者であることが、いま、分かった。あなたは自分のたった一人の息子、その息子すら惜しまなかった」(2)。服従への報奨として、彼がみずからすすんで諦めようとした未来――地上における息子とその先何世代にもわたって続く未来――が、豊かなものとして彼に返された。神はこう説明する。「あなたがこの事を行ない、自分の独り子である息子すら惜しまなかったので、あなたを豊かに祝福し、あなたの子孫を天の星のように、海辺の砂のように増やそう」(3)。

アブラハムの神への献身の物語――そして愛する息子イサクの燔祭の物語――は、聖書のなかで、もっとも謎に包まれていながら、もっとも心に迫る挿話のひとつである。宗教的信仰の実存的なドラマとして語られることは稀とはいえ、この物語は、熱狂的な反響も論争含みの反論も引き起こし続けてきた。そのような反論がことさらに重大なのは、アブラハムが、三つの主要な一神教（ユダヤ教、キリスト教、イスラーム）において、「信仰の父」と見なされているからだ。つまり、アブラハムによるイサクの燔祭を私たちがどう理解するのかは、私たちが宗教的信仰をどう理解するかという問いにとって、中心的な役割を担っている。人間は神の命令にみずからの意志を従属させねばならないという、この物語の教訓は、一見、明らかなように見えるかもしれないが、それにたいして私たちがどう応答するべきかには、議論の余地が残されている。アブラハムが真なる信仰の模範であるのは、自分の最愛の人の燔祭を要求されても神に従ったからなのだろうか。それとも彼は、神の命令に従うことにあっては、何事にも思い留まらない危険な狂信者を体現しているのだろうか。

このような問いは数世紀にわたって議論されてきたが、一八四三年、一人の若いデンマーク人の哲学者は、他の誰よりも哲学的な深さと文学的な想像力をもってこの問いを追究していた。セーレン・キルケゴールは、ベルリン滞在中に、同時代の聴衆に向けて、アブラハムとイサクの物語にふたたび命を吹き込むべく執筆を始めていた。その成果が『おそれとおののき』という著作であり、この書は、他のどの著作にもまして、彼を作家としても思想家としても、後世に生き残らせることになった。一般読者だけでなく哲学の専門家も、無神論者だけでなく信仰者も、信仰をもつことが何を意味するのかを深く探究した書として、『おそれとおののき』に立ち戻り続けている。キルケゴールは、全著作をつうじてこの問いを考え続けたが、『おそれとおののき』は、他のどの著作にもまして多くの読者をひきつけ、また激しい論争を巻き起こしてきた。キルケゴール自身は、後世の応答を予言していたようだ。一八四九年の日記に、彼はこう記している。「そしていつか私の死後、『おそれとおののき』だけでも充分に、私の作家としての名を不朽のものとしていることだろう。この著作はさまざまな外国語に翻訳され、読まれるだろう。人々はこの書物にあるおののきの感情に、実際に身震いすることだろう(4)」。

だが原作のアブラハムの物語と同様に、『おそれとおののき』に書かれたおののきの感情に、私たちがどう応答すべきなのかが明確であるとは言い難い。キルケゴール自身『おそれとおののき』を、みずからの生涯をかけた企図――宗教的信仰、とくにキリスト教の信仰をもつことが、どれほどの努力を要するのかを論証すること――の一部を担うものだとみなしていた。キルケゴールの生きた一九世紀のデンマークでは、人口の大半がキリスト教徒とされており、国教もキリスト教だった。だがキルケゴールによれば、キリスト教の信仰は、名目上のもの、社会的なアイデンティティになり下がってしまっていたという。それはまるで神への信仰を公言し、教会の一員となり、毎週日曜日に教会の礼拝に出席しさえすれば、キリスト教徒であるに足るかのようだった。これとは対照的にキルケゴールが強調しているのは、真のキリスト教が、あなたの信仰によってあなたの存在全体にどのような変容を要請するか、ということである。キリスト教の信仰は、あなたが何を信じるのかに還元されるのではなく、どのようにあなたが信じるかにかかっている。神を信じていると思ったり、またそう言うだけでは足りない。あなたの神への信仰は、あなたの行動の仕方や感じ方、また、みずからの生に起こる出来事に応答する仕方を変化させずにはいないものなのだ。

ならば、キルケゴールが生きた信仰と死んだ信仰という古典的な神学的区分を復活させたと考えることもできるだろう。この区分は、まずヤコブの手紙で定式化され、『神学大全』でトマス・アクィナスによってさらに明確に述べられ、マルティン・ルターの教理問答で、非常に説得的に展開されている。生きた信仰は、あなたの行動を導き、あなたに起こる出来事があなたに影響する仕方をかたちづくる。信仰が何にも勝れば、あなたにはその信仰にもとづいて、みずからの生を争点とする用意がある。「生にあっても死にあっても、神について聞こえてくることに、大胆にすべてを賭けているこの信仰のみが、人をキリスト教徒となし[5]」ている、とルターは主張する。それにたいして死んだ信仰は、あなたの生き方にまったく現実的な違いを生み出すことがない。あなたが信じていると主張しても、あなたの行動に現れることもなければ、あなたの生を一度として左右もしないような信仰は死んでいるのである。

キルケゴールは『おそれとおののき』のなかで、アブラハムによるイサクの燔祭を、生きた宗教的信仰をもつことの意味をめぐる、もっとも困難な事例として引き合いに出している。この困難を強調するのに、キルケゴールは、イサクにたいするアブラハムの愛が全面的な愛であり、アブフハムの生を決定づけていることを喚起している。イサクは彼の生で「何よりも大切なもの」であり、アブラハムの愛情の深さは、「息子を愛する父親の義務を誠実に果たしていたという表現ではあまりに不十分であり[6]」、それほどまでに彼はイサクを大切にしていた。さらに、キルケゴールが強調しているのは、事実上、アブラハムはイサクを生贄として捧げているということだ。最終的にアブラハムは、殺すという実践的な経験はせずに済んだが、聖書の物語から明らかなのは、彼は心のなかでは、すでにイサクの燔祭を完遂していたのである。アブラハムが報われたのは、彼がすでにイサクを手放していたことを、神が見てとったからにほかならない(「あなたは自分のたった一人の息子、その息子すら惜しまなかった」)。

このように『おそれとおののき』は、イサクの燔祭が仮定された試練にすぎないと読者に結論させるよりも、むしろアブラハムが、愛する息子に手を下すことを決意せざるをえなかったことを強調する。そのうえアブラハムは、生贄として捧げようとしているその人を実際に目の当たりにしながら、何日ものあいだ、みずからの決意を維持しなければならなかった。キルケゴールは彼特有の正確な想像力で、この行動の重さを次のように想起させる。「アブラハムが乗っていたのは、のろのろと進む一匹のロバでしかなく、旅には三日かかったということ、彼には薪を割ったり、イサクを縛ったり、小刀を研いだりする時間も必要だったということ、そういうことを私たちは忘れているのである」[7]。

アブラハムの燔祭の物語を語ることで、キルケゴールは、読者に自分が同じ状況にいることを想像させようとしている。彼の語りの戦略とは、一人称の視点から、あなたをこの物語に関与させること、つまり、自分だったらどうしていただろうかと、あなたに自問させることである。想像してみよう。あなたに生涯待ち望んでいた息子が生まれ、その息子を心から愛しているにもかかわらず、いまあなたは息子を殺せと命じられている。さらに想像してみよう。あなたがこの燔祭を執り行なわなければならないのは、この世のいかなる道理のためでも、自分でない誰かを救うためでもなく、あなたの神へのコミットメントのためにすぎない。最後に想像してみよう。あなたは神への揺るぎない信頼をもって、この燔祭を執り行なうことができる。『おそれとおののき』によれば、アブラハムの偉大さとは、イサクを殺さねばならないという「不安と苦悩とパラドックス」に麻痺することなく、むしろ、大胆にすべてをみずからの神への信仰に賭けていることである。

キルケゴールの主張によれば、生きた宗教的信仰をもつ人ならば誰であれ、このような燔祭を執り行なう用意がなければならず、言うなれば永遠なるもの（神）のために、有限なるもの（イサク）を諦めなければならない。あなたの宗教的コミットメントを証明するには、あなたの永遠への全幅の信頼のために、あなたは生き続けるあらゆる形態——ここにはあなたの最愛の子供の生の継続も含まれる——への世俗的な献身を断念しなければならないのである。同時にキルケゴールは、信仰の問題があらゆる宗教的コミットメントに先立っており、人間の実存の一般的な特徴であることを認めている。ならば『おそれとおののき』にアプローチするために、まず私たちが理解する必要があるのは、キルケゴールがどのようにして、信仰を私たちの生につねにある争点とみなしているのかということだ。彼の究極的な目的が宗教的信仰の型を擁護することにあったとはいえ、彼自身の著作は、彼が克服しようとしていた世俗的信の力学について深い洞察を与えてくれる。

Ⅱ

よい出発点となるのは、『哲学的断片への結びの非学問的な後書』にある信仰の一般的な定義である。「危険なくして信仰はない。信仰とは正しく、内面性の無限の情熱と客観的な不確実性の間の矛盾である」[8]。これは難解な定義に思われるかもしれないが、キルケゴールの語彙を明らかにすることで、その意味するところを理解できるだろう。

「客観的な不確実性」というキルケゴールの概念が参照して

いるのは、あらゆる知識がどのような時間の影響を被っているかである。私たちは、過去に起こった出来事をよりよく理解するための方法を展開できる一方で、新たな証拠によって、私たちがこれまで知っていると思ってきたことが問いに付され、あるいは新たな問いによって、既存の証拠が別の角度から提示されることがつねにありうる。このように起こった出来事について、私たちがどれほど主観的に確信をもっていても、私たちの知識には客観的な不確実性の要素がある。というのも、過去についての私たちの見解は決定的なものではありえず、反駁されうる可能性があるからだ。同様に私たちは、起こる出来事を予知するためのさらに優れた方法を開発できるかもしれないが、それでも未来は客観的にみて不確実なものであり続ける。なぜなら、いまだに起こっていない出来事を、私たちが知ることはできないからだ。

　このような不確実性の形態は、私たちの現在の経験そのものを印づけている。この経験は、すでに過ぎ去りながら、未来に関与するようになっていくものだ。ある瞬間は、確実性をもった静止点ではけっしてありえず、つねに過ぎ去っていくもの（Forbigaaende）であり、やってくるかもしれないもの（Tilkommende）に開かれる。だからこそ——キルケゴールのよく知られた言葉にあるように——生は後ろ向きにしか理解できないが、前を向いて生きなければならないのである。私たちは未来の観点から行動しなければならないが、その行為の結果を知れるわけではない。というのも、そのような結果は、遡及的にしか与えられないからだ。さらにキルケゴールが強調するように、あなた自身の自己はこの時間性と不可分である。あなたは安定した本質ではなく、時間のなかに存在する、つまりあなたは所与の存在ではなく、つねに生成するプロセスにあり、そのプロセスは、自分はこういう人間であるという、あなたの感覚を変容させうるものなのだ。

　客観的な不確実性ゆえに、信仰は経験の必要条件である。過去も未来も知りえず、信じ続けるしかない。このような時間内的条件——世俗的信に必然的な不確実性と私が呼ぶもの——は、はじめからこの信をリスクに結びつけている。あなたの過去や未来との関係が世俗的信に依拠しているなら、あなたは確実だと思っていたものに欺かれ、当たり前だと思っていたことを誤解し、まったく予想もしていなかったことに心を打ち砕かれうる。これらのリスクにたいしてあなたが傷つく可能性は、世俗的信という実存的コミットメントに依拠している。誰かや何かに実存的にコミットしているからこそ、あなたは欺かれる痛み、誤解される痛み、あるいは心を打ち砕かれる痛みを感じられるのだ。さらに言えば、実存的なコミットメントが重要である理由には、時間内的な有限性が本来的にそなわっている。何かが失われる可能性があるからこそ——そしてそのような喪失は、取り返しのつかない結果を招くからこそ——、信じ続けている状態では、あらゆるものが争点になるのである。誰かや何かを信じ続けることは、喪失の不安と切り離せない。喪失のリスクとは、世俗的信にある動機づけの力である。喪失のリスクは、信じ続けることの本質的な一部をなしているが、同時に、あらゆる誠実さを危ういもの、だからこそ継続的に成されなければならないものにしている。

世俗的信の三つの観点——必然的な不確実性、実存的なコミットメント、動機づけの力——は、キルケゴール自身のテクストのなかで、本人の説明によって明らかにされている。世俗的信という観点にかんして、キルケゴールは、何よりも実存的なコミットメントに関心を寄せていた。彼の理解では、私たちの生が私たちにとって重要でありうるのは、自分のすることに実存的にコミットしている場合に限られる。キルケゴールはこのようなコミットメントを記述するのに、「情熱」と「占有」という言葉を好んで使った。ある活動が実存的な意味で重要であるには、あなたがその活動を正しく行なうことを学ぶだけでは不十分である。あなたはそれを正しく行なう情熱を持たねばならず、その活動にみずからを賭けることによって、その活動を自分のものとして占有しなければならないという。

情熱と占有は「内面性」の問題である。なぜなら、それは一人称的な立脚点にしか与えられないからだ。私はあなたのすることを、三人称的な立脚点から研究できる。だが、あなたが自分のすることに実存的にコミットしているかどうか——あなたが自分のしていることに自分を賭けているかどうか——は、あなたの一人称的な立脚点からしか決定できない。さらに、あなたの一人称的観点から見ても、あなたのコミットメントは一度だけで決められるものではなく、維持されなければならないものである。キルケゴールは、このような情熱的な占有という潜在能力を「無限な」ものとして記述しているが、その理由は、この能力が損なわれることがないからではなく、この能力がその活動そのものにあり、あなたの生において大切なものを規定しているからなのだ。あなたの無限の情熱とは、有限な存在として、あなたがみずからの生に全面的に献身できる能力のことなのである。

同じ理由で、あなたの無限の情熱は、あなたを喪失にさらす。あなたがみずからの献身を維持していたとしても——愛するものを信じ続けたとしても——、あなたの信と献身の対象があなたから奪い去られることがありうる。たとえば音楽や運動競技にみずからの生を捧げていても、怪我のせいで、あなたの生に意味を与えてくれていた活動を続けられなくなるかもしれない。同じように、あなたが誰かを愛していても、その人があなたを見放すことがあり、政治的な企図に身を捧げて全力を尽くしても、その活動が弱体化してしまうことがありうる。つまり、リスクを伴わない信はないということだ。キルケゴールの定義を想起するならば、内面性の無限の情熱（誰かあるいは何かにたいするあなたの献身）は、客観的な不確実性（あなたが身を捧げている対象を奪い去ってしまうかもしれない時間内的な有限性）とは、つねに相容れないものなのだ。

したがって、何かに我が身を捧げればそれだけ——所与の情熱によって自分の本質を規定するようになればそれだけ——、あなたはあなた自身を危険にさらすことになる。ある人、ある政治的闘争、またある生き方にコミットすることで、あなたは、その存続が客観的に不確実なものに依存することになる。だがキルケゴールの主張では、そのような実存的なコミットメントによってのみ、あなたは自己になれる。私たちは、生物学的には人類として記述されるかもしれないが、私たちのありよう——キルケゴールの実存的な意味での私たちの「自己」——は、私たちが何にコミットし、またそのコミットメントをいかに維持するかによって規定されている。だからこそ私たちの自己は、生物学的な意味以上のことを生きられるのであり、また生物学的な死を待たずに「死ぬ」ことがあるのだ。あなたがある生を決定づけているコミットメントの維持に挫折する——あるいは、維持が不可能になりあきらめざるをえなくなる——と、あなたの生は続いても、あなたはみずからの自己の実存的な「死」に苦しめられるのである。

このように、キルケゴールは世俗的信の力学を深く理解していたと考えてよいだろう。その示唆に富んだ例が、結婚にかんする彼の見解である。キルケゴールのいう結婚とは、結婚式によって聖別を与えられるという法的な手続きではなく、他人に生涯コミットするという実存的な行為である。このように生を決定づけているコミットメントは、世俗的な意味では永遠に続く。だが、あなたと永遠にかかわり続けます、と私が声に出して言ったからといって、私たちが永遠に生きるわけではなく、また、私たちの愛に終わりがないことにはならない。むしろこれは、私の生涯をかけてあなたへの愛を日々維持するという約束である。キルケゴールは次のように書いている。「結婚によって他人の人生を自分の人生に結びつける人、あるいは結婚によって、時間にけっして解消されることのない、日々満たされる必要があるコミットメントを続ける人、その人からは決意が求められるのである[9]」。その決意は、私の一生を縛るという意味では永遠に続くが、それはまた時間内的でもある。なぜなら、その決意は、継続的な献身によってのみ存在することができるからだ。したがって、結婚の契約においては、「永遠性はここで時間を尽くしたのではなく、契約は時間における永遠の始まりである」。さらに「永遠の決意」としての結婚は、「時間を通じた愛情の合一によって夫婦の元に留まらねばならない、そしてその思い出をつうじて祝祭があり、その回想の中には力があり、その約束のなかには希望がなければならない」(強調引用者[10])。

結婚の決意とは、時間性を超えた永遠性への宗教的献身ではなく、時間のなかで生き続けることへの世俗的献身である。その決意の喜び自体——変わらない愛への祝福——は、危うい過去の思い出と、不確かな未来の約束に左右されざるをえない。その決意は、私の未来を確実にはせず、将来、私にとって何が争点となるのかを決定するだけである。結婚という一生を決定づけることにコミットしながら、私はどのような人間であるのかや、自分にとって何が大事なのかといったことを規定するのが、私のあなたへの愛であることを私は認識する。同様に、自分がどのような人間で、自分にとって何が大事なのかは、私たちに起こる出来事に左右されており、こうしたことは私の制御を越えた未来にさらされている。キルケゴールは、このリスクが、その決意そのものにたいしては、外的ではなく内的であると強調している。「危険について無知であり、危険を排除し、危険の真の観念を決意のなかに含めない者」について、キルケゴールは「実際には決意などしていない者」なのだと書いている。(11)

このように、決意しているとは、有限性を考慮していることである。私はあなたへのコミットメントを維持するなかで、たえず他の生き方の可能性を手放さねばならない。この有限性――ここではひとつの未来へのコミットメントが未来の他の可能性を締め出すこと――がなければ、そもそも他の選択肢が存在しないのだから、私のコミットメントは無意味で自動化してしまうだろう。結婚するしかないのだから、私がみずからの生をあなたに嫁がせることに、何の争点もなくなってしまうだろう。さらに、私の強い決意を伴ったコミットメントにおいては、結婚そのものに本来的にそなわった有限性がつねに考慮されていなければならない。私たちの愛はぶつかり合いによって緊迫し壊れることもあれば、相手を当たり前のように扱うことでその活力を失い、パターン化した習慣の中で、愛が緩やかに衰えていくこともありうる。この有限性は、最初の段階で決意を必要とする。キルケゴールが私たちに気づかせてくれるように、愛とは「強い決意がなければ、逆境にあっては消滅し、強い決意がなければ、繁栄にあっては滅びゆく。勇気づけるものがなければ、愛は日々のなかで退行していく」ものなのだ。(12)つまるところ、いかに強い決意を伴った、一生を決定づけるようなコミットメントであっても、それは有限なのだ。なぜなら、私たちは文字通り死ぬからである。私たちが生あるかぎり、みずからの愛に忠実であり続けたとしても、私たちの生はいつかは終わりを迎える。私たちが結婚していられるのは死による離別までで、私たちのどちらかがもう一方の死を嘆くことになるのである。

キルケゴールのラディカルな主張によれば、このようなすべての意味で、有限性はあらゆる有意味なコミットメントにとって必須である。かりに幸福を保証された生を営むことが可能だとしても、キルケゴールは「決意ある生の危険」(13)のほうが望ましいという。なぜなら危険は、生きるに値する生の条件だからだ。何かが重要であるためには――何かが争点となるためには――、幸福や繁栄の契機は喪失のリスクによる翳りを伴わずにはいない。それゆえに、キルケゴールはある驚くべき一節で次のように提言している。「新郎新婦は、披露宴が行われる客宴に行くまえに、悲しみの家に行くべきである。すなわち真剣に考え、花嫁のヴェールではなく、決意を手にしなければならないのだ」(14)。この決意と有限性の関係は、キルケゴールの著作全体を貫いている。「墓碑の傍で」という注目に値するテクストのなかで、すべてが死とともに終わる――私たちが死ぬときにすべてが終わる――という思考によって、生が貶められることはない、と彼は論じている。それどころか、むしろ死を思うことは「真剣に」生に関わる原動力となり、所与の時間をさらにかけがえのないものにする。キルケゴールは次のように書いている。「そして真剣な理解とは、死が夜ならば生は昼であり、夜に仕事ができなければ、昼にはできるということである。その短くも突き動かすような誠実さの呼びかけは、短い死の呼びかけのように、今日この日に、といっている[15]」。

このようにキルケゴール自身の洞察を、喪失の痛みを免れるという宗教的理想に反するものとして用いることができるだろう。ストア主義的な生の平静な無感動も、仏教的な生の安らかな解脱も、キルケゴールにとっては無意味である。彼は情熱から解放されることを望んでいない。むしろ情熱的に関与し、全面的にコミットしていたいのだ。ましてキルケゴールは、そのような情熱が傷つく可能性と不可分であることを理解している。ある企図——政治的主張や恋愛関係、創作意欲——とみずからを情熱的に同一化させるなかで、私は自分自身の生やアイデンティティを危険にさらし、企図が失敗に終われば、心を打ち砕かれてしまうかもしれない。キルケゴールにとってこのようなリスクは、解脱の理由になるどころか、むしろその企図を有意味にし、真剣な関与の問題にする。喪失を予期することがなければ、人が所与の時間を存分に生かそうと決意することなどけっしてありえないのだ。

だが、結局のところキルケゴール自身は、喪失の痛みを免れるという宗教的理想の一解釈に同意している。このような赦免は、解脱ではなく、失われた何かを贖う神の力への信仰をつうじてもたらされる。このように宗教的信仰のおかげで、あなたは実際に生ずるいかなる喪失にも打ち負かされることなく、全面的にコミットし、喪失の危険とともに生きられるのだ。キルケゴールは、その啓発的な宗教的説話のひとつでこう書いている。「たしかに、何か個別的なものを期待する者は、自分の期待に失望させられるかもしれない。しかし、信仰者の場合はそうではない[16]」。むしろ、どれほどつらい喪失に直面しようとも、信仰者はこう断言する。

全世界をもってしても、私から奪えないような期待がある。それは信仰の期待であり、そしてこれは勝利である。私は欺かれることがない。なぜなら、私にした約束をこの世界が守るだろうなどと、私は信じていなかったからだ。私の期待はこの世界にあるのではなく、神にある。この期待は欺かれることがない。この瞬間においてさえ、私は、あらゆる喪失の悲痛よりも期待の勝利を、さらなる栄光に輝く喜ばしいものとして感じ取るのである。私がこの期待を失えば、すべてが失われるであろう。いまもなお、私は打ち勝っているのであり、私の期待によって打ち勝っている。そして、私の期待は勝利である[17]。

これこそ『おそれとおののき』にある、アブラハムの宗教的信仰の青写真である。アブラハムは神への信仰を守り続けるかぎり、彼の愛するものを失うという実践的な経験から遮断されている。キルケゴールにとって、これは宗教的信仰におけるもっとも深い美徳である。宗教的信仰を守り続けるかぎり、あなたが喪失に打ち負かされることはない。信仰を失えばすべてが失われるが、それを守るかぎり、あなたは安全なのだ。アブラハムはその最高の事例である。なぜなら彼は、この世界に何が起ころうとも、神の約束を信じ続けたからだ。イサクはこの世で開花繁栄する生を営む、そう神は約束した。だからこそアブラハムは、神の命令や彼自身の行動（イサク殺し）が、その約束を明らかに損なうときであっても、神との約束を信じ続けるのだ。このようにアブラハムはイサクへの愛を維持し、心を打ち砕かれることなく、自分が最大のリスク――ここには自分自身の息子を生贄として捧げるリスクも含まれる――を負うことができる。アブラハムがイサクを殺さざるをえないとしても、彼は、神がイサクを生き返らせると信じ続けている。そして、この期待を維持し続けるかぎり、彼が打ち負かされることはありえない。

　これとは対照的に、世俗的信は必然的に傷つきうる状態のままである。世俗的信を維持し続けるかぎり、あなたには喪失に打ち負かされる可能性がある。親として、一生を決定づけるコミットメントを肯定し――そして全面的に自分の子供を愛し――ても、ぶつかり合いによる痛みや、希望を打ち砕かれる喪失感、あるいは自分の子供を失う精神的な打撃の可能性から、あなたが守られるわけではない。それどころか、子供を信じ続けるからこそ――そして、親としての生を決定づけるコミットメントを保持しているからこそ――あなたは、このような経験にいっそう傷つきやすくなる。

　このような被傷性は、あなたの愛する人に起こる出来事にたいする応答――またそれにたいする責任――のあらゆる形態の条件である。有限な誰かに身を捧げているとき、その人に何かが起これば、それが私自身の望みや欲求に反するものであっても、私は応答しなければならない。私は、その人が生き続け繁栄するために戦うべくコミットしているが、もしそれが敗北に終わるなら、そのときは敗北を認識しなければならない。かりに、私がアブラハムだとして、みずからの世俗的信を維持しているなら、私はイサクの命の貴重さ――私は彼の幸福を目的そのものとして身を捧げている――を信じているはずだ。だが、私は、彼の命が失われうることも信じている。たしかに、イサクの有限性を認め、それに応答することによってのみ、私は彼を気づかうことができるのである。

　のちに見るように、イサクを気づかうということの潜在能力――彼の運命にかんして応答し責任を負うこと――こそ、アブラハムがみずからの宗教的信仰のために、生贄に捧げざるをえなかったものだ。キルケゴールの見解によれば、アブラハムには、父親になるという生を決定づけるコミットメントがある。自分の息子を気づかうなかで、アブラハムは義務感だけを抱えていたのではない。彼は全面的にイサクを愛しており、その献身の高さゆえに、「自分の愛情は［アブラハムに］引けを取らないと厚かましく言い張ろうとする父親が、この王国・王土にはけっして多くな[18]」かったという。さらにアブラハムにとって、イサクは自分自身の約束された未来であり、彼の氏族にとっては祝福された未来でもある。イサクをつうじてのみ、アブラハムはみずからの生の意味を理解でき、彼の遺産は生き残ることができるのだ。このように、イサクがこの世に生を受け生き続けると信じるなかで、アブラハムは、自分自身の生を争点として賭ける。彼のイサクへの愛によってドラマ化されているのは――キルケゴールが熱心に探究しているように――、聖書神話の個々の細部の描写の先にある実存的な経験なのである。親になろうとする大半の人は、アブラハムの年齢で子供を授かろうとする確率の低さに直面する必要はないが、親を志す者であれば誰でも、彼の状況の深刻さを感じられるだろう。両親の年齢に関係なく、子供の誕生を保証できるものなど何もなく、誕生後の生を確かにできるものなど存在しないからだ。

親（この場合は父親）になることにみずからをコミットすることは、このように客観的な不確実性を痛感する経験である。私は、自分が父親になるかどうかを知ることはできず――かりになるとしても――、その状況に身を置くまで、それがどういうことなのかを知ることができない。たしかに、父親になることの意味について、三人称的立脚点から知識を得ることはでき、他者の経験を学ぶ利もある。だが、どれほど情報や知識があっても、父親になるという一人称的経験の準備に足るものではない。むしろ私は、その経験に先立ってみずからコミットし、それによって未知へと信の跳躍を遂げなければならないのだ。

この跳躍にはリスクが伴う。というのも、父親として自分がどんな人間になるのか、私の子供がどんな人間になるのか、あるいは私の子供にこの先何が起こることになるのかを、私は知ることができないからだ。さらにこの客観的な不確実性は、父親でいることの一部を継続的に担っている。子供がいるかぎり、私はみずからの制御を越えた未来に運命づけられている。生物学的な意味を越えて父親であること――父性を私のアイデンティティに不可欠なものとし、能動的かつ情熱的な意味で自分の子供を世話すること――に必要なのは、私が生を決定づけるような実存的なコミットメントを、自分の子供にたいして維持することである。だからこそ、親になるとは、それほどまでに変容を伴う出来事でありうるのであり、この世界と自分との関係をもっとも深いところで方向づけなおし、生をより実感を伴った有意味なものにする。だが、まさにこの実存的なコミットメントこそが、私に驚きや喜びを感じさせてくれるのみならず、起こることにたいして私を傷つきうる状態にもするのだ。自分の子供が原因で深い哀しみを負ったとしても、また親にならない方がよいという合理的な計算結果がはじき出されても、私はこのコミットメントを諦めることができない。諦めるためには、私は自分がこのような人間だという自己感覚そのものを手放すしかないだろう。

深い哀しみにたいする被傷性は、あらゆる形態の世俗的信の共通項であり、これらの形態は、有限な何か、あるいは誰かに捧げられている。私は子供を信じ続けるなかで、キルケゴールが「外的」要因と呼ぶところのものに運命づけられている。なぜなら私が身を捧げているその人の運命は、私の制御を越えているからだ。私は自分の子供を愛し大切だと思うことはできても、私の愛や大切だと思う気持ちによって、自分の子供の未来を確かなものにすることはできない。同じことが、世俗的信のあらゆる形態に当てはまる。これらの形態は、継続も繁栄もしうるが、終わってしまうこともあるさまざまな人や企図に関与している。かりに、私の決意が無傷のまま信じ続けていても、私の意志にとっては外的な状況が原因で、取り戻しようのない喪失に苦しむことがありうるのである。

つまり世俗的信においては、私が信じ続けても献身の対象を失うことがありうる。これとは対照的に、キルケゴールは、信じ続けるかぎり献身の対象をけっして失うことがない宗教的信仰を擁護する。

その決定的な差異は未来との関係にある。キルケゴールが強調しているように、未来とのあらゆる関係には不安のおののきがある。というのも、私たちはこの先に何が起こるかを知りえず、保持したいものを失うかもしれないからだ。私たちが何かに献身すればするほど、私たち自身が争点となり、ますます不安が募る。このように、私が父親であれば、自分の息子を失うかもしれないという展望は不安を生み出す。私が彼その人を気づかい大切に思っているからだけでなく、彼を失えば、私が精神的な打撃を受けることにもなるからだ。そのような不安とともに生きること――それは世俗的信のあらゆる形態にもともとそなわっているものだ――は、キルケゴールによれば「絶望に」生きることである。『死に至る病』のなかで彼が明らかにしているように、絶望の状態は実存的な破綻に限られたことではない。というのも、キルケゴールにとっては、最高の至福でさえも絶望にかかわっており、「そのずっと奥深く、幸福の秘密の隠れ家には不安もまた住みついていて、そしてその不安が絶望である」のだ。[19] ならば絶望の状態は、宗教的信仰のないすべての人を包囲していることになる。何らかの不安の形態――「動揺、軋轢、不調和、不安、未知の何かにたいする不安、あるいは、あえて知ろうともしない何かにたいする不安、人間という存在の可能性にたいする、あるいは自己自身にたいする不安」[20]――とともに生きている人は、絶望の状態にいるのだ。宗教的信仰とは、神への完全な信仰という美徳によってもたらされた「絶望が完全に根こそぎにされた」状態であり、「絶望がまったく存在しない状態」なのである。[21]

だがキルケゴールが強調しているのは、このような絶望からの解放が、素朴な楽観主義や、すべてがうまく行くという単純な信頼によって達成されるのではないということだ。反対に、宗教の信仰者は、「自分の恐れていたあらゆる不安が、すぐ次の瞬間にわが身にふりかかってくることがありうる」こと、そこには「恐怖すべきもの、堕落、破壊」が含まれているという事実に立ち向かわなければならない。[22] 宗教的信仰の真の試練は、物事がうまく行っているときではなく、「世間がその厳しい訓練を始めるとき、人生の嵐が若者の溢れるほどの期待を粉々に砕くとき、いとも愛情に満ち優しく見えた存在が、無慈悲な家主に変わってしまい、すべてのものを［…］返還せよと要求するとき[23]」に訪れる。ここでの課題は、可能なかぎり最悪の筋書きに立ち向かうこと——キルケゴールが「可能性の不安」と呼んでいるもの、この世界であなたにとって大事なもののすべてを失うという可能性に向き合うこと——であり、そうしながらも宗教的信仰を維持することである。キルケゴールはこう記している。「可能性の不安を卒業した者にしてはじめて、もはやいかなる不安ももたないように修練されるのである[24]」。最悪の事態が生じたとき——この世界にたいするあなたの信頼が打ち砕かれたとき——、あなたが宗教的信仰を失うようであれば、あなたは、実は宗教的信仰をもったことなど一度もなかったということを、明るみに出すことになる。決定的な瞬間とは「人間が極限にまで追いつめられ、人間にはいかなる可能性も残されていないときである。［…］そこで、神にはすべて可能であるということを、彼が信じようとするかどうか、つまり彼が信じる**こと**を望むかどうかが問題になる[25]」。

神がイサクの燔祭を命じたとき、アブラハムはこのような極限状態に置かれた。人間として彼がイサクを殺せば、彼に残された可能性は潰えてしまう。アブラハムは、それ以前に神の命令に従い、すでに自分の故郷を捨てていた。そして新たな共同体を打ち立てるという約束は、完全に彼の息子の存在にかかっていた。アブラハムがイサクを殺せば、彼の生と行動を意味あるものにする可能性そのものを打ち砕くことになってしまう。彼が自分の家族をその土地から引き離したことは無駄に終わり、自分の愛する息子の誕生を無効にし、彼の氏族の未来を断絶させることになってしまうのだ。アブラハムが燔祭を終えて帰宅しても、彼の妻でさえ彼を理解することも、認めることもできないだろう。私たちの息子と私に、そして私たちがこれまでともに培ってきたすべてにたいして、なぜそんなことができたのかと問われるだろう。のみならず、アブラハムも自分自身を認めることができないだろう。父親になることは、アブラハムにとって生を決定づけるコミットメントであり、このことは彼に時間内的なアイデンティティを与えている。他の物事が変化しても、彼はイサクにたいする献身と二人の未来にたいする献身をつうじて、まだ自分自身を認めることができている。だがイサクの燔祭で彼がすることは、父親としての自分の想像を絶しており、それはみずからの行為のなかに自分自身を認めるあらゆる契機を根こそぎにしてしまうだろう。

だが、アブラハムは、絶望することなくイサクを殺すという展望に向き合えている。それは彼が神にはすべてが可能であると信じているからである。キルケゴールの見解では、アブラハムはイサク殺しを遂行したあとでも、依然としてイサクの命は助かるという「期待への信頼」を維持できているという。アブラハムには、それがどうすれば可能なのかは知りようがないにもかかわらず、彼の世界全体が荒廃しても、神は彼を生かし続け繁栄させられると信じている。だからこそ『おそれとおののき』のなかで、アブラハムは信仰の英雄として称えられるのだ。宗教的信仰の利点は、絶望のあらゆる形態を免れており、何が起ころうとも自分の生を生き続けられることである。キルケゴールが『死に至る病』で説明しているように、「信じる者は、可能性という、絶望にたいする永遠に確かな解毒剤を手にしている。それは、神にはあらゆる瞬間にすべてが可能である、というところに根差している[26]」。

だが、あなたがそのような信仰をもっていることを証明するには、その信仰を試す方法がなければならない。神にはすべてが可能だと信じていると主張するだけなら簡単だが、その試練に不可欠なのは、あなたが信じているということをあなたの行ないと応答の仕方によって証明することである。『死に至る病』のなかで、キルケゴールはそのような試練を次のように記述している。

こんなふうに考えてみれば分かるだろう。恐ろしい悪夢を想像する潜在能力をもっている人を思い浮かべてみよう。この人が絶対に耐えられないような、あれこれの恐ろしいことを想像している。さて、まさにその恐ろしいことが彼の身に降りかかるとする。人間としては、彼の破滅は何よりも確実なことだ。[…]こうなってしまうと、人間として見れば、救済など何よりも不可能なことである。だが、神にはすべてが可能なのだ！　ここに信仰の闘いがある。[…]信じる者は（自分の身に降りかかってきたことのなかに、あるいは自分があえて行ってきたことのなかに）人間的な意味で、みずからの破滅を見てとり理解もする。けれども、彼は信じるのである。だから、彼は破滅しないのだ。彼は、どのように自分が救い出されるかについては、完全に神にゆだねる。それでいて、神にはすべてが可能であるということを信じるのである。みずからの破滅を信じること、そんなことは不可能だ。人間的にはみずからの破滅がすぐそこにあることを理解しながら、それでも可能性を信じること、これこそが信じるということなのだ。そうしてこそ、神もまた彼を救い出されるのである。それは彼に恐ろしいことを免れさせることによってであるかもしれないし、あるいは、[…]恐ろしいことそれ自体によってであるかもしれない[…][27]。

この箇所は、アブラハムの例を明示的に引き合いに出してはいないが、『おそれとおののき』の中心にある宗教的信仰の試練に光をあてている。アブラハムがイサクを殺せば、——人間としては——彼の崩壊と破滅は、まったく確実なものとなる。彼は愛する人々から支えられることもなくなり、みずからの生に意味を見いだす術も尽きてしまうだろう。というのも、彼自身の行動が、みずからを自分にとって認知不可能な人間にしてしまうからだ。要するに、彼の生は「絶対的に耐えられない」ものとなり、「人間的には、まったく不可能」なものとなるだろう。アブラハムがイサクを手にかけようと小刀を振り上げるとき、彼はこのようなことをすべて理解している。彼は「それが人間としては彼の破滅」だと理解しており——それでも、神は、彼がみずからの生を生き続けることを可能にしてくれると信じている。アブラハムはイサクを殺そうとしていることを熟知し理解していながらも、神が「新たなイサク」を与えてくれるか、あるいは「生贄にされたイサクを蘇らせる」ことを信じ続けているのだ[28]。アブラハムは、イサクが事実として彼に返されることを信じているわけではなく、彼はそれがこの先どのように起こりうるのかを知らない。むしろアブラハムは、あらゆる形の打算を断念し、「どのように自分が救い出されるかについては、完全に神にゆだねる」のである。

Ⅲ

アブラハムの事例は極端に見えるかもしれないが、それが提示している形式的な特徴は、キルケゴールがその著作全般をつうじて構想している宗教的信仰の試練にとって必要なものである。家族や友人、あるいは共同体にあなたが支えられているかぎり、あなたが生を営み続けることを可能にしているのは、宗教的信仰ではなく世俗的信なのかもしれない。あなたの宗教的信仰が生きているか死んでいるかを試すには――あなたが神を信頼しているのか、それともただそう声に出して言っているだけなのかを試すには――、神への信仰以外の何にも頼っていないという筋書きが必要である。だからこそ、デンマーク語の「試練（prøve）」や「審判（prøvelse）」にあたる語が、『おそれとおののき』のなかで、アブラハムによる燔祭を記述するのに一貫して用いられているのである。生きた信仰は、神への信仰以外のものに頼らずに、極度の喪失でも克服できなければならない。あなたが神を信じるなら、あなたはどんな状況にあっても絶望させられることはない。あなたが神を信じるならば、あなたが壊れることはありえないのだ。

こうして、私たちは、さらに世俗的信と宗教的信仰の差異を特定することができる。私は、生は生きるに値するというみずからの世俗的信ゆえに、精神的打撃を受けるような経験をするかもしれない。だが生が脆く壊れやすいのは、私一人ではそれを支えられないからである。私の世俗的信――未来を望む能力――は、私を認めてくれる他者だけでなく、自分を認めるという自分自身の能力にも依拠している。私がたった一人でいるときでも、それまでに他人にどのように受け入れられ、また他人にどのように生きる糧を与えられてきたかということは、私自身のもつ自己感覚と切り離せない。だからこそ、私の息子が死んでしまい、その極度の哀しみに打ちひしがれても、私は自分の生を生き続けられるかもしれない。だがその道程の一歩一歩で、私がいるこの世界に依存することになる。もし息子への愛を思い出すことができれば――もし私が自分のことを、その意に反して息子を失ってしまった愛情豊かな父親だったと認めることができれば、その深い哀しみに向き合い、未来へのコミットメントを更新できるかもしれない。その痛みが完全に消えずとも、私たちの共有している想い出が、私に生きる糧を与えてくれるかもしれない。もし私が幸運に恵まれれば、かつて愛した経験がふたたび愛することを可能にしてくれるだろう。だがもし私を慰めてくれる人、私を抱きしめ安らぎを与えてくれる人、実行可能な未来にたいする希望を与えてくれる人が誰もいなければ、私は絶望の前に屈してしまうかもしれない。まして自分が息子を裏切るか殺したとなれば——なんの正当な理由もなく、息子を犠牲にしたとなれば——、私は自分のもつ自己感覚も、また自分自身の愛する能力も破壊してしまい、絶望する運命をたどることになるだろう。私の世界が崩壊し、自分のアイデンティティも壊れて取り戻せなくなれば、生き続けるすべが断たれてしまうだろう。

このような絶望のリスクは、生を決定づけるあらゆるコミットメントに組み込まれている。生を決定づけるコミットメントがあるということは、私が自己充足的ではなく、本質的に関係的な存在だと認めているということである。私のアイデンティティは所与ではなく、認識の諸形態に左右されている。これらの形態は維持されたり、変容させられたりするが、核心においては変わらず脆く壊れやすいままである。私の生を決定づけるようなコミットメントは、私に世界やアイデンティティを与えてくれるが、それはまた、私の有限性と私の世界が崩壊するリスクを際立たせもする。

世俗的信において、絶望のリスクは否定的な脅威であるのみならず、私のアイデンティティや関与といった肯定的なものに本来的にそなわっているものでもある。絶望のリスク——私の世界が崩壊しうるという予感——は、私の生のなかで大切なものとは何か、また自分のすることが重要なのはなぜなのかという問いに私を引き戻してくれる。私の有限な関係では、私の生そのものが争点となっているのである。

これとは対照的に、キルケゴールにとって宗教的信仰とは絶望のリスクを無化するはずのものである。あなたに宗教的信仰があるなら、あなたはすべてを失っても、救済されることを信じる。なぜなら、神にはすべてが可能だからだ。

このように、宗教的信仰には二重の運動が必要であり、それによって、あなたはこの世界への信頼を断念し、神への信頼を選び取る。あなたは有限な関係に依拠するよりも、みずからの信仰を神に置く。この宗教的信仰の第一の運動が、無限の諦念とキルケゴールが呼ぶものである。この運動は『おそれとおののき』のなかで中心的な役割を果たしているが、この概念をより詳細に論じているのは、『哲学的断片への結びの非学問的な後書』である。無限の諦念が意味しているのは、希望を諦めることではなく、有限な世界に依拠するあらゆる希望の形態を手放すことである。そして代わりに、最高善が有限性を超えた「永遠の幸福」だと主張することである。ここでの課題は、永遠の幸福をあなたの絶対的なテロス——あなたの努力の目標や目的——に組み込むことだ。とはいえ、あなたが有限であるかぎり、けっして永遠の幸福を達成することはできない。だからこそ絶対的な目標に向けて努力することが、この生では終わりのない課題となる。正確に言えば、あらゆる有限な目標を不十分なものとして断念することで、永遠の幸福への努力が表明されるのである。

キルケゴールは生きた宗教的信仰を強調する立場から、このような断念がたんに理念的なものに留まることはありえず、実行に移されなければならないことを明示している。無限の諦念の運動を生み出すには、あなたは永遠の幸福のために、有限なもののすべてを自発的に諦めると、みずからに証明しなければならない。キルケゴールは『後書』にこう記している。「永遠の幸福が彼にとって最高善であるなら、その意味するところは、永遠の幸福との関係にあっては、有限性の諸要素が棄てられねばならぬものへと、一挙に引き下げられている、ということである」[29]。また、こうも書かれている。「もし、そのために彼が自発的に手放すことができない何かがあるなら、彼は永遠の幸福に関係していない」[30]。

だが無限の諦念の運動を生み出すことは、有限性を見放すことではない。むしろ、有限なものの運命を文字通り感知せずに、有限性において生きることである。キルケゴールが述べているように、「個人が絶対的テロスへの絶対的方向を得たということを、諦念が確信すると、すべては変化させられて、根は切り離される。彼は有限性のうちに生きているが、彼にとってはそこに彼の生はない。[…] 歯医者が、歯茎を弛緩させ、神経を切断し、歯だけが残されるように、有限性において彼の生は切り離されている。そしてここでの課題は、ふたたび歯がしっかりと生えてこないようにすることである」[31]。ここでキルケゴールは、内的な変容について述べている。個人が有限性を感知する神経を断ち切っても、彼の外的な生は変わっていないように見えるだろう。彼は有限な目標を追求することも、世界との関係を維持することもできる。だが諦念の運動をつうじて、そうしたものと彼との結びつきが緩められ、彼にはそれを断念する用意ができるのである。

とはいえ、ふたたび歯がしっかりと生えることがありうるように、個人をこの世界に結びつけている糸がふたたびその結びつきを強めることがありうる。彼は有限性において生き続けるのだから、有限な目標や有限な存在を目的として我が身を捧げるリスクを負っている。だからこそキルケゴールは、諦念の運動が一度に生み出せるものではなく、たえず新たに生み出さねばならないものであることを強調する。そうすることで、人が有限な何かや誰かを絶対的なもの（目的そのもの）として扱うことが二度となくなり、むしろたんに相対的なものとして扱うことが確実になる。

たしかに個人は有限性のうちにある（そしてここでの困難は、なるほど有限性において絶対的選択を保持することである）が、彼が諦念の瞬間に有限性の活力を奪い去ったのと同じように、この行為を反復し続けることが課題である。この世界が個人にすべてを与えると仮定してみよう。その個人はそれを受け取るかもしれないが、こう言う——ええ、まあ。この「ええ、まあ（しかたない）」は、絶対的テロスにたいする絶対的な敬意を意味しているのだ。あるいは、この世界が彼からすべてを奪ってしまうと仮定してみよう。彼はひるむかもしれないが、それでもこう言うのだ――ええ、まあ。そして、この「ええ、まあ」は絶対的テロスにたいする絶対的な敬意を意味している。[32]

キルケゴールがここで記述しているのは、諦念の運動を継続的に生み出すことで、どのようにすれば、あなたがみずからの外的要因への依存を取り除けるのかということである。外的世界に何が起ころうとも――あなたがすべてを与えられているのか、それとも奪い取られてしまっているのかに関係なく――あなたの応答は同じ（「ええ、まあ」）であるべきなのだ。諦念の運動によって、あらゆる出来事が、あなたの希望を裏打ちすることも打ち砕くこともできなくなれば、あなたは「有限性の活力」から解放される。あなたは有限性を生きてはいるが、あなたの生――あなたの心――はここにはない。あなたの希望は永遠の幸福に投じられており、有限性において、あるいは有限なものにたいして起こるいかなる出来事も、この希望に反駁できなくなる。

このように、結婚の力学にかんする洞察全般をつうじてキルケゴールが主張するのは、結婚が永遠の幸福という絶対的な目的の下位にあるべきだということだ。「結婚生活は絶対的テロスではなく、したがって、絶対的なものについて絶対的に当てはまることが、結婚には不完全にしか当てはまらない。この事を忘れてはならない」[33]。もし私が自分の幸福を結婚に賭けたとしても、私のコミットメントの命運は私次第というわけにはいかない。なぜならその命運は、私のすることがあなたにどう受け取られるかにも左右されるからだ。結婚へのコミットメントが必然的に伴っているのは、私の行動の意味や私のコミットメントの諸条件を私が主権者として決定できないということだ。私はあなたの発言や行動に応答しなければならず、そこには私たちの結婚を終わらせかねないリスクも含まれている。なるほど、私があなたに完全に身を捧げたとしても、あなたが忠実であり続ける保証はない。キルケゴールは私たちにこう知らせてくれる。「自分が一番信じている者が裏切って自分にたいして不誠実になるかもしれない、という密かな不安が住みついているのです」[34]。そしてこう強調する。「単なる人間的な愛は、この不安を完全に追い払うことはできません。この不安は、幸福な生活 - 関係という親しさの安全のなかでは隠れて気づかれずにいますが、それでも、ときどき魂のなかで説明のつかないように、もぞもぞと動くことがありうるのです、そして人生の嵐が起こると、それは現れるのです」[35]。対照的に、神は「忠実であり続けます。あなたの生のいつの日にも、またあなたに何が起ころうとも、それは変わりません。彼はあなたの死に際しても変わりなく忠実であり、あの世でも、忠実な友人としてあなたに再会するのです」[36]。ここで努力を要する課題とは、神を信じ続けることである。あなたが「自分を完全に捧げ、あなたの生すべてを神のもとに置けば」、神はけっしてあなたを落胆させないだろう。なぜなら「神自身が永遠に保証する」[37] 神自身の忠誠があるからだ。

ゆえにキルケゴールにとって、結婚にたいする献身は下位に置かれるか断念されるべきであり、最善としての神と、個々にとっての最善としての永遠の幸福への宗教的献身が選ばれなければならない。彼はこの動きを次の対比によって説明する。

> エロス的愛において、個人はいまだに他の人間に関与しており、その人物の是非の応答を聴いている。熱意を感化するいかなる計画にあっても、個人は依然として外的なものをもっている。だが永遠の幸福との関係にあって、個人が内面において対処すべきは自分しかいない[38]。

かりに私が全面的にあなたにコミットしたとしても、あなたに断られれば私の意志は否定され、私の希望は敗北に終わるかもしれない。同様に、私が最大限の情熱をもって結婚という企図に我が身を捧げても——それを維持するために、自発的にあらゆることをしても——、それでも私の意志にとっての外部があり、私の最善の努力と熱望にもかかわらず、この企図が失敗に終わるかもしれないのだ。だが永遠の幸福をみずからのテロスとするかぎり、私の思いはあらゆる敗北の可能性を免れている。私の意志に抵抗し、私を見放す可能性のある他人に対応しなればならない結婚とは異なり、「永遠の幸福との関係にあって、個人が内面において対処すべきは自分しかいない」。まして宗教的信仰の内面性は、客観的な不確実性という現実的なリスクを安全化する。結婚は、それが実際に破綻し私の心を打ち砕きかねないという意味で、客観的に不確実なものだ。だが永遠の幸福は、それが証明も反証もされえないという意味で、客観的に不確実である。私が永遠の幸福を信じ続けるかぎり、それが私から奪い去られることはない。なぜならその唯一の存在の基準は、その幸福がいつか私に与えられると信じる私自身の信仰だけだからだ。永遠の幸福にたいする私の希望に反論できる外的な基準は何もなく、私自身の意志にとって外的なものは、私にその幸福を手放すことを強制できない。永遠の幸福は外的世界とは何の関係もなく、完全に私の絶対的なテロスと私の内的な関係の問題なのである。

キルケゴールによれば、修道院制度の誤りは、このような無限の諦念の運動が、世界からの退きを要求することである。彼は、最高善としての神への献身——そして自分自身の最高善としての永遠の幸福への献身——が、みずからの家族や世俗的な切望の断念を要請すること、このことを修道院制度が認めている点は評価する。だが、有限性の断念という内的決意が、外的なふるまいに表される必要があるという考えは、大きな誤解を招くとキルケゴールはいう。修道院に退くというふるまいだけでは何も達成されたことにはならない。というのも、修道院もこの地上の他の場所と同じように、この世界と有限な生に属しているからだ。この無限の諦念の運動を生み出す人であれば、「有限性の世界では異邦人」になるべきであって、「異邦人の服装によって、その人が世俗的なもの〔worldiness〕とは異なることを定義すべきではない（これは矛盾している。というのも、この人は自分の服装によって、いわば世俗的な仕方でみずからを定義していることになるからである）[39]」。重要なのは、外的な表明――私が着ているのが修道服か世俗的な服か――ではなく、内的な変容である。たしかに、修道院に退くことで、私はすでに無限の諦念を達成したと誤って思い込んでしまうかもしれないが、実際は、その運動を生み出すことに着手すらできていない。私は神とみずからの永遠の幸福の追求に我が身を捧げているのではなく、むしろ、他の修道僧たちとの絆や合唱によって高まる感情、また精神的な訓練をつうじて獲得される自己制御の感覚に興じているにすぎないのかもしれないのだ。

　さらにキルケゴールにとって、修道院に退く必要があるということは、宗教的信仰の強度が欠けている証明である。というのも、敬虔な環境という外的な支えが必要とされているということだからだ。本当に無限の諦念の運動を生み出せる人であれば、世俗的な歓喜の誘惑のさなかに留まりながらでも、そうできるはずである。たとえば、無限の諦念の運動を生み出している夫は、表向きは変わることなく家族に身を捧げながら、家族とともにいることができるはずなのだ。それでも彼は、一瞬ごとに家族への気づかい《ケア》を断念しており、彼には家族を手放す用意があるのである。キルケゴールは、このようなあり方が諦念という内的な力を強化する訓練になるとして、勧めてもいる。「絶対的テロスに関係している者は、絶対的関係を訓練するためにこそ、相対的目的のなかで生きている可能性が高い[40]」。

　ようやく私たちは、なぜキルケゴールがイサクの燔祭を、生きた宗教信仰をもつ意味の範例として扱うのかを理解できるようになってきた。もしあなたが、自分の息子を生贄として捧げるよう神から明確に命じられなくとも、永遠の幸福という絶対的なテロスは、あなたの愛するいかなる有限な対象をも下位に置き、究極的には手放して差し出すことを要請する。この無限の諦念の運動は、キルケゴールが〈宗教性A〉と呼んでいるものの核をなしている。〈宗教性A〉とは、さまざまな宗教のうちのひとつの宗教ではなく、ひとつの属であり、そこには宗教的献身のあらゆる特定の形態（キリスト教を含む）が種としてある。キルケゴールはこう述べている。「無限の諦念は、信仰に先立つ最終段階である。この運動を生み出さなかった者は、誰一人として信仰をもっていない。というのも、無限の諦念にあって、私ははじめて私自身の永遠の妥当性を自覚し、かつそのときはじめて、信仰の力によって実存を把握することについて語れるからである[41]」。このように、〈宗教性A〉という無限の諦念は、信仰という名に値するあらゆる形態の共通項である。もしあなたが、永遠のために有限なものを自発的に犠牲にしないなら、あなたの生きた信仰――起こる出来事にたいして、あなたがどう応答するかによって明るみに出される信仰――は宗教的ではなく、世俗的なものなのだ。あなたは、神と永遠を信じていると明言するかもしれないが、自発的に有限性を断念しないかぎり、あなたが宗教的信仰だと思っているものは死んでおり、それはたんなる言葉の綾にすぎない。またキルケゴールは次のように強調する。「もし、それが彼にとって彼の実存在を絶対的に変容させないのであれば、この個人は永遠の幸福に関係していないのである。そして、もしそのために彼が自発的に諦めたくないと思う何かがあるなら、彼は永遠の幸福に関係していないのだ[42]」。

とはいえ、『おそれとおののき』のなかで、キルケゴールは無限の諦念の運動に物足りなさがあることを認めている。私は無限の諦念の運動を生み出すなかで、みずからの有限な生にたいして抱いているあらゆる個別の希望を諦めねばならず、自分の愛する息子が死んでしまっても、「ええ、まあ」と言えるように自分を教育しなければならない。『おそれとおののき』によれば、無限の諦念の運動には「平和と安らぎ[43]」があり、それは「人を実存と和解させてくれる[44]」という。だが「平和と安らぎ」は、この生で愛するものを手放すという代償によって手に入れられるものだ。かりに私がアブラハムだとして、無限の諦念の運動を生み出す以外の選択肢がなければ、私は実行に移し、イサクを生贄として捧げる――目的としてのイサクを手放す――だろう。だが、そうすることで私は、この生でのイサクにたいする私の希望を諦めることになるはずである。

だが「真の」アブラハムは、無限な諦念の運動と同時に、ふたつ目の運動を生み出す。信仰の運動である。この運動では、人間的には不可能か不条理に見えることでも[45]、神にはすべてが可能であると主張される。こうして、イサクを生贄として捧げながらも、アブラハムは、イサクが開花繁栄する生を営むことになるという神の約束を信じ続けるのである。彼の宗教的信仰のおかげで、アブラハムは息子を手放していながら、イサクが必ず戻ってくると信じることができる。なるほど、キルケゴールが強調するのは、イサクを殺してしまいながらも、「アブラハムは、まさしくこの世の生のために信じた。氏族のあいだで尊敬され、子孫のなかで祝福され、イサクにおいて忘れ難き人物となって、この約束の地で老いていくであろうと信じた」ということである[46]。同様に、キルケゴールによる近代版のアブラハム――信仰の騎士――は、有限な生に完全にコミットした人として示される。無限の諦念の騎士は、断念という第一の運動しか生み出すことができないが、たいする信仰の騎士は、二重の運動を生み出すことができ、それをつうじて、有限なものを手放したあとでも、有限なものを受け取ることを全面的に期待する。無限の諦念の運動の騎士は、有限性の世界で「異邦人[47]」となってしまうが、信仰の騎士は「唯一の幸福者であり、有限性の後継者[48]」なのだ。なぜなら彼は「有限性に勝る確実なものはないかのごとく、泰然自若としてこの有限性を楽しんでいる」からである[49]。

このような信仰の騎士をめぐる記述ゆえに、多くのキルケゴール研究者は、キルケゴールが神への献身と有限な生への献身とを結びつける方法を見いだしていると主張してきた[50]。だが宗教的信仰の二重運動は、実際には取り戻しようのない喪失の経験を除外することで、有限性の経験を否定している。アブラハムが有限な生を迎え入れていると言ったところで、これは空虚な主張だ。なぜなら、彼はみずからの宗教的信仰によって、有限なものの有限性を認めることから遮断されているからである。イサクに何が起ころうとも、アブラハムは息子が無傷で現れることを信じており、このことによって、彼はイサクを気づかい大切に思うという、潜在的な能力を剝奪されている。アブラハムがイサクを殺すことさえできてしまうのは、その行為が自分の息子にたいする愛を貶めていると考えもしなければ、その行為によってイサクがどうなるのかを案じもしないからなのだ。キルケゴールは、イサクが実際に死に、アブラハムがそれでも信仰を維持するという筋書きをつうじて、この点を強調する。

　さらに話を進めてみよう。イサクが本当に生贄として捧げられたとしよう。アブラハムには信仰があった。彼は、自分がいつか来世において祝福に与るだろうと信じたわけではなく、ここで、つまりこの現世において幸福になれると信じたのである。神は彼に新しいイサクを与え給うことができた。生贄として捧げられたイサクを蘇らせ給うことができた。アブラハムは不条理なものの力によって信じた。なぜなら、人間的打算の一切は、実はとっくに差し止められていたからである。[51]

このようにしてアブラハムは、彼自身がイサクの生を文字通り打ち壊しているときであっても、神への信仰をつうじて、この生での彼の愛する息子への期待を維持することができる。この宗教的信仰の二重運動を、有限な生への真摯なコミットメントだとする考えは、致命的な誤解を招きかねない。実際には、宗教的信仰の二重運動を生み出す人は、無限の諦念の運動だけを生み出す人よりも、有限なものの運命に野蛮なまでに無関心な人だ。無限の諦念の騎士はイサクを殺すが、少なくともイサクの喪失を認識する。信仰の騎士はイサクを殺しても、信仰の二重運動によって、彼は実際のイサクの喪失を認識しない。なぜならイサクの命を奪っても、イサクを取り戻すことに揺るぎない自信をもっているからだ。彼は切断されたイサクの頭部を手にもって立ち、それでもなお、この先も息子とともにずっと幸せに生きていくと信じることができるのである。

　このような信仰がもたらす野蛮な結果は、キルケゴール自身のテクストから明らかである。『おそれとおののき』の冒頭では、イサクの燔祭をめぐる四つの物語が選択肢として提示される。そこでは父親が、信仰の騎士である「真の」アブラハムの偉大さに見合った行動ができずに失敗する。すべてのアブラハムに共通しているのは、イサクを愛しているにもかかわらず、生贄として捧げよという神の命令に従うことである。だが真なるアブラハムとは異なり、失敗するアブラハムたちは、イサクへの愛と神への服従との葛藤を乗り越えられない。第一のアブラハムは諦めてイサクを生贄として捧げるが、彼はなぜ殺さなければいけないのかをイサクに説明しようとする。イサクが理解できない（自分の父親が自分を殺す理由など、理解できるわけがない）となると、次にアブラハムは、みずからの欲望からイサクを殺そうとする狂人を装い、神みずからが死刑宣告を下したという苦悩をイサクに与えないようにする。第二のアブラハムは真のアブラハムとまったく同じことをする――三日間でモリヤの山に向かい、イサクを捧げる準備をする――が、燔祭ののち、この世界でのすべての喜びを失ってしまう。「神がこんなことをするように、彼に命令したことを忘れること」(52)ができないからである。第三のアブラハムも真のアブラハムとまったく同じことをするが、自発的に息子を生贄として捧げたことで、のちに自責の念に苛まれる。最後に、第四のアブラハムもイサクを捧げるが、小刀を抜くと、イサクに手をかける恐怖を抑えられない。彼の左手は「絶望から固く握られ」、そして彼の体中に「震え」が駆けめぐる(53)。

これらとは対照的に、真のアブラハムはイサクへの愛と神への服従に引き裂かれはしない。彼はイサクに説明しようともしなければ、この厳しい試練の恐怖から彼を守ろうともしない。まして、彼はこの世界での幸福をまったく失わず、その燔祭を理由に自責の念に苛まれることもなく、イサクが彼に返されるときには、すぐに「有限性とその喜びを取り戻す」(54)用意がある。最終的に彼がイサクを殺すために小刀を抜くときも、彼の手は絶望から固く握られもしなければ、彼の体に震えが駆けめぐることもない。

> 彼は疑わなかった。彼は、不安げに左右に目をやるようなことはしなかった。彼は、祈りによって、天に異議を申し立てることもしなかった。彼には、自分に試練を課したのが全能者たる神であることが分かっていた。自分に要求されたのが、考えられるかぎりもっとも重い犠牲であることも、彼は知っていた。だが、彼はまた、神がそれを要求する以上、いかなる犠牲もけっして重過ぎることはないことも了解していた――そして、彼は小刀を抜いたのである(55)。

真のアブラハムの揺るぎなさは、宗教的信仰の手本として取り上げられ、最高の美徳だと称賛されている。だがアブラハムの信仰の帰結が、イサクについてまったく意に介さない状態であることは容易に見てとれる。アブラハムは心からイサクを愛しているが、その宗教的信仰ゆえに、イサクに起こることに応答するという意味では、イサクを気づかう能力を剝奪されているのだ。アブラハムはイサクを守ろうともしなければ、自責の念に苛まれることもなく、イサクを殺すために小刀を抜くとき、おののくこともない。なぜなら、何が起ころうとも、イサクが戻されることをアブラハムが完全に信じているからだ。

アブラハムの野蛮さは、「宗教的信仰の二重運動をつうじて世俗的信を手放した直接的な結果である。私は、父親として、みずからの世俗的信を維持することによってのみ、イサクの運命に応答できる。そのように応答するためには、私は彼の幸福に身を捧げていなければならず、私は彼の健康が損なわれやすく、彼の生が失われうることを信じていなければならない。イサクの生の危うさは、私が彼を気づかう理由の一部として本来的にそなわっているものであり、彼を気づかうなかでこそ、私はすべてに広がるさまざまな外的な要因から恩恵を受けるのである。

これとは対照的に、宗教的信仰の二重運動が目指すところは、外的な要因への依存が取り除かれることで、私のイサクへの愛が完全に内的な出来事となることである。無限の諦念の第一の運動では、私は外的世界でのイサクへの気づかいを諦める。私の無限の諦念の表明が、実際のイサクの殺害によるものであれ、彼に起こることへの私の気づかいの放棄（彼の生死にかかわらず「ええ、まあ（しかたない）」ということ）によるものであれ、その原理は同じである。私が外的な結果にたいするあらゆる関心――私の愛するもののこの世界での運命にたいするあらゆる関心――を犠牲にできると自分に証明することで、私は、有限性が私にたいしてもつ力を奪い去る。すると今度は、これが信仰の第二の運動への地固めとなる。この運動は、私がイサクを見放そうとも殺そうとも、私はイサクを取り戻すのだと主張する。第二の運動は、すべてが可能である神への信仰に依拠しているが、無限の諦念の運動が継続されていなければ、これを維持することは不可能だろう。何が起ころうともイサクを取り戻せると信じ続けるためには、私は実際の出来事（たとえば、私がイサクを手にかけようとしているという出来事）を気にかける私の関心を断念し続けなければならないのだ。

このようにしてキルケゴールが強調するのは、宗教的信仰の二重運動が同時に生み出されなければならないということである。イサクの燔祭の一瞬ごとに、アブラハムは、無限の諦念の運動と信仰の運動の両方を生み出さなければならない。この二重運動を維持することでしか、彼はイサクへの愛を維持しながら、同時に彼を殺すことができない。彼が二重運動を生み出し続けるかぎり、彼はイサクを失うという精神的な打撃を伴う経験をすることはない。なぜなら彼は一瞬ごとに、息子が自分に返されるという彼の信仰を更新するからである。このようにして、アブラハムのイサクへの愛は、完全に内的な出来事となり、そこではアブラハムのイサクその人にたいする関心が取り除かれている。その宗教的信仰のおかげで、アブラハムはイサクに実際に起こる出来事にも、イサクが感じているかもしれない感情にも反応しない。アブラハムは、自身の期待と一致するものにしか反応を示さないのだ。否定的な結果が及ぼす影響は即座に手放され、望めばその通りに与えられるという信仰が選び取られる。なぜなら神には、なされるべきことであれば、すべてが可能だからだ。こうしてアブラハムは、みずからのイサクへの気づかいを犠牲にしてしまう。息子を失うことなど究極的にはありえないと信じているからこそ、アブラハムはイサクの命を奪うことができるのである。

近代の信仰の騎士にも、同様の無関心《ケアレスネス》があるのは明らかである。とはいえ、騎士は有限な生を肯定するものとして描かれており、その無関心は一目瞭然というわけではない。近代の信仰の騎士は、モリヤの山の山道ではなく、コペンハーゲンの通りを歩いており、「完全に俗世に」(56)属しているように見える。彼は「すべてを喜び、すべてに参加する。彼が何かに参加しているときにはいつでも辛抱強く打ち込む。それはこの種のものに執着している俗物的な人間固有のしつこさである」(57)。有限な生への真摯な愛着が生きた宗教的信仰と結合しうると考える読者にとっては、彼こそ『おそれとおののき』の真の英雄だ。

だが、この騎士の宗教的信仰の二重運動を生み出す仕方をよく見てみれば、彼がこの世界にたいする実践的な愛着や実践的な有限性の経験をたえず手放していることがすぐに分かるだろう。『おそれとおののき』では、騎士が王女に恋をする経緯をめぐるたとえ話をつうじて、このことが明らかにされている。

キルケゴールの説明によれば、ここで彼が語っているロマンティックな恋愛は、あらゆる全面的なコミットメントの力学の一例として用いられているのであり、彼はこのたとえによって、もしある人が信仰の騎士であったなら、どのように応答すべきかを論じているのだという。このたとえ話は、宗教的信仰の二重運動が実践の上でどのように作動するのかを示しているだけでなく、それはまた、そもそもこの運動を動機づけているものが何なのか、またその運動がどのようにして喪失の脅威にたいする防衛のメカニズムとなっているのかも明らかにしてくれる。

キルケゴール自身の見解では、その騎士は、信仰の二重運動を生み出し始めるまでは、愛するものに全面的にコミットしている状態にあるという。たしかに「この恋は彼の生の実質すべてであり(58)」、彼はその恋を迎え入れている。

> 彼は臆病ではない。彼はおのれの限りなく密かな思い、限りなくかすかな思いのなかに、恋を忍び込ませることを恐れない。恋が彼の意識のあらゆる靭帯に巻きつき、複雑に絡み合うことを恐れない——恋が深い哀しみに終わっても、彼はけっして恋と手を切ることはできないだろう。彼は、恋が彼の神経の一本一本で強く脈打つことに至福の喜びを覚える。とはいえ、彼の魂は、毒杯を飲み干して、その毒液が血の一滴一滴に浸み透るさまを実感している人のように、厳粛である。なぜなら、それが危機的瞬間だからである。このように、彼が恋のすべてを自分のなかに吸収し、恋に沈潜したときも、彼は一切を試み、一切を断行する勇気を欠いてはいない。彼は人生の諸相を展望する。彼は俊敏な思いの数々を呼び集め、その思いは彼のどんな目配せにも従う。その様子は、まるでよく訓練された鳩さながらである。彼が合図を送ると、鳩たちは四方八方に飛翔する。だが鳩たちがみな帰っ

てきて、みなが哀しみを伝える伝書鳩のように、彼にそれが叶わぬ望みだと告げるとき、彼は静かになる。彼は思いという鳩を飛び去らせ、一人になる。そして、そこで彼はその運動を始めるのである。[59]

この生き生きとした現象学的記述は、キルケゴールの実に精緻なこの文章に記録された興奮とおののきを伴って、他の有限な存在にコミットすることの意味の本質に触れている。この全面的なコミットメントによって、愛は文字通り神経の一本一本に強く脈打ち、血の一滴一滴に浸み透り、限りなく密かで奥底にある思いのなかにまで忍び込み、愛は文字通り彼の意識のあらゆる靭帯に絡みつくものとして表現されている。のみならず、全面的なコミットメントは、明らかに危険な賭けでもある。この賭けには勇気が必要であり、それはまた、愛する人の生を争点にさせもする。彼が恋のすべてをみずからのなかに吸収し、「至福の喜び」に沈潜することは、その体中に致死的な毒が回ることと切り離せない。

恋に落ちる瞬間とは「危機的瞬間」であり、いわば決断を要する瞬間である。彼が恋という至福の毒のなすがままとなり、彼の肉体を介してその毒が増え続ければ、彼は有限な存在に縛られてしまうだろう。この存在は彼の生を変容させ、明るく照らすかもしれないが、打ち砕くこともあるだろう。だからこそ彼の思い――希望の鳩のように飛び立つもの――は、哀しみの伝書鳩として戻ってくるのである。王女に手が届かないのではない（その後にわかるのは、騎士がその愛を受け取り、彼女とともに日々を過ごせるということである）が、もし彼が喪失の痛みから遮断されることを求めるのであれば、二人の関係は「叶わぬ望み」である。だが反対に、彼の全面的なコミットメントは、彼女への彼の愛において、彼自身の生がリスクにさらされることを必然的に伴っていなければならないという。「恋が深い哀しみに終わっても、彼はけっして愛と手を切ることはできないだろう」。

ここで騎士が全面的にコミットし続けることを決断すれば、彼には世俗的な信の勇気があることになるだろう。喪失を予期すること――哀しみの伝書鳩として戻ってくる希望の鳩――で、彼は愛する人とともにいようという決意をさらに固くし、ともにする時間を最大限に大切にしようとするだろう。代わりに、騎士はみずからの思いが予期した喪失の脅威からみずからを守るために、宗教的信仰の運動を生み出し始めるのだ。「だが鳩たちがみな帰ってきて、みなが哀しみを伝える伝書鳩のように、彼にそれが叶わぬ望みだと告げるとき、彼は静かになる。彼は思いという鳩を飛び去らせ、一人になる。そして、そこで彼はその運動を始めるのである」（強調引用者）。

第一段階は無限の諦念の運動であり、これをつうじて騎士は、「自分の生の実質をなす恋を無限に断念する」[60]。王女が彼から奪われるか、あるいは彼から去ってしまうまえに、彼は自発的に彼女を諦めることで、彼女への依存からみずからを解放する。「彼は、他人を愛する場合にも、あくまで自己において充足していなければならないという深い秘密を心得ている。彼は有限性という観点からは、もはや王女のすることを気にかけることはない。そして、まさにこのことが、彼が無限に運動を生み出したことを証明している[61]」。無限の諦念の運動のおかげで、もはや彼が王女に傷つけられる可能性はない。「王女のどんな行動も、彼の心を乱すことはできない。自分の行動の法則を他人のなかに有するのは［…］品性下劣な者でしかなく[62]」、「無限の諦念をした人は自己で充足している[63]」。こうして自分の意志に反して、自分の愛するものを失った痛みを回避するために、騎士は前もって彼女を諦める痛みを選び取る。彼は愛するものに翻弄されるのではなく、積極的に彼女を諦める。なぜなら、そうすることで彼は制御を保てるからである。「私は自力で王女を諦めることができる。しかも、だからといって私はすね者になることなく、みずからの苦痛のなかに喜びと平和と安らぎを見いだすであろう[64]」。

とはいえ、この騎士は彼の愛の対象（王女）を諦めることは許容するが、愛そのもの（愛するという活動）を諦めたいわけではない。代わりに彼は、自分の愛の対象を失うことから自分を守れるような愛し方を探し始める。こうして彼は、王女をその人として本当に愛したことなどなかったのだ、と自分に言いきかせる。むしろ彼の愛は「永遠の愛の表現」だったのであり、与えられるべきは「宗教的な性格」である。これをつうじて、彼の愛は「永遠なる存在者にたいする愛へと変容を遂げ」、「いかなる現実によっても奪い去られることのない永遠の形態」を与えられる[65]。永遠の存在者（神）の愛は、この生では充溢しないが、だからこそ、この生においてこの愛に反駁の余地はなく、愛する者は、いかなる外的な状況にも妨げられることなく、みずからの愛を探求できる。続けて騎士はこう説明する。「なんらかの有限なものが私の手に負えなくなれば、その都度断食してでも、この運動を遂行する。なぜなら、私の永遠の意識は神への私の愛であり、この愛は私にとって一切のものに勝る高次のものだからである。［…］それにたいして私が得るのは、永遠なる存在者にたいする私の愛と至福なる調和を実現した私の意識なのである[66]」。

騎士が永遠性のために有限性を手放す以上のことをしなければ、彼は無限の諦念の騎士のままである。だが、信仰の騎士が際立っているのは、彼が無限の諦念の運動を生み出しながら、他の運動も生み出しているということだ。

さて、ここで信仰の騎士を、先にみた状況［王女に恋をしている］のなかに登場させてみよう。彼は、もう一人の騎士とまったく同じように行動する。彼は、自分の生の実質をなす恋を無限に断念する。彼はその苦痛を感じながら、仕方なく諦めることを許容している。しかし、そのとき奇跡が起きる。彼は、さらに新たな運動、他のいかなるものにもまして奇跡的な運動を行なうのだ。というのも、彼はこう言うのである。そうはいっても、私は彼女を手に入れることを信じている――つまり不条理なものの力によって、神には一切が可能であるということによって、そうなるのだ、と。不条理なものは、悟性の範疇の差異には属していない。不条理なものは、ありそうもないこと、思いがけないこと、予期しないことと同一ではないのである。騎士が諦念という行為を遂行したまさにその瞬間に、彼は人間的にはそれが不可能であることを確信したのである。これは悟性の結果であった。そして、騎士には、これを思考するだけのエネルギーがあったのだった。だが無限であるという意味で、それは諦めることによって可能となった。とはいえ、手に入れることは、結局は同時にひとつの諦めである。にもかかわらず、手に入れることは、悟性にとってはなんら不条理ではない。というのも、悟性の支配するこの有限性の世界では、それは不可能事であり、この先もそうあり続けるだろうと悟性が主張する点で、悟性の立場は正しいままであり続けるからだ。信仰の騎士は、この意識をはっきりともっている。したがって、彼を救済しうる唯一のものは、この不条理なものであり、彼は信仰によってこれをつかむのである。このように彼は不可能事を認識し、そしてそれと同じ瞬間に、不条理なものを信じるのである。(67)

どちらの騎士も、彼らの愛の対象を失うことなく「手に入れ」たいと望んでいる。両者ともに、このように手に入れること(絶対的所有)が有限な世界では不可能であることを理解している。それゆえに、どちらの騎士も愛する女性を手放す。彼女の現前は保証されえない——彼女が騎士を見捨てることがありうる——ゆえに、彼らは前もって彼女を手放すのだ。自分の愛の真の対象は有限な女性ではなく、忠実であり続ければけっして見捨てることのない永遠の神なのだ、そう彼らは自分に言いきかせる。

諦念の騎士は、そのような神への献身に、彼の愛する人(たとえば妻や息子)という犠牲が本質的に伴うことを受け入れている。彼がその痛みと折り合いをつけられるのは、愛する人を手放し、神という永遠の存在を選ぶからこそである。信仰の騎士もしていることは同じだが、同時に、彼は愛する人をまさしく諦めることによって——殺してでも——こそ、取り戻すことになるのだと信じる。キルケゴールが強調しているように、この信仰は不条理なものであり、いかなる理解の可能性も寄せつけない。あなたが手放しつつあるまさにそのものを、あなたはきっと受け取ることになる、あなたが手にかけようとしている息子が戻ってきて、あなたといつか幸せに暮らすだろうと考えられる理由などあるはずがない。だが、キルケゴールにとって重要なのは、このような不条理である。というのも、不条理は、宗教的信仰の運動があなたに外的な可能性への関心を手放し、内的な信心を選び取ることを求めることを明示してくれるからだ。「今度は不条理なものの力によって一切を獲得するということ、願いが完全に、余すところなく叶えられるということ(68)」——『おそれとおののき』では、このようにして、いかなる有限な理解にも立ち向かう宗教的信仰に輝きが与えられる。

信仰の騎士は「諦めの苦痛のなかに安らぎを見いだすのではなく」、むしろ「不条理なものの力によって喜びを見いだし」[69]、そして「あらゆる瞬間を楽しく幸せに暮ら」せるようになる。というのも、「彼にはこの確実さ［不条理への信仰］があり、それは有限性において、それが何よりも確実であるかのように、彼に歓喜を与えてくれる」からだ[70]。

だが同時に、信仰の騎士には有限性がまったくリアルに感じられていない。なぜなら、彼は、喪失の一つひとつから棘を抜き取り、経験から死に至る力を取り去るからだ。彼は全面的に妻と息子にコミットしていると主張するかもしれないが、彼はこの世で二人の運命にたいする気づかいを放棄することによってのみ、恐れずに愛することができる。妻と息子に何が起ころうとも、彼はこの先に起こるであろう出来事にかんして、内的な確信をもち続ける。そして、彼がこの信仰を維持するかぎり、彼は一瞬一瞬を幸せに生きるのだ。精神に打撃を与えうるいかなる結果（自分の息子の殺害でさえ）も、即座に希望に満ちた期待として更新され変容を遂げる。なぜなら「彼は、この世の深い悲しみを、無限の諦めのなかに汲み尽くしており、彼は無限性の至福を知り」、「彼は無限性の運動を生み出す」からである。だが「彼はこの運動を、精緻かつ確実に行っているために、無限性の運動から有限性を取り出すことができ、するとそれ以外のことはありえないと思うようになる[71]」。

キルケゴールに有限性の肯定を見てとりたい読者は、当然のことながら、これ以外のことを考えない。だが信仰の騎士の運動に注意を払ってみると、騎士が表面的には有限な生に沈潜していても、実際には有限なものの運命などどうでもよいことは明らかである。夕方、帰宅の途にあって、信仰の騎士の足取りは軽く、彼は目に映るすべてを楽しんでいるように見える。彼は「子羊の頭のローストの野菜添え[72]」という、妻が準備している特製の温かい料理を楽しみにしている。道すがら誰かに出くわすと、彼は「レストランのマスターさながらの熱っぽさで、この料理について」語るだろうし、「彼が食事をしている様子は、上流階級の人々にとっては羨望の的であり、庶民にとっては感化されるような光景であろう。なぜなら、彼の食欲は、エサウのそれよりもはるかに旺盛だからである[73]」。だが、もし結果的に夕食が準備されていなくても、「興味深いことに、彼の態度はまったく変わらない[74]」。彼はそのおいしい食事を食べるという展望を完全に信じ込んでいたにもかかわらず、それが食卓に並ばなくても、彼にはまったく構わないのである。

こうした日常生活の例は重要だ。というのも、騎士は、二重の運動がかかわるのが愛する息子の存在であるか、おいしい食事のような明らかに些細なことであるかにかかわらず、彼の生の瞬間ごとに宗教的信仰の二重運動を生み出しているはずだからだ。たしかに、信仰の騎士は「神がいかなる些細なことにも心を砕くことを確信している[75]」。子羊の頭のローストの野菜添えがなくとも、彼はいつかその夕食を食べられるのだと信じ続けるが、これは、生贄に捧げる羊がなく、イサクをみずからの手で殺さざるをえないときに、アブラハムがイサクを取り戻せると信じ続けるのと同じことである。これは不条理なことに思えるかもしれないが、要点をくり返すと、そう思えるのは、宗教的信仰という内的な信念よりも外的世界の権威を受け入れている人だけだ。信仰の騎士は（いつか妻とあるいは息子とともに、開花繁栄ある未来に夕食をとるという）その希望に全幅の信頼を置いており、彼は自分の希望にたいする反駁に動じない。夕食がなくとも、イサクを殺してしまっても、不思議なことに彼は、まったく変わらない。何ものも、彼の希望に満ちた期待の状態を妨げることはできない。なぜなら彼は、瞬間ごとに二重運動によって、この状態を更新するからだ。所与の否定的な結果（夕食がない、イサクは死んだ）を気にかけるのを諦める一方で、彼は神によってすべてが与えられるというみずからの信仰を再生させる。神にはすべてが可能なのだ。このようにして「見境のない役立たず者は気づかいから解放され、彼は自然の成り行きにまかせる」。なぜなら「彼には不条理を行使する以外になにもすることがない」からだ[76]。

こうして信仰の騎士は、失望から解放されることが何を意味しうるのかを論じてみせる。キルケゴールは、宗教的信仰への望ましい到達方法として、失望を取り去ることを奨励しながらも、彼自身の見解は、このことがなぜ望ましくないのか、またなぜ気づかうという潜在的な能力を損なうのかを明らかにしている。ここで思い起こしておこう。キルケゴールは失望を、不安のあらゆる形態、非常に小さな心配からもっとも深刻な実存的な崩壊までを包含するものとして定義している。さらに思い起こしておくべきは、彼が宗教的信仰を、失望が完全に根絶された状態として定義してもいるということだ。宗教的信仰をもつとは、たんに希望を維持することにとどまらず、失望する可能性が破壊されてなくなっていることである。「『絶望していない』は、絶望しうる可能性がゼロになったことを意味するのでなければならない」と、キルケゴールは『死に至る病』で説明している。「ある人が絶望していないということが真であるとき、その人は、瞬間ごとに絶望の可能性をゼロにしているのでなければならない」[77]。失望を取り去ることは、宗教的信仰の二重運動をつうじて瞬間ごとに更新され達成される。騎士が宗教的信仰を維持するかぎり、彼が未来に起こりうるいかなる出来事にも不安を感じることはなく、かりに最悪な事態が生じたとしても、彼が失望することはありえないのだ。

だが同様の理由で、信仰の騎士は、いかなるコミットメントにおいても、実際には自分を争点にしていない。もし私が自分のコミットメントにおいて争点となっているなら、私がみずからのコミットメントを裏切り、私のコミットしていることのすべてが崩壊した場合、私は絶望するリスクを負わなければならない。絶望のリスクは取り除きうる可能性ではなく、生を決定づけているあらゆるコミットメントにとって必要な境界条件だ。もし私に生を決定づけているコミットメントがあるなら、私にはできないことがあり、また自分自身を失くすような窮地に追い込まれても失いたくない世界があるはずである。反対に信仰の騎士は、すべてを奪い去られてもみずからの生を継続でき、瞬間ごとにあらゆる形態の不安を克服していると信じている。ならば、起こることについて彼がまったく関知も応答もしなくても、それは当然のことだ。絶望するというみずからの能力を破壊することで、彼は、有限な誰かや何かを気づかう能力も破壊してしまうのである。

このような信仰が「不条理である」のみならず、「恐ろしく」「ひどく」「忌まわしく」思われるだろうということが、『おそれとおののき』のなかでは認知されている。だがこれらの特徴は宗教的信仰を退けるどころか、さらに畏敬を鼓舞する崇高なものとして信仰を現出させるという。数多のキルケゴールの著作と同様に、『おそれとおののき』には匿名の作家――この場合はヨハンネス・デ・シレンチオ――による署名があり、この人物が物語り、読者に直接語りかける。ヨハンネス自身には信仰がなく、アブラハムのことを考えると、しばしば「心が打ち砕かれる」か「麻痺してしまう」という。だがそれでも、ヨハンネスはアブラハムを「もっとも偉大な人物」だとみなすことができ、イサクを生贄として捧げるのに必要な宗教的信仰をもたない自分を責めている。このような信仰が不条理でひどいものに見えるとすれば、それは、その人が神に全幅の信頼を置けておらず、失われれば取り返しのつかない有限なものとしてのイサクに、いまだに世俗的にコミットしているからなのだ。反対に、宗教的観点では、それを要求するのが神であるなら、みずからの子を生贄として捧げることは、不条理でもひどいことでもない。キルケゴール自身、後年の論文で次のように説明している。「信者に信仰があれば、不条理なものも不条理ではなくなる――信仰がそれを変容させるのだ。[…] ゆえに、正しく理解すれば、不条理なものというカテゴリーのなかに、恐ろしいものなどなにもない[78]」。

このようにキルケゴールが（ヨハンネス・デ・シレンチオのような筆名ではなく）自分自身の名前を署名した著作では、『おそれとおののき』よりも、宗教的信仰の二重運動がさらに強く奨励されているように見える。たとえば『キリスト教談話』では、神がすべてを与えることを期待しているのであれば、真の信仰者はこの世界を気にかけるべきではないとし、その理由を詳細に述べている。キルケゴールは、イエスの山上の垂訓（「だから、言っておく。自分の命のことで何を食べようか何を飲もうかと［…］思い悩むな」〔『マルコによる福音書』8：35〕）を註釈しながら、真のキリスト教徒とは、神が日々に必要な食べ物を与えることを全面的に期待するのだから、肉体的あるいは物質的な欲求について思い悩まないものだと主張している[79]。

もちろん、肉体的・物質的な欲求を手放すことは非常に困難だが、キルケゴールにとってこの試練は、困難だからこそ宗教的信仰の試練として価値をもつ。ユリや鳥（気づかいなしに生を営んでいると想定されるもの）とは異なり、人間には思い悩む理由が多々あり、真のキリスト教徒になるには、信仰のために、みずからの気づかいをたえず犠牲として捧げ続けなければならない。キリスト教徒は、貧しいときであっても、文字通りパンを与えられないときであっても、自分がキリスト教徒であるかぎり、パンについて思い悩むことはないのである。彼は世俗的な意味では貧しいかもしれないが、彼には「貧しさを思い煩うこと」[80]がなく、ゆえに、宗教的な意味では富める人である。この人は（みずからの貧しさを含む）すべてを神からの贈与として扱い、必要なものは、すべて神が与えてくれると信じている。実際にパンをもらえずに餓死する瞬間にあっても、キリスト教徒は、みずからの生について思い悩まない。代わりに「その人は、この地上の生を生きねばならないうちは、日ごとの食物は手に入ること、また同様に、いつかはあの世で浄福のうちに生きるだろうことを、信じて」おり、「永遠の生は、食べ物や飲み物とは全く比べものにならない[81]」という。

自分はキリスト教徒だと主張しながらみずからの有限な生の運命を気にする人々を、キルケゴールは生きた宗教的信仰が欠けていると厳しく批判する。あなたが貧しいなかで、貧しさという気がかりを手放せず、臨終にみずからの生を気にかけることを諦められないなら、あるいは、あなたが親として愛情深く、自分の子供への気づかいを手放せないなら、あなたはキリスト教徒ではないという。あなたは神を信じていると主張するかもしれないが、もしあなたが、みずからの行動や出来事への応答の仕方によって、みずからの信仰を証明できないなら、あなたの宗教的信仰は死んでいる。あなたが信じていると主張するその何ものかは、あなたの考え方や感じ方を実際には形成していないのだ。むしろ生きた信仰とは、二重運動をつうじて達成される。そこでは、あなたは有限であるがゆえに生じる気づかいを手放し、代わりにあなたの信頼を神に置くのである。飢えに喘いでも滋養が与えられることを信じ、臨終にあっても永遠に生き続けることを信じ、息子に手にかけているそのときであっても、神によって息子があなたに返されることを信じるのである。

キルケゴールは、このような信仰が一度には到達できない――あらゆる瞬間に更新されて達成されなければならない――ことを強調しながらも、これこそが最善で何よりも望ましい生き方だと主張する。キルケゴールは、啓発的な宗教説話のなかでこう述べている。「私はあなたの困難から抜け出す方法を知っている。それはあなたに勝利を完全に保証してくれるだろう。［…］あなたの行動があなたの望みとは反対の結果をまねいたとしても、あなたはいつか打ち勝つのだという確信をもって行動しなさい[82]」。もちろんこれは、『おそれとおののき』におけるアブラハムによるイサクの燔祭とまったく同じ論理である。アブラハムが宗教的信仰のもっとも困難な試練を乗り越えられるのは、彼がみずからの気づかいを犠牲にし、彼にとって大事なすべてのものを失うリスクを本質的に伴っても、彼の生を神の手に委ねることができるからなのだ。アブラハムはイサクを殺しても、彼の愛する息子が神によって彼に戻されることを信じ続けるのである。

このようにキルケゴールは、生きた宗教的信仰を至高のものとして奨励していながら、彼自身のテクストは、このような信仰が、なぜ信仰以外のあらゆる事柄にかんして、まったく責任を負うことがあってはならないのかを明らかにしている。宗教的信仰があるということは、あなたの信仰を問いに付すいかなるものにも応答しないということである。あなたの子供が、あなたにまさに殺されようとしているそのときに叫び声をあげても、あなたは応答しないということなのである。

キルケゴールの議論の帰結は極端にみえるかもしれない。とはいえ、それは喪失の痛みを免れているすべての宗教的理想に含意されている何ものかを明確にしている。イサクの運命に応答するには、失われる可能性のある命に、あなたが身を捧げている必要がある。イサクをイサクのために愛すること――同時に彼の生が本質的に脆く壊れやすいと認めること――によってのみ、彼を気づかうことができるのだ。だが、まさにこのような思いを、宗教的赦免の理想はあなたに諦めるように要求する。赦免を達成するためには、あなたは有限なもの――ここには自分自身の子供も含まれる――をそのものとして愛することができない。なぜならあらゆる愛は、あなたを喪失にたいして傷つきうる状態にするからだ。だからこそ、仏教者もストア主義者も、また異なるさまざまな伝統にある宗教的な神秘主義者も、救済への道として解脱を説くのである。たとえば、広く影響力のあるキリスト教の神秘主義者マイスター・エックハルトはこう強調する。「完全な解脱にある者は、永遠へと運び去られる。そこでは、いかなる時間内的なものもその人に影響することはない」。なぜなら「真の解脱とは起こる出来事、喜びや悲しみ、名誉や不名誉に、ほとんど動かされない精神を意味しているからだ。大山がそよ風に動じないのと同じである」[83]。解脱の実践とは無限の諦念の運動であり、そこであなたは有限なものへの気づかいを生贄として捧げ、永遠を選びとることを要求される。出来事に動じないためには、あなたはイサクの運命に応答してはいけない。反対に、あなたは山のごとく動じぬままでいなければならないのだ。

キルケゴールは（エックハルトとは異なり）、動かず動じない状態になることを望んでいるわけではないが、彼の宗教的信仰の及ぼす効果は、結果的には同じである。キルケゴールは解脱に立ち止まらないとはいえ、彼の宗教的信仰は、なおもイサクその人への気づかいを生贄に捧げることを要求する。このようにして、キルケゴールは『おそれとおののき』のなかで、『ルカによる福音書』にあるイエスの厳格な宣明を想起する。「もし、誰かが私のもとに来るとしても、父、母、妻、子供、兄弟、姉妹を、さらには自分の命であろうとも、これを憎まないなら、私の弟子ではありえない」（『ルカによる福音書』14：26）。キルケゴールの読解によれば、ここでイエスが表しているのは、神が絶対的な愛を要求する仕方であり、そのためには他のすべての愛が断念されなければならないということである。あなたの愛するものを「憎ま」なければならないとは、あなたがその人たちを嫌うべきだという意味ではなく――そうすれば、簡単にその人たちを手放せるだろう――、神への愛のためには、その人たちを犠牲にしなければならないということなのだ。『マタイによる福音書』で、イエス自身は次のように説明している。「私よりも父や母を愛するものは、私にふさわしくない。私よりも息子や娘を愛するものも、私にふさわしくない」（『マタイによる福音書』10：37）。同じ論理に従うならば、アブラハムは、自分の息子よりも神を愛することを、何よりも具体的な仕方――イサクを生贄として捧げる用意があったこと――で示すことで、彼は自分が「ふさわしい」ことを証明している。これこそが無限の諦念の運動であり、これをつうじて、アブラハムは永遠のために有限性を手放したのである。とはいえ、第二の運動――信仰の運動――をつうじて、アブラハムは、イサクが彼に返されると確信している。イサクへの思いを断ち切ることで、同時にアブラハムは、イサクをあらためて神からの贈与として受け取る用意ができるのである。だが、このような信仰の対価として、アブラハムはイサクに降りかかる出来事にまったく動じなくなる。もし彼がイサクを殺してしまっても、彼はまったく変わらないままなのだ。

V

神学的にみて、このことに賭けられているものは大きい。というのも、旧約聖書におけるアブラハムとイサクの関係は、新約聖書における神とイエスの関係を予示していると考えられているからだ。このふたつの物語の並行性は顕著であり、キリスト教の釈義的な研究では充分に確立されている。父（アブラハム／神）は、みずからの愛する息子（イサク／イエス）を生贄として捧げる。イサクの燔祭では、息子はモリヤの山に連れていかれ、そこで父親は、息子を手にかけようと小刀を振りあげる。これが予示しているのは、イエスの磔刑である。そこでは息子がゴルゴタの丘で十字架に打ちつけられ、苦悶のうちにゆっくりと死んでいく。いずれの物語でも、燔祭は聖なる行為として報いられ、褒め讃えられる。アブラハムには、イサクに手を下す用意があったからこそ、神はその子孫に祝福を与えた。同様に、イエスが十字架の上で死んだからこそ、人類は罪を贖われたと言われるのである。

とはいえ、私たちに伝えられてきたアブラハムの物語には、それ以前の版が隠されている可能性があるという。ヘブライ語版の研究者らが示したように、原版には、アブラハムが神聖な命令に抗ってイサクの命を守ることを選んだことがはっきりと示されている。公式版の聖書（『創世記』二二章）では、アブラハムがイサクを手にかけようとするとき、「主の使い」が手を止める。天使は神の伝言を届け、アブラハムはその試練を乗り越えたのだから、実際にイサクを殺さなくてもよいと説明する。さらにふたつ目の呼びかけのなかで、天使は、アブラハムがその服従にたいする報奨を受けることになるだろうと述べる。彼は心のなかでイサクの燔祭を完遂していた――神聖な命令に従うためには愛する息子にさえもみずからすすんで手を下そうとしたことを示した――からこそ、神の贈与としてイサクを手元に置くことができた。だが本文中には、この天使の言葉を事後的な挿入だとするに足る充分な証拠がある。文体と構造のどちらをとっても、天使の言葉は、原版の他の部分とは顕著に異なっている。何よりも重要なのは、天使の言葉を取り除くと、アブラハムは神の命令に服従しないという一貫した叙述が読み取れるということだ。このように考えると、天使の言葉は、アブラハムの不服従を隠すために挿入されたということになる。入念な本文批評のなかで、オムリ・ボームは次のように論じている。「後年の編纂者が天使の形象を挿入し、それによってこの試練を中断させた責任をアブラハムから天使に移行させたのである」[84]。

キルケゴールはこのような文献学的な議論を知りえなかったが、それでも彼は、アブラハムが神に服従せずイサクを生贄として捧げないことを選ぶ、という筋書きを想定していた。『おそれとおののき』にはこうある。「アブラハムがモリヤの山の上に立ったとき、もし彼が疑いを抱いたとしたら［…］その場合、彼はみずからの信仰についても、神の恩寵についても証したことにはならず、モリヤの山に登ることがいかに恐ろしいことかを証したにすぎなかっただろう」[85]。これはキルケゴールにとって、想定しうる最悪の筋書きである。キルケゴールの論述全体は、アブラハムが神に完全な帰依を示し、神との約束に全幅の信頼を置いているという想定に依拠している。この想定通りでないとすれば、モリヤの山は、キルケゴールによって祝福された宗教的信仰の崇高な場ではなく、「恐怖の山と呼ばれるのがせいぜいであろう。アブラハムが疑いを抱いたのが、この山の上であったからである」[86]。ならばキルケゴールの見解において、モリヤの山を恐怖の場にするのはイサク殺しではない。キルケゴールの宗教的観点においては、アブラハムが息子を手にかけることではなく、彼が神への信頼を失い、神の命令に従わなくなることこそ、恐ろしい筋書きなのである。

だが、キルケゴールが宗教的信仰にかんして「疑い」だとみなして嘆いているものを、世俗的信の肯定として読み解くこともできる。アブラハムが神に服従しないのは、イサク自身を目的としてイサクにコミットしているからだ。さらにはアブラハムが、イサクの死が実際にありうること、また、それが取り返しようのないことを信じているからでもある。これこそ、世俗的信の核心だ。つまり、あなたの愛するものには、それが有限であっても、そのために闘う価値があり、それが有限であるからこそ、あなたの気づかいを必要としているのである。これとは対照的に、宗教的信仰の二重運動において、アブラハムはイサクの有限性にかんしてまったく責任を問われない。失われたものが何であれ、神は蘇らせることができる、そうアブラハムが信じているからこそ、彼は自分の息子への気づかいを犠牲として捧げられるのである。実際のところ、アブラハムは、神がイサクを返してくれると信じるからこそ、自分の父性愛を貶めていると考えることも感じることもなく、イサクを殺すことができるのだ。

愛する息子を生贄として捧げる能力は、神とイエスの関係によって、より強調された形で示されている。永遠かつ不変の神は、受肉によって、有限な人間、ナザレのイエスとなる。彼は誕生し、生き、そして死ぬ。イエスは神の子だと主張しながら、疑いと希望、不安と喜び、切望と絶望にとらわれている点で、明らかに人間である。何にもまして劇的なのは、彼の最期の日々の先には、ただ痛ましく恥辱的な死しかないということだ。彼は当局に告発され都の外に潜伏しているが、夜も眠れない。弟子は彼を裏切り、彼自身は恐怖に震えている。彼は逮捕され、殴打され、侮辱され、そして拷問を受ける。ついにはもっとも品位の低い仕方で死刑に処される。ローマ時代に十字架にかけられることは、処刑の仕方としてはもっとも低俗でありふれた方法だった。一日に何度となく、犯罪者が十字架に吊り下げられて死んでいた。これがメシア——神の子その人——の運命でなければならないことは、彼を信頼していた人々には理解不可能なことであり、その心は打ち砕かれんばかりだった。イエスは地上に神の王国を築くどころか、ただ一人、寄る辺もなく十字架のもとで死んだのである。

イエスの死の物語は、それ自体としては、痛ましい打ち棄ての物語である。弟子は彼を見捨てて逃亡し、彼の父親は十字架で死ぬ彼を見殺しにする。だがイエスの磔刑は人類史上、もっとも祝福された燔祭である。世界中の教会の上には、十字架が不正や拷問のしるしではなく、救済のしるしとして掲げられている。たしかにイエスの払った犠牲は、私たちの救済にとって重要なものだとされる。「神は、その独り子をお与えになったほどに、世を愛された。独り子を信じる者が一人も滅びないで、永遠の命を得るためである」(『ヨハネによる福音書』3：16)。なぜこのようなことになるのだろうか。なぜ救済や永遠の生は、愛する息子を生贄として捧げることを必要とするのだろうか。イエスの説明によれば、私たちは彼の手本に従い、みずからの命を神に捧げるべきだという。「自分の命を救いたいと思うものはそれを失うが、私のために命を失うものはそれを救うのである」(『ルカによる福音書』9：24)。私たちが自分の生——そこには私たちの愛する人の生も含まれている——に身を捧げているかぎり、私たちは喪失に苦しめられる可能性がある。あなた自身の生や、あなたの息子の生を守ろうとすればするほど、起こりうる出来事に、いっそう傷つきうる状態になる。なぜなら「自分の命を救いたいと思うものは、それを失う」からだ。だが、あなたが愛する者への気づかいを手放し、神に信頼を置けば、あらゆる喪失が贖われるだろう。なぜなら「［神］のために命を失うものはそれを救う」からである。

あなたは、愛するものの死に直面しているときであっても、実際に訪れてしまった死への気づかいを手放していれば、神聖な救済にたいする信仰を更新することができるだろう。これこそが宗教的信仰の二重運動であり、イエスの磔刑をめぐるキリスト教的な理解はその範例なのだ。十字架のイエスを見て、取り返しのつかない喪失ではなく、救済のイメージを抱くには、あなたがその二重運動を生み出していなければならない。この無限の諦念の運動をつうじて、あなたは十字架の上で死んだ有限な者としてのイエスへの気づかいを手放す一方で、信仰の運動をつうじて、神がこの喪失を贖ってくれると主張する。公認された宗教的な論理に従えば、死を免れない生への愛着を手放すことは、死を克服する道のりの一歩だ。イエスの犠牲——みずから磔刑にされ、天国に向かう昇天において復活を遂げたこと——は、私たちが死を免れない生から解放されうることを示しているはずである。聖パウロはこう述べている。「もし、私たちがキリストと一体になって、その死の姿にあやかるならば、その復活の姿にあやかれるでしょう」(『ローマの信徒への手紙』6：5)。このように、イエスの苦しみは真摯に受けとめられてはいるが、それは救済への道のりに必要な一歩にすぎない。イエスの時間内的な有限性は、神の無時間的な無限性に立ち戻るための道のりの中間的段階にすぎないのである。神が死すべきものとなり、侮辱され、十字架の上で死んだとしても、神には何の変わりもない。神を損なうものなどなにもなかったのであり、なにも失われはしなかったのである。

このような二重運動を肯定するには、死すべき愛する人の運命を犠牲として捧げるか、あるいは抑圧しなければならない。『おそれとおののき』のなかで、アブラハムがみずからの生きた宗教的信仰のためにイサクを見殺しにすることができたように、キリスト教徒は復活への信仰のおかげで、イエスを見殺しにできる。キリストが神のもとに戻る——キリストは神とは永遠の三位一体においてつねに一体である——一方で、有限なイエス、さまざまな感情に苦しみ揺さぶられるこの人は、打ち棄てられ見捨てられなければならない。だからこそ『マタイによる福音書』と『マルコによる福音書』では、イエスの最期の言葉「エリ、エリ、レマ、サバクタニ」(「わが神、わが神、なぜ私をお見捨てになったのですか」)〔『マタイによる福音書』27：46〕が、まさに打ち棄てられた感覚を表現している。イエスはくり返しこう叫ぶと、息を引きとって死ぬ。彼の死は神の純粋な愛の表現だとされる一方、目をそらさずに見ようとする人には、それが野蛮な犠牲であることにかわりはない。神の愛(アガペー)は無限で不変だが、同じ理由で、神はいかなる出来事にも動じない。神にはどちらかをより愛するということがない。息子を手にかけようとする者も愛すれば、息子本人も愛するのである。これが神の愛の本質なのだから、神はみずからにとって外的な要素に関係せず、すべてを愛するのである。神学的に言えば、彼の愛は完全に自発的であり「他の動機を欠いている」。というのも、その愛は神が愛するものの性質や運命には何の関係もないからだ。愛されるものが誰であろうが、またその人に何が起ころうが、神はまったく変わらないままなのである。

ならば、磔刑が明かしているのは、神の愛の空虚さである。神が息子を見捨てたのは、そもそも神が息子を気づかうことがありえないからだ。自分の息子が拷問されようが殺されようが、神にはまったく同じことである。そして不思議なまでに神は永遠に同じままなのだ。

だが、神の愛の空虚さと無意味さが、私たちを失望に向かわせるべきではない。むしろここから、有限性があらゆる責任感や愛の条件だということを思い起こすべきだろう。有限な人――喪失が何を意味するものなのかを理解できる人――だけが、愛する人を気づかうことができる。有限な人だけが、この世界を大事なものにできるのであり、他人にたいして責任を負うことができるのである。

このように、イエスの死は、世俗的な受難という観点からの読解にも開かれている。この読解では、イエスは有限なものでなければならない――私たちを死から贖うためではなく、愛し、また愛されうる人でいるために、そうでなければならないのだ。ここで『ヨハネによる福音書』の驚くべき箇所を想起しよう。十字架にかけられたイエスが「渇く」と言い、飲み物を与えられると、「成し遂げられた」と言って死ぬ。その後、ある兵士が槍でイエスの脇腹を突き刺すと、水と血が流れ出た[87]〔『ヨハネによる福音書』19：23-33〕。キリスト教的な見立てでは、欲求や分解や腐敗に支配されているこの肉体は、死を免れた「栄光ある」復活の肉体から区別される。だが成就――聖書の言葉が成し遂げられる――の瞬間は、ここでは愛する人の肉体が、血肉をもった肉体であることが示される瞬間だ。この肉体が「復活する」のは、それが天国へと昇天するからでも、腐敗しない肉体へと変容するからでもない。そうではなく、それが彼を愛する人々によって追悼されるからであり、人々は彼が死んだからこそ、彼を記憶にとどめずにはいられないのである。こうして、聖体拝礼や聖餐式のプロセスという、それ自体が分解と死を免れえないもののなかで、彼は生き続けることができるのである。

ならば、すべては私たちがイエスの死をどう理解するかにかかっている。私たちは、彼の死を天国への通路として祝福するよりも、愛する人一人ひとりが必ず死んできたように、イエスも死んだということ、またそこには彼のことを記憶しようとする人々を別にすれば、死後の世界などないことを理解すべきなのだ。イエスの死をこのように理解することは、生のすべてが、それが最愛の人の生であっても、死によって終わるものだと認識することである。この生以外の生などないのだから、愛する人の死は取り消せない――その喪失を埋めることはできないのである。キリスト教的観点に立てば、これはもっとも破壊的な筋書きである。パウロは『コリントの信徒への手紙1』で、こう書いている。「死者の復活がなければ〔…〕、そしてキリストも復活しなかったのなら、私たちの宣教は無駄であり、あなたがたの信仰も無駄です」(15：13-14)。たしかにパウロもこう強調する。「この世の生活のためにのみ、キリストに望みをかけてきたのだとすれば、私たちはすべての人のなかでもっともみじめなものです」(15：19)。パウロによれば、この生――死によって終わる生――以外の生がなければ、生は無駄でとるに足らないものだということになる。私たちに唯一やり残されたことは「食べて飲むことだ。どうせ明日は死ぬ身ではないか」(15：32)。

だが、パウロの結論は間違っている。生が死によって終わるからといって、そこから必然的に、私たちの長期間にわたるコミットメントがとるに足らず、残された時間で、私たちは飲食という身体的な快楽に興じるしかないということにはならない。それどころか死の危険は、私たちの行動がなぜ重要なのか、また、私たちを超えて生き続ける誰かや何かに我が身を捧げることがなぜ重要なのかの理由に本質的にそなわっている。私たちは死ぬことができるからこそ、互いをいたわり合わなければならないのであり、私たちの信じるものは不断の努力によってしか維持できないからこそ、私たちはそのために闘わねばならない。また未来が不確かだからこそ、私たちは来たるべき世代に何を手渡すのかに心を砕かねばならないのである。これこそが世俗的信の二重運動である。私たちは前へと走り、取り消しようのない死のリスクに遭遇し——すべてがいつかは失われることを認識し——、それでも決意をもって与えられた時間を最大限に生かすのである。あなたは、自分の最愛の人もいつかは死ぬことが分かっている——その人は実際に消滅し、その生は取り返しようもなく解体される。それでもあなたはその人への愛を維持する。あなたは死が漆黒の闇であることを分かっていても、いつかは消えることになる灯を保ち続けようとするのだ。

あなたは、いなくなってしまうかもしれない誰か、あなたを見放す可能性のある誰かを気づかうそのつどに、また命運が不確かな大義に我が身を捧げるそのつどに、世俗的信という行為を遂行している。あなたの情熱をつうじて、あなたは、死が生を構成していることを知りながらも、生き続けることへのコミットメントを断念はしない。あなたは死に屈するのではなく、あなたの愛するものの生を延ばそうとする。あなたは、死は無意味だと知りながら、それでも生に意味を見いだそうとするのである。

このような世俗的信の運動をつうじてのみ、あなたはイサクの運命に反応することができる。『おそれとおののき』では、宗教的信仰のおかげで、アブラハムはイサクの苦しみを見ずにいられる。彼は冷静な決意をもって薪を割り、イサクを縛り、その体は震えることなく小刀を研ぐ。キルケゴールは私たちに、敬虔さの素晴らしい範例としてこの場面を見せたいのだろうが、私たちにとってこれは災禍であり、神にはすべてが可能だという夢は悪夢に見えてしまう。宗教的信仰の二重運動によって、アブラハムは、実際に起こる出来事を気にかけることを無限に手放し続け、失われたものは何であれ、神が蘇らせてくれるという彼の信仰の場を確保する。同じように、キリスト教の信仰は、イエスの苦しみにたいする見方も変容させてしまう。この信仰は、実践的な肉体的損傷や実践的な死にたいする気がかりを無限に手放し続け、苦しみが救済への道であると信じることを選ぶ。だがあなたには、世俗的信を維持するかぎり、死後の生などなく、拷問が贖罪でありえないことが見てとれるはずだ。あなたにはまだイサクの苦しみが見えており、差し迫る彼の死に応答できるのである。彼の生は脆く壊れやすい——彼はもうこれで死んでしまうかもしれない——が、このことが、彼にたいするあなたの愛を損なわないことを、あなたは見てとれるはずなのだ。反対に、あなたが共有している有限性は、あなたがなぜ彼を愛し、気づかい、大切にするのかにとって本質的なものである。神があなたに命じても、あなたはけっして彼の命を奪い去りはしない。なぜならそのような死は理にかなわず、誰の罪も贖わないということを、あなたは理解しているからだ。

このように、アブラハムとイサクの物語がこれほどまでの明晰さで明かしているのは、責任というものが、神の命令に基礎づけられたものではありえないということだ。よく知られているように、ドストエフスキーは『カラマーゾフの兄弟』のなかで、神が存在しないのであればすべてが許されると主張している。だが『おそれとおののき』は、その反対が真実であることを示す。つまり神が存在し、神にはすべてが可能であるなら、すべてが許され、神の命令という理由さえあれば、自分の子供殺しまでも許されてしまうのだ。キルケゴールは、あなたにこの真実に立ち向かうことを強いる。あなたが、あなたのイサクにたいする責任を、神の命令に基礎づけられているのだと主張するなら、あなたは、神の命令であれば、イサクの殺害にコミットするだろう。さらに、あなたが宗教的信仰の二重運動を生み出しているなら、あなたには、どうしてイサクがあなたの気を引こうと声を上げているかを理解できないだろう。イサクが復活できる――彼は永遠に生き続ける、あるいは地上に蘇るだろう――とあなたが信じているなら、あなたは殺されて死にいたるその運命を理解し損ねてしまうだろう。イサクは生きていても死んでいても、究極的にあなたにとってはどちらでも変わりはない。なぜなら、あなたは、失ったものがいつかすべて手元に戻ってくると信じているからだ。

ゆえに、イサクの運命にたいしてあなたを応答させるのは、宗教的信仰ではなく、世俗的信である。あなたがイサクを気づかい、死から守ろうとするのなら、あなたが自分に信仰があると主張したところで、あなたの生きた信――あなたがどう行動し応答すべきかを実際に知らせてくれる信――は、世俗的信である。それが世俗的信であるのは、愛する有限な人の存続に、あなたが身を捧げているからである。あなたがコミットするのは、失われるかもしれない生を維持するためであり、心が打ち砕かれてしまいかねない大義のために闘うためである。あなたは贖罪という宗教的な約束のために、そのコミットメントを手放すことはけっしてないだろう。

もしあなたが、神がイサク殺しを命令することなどありえないと反論するなら、あなたは神とは独立した価値基準への信を表明していることになる。というのも、神がどう命令しようが、イサクを生贄として捧げることが間違いであると、あなたは信じているからだ。のみならず、あなたは有限な生のかけがえのない価値への信を表明してもいる。神は道徳的な問題を理解することさえできないのだから、道徳的責任について神があなたに教えられることなど何もない。神には誰かを取り返しようもなく失うことの意味も、誰かをかけがえのないものとして気づかうことの意味も理解できない。神はいかなるものにも制約されていないが、また同じ理由で何にもコミットしていないのだ。実際のところ、神はおのれ以外のものに縛られていないのだから、まったく責任を問われない。コミットしている者――おのれ以外のものに結びつけられた者――だけが責任を負うことができるのであり、コミットしている者だけが気づかうことができる。そして有限な者だけが、コミットすることができるのである。

第Ⅱ部　精神的自由

第4章　自然的自由と精神的自由

I

夏も終わりに近づいた昼下がり、私はスウェーデン北部にある山の頂上に座っている。眼下に広がる海は穏やかで、その広がりの先には水平線が開けている。誰の姿も視界に入ってこないし、音もほとんど聞こえない。独りぼっちのカモメが風に乗って飛んでいるばかり。前にも幾度となく感じたように、私は抗しがたい魅力を覚えながら、宙に浮かんで上空にたたずむカモメを目で追う。物心ついたころから、カモメは私の生の一部だった。実家では、夏は毎朝、カモメたちが山のほうに昇っていったり、海のほうに降りてきたりするときの甲高い鳴き声で目が覚める。釣りに出かけた帰り道、カモメたちは私たちについてくる。分け前にあずかるのを待ち構えているのだ。夜になると、私はよく、カモメたちが列をなして飛ぶのを眺めるためだけに浜辺にたたずむ。異国の街中でさえ、カモメを見かけたり、声を耳にしたりすると、故郷からのメッセージのように感じられて、思い出が洪水のように押し寄せてくる。だが、今日の午後のようにカモメと遭遇したのは、まったくはじめてのことだった。一羽のカモメが翼を広げ、近くの山を目指して旋回するとき、私は想像してみようとする。カモメにとって翼はどのように感じられるのだろうか、地上はどのように映るのだろうか、と。

もちろん、カモメであることがどのようなことかは、私にはけっしてわからないだろう。にもかかわらず、カモメであることとは何を意味するのかという問いに入り込み、そこにとどまってみることで、私は本書の核心にある自由の概念に導かれていく。自分自身の生とはかけ離れた生をつかまえようと試みるなかで、私は（カモメと何かを共有していると自分自身をみなす点では）自然的存在であり、（カモメとは違うと自分自身をみなすその仕方においては）精神的存在でもあることに気づかされる。

カモメと私がともにもっているものから話を始めよう。私たちはどちらも生ある存在だ。そうであるがゆえに、私たちの活動のなかではつねに何かが私たちの争点になっている。自分の生を維持するために、何か——食物の獲得、環境への適応——をしなければならない。また、私たちはどちらもみずから動き、みずから決めることができる。カモメは自発的に歩いたり飛んだりするし、カモメだけが、海に潜って魚を捕まえたり、休息を取るために山に身を落ち着けたりする前にどれだけ空をさまようかを決めることができる。さらに付け加えれば、カモメも私も、外見と本質の区別、物事をどのように受け取るかとそれらが実際はどのようなものであるかの区別に反応する。食べられると判断した魚めがけて潜ったものの、それが食べられないと判明したら、カモメは魚を捨てるという反応をするだろう。刺激にたいしてたんに反応しているというだけではなく、カモメにとって食物として扱われるものという観点から刺激にたいして反応しているのである。カモメは世界のなかの客体であるばかりか、行為主体《エージェント》でもあり、行為主体にとって、事物は、栄養があったり損害をもたらしたり、魅力的であったり脅威であったりするものとして立ち現れる(1)。

　カモメを、カモメが下りたつ山と比べてみると、カモメの行為能力《エージェンシー》はとりわけ明らかになる。山は生きていない。カモメや私が存在するずっと前から山はそこにあったし、私とカモメがいなくなってもずっとそこにあるかもしれないが、山は気にしない。日が照ろうが、雨が降り注ごうが、地を割く地震が起ころうが、数世紀にわたって手つかずで変わることがなかろうが、山は気にしない。山に起こることはすべて、山にとってどうでもよい。なぜなら、山はみずからと関係をもたないからだ。それと同じ理由で、山には、みずから動き、みずから決める能力がない。山にとって争点となるものが何もないため、山は何かを何かとして行なうことはできないし、何かにたいして何かとして関係をもつことができない。山には、山自身にとっての目的と言えるものがなにもなく、山が目的をもつには、なんらかのかたちで山を利用する生物を必要とする（たとえばカモメが休息のために山に下りるときのように）。

　それとは対照的に、カモメは自己の感覚性を媒介にして周囲の環境と関係をもち、起こることにたいして自己の目的に照らして反応する。たとえば、カモメにとって、あれこれの捕食者は避けるべきものとして立ち現れるし、あれこれの魚は捕まえるべきものとして立ち現れる。これらの形態をとる目的志向の活動は、高度に発達した動物の場合、さらに進んだものになることもあるが、これらはすべて、私が自然的自由と呼ぶものの形態である。自然的自由は自己運動の自由を与えるが、それは、所与のものとして扱われる命令、行為主体自身は疑問に付すことができない目的という観点からそうするにすぎない。精神的自由は、自然的自由と明確に区別されるものである。精神的自由は、私たちの目的に照らしてどの命令に従うのかと問う能力に加えて、私たちの目的それ自体を疑問に付し、異議を唱え、つくり変える能力も必要とする。

　哲学者はしばしば、規範で統御されたふるまいと、本能で決定されたふるまいの違いという観点から、人間とその他の動物の違いを説明する。そのような説明によれば、私たちは人間として社会化されることで、自分が「何者であるべきか」――たとえば、男か女か、黒人か白人か、労働者か貴族か――についての規範的理解にいたり、そのような社会規範に照らして行動するが、それとは対照的に、その他すべての動物のふるまいは自然の本能によって固定されているということになる。しかしながら、人間と動物の違いをこのように記述するのは誤解を招くし、そう言える理由が少なくともふたつある。第一に、本能はすでに規範の表現である。なぜなら、本能は、動物がやるべきでありながら、やり損なうかもしれないことを特定するものだからだ（たとえば、カモメは魚を食べるべきだと本能的に理解するが、食べるべき魚を見つけ損なうこともある）。第二に、多くの動物は、自然の本能によって固定されていないかたちでふるまうように社会化されうる。たとえば、ハスキー犬に育てられたため、犬のようにふるまう猫がいるし、猫に育てられたため、猫のようにふるまうハスキー犬がいる。そのようなふるまいが猫や犬の本性《ネイチャー》によって固定されたものではなく、特定のかたちで養育されることで獲得されたことは、明らかである。

　だとすれば、人間と動物の違いは、本能と規範の違いで簡単に説明できるものではない。むしろ、決定的なのは、自然的自由と精神的自由の違いである。ハスキー犬のようにふるまうときでさえ、猫がやっているのは、ハスキー犬の生き方を疑問に付すことではなく、それを自身の行動にとっての所与の枠組みとして扱うことである。猫はハスキー犬の規範を学ぶことができるが、それらを、別様でもありえた規範として理解することはできない。自分自身が応答できるもの、自分以外が異議を唱えられるものとして規範を理解することは、猫には不可能である。なぜなら、猫は、自身の行動を総べる原理にたいする応答責任を引き受けることができないからである。猫は自身の追求行動の成否に反応するが、そのような行動を総べる規範が妥当かどうか――猫のようにふるまうべきか、ハスキー犬のようにふるまうべきか――は、猫にとって争点ではない。

　それとは対照的に、規範の妥当性は人間にとってつねに暗黙裡の争点であり、潜在的には明示的な争点である。私たちは自分自身についての規範的な理解――何者であるべきか、何をすべきか――に照らして行動するが、自己理解に異議を唱え、それを変えることもできる。私たちは規範に統べられているだけではなく、何をするか、なぜそれをするかについて、互いに応答できる。なにかしらのアイデンティティを、それがあたかも自然な必然性であるかのように受け取る――たとえば、あるジェンダー、人種、階級に帰属するのが自然であるとみなすように社会化される――ときでさえ、自分は何者かという自己理解をつくり変え、異議を唱え、批判的に覆す可能性は残されている。何者でありうるか――また、何ができるか――は、私たちが互いをどのように承認し、対処するかと切り離せない。それゆえ、私たちの自己理解を私たちがどのように変えられるかは、私たちの生を営む能力をかたちづくっている社会的実践や制度に左右される。そのうえ、私たちの生を営むいかなる能力も、私たちの心身が傷つけば、損なわれたり失われたりする可能性がある。だが、私たちが自己との関係をもっているかぎり——どのようなかたちであれ、とにかく私たちが自分たちの生を営むかぎり——、私たちは何者であるべきかという問いは、私たちにとって生きた問いである。なぜなら、私たちのあらゆる活動のなかでこの問いが稼働しているからである。「私は何をすべきか」という問いに取り組むとき、「私は何者であるべきか」という問いにも取り組んでいるのであり、この問いにたいする最終的な答えは存在しない。これが私たちの精神的自由である。

自然的自由と精神的自由の違いは、形而上学的な実質にかかわるものではなく、人間やその他の動物が示す実践的な自己関係における違いである。多くの種類の動物が、哀悼、遊戯、勇気、熟慮、苦しみ、喜びの形態を示す。さまざまな本能や忠誠心のあいだに食い違いが生じた場合、(霊長類の研究が示したように)どちらを選ぶか葛藤を覚えることさえあるようだ。だが、私たちの知るかぎり、種《スピーシーズ》であることが何を意味するのかについての自己理解をつくり変えられる種は、私たち以外には存在しない。環境の変化が、動物種に——ないしは、種の成員の一部に——自身のふるまいのパターンを変えさせる原因となることはありうるが、行動のさいに照らし合わされる行動原理は種が存続するかぎり不変である。

それとは対照的に、人間であるとはどのようなことかについての——人間の実際のふるまいにはっきりと現れるものという観点からの——理解は、時代によって、そして、どの時代であれ場所によって、劇的に異なっている。修道院での禁欲生活のために子との絆を放棄する修道士と、自分の子供の世話をするために自身の生を捧げる父の違いは、個々のふるまいが異なるということにとどまらない。むしろ、これらふたつの生の形態が示しているのは、人間であるとはどういうことかについての根本的に異なった理解である。これら二人の男は、勇気の度合において異なっているかもしれないが、それだけではなく、何が勇気に該当するかという点において根本的に異なっている。二人の経験する哀しみや喜びはその度合において異なるかもしれないが、それだけではなく、何が哀しみや喜びに該当するかという点において根本的に異なっている。私たち人間にとっては、苦しみの経験でさえ、厳然たる事実であるだけではなく、私たちにとって大切なことに照らして理解し反応する経験でもある。大切なこととそうでないことがあるというのは、私たちの生物的、生理的なあり方には還元できない。それを左右するのは、私たちのコミットメントである。たしかに私たちは生物的制約に従属している——そして、原理的なレベルでさえそのような制約を乗り越えることは不可能である——けれども、これらの制約との関係を変えることは可能である(そして、実際に変えている)。私たちには自然なあり方というものは存在しないし、私たちの行動原理を余すところなく決定できるような種《スピーシーズ》としての要求は存在しない。むしろ、私たちが何をするか、私たちが自分自身を何者であるとみなすかは、歴史的な規範の枠組み――私たちが支えなければならないものであり、私たちがつくり変えられるもの――と切り離せない。

私の議論がいまどうなっているかをはっきりさせておこう。私は人間だけが精神的に自由であると断言しているのではない。精神的自由をもつ他の種が見つかったり、精神的自由をもちうる人工生命形態がつくり出されたりする可能性はある。この問いは実地に検証されるべきものであり、それに答えることは私の目指すところではない。私の狙いは、どの種が精神的に自由であるかを決定することではなく、精神的自由の条件を明らかにすることである。他のあれこれの動物が精神的に自由であるかどうか――または、精神的に自由な生命体を工学的につくり出せるようになるかどうか――は、問いとして別物であり、二次的である。というのも、これらの問い自体が、自由で精神的な存在であるとはどういうことかという問いにたいする答えを前提としているからである。

ここには二点明確にしておくことがある。第一に、自然的自由と精神的自由の区別は、どちらが上でどちらが下というようなものではない。精神的に自由であるからといって、私たちが他の動物より本来的に優れているということにはならない。私たちが精神的に自由であるということは、私たちが他の動物とは質的に異なるかたちで自由であるということだ。私たちは自分自身の行動の目的を疑問に付すことができるため、正義の原理を奉じることもできるが、他の種に観察されるものすべてをはるかにしのぐ残虐行為にかかわることもできる。第二に、自然的自由と精神的自由の区別は、他の動物の搾取を合法化しない。いまの時代、人間と他の動物のいかなる区別をも批判する思想家は多い。なぜなら、性差別主義や人種差別主義を正当化したり、他の種の虐待や自然資源の乱獲を後押ししたりするのにそのような区別が使われることを危惧するからだ。だが、そのような「ポストヒューマニズム」は、歴史的事実と哲学的議論を混同している。歴史的事実として次のことは真実である。人間と動物の区別はしばしば、あれこれのジェンダーや人種を「劣等人《サブヒューマン》」に分類し、非人間《ノンヒューマン》的世界の冷酷非情な搾取を合法化するために用いられてきた。そのような政治を批判するのは正当なことであるし、私たちも動物であって周囲の環境の運命に左右されていることを思い出させることもまた正当なことである。しかしながら、これらの歴史的事実から、人間と動物の区別はすべて非合法である、政治的に有害であるということにはならない。それどころか、自然的自由と精神的自由の区別は、ポストヒューマニズム的な政治の情念《パトス》それ自体が暗黙裡に依拠しているものである。私たちを性差別主義者、人種差別主義者、人間種中心主義者と叱責するとき、ポストヒューマニズムの思想家たちは、私たちには自己の行動の指導原理を疑問に付す力があると想定しているはずである。そうでなければ、私たちの原理を批判し、別の理念を採るように迫るのは、無意味なことになるだろう。また、他の動物が精神的に自由であると真剣に信じているポストヒューマニズムの思想家がいないことも明らかである。もし他の動物も精神的に自由であるとしたら、人間だけではなく、他の動物にたいしても、性差別主義者である、自分の種の幸福《ウェルビーイング》しか考えていないと批判すべきだということになる。

それゆえ、自然的自由と精神的自由の区別を否定することは、不誠実《バッドフェイス》な行為である。他の動物の待遇向上――または、自然環境への敬意ある関係――をめざす政治的闘争は、どのようなものであれ、精神的自由を必要とする。私たちは、以前のコミットメントを放棄して、新たな理想を奉じることができなければならない。私たちは自然的自由と精神的自由の区別を暗黙裡に理解しているから、他の動物に同じ要求をするような者はひとりもいない。魚を食べているとカモメを責めるのは馬鹿げたことだろうが、私が他の動物を食べるのを止めるのは無意味ではない。なぜなら、私の世界を構造化している規範との関係をつくり変える力を、私はもち合わせているからだ。カモメのような自然的自由をもつ存在には、行動を導く規範的な「すべき」（たとえば、生存のために魚を食べる）はあるが、規範――「すべき」――それ自体を疑問に付すことはできない。自然的自由は一重の〈すべき〉構造である。なぜなら、行為主体《エージェント》には、自己の指導原理を疑問に付すことも、何をすべきかと自問することもできないからである。それとは対照的に、精神的自由は二重の〈すべき〉構造である。精神的自由をもつ存在として、私は何をすべきかと自問できる。なぜなら、私の行動だけではなく、私の行動を導く規範的原理にたいしても応答できるからである。ここにあるのは、すべきことにかんする要求だけではない。すべきことになっていることをすべきなのかという問いもある。

はっきりさせておこう。私たちに精神的自由があるからといって、私たちの生の規範のすべてを一度きりで疑問に付すことができるわけではないし、ゼロから原理をつくり上げる自由があるわけでもない。むしろ、私たちの精神的自由は、〈ノイラートの船〉という名で知られている哲学モデルを念頭に置いて理解すべきものである。科学哲学者オットー・ノイラートの有名な議論から私たちが学ぶのは以下のことである。「私たちは外洋に浮かぶ船を建て直さなければならない水夫であり、しかも、陸のドックで船を解体できないという縛りまである。船梁を取り外したら、すぐさま新しいものを据えつけなければならないので、そのために船の別の箇所を支えにする。古い船梁や流木を使えば船を全面的に改装できるが、再建作業はすこしずつしか進められない」。ノイラートは科学的知識の獲得と変容のモデルとして船を用いたが、この船のアナロジーは、あらゆる形態の精神的自由の条件を把握しようとする私たちを助けてくれる。[2] 自己の生を営むさい、揺るぎない基盤や存在しない場所からの視点に退くことはできない。私は〈ノイラートの船〉のなかにいるのであり、それは最初から最後まで大海原をただよっている。私が何者でありうるか――私の船がどのように造られているか――を左右するのは社会的に共有された規範であり、私は自分の行動をとおして、そのような規範を弁護したり、異議を唱えたり、つくり変えたりしないわけにはいかない。船の部品がしかるべきところに収まっており、航行を続けられるかぎり、その一部をつくり変えたり置き換えたりすることができる。大規模な修繕に着手することさえできるが、私の命は、なんらかの統合形態を維持できるかどうかにかかっている。たとえ私が意図的に船を沈没させようとする――または、船の修理をあきらめて沈むにまかせる――ときでさえ、そのような決定を私の決定にするために、全身全霊でその決定を維持しなければならないのは私にほかならない。船を沈没させ、みずから命をあきらめようとするのは、ほかならぬ私がしなければならないことである。

　自身の生を用いて何をしているのかと私は自問できるし、私が何者であるかを定めているコミットメントをつくり変えることもできる。だが、そのようなつくり変えはすべて、自身の生を営もうと試みているという実践的な立場からでなければ不可能であり、それは、船の改修はすべて、船の統合を維持しようという実践的な立場からでなければ不可能であるのとまったく同じである。私は何者なのかと問うときでさえ――船底から板を剝ぎ取るときでさえ――このような問いかけそれ自体が意味をなすのは、ひとえに、私がひとりの人間として統合されていることにコミットしているからである。何であれ、それを自分の生の一部として――ほかならぬ私がすること、経験するものとして――把握することは、私自身を理論的に観察することではなく、私がつねにかかわっている実践的な活動、すなわち、精神的な意味での自己維持の活動である。

　精神的な自己維持の活動は、自己保存と混同されるべきではないし、必ずしも保守的ではない。なぜならそれは、あらゆる形態の自己変革の可能性の条件だからである。何をするのであれ、それがほかならぬ私の行動として理解可能になるには――そして、どのような出来事であれ、それがほかならぬ私の経験するものとして理解可能になるには――、私はそれをほかならぬ私の生の一部として把握する必要がある。そのうえ、私の生がバラバラになるリスクはつねにあるので、私はつねに実践のなかで自己の生を維持し、再生しなければならない。私の自己意識の形態のうち、第一に来るのは、私が何者であるかをめぐる明示的な省察ではなく、私がすること、私が経験することすべてが組み込まれている、暗黙裡の精神的な自己維持の活動である。私の生の統合は、一度にすべて成し遂げられうるものではなく、本来的に脆いものである。実を言えば、統合の脆さや壊れやすさ――船が裂けて、海の床に沈むリスク――は、なぜそもそもなんらかの統合形態を維持することが大事なのかという理由の必要不可欠な一部にほかならない。

　それと同じ理由で、私の自己意識は、私を私の生の外部に据えることはできない。もっとも明示的な形態を取る自己省察のなかでさえ、私をそこから切り離すことはできない。それどころか、私の自己意識は、私の生を維持するという実践的な活動のなかにしか、そのような活動をとおしてしか、存在しない。つまり、退却先になりうる観照的自己は存在しないのである。

受動性のなかに退却しようという企てにしたところで、依然として、私がかかわることを要求する企て――私がみずからを繋ぎとめなければならない企て――であり、だからこそ、それは、私がつくり変えたり、疑問に付したりすることができる企てなのである。自己の生を営むというこのような実践的な活動が、私の自己意識の最小形態であり、私の精神的自由の条件である。

Ⅱ

　自然的自由と精神的自由の区別をさかのぼっていったところにあるのは、生についての世俗的な概念であり、それは、本書における私のあらゆる議論の根底にあるものである。宗教的な視点に立てば、死を終点とする生には意味も目的もない。生が意味や目的をもつには、究極的には、無限なもの――けっして死にいたることのないもの――を基礎とするか、そのようなものに吸収統一されなければならない。それとは対照的に、いかなる生の目的も死の見込みに依拠しているというのが、私の議論である。死が生の目的であると言うのではない。死は目的ではないし、なんらかの完成や達成でもないのであり、むしろ、死とは、取り返しのつかないかたちで生が失われることである。しかしながら、ここでの要点は、死のリスクを冒さないかぎり、生において何かが争点になることは――なんらかの目的が大事になることは――ありえないというところにある。死に照らされることによってのみ、生は大事なものになりうる。

　生を維持するために私たちが個人として、集団として費やす労力は、私たちが死と関係を取り結んでいることの証左である。私たちが死者を憶えていることが、私たちの精神的な生の主要な特徴であるのとちょうど同じように、私たちが死後も憶えていてもらおうとすることは、私たちの精神的な生の主要な特徴である。記憶の――想起の――重要性は、忘却のリスクと切り離せない。未来の世代が私たちの記憶を保ち続けるかぎりにおいてのみ、私たちが生き続けるのとちょうど同じように、私たちがその記憶を保ち続けるかぎりにおいてのみ、過去の世代は生き続けるのだという感覚が、過去の世代にたいする私たちの誠意を生き生きとしたものにしている。このようなかたちで生き続けること《リヴィング・オン》を、永遠の生という宗教的概念と混同してはならない。私たちが死者の記憶をもち続けることを余儀なくされる――死者を私たちのなかで生かしておく責任をみずから引き受ける――としたら、それは、死者は死んでいると私たちが認識しているからである。それと同じように、もし私たちが死後に忘れられないことを気にかけるとしたら、それは、自分たちがいつかは死ぬことを私たちが認識しているからである。死の見込みがなければ――私たちの生が永遠に失われるという見込みがなければ――自然的なものであれ、精神的なものであれ、生を維持することに目的はないだろう。死のない生は、生として意味をなしえない。有限な生だけが、生として意味をなしうる。これが、私が本章で掘り下げていく議論であり、そのなかで、有限性がどのようにして自然的生と精神的生の両方——それらがどのような形態をとるにせよ——の可能性の条件であるかを示していく。

私の議論の出発点は、自己維持を特徴とする生の概念である。生物はただたんに在ることはできないのであり、自己の活動をとおしてみずからを維持し、再生産しなければならない。自己維持の概念は、自己組織化するものとしての生命有機体や生命システムという定義すべての根底にある。生きていることは、必然的に、自己関係をもつことであり、いかなる自己関係も自己維持の活動のなかにある。生きていない実体は、自己の存在を維持するために何かをしているわけではないので、いかなる形態の自己関係ももたない。石は、具体的にいつからいつまでというわけでもなく、地面の上にただ在る。石がどこかに移されるか、壊されるかは、石自体の活動とは無関係である。これが無生物と生物の範疇的《カテゴリカル》な区別である。自己維持活動なしに在る物は、生きているのでも死んでいるのでもなく、生きていないものとして理解可能になる。それとは対照的に、ある実体の存在が自己を維持する自身の活動に左右されるのであれば、それは生きているものとして理解可能になる。自己維持活動が停止すれば、それはもはや、生きているのではなく、死んでいるものとして理解可能になる。

生の概念を哲学的に考えるなら、それは、特定の生物学的な生の形態とは区別されなければならない。生が特定の生物学的形態に依拠していると決めてかかるのは、問題含みである。さまざまな生物種に見られる特性を数え上げるだけで、生が定義できるわけではない。なぜなら、これは、それらの種をそもそも生物種と同定することを可能にしているのは何かという問いを避けているからだ。現行の生物学的な生の概念は、自己維持としての生の概念を是認するが、ありうべき生の形態のすべてを網羅してはいない。あれこれの実質や基体に特有のものではないという意味で、生の概念は形式的である。私たちは、人工的な基体に依拠した生の形態を工学的につくり出せるかもしれないし、現在私たちが知っている生命形態である炭素ベースではない生物種を（たとえば、別の惑星で）見つけるかもしれない。

哲学の問いとはこうである。いかなる生であれ、それを生として理解可能にするものは何なのか。ひとつの実体が生きているものとして理解可能になるには、具体的な物質や物質的な性質群を同定するだけでは不充分である。むしろ、ある実体が生きているものとして理解可能になるのは、それが目的志向の自己維持活動を示すかぎりにおいてのことである。たとえば、ETがあなたのリビングルームに着陸したとしよう。たとえETが、あなたが一度も見たことのない物質でできているとしても、あなたはETを生物とみなすことができる。同じような仮定をもうひとつ考えてみよう。あなたが別の惑星に着陸したとしよう。そこであなたが遭遇する実体が生きているか生きていないかを左右するのは、それらを構成する物質ではなく、それらが示す活動のほうである。

どのような種類の物質的基体が生きた活動と両立するかという問いは経験的なものであり、実証に先立って答えを出すことはできない。むしろ、哲学の課題とは、自己維持の形式的な特性から、生の必然的な特徴を導き出すことである。ここで争点となるのは、もっとも原始的な形態の自然的生から、もっとも高度な形態の精神的生まで、すべてを網羅する生の観念それ自体である。(3)

私たちが導き出せる第一の特徴は、生は本来的に有限でなければならないということである。目的志向の自己維持活動が前提とするのは、生物の生は活動に左右されること、つまり、自己維持を行わなければ生物は崩壊して死ぬことである。このような死の見込みがあるからこそ、自己維持の目的が理解可能になる。生きた活動を理解可能にするのは、内在的にそなわっている死の可能性との関係においてみずからを生かし続けなければならない者や物だけである。もし生が失われないとしたら、自己維持活動にたいして生きるか死ぬかの関心をもつことはないだろう。

私たちが引き出せる第二の特徴は、生は脆く壊れやすい物質的肉体に左右されるものでなければならないということである。生は特定の物質的基質には還元できないが、自己維持が必要な物質的肉体というなにかしらの形態を必要とする。生物の物質的肉体は、崩壊や機能不全のリスクを孕んでいなければならないという意味で、脆く壊れやすいものでなければならない。もし生物が脆く壊れやすい物質的肉体に左右されることがなければ、自己維持の主体も客体も存在しないだろう。生きていることは、必然的に、生命が途絶える可能性のある物質的肉体を維持する活動に従事することである。

私たちが引き出せる第三の特徴は、生あるものと生なきもののあいだには非対称の依存関係がなければならないということである。どのような形態の生命活動も、必然的に、生気のないもの（自身の死の見込み）と関係をもっているが、逆の議論は成立しない。生気のない物体は、存在するために、いかなる形態の生命活動も必要としない。生あるものは生なきものと関係をもたなければ存在できないが、その一方で、生なきものは生あるものとなんの関係をもたなくても存在できる。だからこそ、生物が現れる前に物質的宇宙が存在できることも、あらゆる生命形態が絶滅した後に物質的宇宙が存在できることも、理解可能なのである。生はその存在自体が、脆く壊れやすい現象である。

それゆえ、自己を維持しているものとしての生という概念は、自己充足的なものとしての生という考え方すべてと峻別されなければならない。自己維持という形態は、自主独立〔主権〕の形態ではなく、有限性の形態である。生物が自己を維持し、再生産しなければならないのは、生物が自己充足的ではなく、崩壊や死と無縁ではないからである。

生の概念のこれらの特徴が、どのような生であれ、それを生として理解可能なものにする。生きていることは、形式のうえではっきり区別されるかたちで実体であるということであり、それを特徴づけるのは、脆く壊れやすい物質的存在による自己維持活動である。生の概念にはふたつの属があり、そのひとつを私は自然的生と呼び、もうひとつを精神的生と呼ぶ。生の概念それ自体と同じように、これらふたつの生の属も、物質的な内実や特性という観点ではなく、ふたつの異なった生の活動の形態という観点から定義される。自然的生と精神的生というふたつの属は、形式のうえではっきりと区別されるかたちで生物であることであり、前者を特徴づけるのは自然的自由、後者を特徴づけるのは精神的自由である(4)。

自然的生の属には、自然的自由の特徴を示す種のすべてが含まれる。自己維持という目的に則った活動に従事する一方で、そのような活動自体を疑問に付すことができない種はすべて、自然的生の属に入る。したがって、植物からもっとも高等な哺乳類にいたるまで、人間以外のあらゆる既知の種が、自然的生の属に含まれる。これらの生の形態は大いに異なっているが、自然的自由の限界のなかにとどまっているかぎりにおいて、すべて自然的生の属に入る。私たちが工学的に操作できる生の形態——そして、私たちが他の惑星で発見する生の形態——もすべて、これらの種の生の活動が自然的自由の形態に制限されているかぎりにおいて、形式的には自然的生の属に入る。

自然的自由の第一の特徴は、自己再生産の活動である。いかなる形態の自然的生であれ、その活動の目的は自己保存ないしは種の保存であり、したがって、それが示すのは、自己決定という根本的な形態である。生涯にわたって持続的に行われる個体の再生産にしても、他の個体というかたちをとることで可能になる複製や生殖にしても、自己決定をめぐる自然的自由の表出である。自己決定の能力は、自然的生のあいだでも、種によって大きく異なりうる。種子をばらまくことでしか自己を複製できない植物と、死と引き換えに交尾する昆虫と、生殖活動で命を落とすことなく子孫とともに生き続けることができる動物とでは、大きな違いがある。植物や昆虫に比べると、動物の自己決定能力はずっと大きい。なぜなら、種の再生産のなかにただちに組み込まれるのではなく、自身の子孫の世話をし、世代の連鎖のなかに自身を見いだすことができるからである。だが、これらの生の形態はすべて、生殖の目的を疑問に付すことができず、世代を超えて続いていく生の所与の目的をつくり変えられないかぎりにおいて、自然的自由という限界のなかにとどまっている。

自然的自由の第二の特徴は、否定的な自己関係を引き受ける能力である。困難に遭遇したとき、生物は、起こることに受動的に身を任せるのではなく、自身の自己決定と歩調を合わせて、なんらかの形態の能動的な抵抗に身を投じる。病気のときでさえ、または、病気とは違うかたちで内面が引き裂かれているときでさえ、生物は苦痛という否定的経験のなかでただたんに否定されるのではなく、そのなかでみずからを維持する。それとは対照的に、石が何かに苦しむことはありえない。なぜなら、石は自己関係をもたず、自身のなかにある否定的なものを引き受ける能力がないからだ。否定的な自己関係を引き受ける能力があればこそ、生物は、多大な困難や苦痛をともなうときでさえ、自分自身であろうと奮闘できる。さらに言えば、自分自身であろうと奮闘することは、あらゆる生の形態にそなわっている。生物はつねに奮闘を続けなければならないが、それは、生物が不完全であったり必然的に何かが欠けていたりするからではなく、みずからを生かし続けなければならないからである。生には最終的な目標も完成もない。なぜなら、生が終着点にいたりうるとすれば、それは死をおいてほかにないからだ。余すところなく存分にみずからを現実化しているときでさえ、生物は生きていようと奮闘し続けなければならない。なぜなら、生は本質的に時間内的な活動だからだ。否定的なものとの関係を取り除くことはできない。なぜなら、生物は絶え間ない変化をこうむるものであり、時間を通じて自身が変化していくなかで自己を維持しなければならないからである。それゆえ、否定的なものとの関係は生物それ自体の内部にあり、生物の肯定的な構成の一部である[5]。

自然的自由の第三の特徴は、剰余時間との関係である。生物による自己維持の奮闘は、必然的に、生存手段を確保するのに必要な以上の生の時間《ライフタイム》をつくり出すため、あらゆる生物には少なくとも最小限の「自由時間《フリータイム》」がある。当然ながら、自然的自由時間とかかわる能力は、自然的生のあいだでも、種が異なれば大きく異なる。単純な植物でさえ、その身の内に自由時間をつくり出す。なぜなら、光や水など、生命維持に必要なその他の栄養素を吸収するためにすべての時間を費やさなければならないわけではないからだ。植物からなんらかのかたちで栄養素を奪ったとしても、ある程度は依然として生き延びることができるし、だからこそ、植物は剰余の源泉なのである。しかしながら、植物は、自己保存活動と区別される活動が植物としての生のなかに存在しないかぎりにおいて、自身の自由時間を自分自身のために使う能力をもち合わせていない。それとは対照的に、動物は、遊んだり、周囲の環境の新たな側面を探索したり、鳴き声を出すことに没頭することが可能であり、自己保存とは区別された自己享受の能力がある[6]。この能力をとおして、動物は自分自身の内に自由時間をつくり出すことができるばかりか、自分自身のために自由時間を愉しむことができる。自己享受の自由時間のなかで、動物は、自己保存によって定義された必要性の領域を越えて、自由の領域を開く。だが、高度に洗練された自己享受能力をもつ動物でさえ、自分の時間をどのように過ごすべきかを自問できず、したがって、自由なものとして自身の時間と関係を取り結べないかぎりにおいて、自然的自由の限界にとらわれている。

Ⅲ

精神的生の属には、自身の時間をどのように過ごすべきかと自問する能力を本当にもち合わせている種すべてが含まれる。

精神的生の種のうち、現在知られているのは人類だけだが、原理的には、それ以外の精神的生の種が発見されたり、精神的生をもつ他の種を工学的につくり出したりする可能性を除外するものは何ひとつない。くり返しになるが、精神的生をもつ他の種が実際に発見されたり、工学的につくり出されたりする可能性があるかどうかという問いは実証的なものであり、私の議論の守備範囲外である。私の狙いは、むしろ、精神的自由の形式的特徴――ありうるかぎりのいかなる精神的生にも必要であり、したがって、属を定義していると言えるもの――を確立することである。

　精神的自由の特徴は、自然的自由の特徴の高次の形態である。どのような形態の超自然主義をも避けようとするなら、精神的自由の特徴についての説明は、それらがどのようにして自然的自由から進化しえたのか――そして、自然的自由にしても、無生物から現れたものであること――を理解可能にしなければならない。それと同時に、次のことは重要であるから強調しておく。自然的自由の目的志向の構造は、精神的自由において質的につくり変えられるという点だ。精神的自由のおかげで、私は人格《パーソン》をそなえた者であり、たんなる生物でない。

　精神的自由の第一の特徴は、生の目的が、自然なものではなく、規範的なものとして扱われるということである。精神的存在として、私は、自分の生や自分の種の生を保存するためだけではなく、私が私とみなす私のためにも行動する。私が私とみなす私が、コミットメントに信を置き続けることを要求するからこそ、それは実践的アイデンティティなのである。たとえば、私が自分の生を左右するほどのコミットメントをある政治的大義にたいしてもっている場合、私が自分の生は生きるに値するとみなすのは、自分が政治活動家《アクティヴィスト》であるからということになる。私の実践的アイデンティティが与えてくれるのは、私が私であることに成功しているか失敗しているかを理解するさいの統合性《インテグリティ》の基準（規範）である。私を別の行動に導いたかもしれないさまざまな性向は、政治活動家として統合された私の生と相容れないため、除外されるだろう。私の実践的アイデンティティによって、しかじかのものが、価値があり重要であるものとして浮上してくる一方で、その他のものは、気を散らせたり、心を惑わせたりするものとして立ち現れてくる。私の実践的アイデンティティは、私がどのように生を営むか、私の生に起こることにどのように反応するかの両方に影響を及ぼす。しかじかの実践的アイデンティティをもつことが何を意味するか――たとえば、政治活動家であることが何を意味するか――は、私が決めてよいことではあるが、社会で共有されている規範に左右されることでもある。私はみずからの実践をとおして規範をつくり変えることができるが、そうするなかで、つねに他者への応答に開かれており、みずからを説明する責務を負っている。みずからの実践的アイデンティティに照らして、私はみずからの欲望や熱望に従属するばかりか、みずからの欲望や熱望の主体にもなる。私は私の生を生きるなかで、私の生を営んでもいる。

実践的アイデンティティという概念については、哲学者クリスティーン・コースガードが、行為能力《エージェンシー》についての画期的な仕事のなかで先鞭をつけている。しかしながら、実践的アイデンティティ概念は、それ単体では、人格性《パーソンフッド》や生を営むことに必要な形式的統一性を説明しきれない。コースガード自身がいかにも彼女らしい厳密さをもって指摘しているように、彼女の行為能力の説明には「欠けた原理」[7]がある。不可欠なのは、統一性——首尾一貫性——の原理であり、それは、ひとりの人間が複数の実践的アイデンティティをもちつつ、それらのあいだの衝突を裁くことを可能にするものである。たとえば、政治活動家としての私の実践的アイデンティティの要求は、父としての私の実践的アイデンティティと相容れなくなるかもしれないし、そのような衝突にどのように応えるかは、どちらの実践的アイデンティティを優先するかという問いである。

ひとりの人間がもつ複数の実践的アイデンティティのあいだの優先順位は、私が「実存的アイデンティティ」と呼ぶものである。あるひとりの人間の実存的アイデンティティは、複数ある実践的アイデンティティにどのように優先順位をつけ、それぞれの実践的アイデンティティの要求のあいだの衝突にどのように応えるかにある。私の実存的アイデンティティ——「マーティン」であることが意味するもの——は、足し算的に付け加えられる実践的アイデンティティではなく、複数の実践的アイデンティティのあいだの優先順位をまとめあげようとする構成的で実践的な活動である。〈ノイラートの船〉の喩えになぞらえていえば、実践的アイデンティティとは、相異なる一枚一枚の舟板のことであり、実存的アイデンティティとは、それらの舟板を脆くも危ういかたちでひとつにまとめあわせている船のことである。何者かであり、何かをなすには、たんにいくつもの実践的アイデンティティをもっているだけでは不十分である。複数ある私の実践的アイデンティティを私のものとして理解可能にし、私の生のなかでそれらに優先順位をつけることを可能にする統一性の原理——マーティンであること——が必要不可欠である。統一性の原理がなければ、ふたつの実践的アイデンティティのあいだの衝突や矛盾を経験することさえできないだろう。なぜなら、そのような原理があってはじめて、それらの実践的アイデンティティは私のものとして理解可能になるからである。

そのうえ、実践的アイデンティティのあいだに優先順位がなければ、私の生のなかで何が大事か、いつそれが大事になるか、まったく見当もつかないだろう。マーティンであることの意味は、私の実践的アイデンティティそれぞれの相対的な優先順位と切り離せない。このような優先順位が私の実存的アイデンティティである。総体としての船（実存的アイデンティティ）という形態が、相異なる舟板（実践的アイデンティティ）の相対的重要性を確立する。基底をなす板が割れれば、私は危機に陥るだろう。私の実存的アイデンティティが指し示すのは、私という存在の完成ではなく、私がなろうとしている存在の脆く壊れやすい首尾一貫性である。マーティンであることは、最終的なアイデンティティではない。マーティンであろうとすることのなかに、マーティンであることがある。実存的アイデンティティというかたちで実践的アイデンティティのあいだの序列関係を維持したりつくり変えたりしようとすることのなかに、マーティンであるということがあるのだ。私はひとりの人間でしかありえないが、ひとりの人間であることの意味——マーティンであることの意味——は、けっして、一度にすべて決まることはない。私の実存的アイデンティティそれ自体が私の生の争点である。父であることより政治活動家であることのほうが優先順位が高い場合と、それらの優先順位が逆になる場合とでは、私の実存的アイデンティティは異なる。私を定義する優先順位は変わりうるが、優先するかしないかが争点になっていなければ——私の実存的アイデンティティが争点になっていなければ——、私は生を営むことはできないだろうし、実践的アイデンティティのあいだの衝突をそもそも経験することもできないだろう。

精神的自由の第二の特徴は、自己にたいして否定的な関係をもつ能力である。否定的自己関係は、実存的アイデンティティの危機——多様な実践的アイデンティティのあいだの関係における衝突や崩壊——として表面化するかもしれないが、このような関係はどのような実践的アイデンティティのなかにもいきづいている。コースガードは次のように示唆している。実践的アイデンティティにもとらない生き方をすることで、ひとは「全き人格《パーソン・アット・オール》をそなえた者」になる。なぜなら、自身の統一性に背く者は「あれこれの実践的な目的をもっているにせよ、死んでいるのであり、死より悪いことになっているからである[8]」。だが、これが正しいはずがない。実践的アイデンティティにもとらない生き方ができないとき、私が人格をそなえた者でなくなるとしたら、失敗の経験は理解できなくなるだろう。怖れていたことが起こるかもしれないという見込みがかき立てる動機づけの力は、コースガード自身も注目しているが——「もしそのようなことをやってしまったら、自分自身を受け入れて生きていくことはできないだろう[9]」——、そのような力の源泉となるのは、たとえ自分自身の統一性に背くことになるとしても、自身を受け入れて生きていかなければならないという予期である。自身の統一性に背くことが、死よりも悪い運命になる場合もありうるが、それは死と同じではない。もし死と同じであったら、私はもうすでに死んでいることになり、失敗の痛みを経験しなければならないということもなくなる。私が私であることに失敗した痛みを経験するのは、むしろ、私が依然として生きており、自分自身の生を営もうとしているからである。これが、自己との否定的な関係を引き受ける私の能力である。私のアイデンティティは実践的なもの（何をするのかという問題）であるから、失敗することもあれば、崩壊することもある。実践的アイデンティティのあいだで確立された優先順位——実存的アイデンティティ——でさえ、崩壊することがある。私の船をひとつにまとめあげている舟板は、壊れることもあれば、剝がれ落ちることもあり、私を難破させるかもしれない。しかしながら、確立された私の統一性が崩壊したからといって、人格をそなえた者としての私の生が終わるわけではない。船がバラバラになる経験をするとしても、私はまだ溺れ死んではいないし、私は船をひとつにまとめあげるためにまだあがいている。失敗した者も、依然として、人格をそなえた者である。

　私自身であろうとする活動――船の維持や再建を試みること、私がすることやしたことに応答を試みること――は、私の人格性の最小形態である。どのようなやり方であれ、とにかく私が自分自身の生を営んでいるかぎり、私は統一性を持とうとしているのであり、たとえそれがうまくいっていないときでさえそうである。人格をそなえた者であることは、必ずしも、実践的アイデンティティの要求にもとることなく生きることのなかではなく、実践的アイデンティティを維持したり変化させたりしようと試みることのなかにある。それと同じように、人格をそなえた者であることは、必ずしも、実存的アイデンティティを首尾よく維持することのなかにあるのではなく、実存的アイデンティティを維持したり変容させたりしようと試みることのなかにある。なろうとしている者になれないとき――船でいえば難破するとき――、私はたんに否定されるだけではなく、私であることができなかったという否定的経験の主体でもある。このような失敗の可能性は、いかなる実践的アイデンティティにとっても、いかなる実存的アイデンティティにとっても、絶対に欠かすことのできない限界条件である。自分自身であることができない――統一性を失い、船を失い、溺れ死ぬ――という見込みが、私たちに、統一性をもち、自身の生を営むことが大事なのはなぜなのかを思い出させるのである。

　自己にたいして否定的な関係をもつ能力によって、私は、大きな個人的苦しみという代償を支払わなければならないときでさえ、実践的アイデンティティや実存的アイデンティティの要求にもとらない生き方を追求することができる。殴打され、迫害され、自身の命を危険にさらしてさえ、私は頑として政治活動家であり続けるかもしれないし、そうすることで、私は自分がそうであるとみなす存在にたいする精神的なコミットメントを示す。しかしながら、表面的には安全で、政治活動家としての生涯において成すべきことを成し遂げたように見えるときでさえ、私の実践的アイデンティティの要求は終わってはいない。政治活動家であることにコミットしているかぎり、そのような実践的アイデンティティの要求に、そして、そのような実践的アイデンティティをその一部とする実存的アイデンティティの要求にもとらない生き方を追求しなければならないだろう。私が私であるとみなす私になろうと励むことは、完遂させられる課題でもなければ、達成させられる目標でもない。むしろ、私であろうと励むことは、実践的アイデンティティにも、実存的アイデンティティにも、その形態を問わず、本来的にそなわっている。実践的アイデンティティは、それをもとうと試み続けることによってのみもちうるものであり、実存的アイデンティティは、それをもとうと試み続けることによってのみもちうるものである。私が何者であるかを余すところなく現実のものとし、十全に開花繁栄させているときでさえ、私は自分がそのような存在であるとみなす何者かであろうと奮闘しなければならない。なぜなら、誰かであることは、本質的に、時間内的な活動だからである。それゆえ、否定的なものとの関係は、人格《パーソン》に内在しており、人格の肯定的な構成の一部なのである。

　精神的自由の第三の特徴は、自分の時間を使って何をすべきかと自問する能力である。あらゆる生物がそうであるように、私は剰余時間をもっているが、私が精神的な存在として剰余時間と取り結ぶ関係は、自分の時間をどのように過ごすべきかという問いと切り離せない。これは、規範についての思索の根底に必ずある問いにほかならない。私が自分の時間を使ってすべきことは、私が自分の生を用いてすべきことだからである。何をすべきか——何をすべきではないか——という問いはすべて、究極的には、自分の時間を使って何をすべきかという問いである。どのような規範であれ、それが私にとって無視できないものになるには、私が自分の時間を使ってすることが私にとって無視できないものでなければならない。そのうえ、私が自分の時間を使ってすべきことが私にとって大事なことでありうるのは、私が自分の生を有限であると捉えているからにほかならない。もし私が自分の人生には無限の時間があると信じていたら、何かをしなければならないという切迫感は私にとって理解不可能であろうし、いかなる規範的責務であれ、それがなんらかのかたちで私を捉えることはありえないだろう。

「生は短すぎる」という日常的に使われる言い回しに注目することで、ここでの哲学的洞察を明らかにすることができる。「私の生は短いのだから、夢を追わないわけにはいかない」「私の時間はとても貴重なのだから、こんな無意味な仕事で浪費するわけにはいかない」と言うとき、私は、あらゆる決断や熟考に潜在的に含まれている有限性との関係を明るみに出している。これらの言い回しが明らかにするのは、する価値があることとないことを区別する能力である。私の生は短すぎると言うことは、いつか死ぬということだけでなく、開花繁栄する生を営めないかもしれないというもどかしい不安を抱いていることをも言っている。つまり、私の時間に焦点を合わせ、何が私の生を生きるに値するものにするのかという問いにたいして行動で応えているのである。

　私のもどかしい不安は、克服可能な、または克服すべき心理的状態には還元できない。むしろ不安は、自由な生を営み、情熱的にコミットするための理解可能性の条件である。私の生が私にとって大切であるかぎり、私の時間が限られているという不安は、私を活気づけるはずだ。なぜなら、私の時間が有限であればこそ、しかるべき人間になろうとし、何かをしようとしなければならないという切迫感があるからだ。死ぬまで心理的な不安を感じることなく生を営むというのが私の企図だとしても、それが理解可能なのは、ひとえに、死ぬまでは、不安を感じることに自分の生を浪費したくないと私が思っているからだ。事実、私が私とみなす私にとって価値がないと思うあれこれの仕事や活動を私が拒否できるのは、自分の時間は有限であるという不安を抱えて生きているからである。長く続きすぎている──時間がかかりすぎている──という感覚でさえ、それが理解可能なのは、ひとえに、自分の生は短すぎると私が考えているからである。私の生の短さが私にとって問題でないとしたら、活動に要する時間の長さが負担として経験されることはありえないだろう。

　はっきりさせておきたいのだが、どれだけ時間があったとしても、私の生を充分に長くすることはできない。生を営むことは、完成させられる企図ではなく、むしろ、維持されなければならない目的志向の活動である。私の生は短すぎるという判断は、生を営むことの構成要素であり、それは、私が自分のなかに引き受けている死を先送りにすることを必要とする。何かを切迫したものとみなすとき（「私の生は短いのだから、Xを追い求めないわけにはいかない」）、何かを時間の無駄とみなすとき（「私の生は短いのだから、Yで浪費するわけにはいかない」）、そのような判断が潜在的にある。そのような判断が明示的である必要はないが、あらゆる形態の実践的な関わり合いのなかでそのような判断が稼働している。誰かに、何かに専念するとき──たとえば、愛する人と時間を過ごす、のめり込んで楽器を演奏する、新しい職能を学ぶなど──、私が実践のなかで表明しているのは、その活動が私にとっての優先事項であり、私の注意を引こうとするその他の主張は集中を乱すということなのである。

　私の生は短すぎると主張することは、規範的判断である。なぜなら、そこで表明されているのは、自分の時間を使ってする価値があると私が考えているものだからである。この判断は、たんに年数という量で考えた場合の私の寿命ではなく、その質にかかわるものである。したがって、私の生は短すぎると判断することと、客観的に測定可能な時間という意味で自分の生がどれだけ長く続くべきであると私が考えているかということとのあいだには、直接的な関係はない。客観的な意味では自分の人生には長い時間が残されていると考えながら、実存的な意味では自分の時間は尽きてしまった──なぜなら、私が私とみなす私に値する生を生きることは、もはや不可能であるから──と判断することはありうる。たとえば、重病にかかったり、大切な人をすべて失ったり、どうしようもない退屈さに苦しんでいたりすれば、肉体的な意味ではその先何年も生き延びられる可能性があるにもかかわらず、自分の生を終わらせることを選ぶかもしれない。

　自分の生を終わらせるという決断は悲劇的なものであり、それは、いまが死ぬのにふさわしいときだと思うと表明することとはかけ離れている。自分の生を終わらせると決断するなかで私が表明しているのは、私の生はどうあるべきかということについての捉え方（私の生が生きるに値するのはどのようなかたちでのことか）と、私の生は実際にはどのようなものか（私の生を営むことが可能なのはどのようなかたちでのことか）とのあいだの悲劇的な矛盾である。そのような矛盾がなければ、私はみずからが置かれている状況に苦しむことはないだろう。なぜなら、そのような矛盾がなければ、私の生がどのようなものかと、私の生がどうあるべきかについての私の捉え方とのあいだには、なんのズレもないからである。そのような矛盾がなければ、末期状態にある私の病状も、愛する人すべての喪失も、どうしようもない退屈さも、ひどいものとしても、私の生を終わらせる理由としても、理解されえないだろう。私の生を終わらせるという決断が映し出すのは、私の生が完成したということではなく、実存的な意味で私の生は短すぎる、まさにあまりに短すぎて、私が私とみなす私のために残された時間がないという私の主張である。今後も続いていく私の生が、客観的な意味では耐えるには長すぎると思われるとしたら、それは、実存的な意味で私の生は生きるには短すぎると判断しているからである。

それと同じように、その人の状況は耐えがたいものだからという理由で誰かが死ぬのを私が幇助するとしても、いまがその人にとって死ぬのにふさわしいときだと私が考えているわけではない。むしろ、その人が生き延びるための客観的条件は、その人の尊厳にもとっており、無意味な苦しみに耐えるには、その人の生は——実存的な意味では——短すぎると私は考えているのである。これは中立的な観察ではなく、判断である。なぜなら、客観的条件と実存的条件の関係の評定にかんして私が間違っていないともかぎらないからである。だからこそ、安楽死や自殺にかんする決断は非常に難しく、論争を招くのである。自分の生はもはや生きるに値しないと考える私たちのほうが間違っており、私たちの間違いを他人が気づかせてくれることもある。

ここでの要点は、生死にかかわる困難な決断を下すための基準を提供することではなく、なぜそのような困難が自由で精神的な生を営むことの本質的な特徴であるかを解明することである。実存的な不安はどのような形態の精神的生でも稼働している。なぜなら、自分たちの時間を使って何をすべきかという問いへと私たちを開くのは、そのような不安だからである。そのうえ、有限性との不安な関係は、理念的にさえ、克服されるべきものではない。最終的な心の平安を達成しようと試みる代わりに、私たちは、私たちの自由に付いてまわる実存的な不安を自身のものにすべきである。もし私たちが自分の時間を使ってすべきことについてなんの不安ももたないとしたら、私たちが私たちとみなす私たちに値する活動はどれであり、それに値しない活動はどれであるかを区別できないだろう。精神的な生を営むには、「私の生は短すぎる」と主張できなければならない。そして、自分以外の誰かの精神的な生に気を配るなかで、「あなたの生は短すぎる」と主張できなければならない。

これと同じ理由で、いかなる形態の精神的生も、脆く壊れやすい物質的身体に依存せざるをえない。私の生がその構成からして短すぎる——そして、あなたの生もまたその構成からして短すぎる——ものであるには、私たちの生は、どれだけ長く生きるかを思いどおりに操ろうとするいかなる試みをも超えるようなかたちで有限でなければならない。自身の体力や活力を維持することによって生を延ばそうとすることはできる——それに、生を営むかぎり、私たちは自己維持活動にかかわっている——とはいえ、私たちの肉体は脆く壊れやすいものであり、私たちが制御しきれないものでしかありえない。たとえ私たちを構成する物質が改良され、より長持ちするようになったとしても、私たちの肉体には依然として崩壊のリスクがあり、私たちの生を終わらせるリスクがなくなることはありえない。そのようなリスクがなければ、私たちの生を営むうえで何かが争点となることはないだろう。

　哲学者セバスティアン・レードルが「真の唯物論」と呼んだものを考慮に入れることで、私の議論の含意が見えてくるかもしれない。レードルがその画期的な著作『自己意識』のなかで強調しているように、観想的な見地に立つと、私たちは自分たちがどのように物質的存在であるかを理解できなくなってしまう。私たちについての唯物論的な理解は、物質的な諸特性や諸機能に還元されると、ひどく歪んだものになる。それはたとえば、私たちが何者であり、何をするのかという問題を、三人称の見地から観察可能な、脳内の物質的作用に還元するときに私たちが取る見地である。そうではなく、「真の」唯物論は、私たちが自分自身を、自発的に、一人称的に物質的存在として理解するやり方を確立すべきなのである。物質的存在として私たち自身を理解するというのは、私たち自身の肉体にたいして二人称ないしは三人称の見地を採用したときに立ち上がってくるようなものではない。むしろ、物質的存在としての私たち自身についての理解は、私たち自身の一人称の見地のなかに組み込まれている(10)。

　だが問題は、物質的存在としての私たちについての一人称の見地からの理解を、どのように説明するかである。私の生は、私の物質的身体が客観的に持続しているからという理由だけで継続しているわけではなく、自身の生を維持するという主観的活動と切り離せない。もし自身の生を維持するという主観的活動がなかったら——たとえば、私が昏睡状態にあったら——、私の生は継続しているのではなく、せいぜい中断状態にあるか、最悪の場合、すでに終わってしまっている。私の自己意識(私の一人称の見地)は、省察という二歩目において後づけされる何かではなく、私が経験することすべて、私がすることすべてにおのずからそなわっている。レードルの重要な議論に従えば、自己意識的であることは、私自身を対象として観察することではない。私は、私が信じているものを検分するという別個の精神的行為をとおしてではなく、信じる者であることによって、自分が何を信じているのかに気づくのである。それと同じように、私は、自分の行為を評定するという別個の精神的行為をとおしてではなく、行為者であることによって、自分が何をしているのかに気づくのである。しかしながら、レードルは、自己意識の活動を詳述するとき、いかなる形態の精神的自己維持にもつきものである有限性に着目しない。レードルは、統一性の見地を保持しなければならないことは明記するものの、統一性それ自体の脆さや壊れやすさを認めようとしない。自己意識的であることは、つねに、不確かな活動――自身の生を営もうとすること、自分がしたことに応えようとすること――に取り組むことである。それと同じ理由で、私が何者であるか、何をするかが、つねに係争点となっている。自分が何かをしており、何かを信じているとみなすとき、私は必然的に、自分の行動や信念にたいする誤解に応えている。自分自身の統一性を維持しようとするとき、私は、自己訂正、自己変容、崩壊にたいして自分自身を閉ざすことはできない(11)。

さらに、私はある特定の自己概念の崩壊にたいしてだけではなく、私の生の目的についても、みずからを開かなければならない。レードルは一度も取り上げていないが、死の感覚は私の一人称の見地に組み込まれており、私が自分自身をどのように物質的存在として理解するかを、その始まりから説明している。自分の生を営むには――いかなる形態であれ、精神的自己維持を追求するには――、私は自分の時間が有限であると信じていなければならない。そして、自分の時間が有限であると信じるには、私は自分自身のことを、脆く壊れやすい、分解や死のリスクをつねに孕んでいる物質的肉体に左右されるものとみなしていなければならない。私の時間は有限であるという信念が、明示的なかたちで自己意識的なものである必要はない。そのような信念は、むしろ、私が自分の生や他人の生を気づかうさいに潜在している実践的な自己理解である。自分の生を営むさい、私は自分の生が短すぎること、自分の生が維持される必要があることに留意していなければならない。そして、これが理解可能であるのは、ひとえに、私が実践のなかで自分自身のことを有限の物質的存在と捉えているからである。精神的生の可能性の条件は、精神的生の脆さや壊れやすさの条件である。

Ⅳ

ここで私たちには精神的自由と世俗的信のあいだのつながりが見え始めている。私の時間を使って何をすべきかという問いに、問いとして取り組むことができるというのが、私が精神的に自由であるもっとも深い理由である。かりにこの問いに出来合いの答えがあるとしよう。そうであれば、私は精神的に自由ではないだろう。私が何者であるべきか、何をすべきかは、すでに決まっていることになるだろう。しかしながら、社会的規範であれ自然的本能であれ、それ単体では、私が何をすべきかを決定することはできない。なんらかの規範を厳守するとき、その規範を厳守しているのはほかならぬ私であり、自分の自然的本能であるとみなすものに従うとき、その本能に従っているのはほかならぬ私であり、私はみずからの責任でそうしているとみなすことができる。親族関係――自然的本能と社会規範がとりわけ強力であるとされている関係――でさえ、私がそのような関係を維持することを要求している。生物学的ないしは社会的なたんなる事実として父親であることだけでは、私が自分の子どもの世話をする充分な理由にはならない（これについては、わが子を見捨てる多くの父親によって例証されている)。むしろ、私はみずからを父親とみなし、そのような実践的アイデンティティにみずからを繋ぎとめなければならない。これはふたつの根本的な理由で、信にかかわるものである。第一に、父であることは、一度にすべて達成できるようなものではなく、信を保ち続けなければならない実践的アイデンティティである。父であることは、私が自分自身についての事実を理解しているどうかではなく、わが子の幸福《ウェルビーイング》にたいして私が誠実であり続けるかどうかに左右される。第二に、父であることにたいする私のコミットメントは、私が父である理由には還元できない。私は自分のコミットメントを基礎にして、子供にどう対処しているかにかんして理由を挙げ、父として上手くやれているかいないかを理解することを強いられる。だがしかし、コミットメント自体、理由に由来するものでもなければ、理由から演繹できるものでもない。父であることが、私が自分自身の生を用いてなすべき正しいことであると、決定的なかたちで(自分自身に、他の誰かに)証明するやり方は存在しない。むしろ私は、自分自身が、父であることにたいする実存的コミットメントにすでに拘束されていることに気がつく。このコミットメントが理由の空間を開くのである。なぜなら、このようなコミットメントによって、私は、自分が父親であること、子供にどう対処しているかを説明できるようになるからである。しかし、コミットメント自体を支えているのは信である。

それゆえ、世俗的信と世俗的理は表裏一体である。世俗的信は、宗教的な啓示や神秘的な直観とはなんの関係もないが、規範的コミットメントの構造に本来的にそなわっている。私は自分のコミットメントを規範的なもの――自分が繋がれ縛られているもの――と捉え、それにたいして信をもち続けなければならない。なぜなら、それが生きるのは、私のなかだけであり、私をとおしてだけだからだ。自分のコミットメントを問い質したり、つくり変えたり、裏切ったりすることもできるが、それはあくまで、私が別のコミットメントに信をもつかぎりにおいてのことである。

たとえば、私は、父であると同時に政治活動家であることに、自分自身の生を規定するようなコミットメントをもつかもしれない。ふたつのコミットメントが衝突するとき――たとえば、政治的コミットメントが、わが子の世話《ケア》を犠牲にすることを求めるとき――、何をすべきかという問いは、何をするのが正しいのかと考えるだけで片が付くようなものではない。政治的大義とわが子、私はどちらに信を尽くすべきか。この問題を明示的なかたちで熟慮してみる前から、なすべき正しいことであると私に思われるものそれ自体が、私の優先する実践的アイデンティティの現われであり、私が信を抱いているコミットメントの現われである。自分の優先順位を見直すことはできるが、超然とした見地からそうすることはできない。困難なのは、これが理の試練であるばかりか――それはそれで過酷なものかもしれないが――、信の試練でもあることである。父として失敗することは、必ずしも、理の失敗ではない。なぜなら、政治的な責務のために親としての責務を犠牲にしていると自分を正当化することは可能だからだ。にもかかわらず、私は父としては失敗している。なぜなら、わが子に信を尽くせていないからだ。自分がしていることにたいして真っ当な理由を挙げることができていながら、自分の行動が父として求められることを裏切っているかぎりにおいて、私は依然として父としては失敗している。

これと同じ不安定な力学は、生を規定するようなコミットメントすべてに当てはまる。私たちがすべきことも、私たちがなるべきものも、あらかじめ与えられてはいないため、ここには、誰にたいして、何にたいして信をもち続けるべきかという問いがつねにある。「私は何者であるべきか」「誰を愛すべきか」「何にたいして信をもち続けるべきか」といったこれらの問いは、私たちの精神的自由にかかわるものである。本書をとおして強調しているように、これらは、自分自身が有限であることを理解している存在にとってのみ生きた問いでありうる。これらの問いは、明示的なかたちで自己省察的に問われなければならないものではなく、実践のなかで自分自身の生を気づかう仕方のなかですでに稼働しているものである。私が大切にしているものにかかわる問いであり、これらの問いに（直接的な行動をとおして、または、省察的な熟考をとおして）答えなければならないという圧力が生じうるのは、自分の時間が有限であることを私が理解している場合である。

何が私にとって大切かという問いに答えることは、私の生のなかで切実なもの、私が優先すべきものを決定することである。何か重要なことがある場合、それを〈いずれ〉ではなく〈すぐに〉やることは大事である。しかしながら、〈いずれ〉ではなく〈すぐに〉何かをやることは、必ずしも、〈まさにいま〉やることではない。〈いずれ〉ではなく〈すぐに〉と言ったときにそれが意味するものは、客観的な時間によって直接測定できるようなものではなく、私の実践的コミットメントや実践上の制約に左右される。だから、父であることにたいするコミットメントにもとづいて行動することは、必ずしも、いまここでパートナーと子供を持とうとすることを意味しない。父になるという企図を慎重に進めていくかぎり、実存的な意味では、子を授かる可能性を先送りにすることが、私のコミットメントにもとづいて〈いずれ〉ではなく〈すぐに〉行動する仕方でありうる。たとえば、貯金をすること、教育を受けることは、自分の金銭や時間を投入できるその他のコミットメントより、父であることにたいするコミットメントを優先する仕方でありうる。

そのうえ、〈すぐに〉と〈いずれ〉との区別は絶対的ではなく、相対的で関係的である。〈いずれ〉ではなく〈すぐに〉何かをしたいというのは、いまから一〇年後ではなく一年後にそうしたいという意味かもしれない。父になることは私にとって重要かもしれないが、どのくらい重要であるかは、その実現に向かって行動を起こすまでにどれだけ待つ気があるか、行動を起こせないことがどれだけの痛みをもたらすかによって明らかになる。父であることにたいするコミットメントにもとづいて行動するまで一〇年待つことを厭わないのであれば、来年のうちに行動に移そうという意欲がある場合より、私にとっての重要度は低い。いつ誰と会うか、いつ何をするかが私にとってまったく重要ではないとしたら──〈いずれ〉ではなく〈すぐに〉やることが重要であると捉えるための時間の尺度が存在しないとしたら──、それをやるという見込みは私にとってなんの重要性ももたない。反対に、何か重要なものがあるとすれば、それを〈いずれ〉ではなく〈すぐに〉やることが重要であると捉えるための実存的な時間の尺度が存在していなければならない。

　たしかに、私は必ずしも、自分にとって最重要なものに従って行動しているわけではない。私が何かをしたがっているというたんなる事実は、そうすることが私にとって真に重要であることを意味しない。何かをしたがっているというのは、考えなしにのめりこんでいるということかもしれない。そのうえ、〈いずれ〉ではなく〈すぐに〉何かをすることが私にとってこの上なく重要であるときでさえ、私がそれをやり損ねる可能性は依然としてある。自分にとって重要だからというまさにその理由で、そこに賭けられているものにたいする不安で麻痺してしまい、かわりに何か別のことをやってしまう可能性はある。しかしながら、私がこれを失敗と経験するかぎり、私は依然としてみずからをコミットメントに繋ぎとめている。〈いずれ〉ではなく〈すぐに〉何かをすることの重要性に応答するのは、規範的な自己概念──たとえば、父としての実践的アイデンティティ──であり、私が成功したり失敗したりすることがありうるのは、そのような規範的な自己概念との関係においてのことである。

　私の言う〈すぐに〉と〈いずれ〉の区別は、三人称の見地からの時系列的な〈前〉と〈後〉の区別と混同されるべきではない。〈すぐに〉と〈いずれ〉の区別は一人称の見地からのみ可能であり、自身の生を営むという企図《プロジェクト》にかかわっていることを前提としている。私が自分自身を未来に投企《プロジェクト》しているからこそ、私は何かが〈いずれ〉ではなく〈すぐに〉起こることが何を意味するのかを理解できるのである。

　さらに言えば、それでは遅すぎると予測《プロジェクト》しているから──私の生には終わりがあると予測しているから──、私は〈いずれ〉ではなく〈すぐに〉やらなければならないという切迫感に応えられるのである。何をする場合でも、私はみずからを未来に投企しているのであり、そうすることが経験を可能にする条件である。何者かになること、何かをすることは、私が維持しなければならない可能性のなかにみずからを投げ込むことである。たとえば、父であることは、父として存在することや行動することの可能性のなかにみずからを投げ込むことであり、それは、私が何をするかに左右されることである。しかしながら、私の死を予測《プロジェクション》することは、私の生のすべてを構造化する唯一無二の可能性の形態である。私の死は、私が経験できるようなものではない。なぜなら、私自身についてのあらゆる経験は、私が生きていることを前提としているからだ。むしろ、私の死は、私の生の乗り越え不可能な限界の投影《プロジェクション》であり、それがあればこそ、私の生における〈すぐに〉と〈いずれ〉とを区別できるのである。

私の死を予測することは、いつ死ぬかを予測するという意味ではない。それどころか、死はいついかなるときにも起こりうるし、先送りにされるかもしれないという両方の意味で、私の死の時は不確定である。不確定な私の死の時が、私の生を延長する――生き続ける――チャンスを私に与えるとともに、自分の生を用いて何をすべきかという決断を切実なものにする。

それゆえ、私の死は、私の生になくてはならない地平である。空間的に言えば、地平とは、何かが可視的であるための可能性の条件である。私が見ているものはすべて、地平を背景にして見ており、地平があればこそ、近くと遠くを区別できるし、近くにあるものと遠くにあるものを区別できる。地平のおかげで空間的関係を見分けることができるが、地平それ自体は空間のなかのどこにも位置づけられていない。どれほど遠くまで歩いていっても、私はけっして地平にはたどりつかない。なぜなら、地平は私とともに動いていくからだ。

時間的には、私の死にも同じことが当てはまる。どれほど長く生きたとしても、私はけっして自分の死にはたどりつかない。なぜなら、死んだ状態になることはできないからだ。にもかかわらず、私の生のいかなる可能性も――何かをする、何者かになるいかなる可能性も――私の死の地平にたいする可能性としてしか把握できない。私の死は、私の生の時間的関係すべてを理解可能なものにする地平である。私の生は永遠に続くと私が実際に信じているとしたら、私の生のなかにある〈すぐに〉と〈いずれ〉との区別を意味あるものにすることはできないだろう。この区別それ自体が私にとって理解不可能になるだろう。なぜなら、私には地平の感覚がないことになるからであり、それがなければ、何かが〈すぐに〉であったり〈いずれ〉であったりすることはありえないからである。これと同じ理由で、優先順位についてのいかなる問いも、理解不可能になるだろう。何かを急務とするには、あれよりもこれを優先するなかで何かを争点とするには、私は自分の死の地平を投影しなければならない。

私の死の地平は、心理的な投影ではない。なぜなら、それは私が「選択」して投影したものではないからだ。むしろ、私の死の地平は、私の生の理解可能性の条件である。人格をそなえた者であることにおいて、私は必然的に私の死の地平を投影している。私がここにいるかぎり、地平はそこにある。空間的地平を見ることを「選択」できない――なぜならそれは何かが可視的であるための条件であるから――のとまったく同じように、私は自分の死の地平を投影することを選択できない。なぜなら、それは私の生のありうべきすべての投影の条件だからだ。私の死の地平が、私は自分の有限な時間を使って何をすべきかという問いを開くのであり、そうすることで、私の生を営むことをそもそも可能にするのである。

私の死の地平はつねに私の生に圧力をかけているが、それは、否定的圧力と肯定的圧力の区別に先行するものである。私の死の地平は、歓喜や解放の経験すべての、それから、強度や献身の経験すべての可能性の条件である。圧力から解放される——私の生に感謝する時間をもつ——という心理的経験でさえ、それが理解可能なのは、ひとえに、私が自分の時間は有限であることを理解し、自分の経験は自明なものと受け取ることができない何かであると捉え、その貴重な性質をありがたく思っているからである。

だが、私の死の地平は、それ自体としては、私の生が進むべき方向を示すことはない。地平は、道を見つけるための条件でもあれば、道に迷うための条件でもある。なぜなら、道に迷う経験さえもが、私が自分自身を導こうとしていることを前提としているからである。地平は、それ自体としては、どこに行くべきかを私に語ってはくれないが、そのおかげで、大前提である方角を探れるようになる。それと同じく、私の死は、それ自体としては、私に行動する理由を与えてはくれない。私が行動する理由は、私が死ぬという予測ではなく、私の実践的アイデンティティ(たとえば、父であること)に由来する。私が父であるのは、私が死ぬからではなく、私がわが子にコミットしているからであり、それが、私が父としてすることに応答することを可能にし、私に行動する理由を与えてくれるのである。しかしながら、父としての実践的アイデンティティや行動する理由が大切でありうるのは、私の死の地平を背景にしてのことでしかない。行動する理由をもつことは、優先すべきものをもつことであり、自分の生において何かを優先するという切迫さは、私が自分の生を有限なものと捉えることを要求する。だからこそ、私の精神的自由——何を優先すべきかという問いに取り組む私の能力——は、私の死の投影に依拠しているのである。私の死の地平は、自分の生を用いて何をすべきかという問いに答えを与えはしないが、その問いが私にとってどのように重要なのかを理解可能にしてくれる。

カモメとの比較がふたたび役に立つ。あらゆる生物がそうであるように、カモメは自身の死との関係のなかで行動している。生命有機体のもっとも初歩的な目的志向のふるまい(有機体と種の生命を維持するという目的)でさえ、死の見込みとの関係においてしか意味をもたない。だが、有機体と種の生命を維持するという目的それ自体は、カモメにとって問題になっていない。カモメはつねにこの目的に照らして行動しており、それゆえ、自然的自由の形態に制限されている。反対に、私たちには、私たちの生の目的それ自体が問題になっている。自分がしていることや、自分が自分であるとみなしている自分に、完全に没頭しているときでさえ、私たちの根本的なコミットメントは疑問に付されうる。夜中に目を覚まし、自分の生を用いていったい何をしているのかと自問することはありうる。隅から隅まで意味があると思われてきたものが取っ掛かりを失うことはありうるし、私たちのすることが私たちにとって意味をなさなくなることはありうる。これらの実存的不安の形態は、麻痺を引き起こすこともあるが（退屈や憂鬱に陥っているときのように）、私たちのコミットメントを変容させ、変形させ、新たな活力を吹き込むこともありうる。実存的不安は私たちの精神的自由のしるしである。私たちの根本的なコミットメントは所与のものではないからこそ、私たちは、自然の目的ではなく、理想に、みずからを縛りつけることができるのである。そのうえ、私たちの根本的なコミットメントは震えおののくものであり、バラバラになってしまうかもしれないものだからこそ、私たちは自分たちの生を用いて何をすべきかという問いに取り組むことさえできるのである。

V

精神的自由の概念によって、私たちは、世俗的信と宗教的信仰の最深部にある差異を測ることができる。ある意味で、信の宗教的形態は、精神的自由の明確な事例である。不可視の高次の力との関係で――有限の存在にとって可能なものを超えた状態に到達することを目指して――自身の生を組織することは、既存の規範を疑問に付し、異なった要求に自身を繋ぎとめる能力を必要とする。そのうえ、宗教的信仰それ自体が脆く壊れやすいものである。宗教的信仰はつねに疑念と関係をもちながら生きており、意味をなさなくなる可能性がある。だが、宗教的信仰の狙いは、永遠の救済を選び、精神的自由を消し去ることである。永遠の救済は、自分の時間を使って何をすべきかという問いを開いたままにしておくのではなく、その問いを完全に閉ざすだろう。永遠の救済は、いかなる形態の精神的自由も許容しないだろう。なぜなら、永遠の救済は、あなたが何者であるべきか、あなたが自分の時間を使って何をすべきかという問いを取り除くことになるからである。

なぜそうなのかを思い出してみよう。永遠の救済は、時間がない《タイムレス》か、終わりがない《エンドレス》かのどちらかである。無時間的《タイムレス》な存在の状態では、いかなる自由もない。すべきこと、奮闘すべき対象が何ひとつないからである。行動も、思惑も、熱望も、剰余時間があってこそそのものである。それゆえ、終わりがない生のほうが魅力的に見えるだろう。なぜなら、経験のために無限の時間があることになるからだ。しかしながら、終わりがない生はけっしてあなたの生ではありえないだろう。あなたの生はけっして終わることがないため、あなたは自分の生を用いて何をすべきかと自問することはけっしてできないだろうし、あなたにとって自分自身の生存以上に重要なことのためにみずから自分の生を犠牲にすることはけっしてできないだろう。もっとも根本的なことに、あなたは死の地平――あなたの生に方向感を与えられるもの――をもたないだろう。

傑出した仏教思想研究者であるスティーヴン・コリンズは、涅槃《ニルヴァーナ》の概念についての体系的な研究のなかで、これに関連した所見を述べていた。コリンズは洞察鋭く、次のように指摘している。永遠の救済は（無時間的な生存として概念化されたものであれ、終わりのない生存として概念化されたものであれ)、いかなる形態の個人的行為能力《エージェンシー》とも両立しない。「永遠の幸福はもしかするとこのようなものかもしれないということを知ることができると考えているかもしれない読者に、私は問いかけたい。もし永遠の幸福が無時間的なら、どのようにしてあなたはいまここにいるのだろうか。もし永遠の幸福に終わりがないのなら、無限にくり返されても、幸福であるということの魅力を、それどころか、その意味を失わないでいられるということがありうるだろうか」[12]。コリンズは終わりのない生にたいする反論を次のように詳述している。

私は次のように主張する。誰かが——誰でもよいが——自身の生存が、三〇〇年どころか、三〇万年、三億年、三兆年、それ以上の何か(これらの時間の長さにしたところで、不死という「終わりなき世界」においては、ほんの始まりにすぎない)まで引き延ばされるところを想像してみれば、じきに、人間の感情、反応、意図、熱望、相互関係などの構造をそれとして認識し、理解し続けることは不可能になるだろう[13]。

コリンズの要点は、生を営むうえで死は必然的な地平であるという私の議論と照らし合わせることで、さらに精緻化できる。問題は、終わりのない生が最終的には生と認識できなくなることではなく、終わりのない生は最初から理解不可能なことである。あなたの生がどこまで続くかは不確定だが、だからといって、あなたは自身の生を終わりのないものと捉えることはできない。どの方向に行くのであれ、散歩する人がみな空間的地平を投影しなければならないのとちょうど同じように、どのようなやり方をするのであれ、自分の生を営む人はみな、自身の死の時間的地平を投影しなければならない。可視的空間の境界を確定する地平がなければ、どこに行くのかという問いに取り組むことは絶対に不可能である。なぜなら、近くにあるものと遠くにあるものを、いま自分がいるところとの関係で区別することがまったくできなくなるからである。それと同じように、あなたの死の地平がなければ、自分の時間を使って何をすべきかという問いに取り組むことはけっしてできないだろう。なぜなら、あなたの生のなかで〈すぐに〉と〈いずれ〉とを区別できなくなるからである。

終わりのない生存は死の地平をもたないだろうし、それゆえ、けっして、人格をそなえた者の生ではありえないだろう。無時間的な永遠の場合、この問題はいっそう明白でさえある。「たとえ無時間的な意識という考えを理解できるとしても、そのような見込みは明らかに私ではない」とコリンズは書いている。それに続けて彼は言う。

時間なしには、いかなる行動も、思考も、意図も、熱望も、記憶も可能ではありえない。何かを思い出す時間、ましてや、新たな経験をする時間がなければ、個性を理解すること、「何者であるか」を理解することは、まったく不可能だろう。この理由で、そのような見込みは、たしかにいまの私にとって目標でありうるものではあるが、生存の形態であると言うことはできない――むしろ、いまの私にとって、そのような見込みは、死と区別できない(14)。

永遠の生のこうした含意について仏教は驚くほど正直である。あなたの生は続いていくだろう、愛する人と再会するだろうと約束するのではなく、涅槃は、あなたの生への執着を消すことを目的とする。涅槃が目指すのは、自由な生につきものの苦しみというリスクを引き受け、そのような生を営むことではなく、個人の行為能力は幻想であるという「瞑想」にいたること、涅槃という無時間性のなかで融解することである。

仏教の結論は極端に聞こえるかもしれないが、それは、永遠の救済についての宗教的な考えに必ず暗黙裡に含まれているものを、はっきりと表面化させる。不死の魂は、究極的に言って、涅槃の忘我状態とちょうど同じくらい非人称的である。コリンズは次のように回想している。

> 私は涅槃が理解できないことを気に病んだものだった。その気持ちが止んだのは、キリスト教（またはイスラーム）の天国にしても、世界精神（ブラフマン）への吸収統一というヒンドゥー教の考え方にしても、さらに言えば、それらに類するその他の永遠の救済という概念にしても、私は理解していなかったということを悟ったときのことである。教義における自我や魂――キリスト教のように個別的なものであれ、ヒンドゥー教（の多く）のように集合的なものであれ――の存在が、永遠をいっそう理解可能なものにすると想定するのは間違っていると私は思う(15)。

コリンズはここで、永遠の救済は死と切り離せないという理解まであと一歩のところにいる。だが、永遠の救済にたいする熱望は、自分の生を終わらせたいという熱望と区別できないという結論に、コリンズは尻込みする。「永遠にたいする宗教的熱望をけなすつもりはない(16)」と彼は私たちを安心させる。なぜなら、彼によれば、そのような熱望を批判することは、宗教的信仰をもつ人に充分な共感を示していないことになるからだ。「数えきれないほど多くのわれらが同胞が、心に抱きうる至高の目標として、「上等な死のようなもの」を裏表なく純真に熱望してきたことはありうると考えてみるのは、概念的な論点としてならともかく、人道主義的で共感的な理解の試みとしては、どうにも不充分に思われる(17)」。コリンズは、永遠の救済という理想を疑問に付す可能性を検討する代わりに、それを避ける。彼は次のように断言する。「苦しみが解消され、人間の熱望が成就されることはありうるという希望を抱きつつ、それが何であるか、何であるかもしれないかについてなにも知らないでいることは、たしかに筋が通っている(18)」。

コリンズの議論は、永遠の救済という宗教的理想にとって、最後の砦である。永遠の救済は、生を営むこと――人格性――

とはいかなる意味でも両立しないとコリンズは譲歩するものの、人間的な熱望の成就として永遠の救済を願うことは首尾一貫しているし、そのような望みは宗教的なものにたいする共感によって批判から守られるべきだと主張する。このような擁護の仕方は誤解を招く。苦しみから宗教的な救済の理想に傾く人に思いやりを示すのは、たしかに重要である。しかしながら、正しい形態の思いやりは、永遠の至福の約束を勧めることではなく、この生における社会的苦しみの条件をつくり変えることである。コリンズは、救済を勧める宗教的イデオロギーと、そのようなイデオロギーに引き入れられた「数えきれないほど多くのわれらが同胞」とを、区別できていない。永遠の救済が死と不可分であると主張すること——本書をとおして私が主張してきたこと——は、数えきれないほど多くのわれらが同胞が、心に抱きうる至高の目標としての救済／死を求めて実際に奮闘していると言うことではない。むしろ、永遠の救済という理想は自己矛盾をきたしており、みずから墓穴を掘っているというのが私の議論である。永遠の救済は私たちの熱望に値する目標ではないし、原理的にさえ、いかなる形態の社会的不正義をも償うことはできない。なぜなら、永遠の救済は私たちの自由を奪い、私たちが何者であるかの感覚を奪うことになるからである。

永遠の救済という宗教的理想は、それを信奉する人々にたいする共感から尊重されなければならない純真な教義からはほど遠いものであり、そこには有害どころではない実践面での帰結がある。ここでも仏教はわかりやすい例である。仏教は、教義として、自由で有限な生を営もうという具体的な営為や熱望を体系的に軽視する。肉体は、朽ちることから逃れられないという理由で、軽蔑をもって眺められるし、個人的な行為能力は、究極的には克服されるべき幻想と考えられている。これらは理論にとどまる考え方ではなく、実践のなかで行為に移されている。僧院生活についての研究のなかで、コリンズは次のように詳述している。「肉体的欲望を抑制するための禁欲的努力は、独身という事実において表現されているばかりではない。僧にとって、性的な考えはすべて、夢のなかのものでさえ、悪しきカルマの形態である」[19]。こうして、僧は肉体について瞑想するさい、それが汚れたものであり、嫌悪をもよおすものであることを理解するために、三十二の部分に分けられた肉体の目録を朗誦することから始めなければならないのである。コリンズは次のように説明している。「肉体は精神による分析によって構成部分に分けられ、そのすべてが不純で、嫌悪をもよおすものであると記述される。肉体は朽ちるものであり、死ぬものであるからという理由が大きいが、それればかりではない」[20]。事実、救済は「心身の両方に現れる精神的状態」と考えられているがゆえに、「あからさまに性的活動を避けるだけではなく、性的な衝動や思考のすべてを全面的に禁止するという試み」[21]が必要となる。そのような瞑想をとおして、「脱性化された、そうされることである意味では脱社会化された個人は、仏教の教義で措定されている非物質性を想像のなかで体現できるのである」[22]。

しかしながら、脱性化され、脱社会化された非物質的な個人という理想は、みずから墓穴を掘っている。もっとも高位の仏僧でさえ、厳格な瞑想に身を投じるために、実践のなかでは自身を行為主体として理解し、自身の精神的自由を行使しなければならない。だが、彼の目的志向の活動が想定している目標は、行為能力と目的についての意識すべてからの解放である。彼の生の企図とは、空虚な静謐さのために、ありとあらゆる企図を手放すことである。

そのような理想はまさしく空虚であり、奮闘して目指すに値しないというのが私の議論である。いかなる精神的生であれ、私たちの熱望がその内奥まで成就されるときでさえ、必ずや自由の不安に震えおののいている。不安の形態——私たちを苦しみにさらし、喪失のリスクの原因となる愛着の形態——をすべて根絶しようという試みは、徹頭徹尾、心得違いをしている。なぜなら、精神的生それ自体を根絶しようとしているからである。この視点からすると、多くの修行僧が実際には永遠の救済という目標にみずからを捧げておらず、僧院の壁の内部でさえ情念にあふれた生を追求する方法を探していることは、偶然ではない。そのようなふるまいは、自己矛盾した理想に立脚する社会制度につきものである。もちろん、良識派の仏僧は反論するかもしれない。本当に自身の行為能力を廃し、無時間的な平和に憩うことを本当に望んでいるのだと主張するかもしれない。私の議論は、彼がそのような選択をする自由を残しつつ、次のような自問を誘うものでもある。涅槃という永遠の救済は、本当に、彼が定める目的なのかどうか、それは彼が払っている犠牲に値するものなのかどうか。私の誘いは拒まれるかもしれないが、それは、仏教の教義で理想として措定されている脱性的で脱社会的な非物質的生存を目指すことよりも、自由な生の追求を所有する可能性を思い起こさせ、その可能性を開くのである。

はっきりさせておきたいのだが、仏教の瞑想実践を世俗的目的のために用い、大きな効果を上げることができるのは確かである。とくに、さまざまな形態の瞑想の技術は、認知療法や実践的な共感トレーニングに採用され、成功を収めてきている[23]。そのようなセラピーを目的として——もしくは、たんにパワーやエネルギーを高めるために——仏教の瞑想の技術を学ぶ場合、世俗的な企図のためにそれらのテクニックを順応させていることになる。他者を気づかう能力を深めたり、ＱＯＬを高めたりするという世俗的目的をかなえる手段として、瞑想実践に取り組んでいることになる。しかしながら、仏教の宗教的目的は、有限の生それ自体からの解放である。仏教によれば、究極的には、自分の生にたいする愛着をあきらめるという目的に向けた手段として行為能力を扱うべきだという。これは、目的それ自体として救済に宗教的にコミットすることと、目的それ自体として自由に世俗的にコミットすることとのあいだの差異である。宗教的実践の究極的な目的は、有限の生から解放されることであり、その一方で、世俗的実践の究極的な目的は、有限の生を解放することである。

それゆえ、救済という宗教的理想は、自由という世俗的理想と両立しない。道徳の問題に目を転じてみても、これは同じように明らかである。私たちにはどうやら宗教が必要であるという執拗にくり返される議論のなかに、道徳的責任は宗教的信仰を必要とするという議論がある。本書の序章で言及したように、過半数以上のアメリカ人が、道徳は宗教に依拠するという意見をもっている。これは、道徳的な規範は神の命令にもとづくものであり、よいふるまいには神からの見返りがあると信じるか、またはそのどちらかを信じる場合にかぎって、そのような規範は私たちを制約しうるという考え方である。このような宗教的な道徳モデルは、私たちの自由を軽視している。なぜなら、ここで考えられているのは、命令と見返りによる強制の構造だからである。それとは対照的に、本当の意味での道徳的責任が必要とするのは、世俗的な自由の感覚である。

この問題を明るみに出す例をフィル・ズッカーマンが提出している。世俗的生についての研究を牽引する社会学者であるズッカーマンは、ふたりの子供がそれぞれ部屋にひとりきりで芸術作品を眺めるという思考実験を用いて、道徳の世俗的形態と宗教的形態の違いを明らかにしている。[24] ひとりめの子供は、芸術作品は非常に価値のあるもので、とても脆くて壊れやすいものだと教えられる。作品は唯一無二——世界にただひとつしかないもの——だが、簡単に壊れてしまい、取り返しがつかないほどの損傷を受けることがあるから、作品に手を触れてはならないと言われるが、自身のふるまいによって罰を受けたり、ご褒美をもらえたりするわけではない。むしろ、作品はその脆さや壊れやすさゆえに尊重されるに値するのであり、もし損傷を受けたら多くの人が悲しむことになるから、充分に気を配るようにとの説明を受ける。ふたりめの子供も、芸術作品が非常に価値あるもので、とても脆く壊れやすいことを教えられる。しかしながら、校長先生が天井の小さな穴から覗いており、作品に手を触れてはならないと言われる。作品に手を触れたら校長先生から罰を受けることになるが、手を触れなかったらご褒美があるとの説明を受ける。

ふたりともひとりで部屋に入り、芸術作品を眺め、それに手を触れない。ふたりの行動は同じだが、その動機はまったく異なっている。ひとりめの子供が芸術作品を尊重することを選ぶのは、価値あるものは脆く壊れやすいものであり、彼女の気づかいに左右されるものであることを理解しているからである。これは世俗的な道徳モデルであり、自身の自由と有限性の感覚が、責任を教えるさいの基礎をなす。これとは対照的に、ふたりめの子供が芸術作品に手を触れないのは、罰を恐れ、褒美を期待しているからである。これは宗教的な道徳モデルであり、強制が、責任を教えるさいの基礎をなす。

後者の宗教的な道徳モデルの問題点は、少なくとも三重である。第一に、神的権威がチェックしていると信じるから正しいことをしているのだとしたら、その子は道徳的に行動しているのではなく、ただたんに従順に、罰を恐れて行動しているだけである。上から見張られているから道徳的に行動するようにと教えられた子供が学ぶのは、正しいことをその正しさゆえにすることではなく、むしろ、神への従属にもとづいて正しいことをすることである。この道徳モデルは、自己関係において責任の感覚を確立することに失敗するし、宗教的な信を道徳的なふるまいの条件とすることになる。子供が神への信を失うようなことがあれば、道徳的義務感を理解するための取っ掛かりがなくなってしまい、むしろすべては許されていると信じるようになるだろう。第二に、道徳的規範は神の命じたものであると信じるように教えられると、規範それ自体を問い質し、つくり変えることを可能にする視座がその子から奪われる。宗教がすべきだと言うことはするかもしれないが、すべきことになっていることをすべきなのかと自問することは思いとどまるようになるだろう。精神的自由——とくに、自身が属するコミュニティの規範を進歩的な方向に変えていく能力——は、涵養されることはなく、妥協にさらされるだろう。第三に、見返り（救済）を気にして道徳的に行動するように教えられると、正義へのコミットメントは、目的それ自体ではなく、道具的になる。正義にコミットしているからではなく、救われたいからという理由で正しいことをするようになる。自由の感覚も正義の感覚も、その両方が、究極的な目的としての救済という宗教的な教えと齟齬をきたしている。

　道徳的責任を宗教的信仰に基礎づけようとする試みはすべて、これらの問題に苦しめられている。くり返しになるが、これらの帰結を認めている点で、仏教はもっとも正直な宗教である。仏教が措定するのは、私たちを天から見張る神ではなく、むしろ、カルマという絶対的な監視システムである。非人称的なカルマの計算は、それぞれの行為の道徳的価値を正確に評価し、功罪に応じた正確な懲罰を行なうことができる。カルマのおかげで、この世の不正はすべて見せかけのものであり、実際には裁かれていることになる。コリンズが説明しているように、仏教では、苦しみの形態はすべて、「カルマ、行動、その帰結という究極的な説明スキーム」の手段と理解されている。このスキームは、「条件づけの宇宙である輪廻《サムサーラ》において、個々の生涯のなかでも、転生をとおしても、自動的かつ非人称的に稼働している。このスキームには不正も偶然もない。すべての嘆きは、ある意味で、かつての悪行にたいする懲罰の形態であり、報いである[25]」。したがって、仏教の形而上学は正義の問題を排除し、因果関係という絶対的原理を採る。不正はない（なぜなら、あらゆる形態の苦しみは、かつての悪行にたいする充分な懲罰形態である）、だから、正義の問題はありえない。それと同じ理由で、道徳的行動は、正義にたいする懸念によって動機づけられてはおらず、よきカルマを達成し、理想的には、カルマから完全に解放されることで救済に到達するための手段として機能している。究極的な目的は、正義のために行動して自由な生を営むことではなく、苦しみの原因となりうることすべてから解放されることである。

　仏教の見地は、救済についてのあらゆる宗教的理想の含意を明らかにする。キリスト教のような宗教——個人的自由を大いに強調する宗教——でさえ、自由な生を営むことは、目的それ自体ではない。そうではなく、私たちの自由は、神に仕え、神によって救われるという目的に向かう手段である。神への奉仕は、貧しい人々、困窮した人々の援助《ケア》というかたちを取るかもしれないが（キリスト教にはこれにかんしてさまざまな形態がある）、その目標は、貧しい人々を解放し、解放された人々が自身の内から展開していくコミットメントを基礎にしてみずからを開花繁栄させ、目的それ自体として自由で有限な生を営めるようにすることではない。宗教的救済の目標は、私たちの有限の生を解放することではなく、私たちの自由の条件である有限性から私たちを救うことである。解放が目標になるやいなや、私たちは、気づかい《ケア》の実践を、宗教的なものから世俗的なものに移行させているのであり、そこで私たちが目指すのは、救済ではなく自由である。私たちが追求するのは、有限の生から解放されることではなく、むしろ、有限の生を解放することである。

第5章　私たちの有限な時間の価値

I

世俗的な自由の概念を発展させるための最大の資源はカール・マルクスの著作に見いだされうる。これは驚きかもしれない。なぜなら、マルクス主義は二〇世紀において全体主義体制を生み出したことで悪名高いからだ。だが、私がこれから示そうとするように、彼の思想には、いかなる形態の全体主義国家であれ、そのようなものにたいする支持はどこにもない。それどころか、彼の全仕事の前提は、目的それ自体としての「生きた人間諸個人の生存[1]」である。個人の自由——マルクスが「諸個人の自由な発展[2]」と呼ぶもの——にたいするこのようなコミットメントが、マルクスによる資本主義批判や宗教批判の土台である。

　マルクスの出発点は、私たちが生ある存在であることは何を意味するのかという問いである。若きマルクスは、私たちが他の動物とともにもっているものは何か、私たちは他の動物とどのように異なるかを分析することで、この問いを追究した。第4章で見たように、すべての生物を定義するのは、目的志向の活動である。私たちは他の動物と同じように、生きた状態を保つために、つねに何か（呼吸、食事、新陳代謝）をしなければならない。消費の必要性——それゆえ、生存手段の生産の必要性——は、必要の領域に属している。いかなる生産と消費の過程ももたない生物は、自己を維持できない。この必要の領域は、めぐりめぐって、自由の可能性の条件を提供する。なぜなら、生物の自己維持は、剰余時間を生み出すからである。生存手段を確保するのに必要とされる時間以上の生の時間を生み出すことができる生物の潜在的能力によって、マルクスが自由の領域と呼ぶものが開かれる。たとえば、カモメは食物を狩るために自身の時間のすべてを費やす必要がなく、剰余の〈自由に使用できる時間〔可処分時間〕〉があり、それを、飛びまわったり、たたずんだり、他のカモメと戯れたりするのに使うことができる。

しかしながら、マルクスが強調しているように、自由な活動として自身の活動と関係を取り結ぶことができる動物は人間しかいない。他の動物は、自身がしていることの目的を疑問に付せないという意味で、自身の生の活動そのものである。それとは反対に、人間は、自身の生の活動の目的をつくり変えることができる。私たちは、自分自身や種の生存を、所与の目的として（私たちの生の活動の究極的な目的として）捉えない。むしろ、生存を、自由な精神的生を営むという目的につながる手段として捉えることができる。それと同じ理由で、満足のいく、成功した生の形態とみなされるべきものは何かという問いは、私たちにとってけっして決着がつかないものである。私たちは他の動物と同じように、自身の必要性を満足させ、生の形態を再生産しなければならないが、どのようにそうすべきか、なぜそうすべきかという問いもまた、少なくとも潜在的には、つねに争点になっている。私たちは所与の生の形態を再生産する定めになっているばかりではなく、自身の生き方を疑問に付し、それを変えていく能力がある。だから、私たちの生の活動は、根本的には、自由な活動なのである。

私たちの生の活動に自由な活動として取り組む能力は、若きマルクスが人間の「類的存在（Gattungswesen）」(3)と呼ぶものである。類的存在という概念は、人間の本性《ネイチャー》や人間の本質《エッセンス》なるものへの素朴な訴えであると片づけられがちだったが、そのような批判は誤解を招く。人間の類的存在とは、まさに私たちが所与の本性や本質を何ひとつもち合わせていないことである。たしかにマルクスは、人間存在の必然的な特徴は労働であると主張しているが、マルクスにとって、労働とは、私たちを一度にすべて定義してしまうなんらかの本質的内容を特定するものではない。むしろ、「労働」とは、あらゆる形態の目的志向の活動を表す用語である。もっとも道具的な活動から、もっとも高度な精神的営みにまでまたがる労働は、個人的かつ集団的で、職人的かつ芸術家的で、政治的かつ哲学的である。労働は、身体的必要性によって駆り立てられる場合もあるが、創造的な熱望や共同のコミットメントによって動機づけられることもありうる。マルクスはあらゆる形態の強制的労働――奴隷制であれ、農奴制であれ、賃金労働であれ――にきわめて批判的だが、その一方で、解放とは、働くことからの自由であるばかりか、私たちにとって大事である目的に照らして働くための自由にかかわるものでもある。

解放された社会では、強制のためではなく、私たちのコミットメントを基礎にして働くことができるだろう。そのため、私たちはマルクスが「真に自由な労働（wirklich freie Arbeiten）」(4)と呼ぶものに従事することになる。真に自由な労働について注釈するのに、マルクスは作曲（komponieren）活動の用語を使っているが、これは楽曲作りだけではなく、目的志向の活動――あなたがみずからをそこに重ね、自由にコミットする活動――であれば、形態を問わず、すべてがこれに該当する。作曲活動は、さまざまなプロジェクト――たとえば、家を建てる、子供の世話をする、社会的善をつくり出す、勉強会を立ち上げ続けていく——のなかで表出しうるものだが、そこでは、そのような活動をあなたが目的それ自体と捉えることが求められる。あなたがしていることのなかであなたが争点となるからこそ、作曲という真に自由な労働は「途方もなく真剣な行ない（verdammtester Ernst）」であり、「全力をふりしぼった努力（intensivste Anstrengung）」なのである。[5] だから、私たちが本質的に労働によって規定されているというのは、私が何者であるか、私が何をすべきかが所与であるという意味ではない。それとは反対に、私たちは本質的に、変化しうる歴史的・社会的実践に左右されているという意味である。私たちが何者であるかは、私たちが何をどのようにするのかと切り離せない。

したがって、私が以下で示していくように、若きマルクスにおける「類的存在」への訴えと、成熟期の著作における歴史的唯物論の方法——社会経済的生活にそなわっている歴史特有の条件の分析を目指すもの——とのあいだに対立はない。彼の全著作をとおして、生の概念と生ある個人の概念が中心にあるという事実が指し示しているように、彼の思想を貫くこれらふたつの線は体系的に繋がっている。重要なのは、生にしても類的存在にしても、生物学や人間学の観点を第一に置いて理解すべきではないという点を取り逃がさないことである。マルクス自身が、生物学的、人間学的な読解を誘う傾向にはあるが、私たちは、マルクスの生の概念や類的存在の概念を、前章で展開した自然的生と精神的生の区別のなかに基礎づけることで、それらを深化させることができる。

生が脆く壊れやすい物質的身体に左右されることは、生についての偶発的な生物学的事実ではなく、いかなる生にも該当する条件である。これまで論じてきたように、精神的生の至高の形態でさえ、自身の有限性を考慮に入れなければならない。精神的な生を営むには——自身がすることに従属するのではなく——、自身がすることの主体でなければならず、それには、自身の実存的アイデンティティを積極的に維持することが必要になる。この活動は、そこであなたの生が争点になっているからこそ重要なのである。実存的アイデンティティを維持することは、あなたが価値を付与するものに照らしてあなたの生を営むことであり、それが可能なのは、ひとえに、あなたが自身の有限性を理解しているからである。有限な存在だけが精神的生を営むことができる。なぜなら、有限な存在にとってのみ、何かをすること、何かを優先すること——それは何かに価値を付与するための条件である——が切実でありうるからである。有限性の感覚と価値の感覚のあいだのこのようなリンクは、私たちの生がどのような偶然の成り行きで私たちにとって大切なものになるのかについてのたんなる人間学ないし人類学的事実と理解すべきではない。それとは反対に、有限性は、誰かが精神的な生を営むための、何かが価値として理解可能になるための最低条件である。神のような無限の存在は、何かに価値を付与することも、精神的な生を営むこともできない。なぜなら、無限の存在にはなにも切実ではなく、なにも争点にならないからだ。それと同じ理由で、無限の存在にはいかなる形態の経済も存在しえない。なぜなら、経済が理解可能になるのは、他者に依存し、失われうるものに価値を付与する者にとってのみだからだ。

それゆえ、価値と経済の分析は、時間の有限性に照らして理解されなければならない。いかなる経済も究極的には「時間の経済」である、とマルクスは『経済学批判要綱』に書いている。なぜなら、いかなる形態の「活動」も「時間の節約にかかっている」からである。(6) この議論こそ、私がもっとも深い水準に基礎づけようとするものである。時間の経済の争点と含意を把握するには、私たちは、精神的生の理解可能性の条件から始めなければならない。それは、マルクスの説明に含意されてはいるが、彼自身はそれ自体としては明示的に認識していないものである。

マルクスによる経済の分析は三つの水準で稼働しているとみなすことができる。これらの水準のおかげで、マルクスは歴史特有の経済生活の形態を分析できたのだが、私が以下で示していくように、これらの分析的水準それ自体に、いかなる経済にも当てはまる理解可能性の条件が反映されている。

第一の水準は、マルクスが出現《アピアランス》の水準と呼ぶものである。あらゆる経済はなんらかの形態をとって現れるのであり、価格はそのような出現形態である。資本主義経済において、価格は多数の出現形態をとる——賃金は資本家が払う価格であり、利潤は労働者と消費者が払う価格、金利は所有財の賃貸者が払う価格、などなど。しかしながら、非資本主義経済でさえ、なにかしらの価格形態をとおしてしか出現しえない。生産のコストがなければ、経済は理解可能にならないのであり、それはつまり、経済的取引には、両方の側に払うべき価格が必要だということである。もしあなたに何かを提供することが私にとってまったくなんのコストもかからないとしたら、私たちの取引になんらかの価格が絡んでいることは理解不可能だろう。私があなたに何かを無料で与えるときでさえ、あなたにそれを与えるという行為それ自体が、私にとってコストでなければならない——あなたにそれを与えるのに必要な時間というコストでしかないとしても。与えることで私にコストがかからなければ、私の行為は贈与として理解不可能だろうし、あなたのほうは、それを贈与として認識するというただそれだけのことで、負債を背負うことになる。たとえあなたも私も、負債のことをとやかく言わないとしても。

資本主義下では、経済関係が現れる形態は金銭であり、そのおかげで、私たちは財やサービスの価格を測ることができる。だが、周知のように、価格と価値は別物である。以前より高い価格で売れるが、にもかかわらず、その価値は以前より下がっていることはありうる(たとえばインフレーションのせいだ)。価格は市場における多数の要因に従って変動しうるが、価格を価格として理解可能にするのは、価値尺度のためである。価格を見るだけではその価値の大きさを理解できないが、価格を理解するには価値尺度を考慮してみなければならない。

価値尺度はマルクスによる分析の第二の水準であり、彼が本質《エッセンス》の水準と呼ぶものである。価値尺度は本質的である。なぜなら、私たちが経済における成長をどのように算定するかを決定し、そうすることで、社会における富の総体をどのように測るかを決定するからである。金銭の流通が増えるから経済が成長するのではなく――それとは反対に、以前より金銭の流通が増えるとき、経済は縮小している可能性がある――、経済のなかで価値の全般的な上昇があるから経済が成長するのである。だから、価値尺度は、あらゆる経済の本質である。伝統的な哲学では、本質とは、歴史的な変転とは無関係に同一のものであり続ける実体を指す。しかしながら、マルクスにとって、経済システムの本質――価値尺度――それ自体が、歴史的に変化しうるものである。私たちは、私たちの経済の本質（私たちの価値の尺度）を変えることができるのであり、だからこそ、私たちの経済的関係が現れる形態を変えることもできるのである。私たちが私たちの経済をどのように組織し、私たちの時間の価値をどのように測るかは、歴史的変転に開かれている。

にもかかわらず、私たちはつねに、自分自身の生をなんらかの形態の時間経済へと組織しなければならない。なぜなら、自分たちの時間を使って何をすべきか――何を優先すべきか――という問いがつねに出てくるからだ。したがって、マルクスによる分析の第三の水準は、あらゆる経済に当てはまる歴史横断的《トランスヒストリカル》な条件が絡んでくるものである。歴史横断的な条件は、歴史を越えたところにあるのではなく、むしろ、歴史上の各時代が等しくもっている特徴である。私たちが自分たちの生をどのようにして時間経済に組織するかは歴史上の各時代に特有のことだが、私たちが自分たちの生を時間経済に組織しなければならないということそれ自体はいかなる社会形態にも当てはまる条件である。それと同じように、私たちが自分たちの社会関係をどのように組織するか、自分たちが組織化したものとどのような関係を結ぶかは各時代に特有のことだが、私たちが社会的存在であるということそれ自体、私たちが組織化されているということそれ自体は精神的生の一般的特徴である。要するに、私たちがどのように存在するかは各時代に特有だが、私たちが歴史的存在として――有限で、組織化された、社会的な存在として――存在するということそれ自体は歴史のあらゆる瞬間に当てはまる条件なのである。なんらかの時間経済の形態、なんらかの労働の形態、なんらかの社会関係の形態、生を生産し再生産するなんらかの様態を必要としない歴史の時代はかつて一度もなかったし、これからも一度としてないだろう。

しかしながら、最深部にある問いは、なぜこれらの特徴が歴史的で精神的な生のあらゆる形態にとって必要なのかである。マルクス自身の分析はここでふらつき始め、生物学的な説明や人間学的な説明にはまりこんでいく。『資本論』で彼が私たちに語るところによれば、経済生活の歴史横断的な条件は、究極的に言って、「人間生活の永久の自然条件」[7]によるものであり、それがあるからこそ、私たちは組織化され、有限な社会的存在――私たちの生を維持するために、私たちのあいだで分業を行わなければならない存在——になるという。こうしてマルクスは、経済生活のこれらの特徴が、生物として、人類として私たちがもっているとされる本性によるものであるかのように言う。だが、この下には、そもそも生を時間経済として理解可能にするのは何なのかという問いが潜んでいる。あらゆる生物は目的志向の活動をとおして生の維持を試みており、その意味で、生は生物にとって価値がある。しかしながら、自分の生を、自分自身で価値を付与するものにかかわるものとして——したがって、自身が定めた優先順位の反映である時間経済によって構造化されたものとして——扱うことができるのは、精神的に自由な存在だけである。なぜなら、精神的に自由な存在だけが、自分の時間を使ってする価値があるものは何かと自問できるからである。だから、ここでは、経済を経済として、価値を価値として、コストをコストとして理解可能にしているものは何なのかを問うべきである。

この問いに答えるには、第四の水準が必要になる。マルクスは明示的にはけっして追究していないが、私はそれを深化させて提示する。第四の分析水準は、精神的生にとっての理解可能性の条件である。私たちはこの分析水準において、あらゆる形態の精神的生が有限で、物質的身体をともない、社会的であることを確証することができる。押しつけられた生物学的条件や人類学的条件ゆえにではなく、時間経済の観点においてのみ、生は精神的生として理解可能になるからである。たとえ私たちとは異なった物質でできた体をもっていようと、別種の精神的生に属していようと、生を営むことは時間経済という観点においてのみ可能なことだろう。経済的な問い——どの活動に価値を付与するか、どのようにそれらの活動に価値を付与するか——を、独立しているとみなされている特定の精神的生の領域(たとえば市場)に閉じ込めることはできない。むしろ、経済的な問いは、ありとあらゆる形態の精神的生の核心にある。生を営むには、何をすべきか、なぜそれをすべきかをめぐって、なんらかの形態の実践的熟慮に取り組まなければならない。そのような実践的熟慮は、相異なる活動の価値を比較し、自分の時間を使ってするのに値するものは何かと自問できることを必要とする。

この問いが理解可能なのは、自身の生は短すぎると信じる者だけである。あなたの生の時間の乏しさがあなたにとって問題であるからこそ、あなたは自分の時間をどう過ごすべきかと自問できる。もしあなたの生の時間の乏しさがあなたにとって問題でないとしたら——もし行動するなかであなたが賭けられていないとしたら——、あなたは自身がすることや自身に起こることと、いかなる規範的な関係も結ぶことはできないだろう。自身の時間をどのように過ごすかと、自身の時間の過ごし方をどのように強要されるかが、あなたにとっては同じことになるだろう。受け身の態度で思い悩むことも、他人に冷酷に搾取されることも、どちらもありうることであり、どちらもまったくあなたを煩わせないだろう。ある行動をするのに良いときと悪いときがありうるのは、自分の生に不安を抱いている者だけであり、自分の生に不安を抱いている者にのみ、時間が余っていたり足りなかったりすることがありうる。さらに言えば、自分の生に不安を抱いている者だけが、搾取に抵抗を試み、みずからの生を営もうと決心できる。生を営むなかで、あなたは必然的に、自分の時間をどう過ごすべきか、何を優先すべきかという問い——根本的には価値づけをめぐる問い——にかかわることになる。時間との規範的関係はすべて——何かが早すぎたり、遅すぎたり、何かがあまりにしつこかったり、あまりにはかなかったり、何かが大切な贈り物だったり、時間の無駄だったりするという、このうえなく微細な気持ちでさえ——、あなたに起こることにあなたが賭けられていること、あなたが自分自身の時間に積極的に価値を付与していることに左右される。

それゆえ、根源的な時間尺度になるのは、あなたの有限な生の時間である。自分自身の有限な時間にあなたが価値を付与することで、何かに価値を付与する可能性そのものが理解可能になる。あなたが相異なるふたつの活動の価値を比較できる——する価値のあること、ないことを区別できる——のは、ひとえに、あなたの有限な時間を使って何をするかがあなたにとって重要なことだからである。

私たちはここで、何かに価値を付与することと、たんに何かに価値があると信じることについての哲学的区別に注意を払わなければならない。誰かや何かに価値を付与することは、誰かや何かに価値があると信じることには還元できない[8]。価値があると私が信じるものはたくさんあるが、私の生のなかでそれを優先させるという意味で私が価値を付与しているものはごくわずかである。たとえば、私は医学に高い価値があると信じているが、医者になることは私の生における優先事項ではない。それとは対照的に、私がわが子の生に価値を付与するとき——とくに、わが子は私にとって価値づけられないからだとしても、まさにその理由のために——私はたんに自分の信じていることを公言しているのではない。私が自分自身を繋ぎとめているコミットメントを、私に要求を突きつけてくるコミットメントを、私は表明しているのである。これは、私が愛する子、私による世話《ケア》を必要としている子の場合は明白だが、その最小形態は私が価値を付与するものすべてに当てはまる。誰かや何かに価値を付与するということは、私が価値を付与している当のものにたまたま起きることの渦中に私自身を置くことである。コミットしているからこそ、私は自分が価値を付与しているものの運命に無関心ではいられず、応答しないわけにはいかない。たとえば、医学のように、直接かかわってはいないが価値があると信じているものにたいしてでさえ、私は何かは進んでやらなければならない。事実、もし医学という分野が脅かされるようなことがあれば、それを助けるために自分にできることをやらなければならない気にさせられるだろう。医学という分野を守るために何かをしたり何かを言ったりする気がないとしたら、私は本当はそれに価値があるとは信じていないことになる。

このように、価値を付与する活動と、何かに価値があると信じることは区別可能だが、その一方で、両者は究極的には切り離せない。たとえ私が医学分野を自分の生における優先事項にしないとしても、それは価値あるものだという私の信念には実践上の含意がある。何かになにかしらの——ちょっとした、大きな、測り知れない——価値があると考えるのであれ、それをなんらかのかたちで気にかけることにコミットしていなければならない。そのような気づかいは、価値があると私が考えるものを擁護し、維持し、育み、現実のものにするために努力することによって表現されるかもしれないが、どの場合であれ、それは、私が価値を付与するものに私自身の生の時間を捧げるのかどうかという問いである。何かに価値を付与するとき、私はそれに自分の時間を多少は割くつもりでいなければならない。だからこそ、有限の生の時間は根源的な価値尺度なのである。何かに大きな価値を付与すればするほど、そのためにみずから進んでさらに長い時間を私の生の時間から費やすことになる。もし誰かや何かが私にとって測り知れない価値をもつとしたら、そのために私は、自分の生でさえ、私の生の時間のすべてでさえ、みずから進んで手放すかもしれない。

Ⅱ

有限の生の時間は根源的な価値尺度であるという私の議論は、マルクスの思想の鍵を提示する。この鍵が、必要と自由についてのマルクスの理解、資本主義の核心にある価値概念のマルクスによる価値転換、マルクスの宗教批判を解き明かす。私たちの生の時間の有限性が必要の領域と自由の領域の両方を開くというのが、私の議論である。私たちは有限で、自己維持を行なっているため、私たちは必要の領域に生きているが、私たちには自由な生を営むチャンスもある。

必要の領域と自由の領域の区別の要《かなめ》となるのは、活動に要する時間とのあいだに結ばれるふたつの相異なった関係である。簡単な例を出そう。生きていくには水を飲まなければならない。遠くの井戸から水を取ってくるのに、毎日二時間歩かなければならないとしたら、私の活動は必要の領域にある。なぜなら、井戸まで歩いていくのに費やす時間それ自体には価値がなく、私の生を維持するという目的にとって手段でしかないからである。家に水道を引くことで必要な労働時間を短縮できるなら、私はそうするだろう。反対に、毎日二時間歩くことを充実した生に内在する一部として楽しむなら、私の活動は自由の領域にある。なぜなら、歩くことに費やす時間はそれ自体として価値があるからである。歩くという活動は、運動のため、水を得るための手段であるばかりか、私にとっては目的それ自体である。だから、もし歩くことに費やす時間を短縮できるとしても、私はそうはしないだろう。

ここで歩くことについて成立することは、意図的な活動すべてに当てはまる。問題となる活動が必要の領域に入るか、自由の領域に入るかは、私の活動の目的志向の構造に左右される。

本質的に言って、私の活動が私のしていることの目的に入るなら——たとえば、散歩が趣味だから歩くなら——私の活動は自由の領域にある。なぜなら、私がその活動に割く時間はそれ自体として価値があるからだ。その一方で、本質的に言って、私の活動が私のしていることの目的にかなっていないなら——たとえば、歩くという労力を払うのは必要な水を得るためだが、もっと効率的なやり方があればそちらを選ぶなら——、その活動は必要の領域にある。なぜなら、その活動に割く時間にはそれ自体としては価値がないからである。

　必要の領域と自由の領域をどのように区別するかは、一度決めたらそれで解決するようなものではなく、私たちの生における自由を問うには、この区別をつける必要がある。すべての活動をたんなる手段として扱う場合——私がすることは何ひとつそれ自体としては私にとって価値がない場合——、生を営むことは不可能である。なぜなら、そうであれば、私の生は、その活動に内在する目的を何ひとつもたないことになるだろう。それとは反対に、することすべてをそれ自体として価値があるものとして扱う場合も、私は生を営むことはできないだろう。なぜなら、そうであれば、私のすることすべてが私の生の目的の本質的な一部となり、私の生を用いて何をなすべきかという問いがなくなるだろう。

　このように、自由の領域と必要の領域は相互に依存している。両者はコインの裏表のように分離はできないが、区別はできる。ふたつの領域は同一ではない——だから私たちはそれぞれの領域の際立った形式的特徴を分析できる——が、一方は他方なしには存在できない。

　必要の領域と自由の領域の区別には、有限の生の時間がどのように根源的な価値尺度であるのかという問題の両面が反映されている。規範的な理解にしたがえば、私が必要の領域で何かをするときにその活動に費やす時間は、私にとって「コスト」である。私が必要の領域で行なう仕事は、私が必要とする対象——たとえば水——にかかわるものであり、そこでは、私の側でなんらかの労働形態が必要になる。必要の領域で私が労働に費やさなければならない時間が増えれば増えるほど、私の労働の産物に私が付与する価値は高まる。水を得るために毎日数時間歩かなければならないとしたら、その場合の水一杯は、自宅の蛇口をひねるだけで充分な飲み水を確保できる場合に比べて、私にとってずっと価値がある。遠く離れた井戸から何時間もかけて帰宅し、水をこぼしてしまったら、水が流れている蛇口のとなりで水をこぼしてしまった場合に比べて、私にとってずっと大きな損失である。なぜなら、前者の場合、必要とする水を取り戻すために、私の生の時間がさらに消費されることになるからである。

　労働時間と価値のあいだの相関関係は、必要の領域において私が生産したり入手したりする対象すべてに当てはまる。私が必要とする対象を確保するのに費やす時間は、それ自体としては価値がない。だから、私が必要とする対象の価値を決めるのは、消費対象を生成し維持するのにどれだけの生の時間が私にコストとしてかかるかである。

それゆえ、必要の領域で好まれる労働形態は、マルクスが「死んだ労働《デッド》」と呼ぶものである。死んだ労働とは、すでに完了し、今後の使用のために保管されている労働を指す。井戸から運んできた瓶詰の水には、一定量の完了した（「死んだ」）労働が詰まっており、それによって瓶詰の水の価値が決まる。さらに一般化すれば、くり返し実践することで身に着けた実践的ノウハウは、客体化された過去の労働であり、そのような労働形態に依拠することで、何かをするとき、毎回最初からやり直す必要がなくなる。どのような種類の物質的技術であれ、形態としては死んだ労働であるというのが、マルクスにとってもっとも重要なところである。なぜなら、技術は、私たちが物事を済ませるさいに絡んでくる生きた労働の量を減らす一方で、効率を上げることを可能にするからである。私たちの村の中央に井戸を掘れば、村人の誰もが、一日の時間のほんのわずかを費やすだけで、必要な水を手に入れることができる。

だから、理にかなった目標とは、必要の領域を縮小し、自由の領域を拡大することである。目的のための手段でしかない活動に割かなければならない時間が減れば、私たちにとってそれ自体が目的である活動に割ける時間は増える。このような活動が何であるかは所与ではないのであり、自由の領域に生きることとは、部分的には、生を生きるに値するものにするのは何かをめぐる私たちの考え方を発展させたり、変革させたりするための時間をもつことである。自由の領域では、私の活動は目的それ自体であり、そこには、何が目的それ自体になるべきかと問い質す活動も含まれている。なぜなら、私はそれらの活動を、物質的必要性のためでも、強制されてでもなく、私のコミットメントにもとづいて追求するからである。

このように、価値尺度は自由の領域と必要の領域で異なる。自由の領域では、対象や活動の価値と、それらをつくり出したり維持したりするのに必要な労働時間の量とのあいだには、直接的な相関関係はない。対象や活動の価値を左右するのは、私の規範的なコミットメントのほうである。たとえば、執筆作業に多くの時間を費やしたからというだけの理由で、執筆中の本の一章の価値が高まることはない。自由の領域では、執筆中の章の価値は、あるべき章の姿と私が考えるものにそれがどれだけ応えているかによって決まる。深遠な議論を短時間でつくり出すことができたら、その議論の価値は、長時間を費やして書き起こした凡庸な主張の価値を上回る。それと同じように、関係を築くのに何年も費やしたというただそれだけの理由で、その恋愛の価値が高まるわけではない。自由の領域では、私たちの関係の価値にかかわるのは、私たちの相互的なコミットメントであり、私たちが共有する生である。それと同じ理由で、私たちが自由の領域で費やす時間は、規範的なかたちで、否定的な「コスト」――埋め合わされるべきこと――と理解されるわけではない。むしろ、自由の領域で時間を費やすことは、即自的にも対自的にも価値がある。自由の領域における価値尺度は、蓄積された死んだ労働の量ではなく、私たちの生を営むための時間を私たちがどのくらいもっているかである。私たちにとって重要な活動を追求するための自由時間が多ければ多いほど、私たちはより豊かである。

必要の領域における否定的な価値尺度（労働時間のコスト）は、自由の領域における肯定的な価値尺度（私たちにとって重要な活動を追求する時間をもっていることの価値）を前提としている。必要の領域で私たちの富の尺度として機能する死んだ労働（たとえば、私たちが自分たちの利益になるように確保した財貨や技術）に価値があるのは、それによって私たちが費やさなければならない労働時間が短縮され、私たちが自分たちの生を営むためにより多くの時間を使えるようになるかぎりにおいてのことである。村の中央の井戸によって私たちの暮らし向きがよくなるのは、そのおかげでそれ以外のことを追求するために使える時間が増えるからである。

ここで私たちには、自由の領域における価値尺度と必要の領域における価値尺度がコインの裏表であることが、見え始めている。私が自分自身の自由時間に肯定的な価値を付与するからこそ、目的のための手段でしかないことに時間を費やさなければならなくなると、私はそれを否定的コストとみなすことができる。これはあなたにも当てはまることだ。なぜなら、そうでなければ、あなたは奴隷としてよろこんで私に仕えることになるだろう。分業が私たちのあいだで争点になりうるのは、自分の生を営むみずからの能力にあなたが価値を付与しているからであり、それは、自分の時間を使って何をすべきかを決断するあなたの能力と切り離せない。それゆえ誰が井戸まで歩いていって必要な水を取ってくるべきかを議論するとき、私たちは、自分たちの時間を必要の領域と自由の領域のあいだでどのように分けるべきかを議論しているのである。この議論――そして、それに続く経済的取り決め――が理解可能なのは、ひとえに、私たちが自分たちの自由時間に価値を付与しているからである。

したがって、自由の領域を増やし、必要の領域を減らすことが理にかなった目標であると言うとき、私は外在的な合理性の基準を押しつけているのではない。行為主体《エージェント》であることにコミットしている者は誰であれ、自身の自由の領域を増やし、必要の領域を減らすことにコミットしている。自身の生を隷属に捧げたいと主張する者でさえ、それを可能ならしめるには、隷属を自身による自由な選択であるとし、そうすることで、隷属を自身の自由の領域に属するものと定義するほかない。

このような根本的な意味で、私たちの誰もが、生を営んでいるというまさにそのおかげで、精神的に自由である。しかしながら、近代的な自由の概念に特有の約束とは、私たち一人ひとりを目的それ自体として承認すること、そうすることで、私たちの精神的自由を無条件の価値として承認することであり、そのような約束を私は以下でたどっていくつもりである。精神的自由は、そもそも、私たちが何かに価値を付与し、私たち自身をなんらかのコミットメントに繋ぎとめることを可能にするのであり、だからこそ、精神的自由は無条件の価値である。精神的自由はつねに、生を営むさいの暗黙裡の条件ではあったが、近代的な自由の概念はそれを明示的なものにする。近代的な自由の捉え方によれば、私たちは、所与の社会的役割（家族、職業、宗教、国籍、民族、ジェンダー）によって一度にすべて定義されてしまうべきではない。むしろ、私たちは、自分自身についての規範的な捉え方をつくり変えることにかんして自由であるべきであり、私たちの制度はそのような自由を反映しているべきである。

　無条件の価値として精神的自由にコミットすることは、マルクスの思想全体にとって決定的なものである。マルクスによる資本主義批判が意味をなすのは、社会的個人が自身の生を営む自由にたいするマルクスのコミットメントに照らし合わせる場合だけである。だからこそ、マルクスによる自由民主主義《リベラルデモクラシー》批判は、内在批判なのである。内在批判は、外から押しつけられた理想の名のもとに制度やイデオロギーを批判することはない。そうではなく、内在批判は、制度やイデオロギーが奉じる公然の理想と、制度やイデオロギーが自身にたいして設けている現実の実践形態とのあいだの矛盾を探し当てる。そのような矛盾が内在的なのは、それが、制度やイデオロギーそれ自体に本来的にそなわっているものだからである。

　自由民主主義のなかでマルクスにとって最重要なのは、私たち一人ひとりが各々の生を営むことができるべきだという公然の理想である。マルクスが生きた時代から現在にいたるまで、形態のうえで相異なっていた自由主義はますます多種多様になったが、あらゆる自由主義思想の核心をなすコミットメントは、各個人の価値の平等にたいするものであり、ここでの平等とは、私たちがみな同じであるという意味でもなければ、各個人の生が誰か他の個人の生と比較して相対的に価値があるという意味でもなく、各個人の生がそれ自体として究極的な価値をもっているという意味での平等である。端的に言えば、自由主義の核心的なコミットメントとは、私たち一人ひとりを目的それ自体として認識することである。

　個人の自由にたいする自由主義のコミットメントにそなわっている、要求水準の高い、特筆すべき性格は、立ち止まって考えてみる価値がある。キリスト教はしばしば、個人は平等にして究極的な価値をもつという考え方の生みの親として称讃されるが、この考えをキリスト教に帰すのは明白な誤りである。キリスト教では、私たちの個としての無限の価値は、私たちが不滅の霊魂をもっており、神の愛の対象であるという仮定に立脚している。私たちの個としての価値は、私たちの有限の生に本来的にそなわっているものではなく、救済という地平が必要とされている。事実、キリスト教の言説には、私たちの生が無価値なはかない塵でないのは、神の愛と不死の救済があればこそであるということを思い出させる箇所が山のようにある。

　私たちはまったく有限だが、依然として究極の価値——目的それ自体——をもちうるという考え方は、キリスト教の内部では不可能である。だが、これこそ、自由主義思想の核心にある考え方にほかならない。個人一人ひとりの究極的な価値にたいする自由主義のコミットメントは、私たちの魂の不死性という仮定にも、私たちの本性の生来的な善良さについての仮定にも依拠していない。自由主義は私たちの有限性、誤謬性、堕落可能性を受け入れ、しかも、それらの特性を原罪や堕落した状態の証しとはみない。むしろ、私たちが堕落しうることと、完全になりうることとは、両立する。だからこそ、私たちが個人として、集団として自分たちの生を営むなかで——よしにつけ、あしきにつけ——すべてが争点となる。私たちの生が究極的な価値をもつのは、私たちが不死であったり、善をなすように生まれついているからではなく、私たちには自分たちの生を営むことができるからであり、そこには、害をなしたり、営みに失敗したりするリスクがつねにつきまとっている。これらのリスクは排除できないし、排除すべきでもない。なぜなら、そのようなリスクは、自由な生を営むことが意味することの一部だからだ。

　個人の自由にたいする自由主義のコミットメントは、世俗的信の明示的形態とみなすことができる。私たち自身の有限な生を営む能力に究極的な価値があるという考え方は、この世についてのいかなる経験的事実からも、いかなる宗教的啓示からも、引き出されえない。むしろ、この考え方が表明しているのは規範的コミットメントであり、それは、私たちがそこにみずからを繋ぎとめるとともに、それにたいして信を保ち続けなければならないものである。このコミットメントが理由の空間を開くが——なぜなら、これが、互いをどう扱うべきかについて、私たちを暗黙裡の条件群に縛りつけるからである——、これらの理由が拘束力をもつのは、私たちがこのコミットメントに信を保ち続けるかぎりにおいてのことである。ここでもまた、世俗的理由と世俗的信はコインの裏表である。私たちは個人の自由にたいするコミットメントを規範的なものとして捉え、それに信を保ち続けなければならない。なぜなら、私たちのコミットメントが生きるのは、私たちのなかで、私たちをとおしてのことでしかないからである。

　決定的に重要な問いは、個人の自由へのコミットメントの必然的な相伴物とは何かである。相伴物を特定するのは、コミットメントそれ自体ではない。相伴物の第一の例は、法の前の平等と、憲法上の権利の保護にたいするコミットメントである。実質的には、あらゆる自由主義思想家がこれらの原理を是認してきたが、誰が法の前の平等と憲法上の権利を享受すべきかは、依然として議論が続いている主題でもある。ジョン・スチュアート・ミルは、他に先んじて、その古典的論考『自由論』において、「妻にも同じ権利を与え、同じように法的に保護すればよい」と論じるために自由主義の原理に訴えかけているが、その一方で、「こうした不正な現実を擁護する人々は、個人の自由を根拠としているわけではなく、ただ権力の擁護者であることを平然と公言しているだけだ[9]」と記している。ここでミルが追求しているのは、内在批判——自由主義の伝統を、自由主義それ自体の用語で批判すること——である。なぜなら、ミルが注意を促しているのは、自由主義を公けに奉じる者が、男性には認められている法的地位を既婚女性には認めないことによって、いかにして自由主義の原理の適応に失敗しているかという点だからである。内在批判の同様の論理は、女性解放から、人種、階級、性的指向のアイデンティティによって排除された集団の解放にいたるまで、過去一五〇年、私たちが目の当たりにしてきた権利の拡大の基盤にある。解放の仕事がどれほど部分的なものでしかないとしても――そして、形式的には平等主義を奉じる社会が、あまりに多くの現実の不自由を許容していることが、どれほど偽善的であるとしても――、個人の自由にたいする訴えがなかったら、なんの進歩もありえなかっただろう。現実の不自由を偽善として――批判の機会として理解することさえできるのは、私たちが集団として自由にコミットしているからである。そのようなコミットメントが、脆くて壊れやすい、史上類をみない歴史的達成であることは、たやすく忘れられてしまう。人間の歴史を遡ってみても、これに類するコミットメントはなく、せいぜい支配的な部族的規範の形態があるばかりだ。そのような規範によれば、奴隷や従属集団は「自然」なものとして存在しており、そのような者たちは権力者に物言うことはできないという。

　自由主義の伝統に特徴的な内在批判の第二の形態は、権利それ自体の地位にかかわるものである。形式的ないしは法律的な概念としての自由――自由への権利にすぎないもの――にただコミットしているだけの古典的な自由主義理論は、自由の概念を骨抜きにしていると、長きにわたって批判されてきた。自由にたいする私の法的権利がなにかしらの価値をもつのは、私の生活を営み、私の自由を用いるための手段を私がもち合わせている場合だけである。これらの手段には、私の生を営むことを可能にするさまざまな仕方へと私を開いてくれる教育が含まれているのに加えて、生存を確保するのに費やさなければならない時間を減らし、自分の自由を用いて何をなすべきかという問いに取り組む時間を得ることを可能にする、充分な量の物質的資源も含まれている。自由主義の哲学者アイザイア・バーリンが指摘しているように、自由の価値は「自由を用いるための十分条件」[10]に左右される。自由を用いるための十分条件とみなされるべきものは何かという問い自体は広く論議されているが、十分条件を提供することにたいする一般的なコミットメントを捉えているのは、実効的自由の原理――自由主義の平等主義的な正義の根本的な教義――である。[11]この原理は、自身の自由を実効的に――現実《アクチュアル》に――用いることを可能にする資源の妥当な分け前を、すべての市民は合法的に要求できると主張する。この原理は、個人的自由にたいする形式的な注目にとどまらず、富の再分配や社会民主的形態を推進する系統の自由主義の土台をなしている。

　第三の――前出のものと深く関連した――内在批判の形態は、個人それ自体についての自由主義の捉え方に焦点を当てる。古典的な自由主義論を担っているのは「抽象的」な概念としての個人であり、そのせいで、私たちの個人性がどのようにして社会的文脈や他者の承認に依拠しているのかが等閑視されている。孤立した状態では、私は何者でもありえないし、何もできない。完全にひとりになっているときでさえ、私が何者でありうるか、何ができるかについての感覚は、社会規範の影響を受けており、社会規範にたいして私がなんらかの選択肢をもつようになるのは、社会規範によって自分がかたちづくられた後のことである。これは、所与の社会規範によって私が完全に決定されているというのではなく（もしそうであれば、自由は存在しないだろう）、独立した個人であるという私の感覚は、他者が私を独立した個人として承認し、そのように扱ってくれることを必要とするということである。独立の感覚――自由な精神的生を営む感覚――は、他者と無関係に獲得されるものではありえない（たとえば、面倒を見てくれる人がいない野生育ちは、そのような感覚はもちえない）。独立の感覚は、独立した存在として他者から承認されること、そして、自身の生のために生存手段を確保するだけの活動から十分な程度の独立を可能にしてくれる物質的資源をもっていることに左右される。

マルクスは自由主義にたいするこれら三つの形態の内在批判をすべて追究しており、実を言えば、これらを厳密なかたちで定式化した最初のひとりに数えられる。しかしながら、マルクスは自由主義の伝統に属する誰にもまして、自由主義の内在批判をその先の先へと進め、奥深くまで掘り下げている。マルクスは次のように見ている。自由主義が自由について省察をめぐらすとき、そのような省察のすべてにとって枠組みとなるものを提供する基本的な社会形態――資本主義――それ自体が、自由の現実化に反している。自由主義論は、資本主義にたいするさまざまな形態の規制を推進するかもしれないが、資本主義という社会形態それ自体を疑問に付すことはけっしてない。それとは対照的に、マルクスは、自由へのコミットメントが、資本主義の強いる社会組織や分業によって裏切られていると論じる。もっとも根本的なことに――私がこれから示していくように――資本主義下での価値の尺度と社会的富の尺度は、自由時間の価値と真っ向から矛盾する。

マルクスの資本主義批判の争点を把握するには、マルクスに先行する哲学者のなかの最重要人物であるG・W・F・ヘーゲルが明確にした自由の概念を参照するのが有益である。ヘーゲルの歴史哲学によれば、歴史上の人々はみな、つねに、「即自的」に（自分自身の行動において）自由ではあったが、古代ギリシアにおいてのみ、明示的に「対自的」に（自身の行動についての自己理解において）自由になったという。にもかかわらず、ギリシア人は、ヘーゲルが自由の〈理念〉と呼ぶもの――それは、「誰も《オール》が自由である」というコミットメントを体現する制度的実践を要求する――を達成できなかった。そうではなく、古代ギリシアにおける現実的なコミットメントは、「誰か《サム》だけが自由である」であった。なぜなら、そのような誰かの自由な生は、それ以外の誰かの奴隷労働に依存していたからである。この見方に内在する矛盾が、アリストテレスに現れている。アリストテレスは「自然の」奴隷がいるという考えを擁護し、なおかつ、「奴隷もまた人間であり理性の一部をもつものであるから、奴隷が徳をもたぬというのも奇妙である」[12]と譲歩してもいる。ヘーゲルにしてみれば、そのようなあからさまな自己矛盾それ自体が、進歩の形態である。なぜなら、そのおかげで、奴隷制をとおした自由の否定を、当たり前のように正当化されたものとしてではなく、異議を唱えることができる矛盾として見ることができるからである。しかし、自由の〈理念〉（「万人《オール》が自由である」）は、古代ギリシアでも、ローマ帝国でも、中世封建制でも、達成されなかった。なぜなら、これらの生の形態はみな、奴隷という制度と「自然な」従属という概念の両方が、またはそのどちらかが合法的であると主張していたからである。

　自由の〈理念〉は物質的で社会的な実践と切り離せないというのが、ヘーゲルのラディカルな哲学的主張である。自由の〈理念〉なるものは抽象的なものではないのであり、それがひとつの自由の〈理念〉になるには、具体的な制度的実践のなかで具現化されなければならない。ヘーゲルが好んだ用語を使えば、自由の〈理念〉は「wirklich《ヴィルクリッヒ》」――現実的《アクチュアル》、実在的《リアル》、実効的《エフェクティヴ》、作動中《アット・ワーク》――でなければならないのであり、そのためには、誰もが自分自身の生を営む自由を承認する制度を私たちが維持することが必要になる。ヘーゲルにとって、私たち自身の生を営む自由とは、私たちが自然にもっているとされている性向に従う自由があることにかかわるものではない。そうではなく、私たち自身の生を営む自由それ自体が、社会歴史的な達成であり、そのためには、制度的実践――そのようなものを経由することで、私たちは自分自身や自分自身の性向をそもそも理解するようになる――によって、私たちが自由な主体として形成される必要がある。

　私たちは生物として自己充足を追い求めるが、私たちは精神的な生物であるため、私たちにとって何が自己充足に該当するかは、自然的所与ではない。自己充足を目指す奮闘の構成的な形式と、利己的な享楽を目指す奮闘の特定の内容とを混同するのは、哲学にとって致命的な誤りである。そのような混同が起こると――政治理論や経済理論の主流派の伝統でそのようなことが起こっている――、利己的な享楽の目的が、私たちの行動の自然な原因として、私たちの社会的形成に先行するものとして扱われることになる。自分自身を本来的に社会的存在であると理解するのではなく、私たちは自然に利己的な生物とみなされ、協同するのも、国家を樹立するのも、純粋に道具的な理由に駆られてのことだとされる。

　しかしながら、私たちがコミットする対象を、私たちがみずからを見いだす社会的な生の形態とは無関係に措定するのは論点の先取りである。自分自身にしても、自身の行動にしても、それらを理解するのは社会世界をとおしてのことであり、そのような社会世界によってすでに形成されていない自分自身を見いだすことができた行為主体《エージェント》はいまだかつて存在しない。精神的存在として、私が自分自身を何者かである、何かをすると理解できるのは、他者に承認された実践的アイデンティティを私がもっている場合だけである。私の行動を、私が何者であるか

——私が利己主義者であることも含めて——の表現として受け取ってもらうには、私のすることが規範に従属していなければならない。そのような規範とは社会的に制定されたもので、私が成功したり失敗したりすることがありうるのは、それとの関係においてのことである。利己主義者であることは、自然的事実ではなく、私が維持しなければならない実践的アイデンティティである。

私たちの実践的アイデンティティは、私たちが所属する社会から切り離せない。もし私たちが、資源をめぐる競争が相互関係の支配的様式である社会で暮らし、働いていれば、私たちは自分たちのことを、まずなにより、資源をめぐって競争する生物として理解するだろう。表面的には自然なものに見える私たちの利己主義は、それ自体が、私たちの社会形成にかかわるものである。もし私たちが、自分自身のことを、社会のなかで集合体を形成する原子的個人——そして、私たち一人ひとりが、利己的な目的を追求するように駆り立てられている——とみなすなら、それは、私たちが自然的事実として原子的個人の集合体だからではなく、私たちが社会化されていく世界では、私たちが、自然に駆り立てられて利己的な目的を追求する原子的個人であるかのように互いを扱い、互いを承認しているからである。

自己充足の形式と、利己的享楽の内容とを混同することは、範疇誤認《カテゴリーミステイク》であり、その大元が原罪という宗教的概念にあることは間違いない。問題は、私たちが自己充足にコミットしていることではない。私たちの誰もが、充足的な生を営むに値する。決定的な係争点となるのは、私たちにとって何が自己充足に該当するかである。私たちがもつ精神的自由のおかげで、私たちにとって何が自己充足に該当するかは、けっして一度にすべて決まることはない。利己的な享楽のうちに自己充足を見いだすことは、自己充足の特定的で限定的な内容であり、自己充足一般の形式ではない。たとえば、他人が開花繁栄するのを助けることに充実感を見いだすのは、自己充足の一形式であるが、この自己充足の形式によって、他人を助けることが利己的な享楽にかかわるものになることはない。それとは反対に、この自己充足の形式は、他人を助けるという活動を、疎外感ではなく充実感を覚えるものに、私が自分自身を見いだし、そこに自分自身のコミットメントを認める活動に変えることを可能にする。

ヘーゲルにとって、現実的《アクチュアル》な自由社会とは、共通善にたいする私たちのコミットメントを、私たち自身の自由の可能性の条件として認識できる社会である。国家の法を、私たちに押しつけられたもの、私たち自身の自己利害を強制的に制限するものと見るのではなく、私たちが自由な生を営むことにコミットしているがゆえに、国家の法に縛られているとみなす——そして、そのようなコミットメントの要求によって、国家の法を、私たちが異議を唱え、つくり変えられるものとみなす——ことができなければならない。このような国家と個人の相互承認が、現実的な自由の条件である。ヘーゲルが強調しているように、「自由の理念は真実にはもっぱら国家としてのみ存在する」[13]。この要点の真実を把握するために、ヘーゲルの時代特有の国家の捉え方を受け入れる必要はない。いかなるかたちであれ、個人の自由を行使することが可能になるには、なにかしらの形態の集団的自己立法が必要不可欠であることが把握できれば、それで充分である。問題は、私たちが国家をもつべきかどうかではない。国家に参加すること――集団的な生の形態という意味での国家に参加すること――に選択の余地はない。精神的に自由な存在――社会が制度化した規範によってはじめから構成されている存在――にとって、国家はつねに、根源的で還元不可能な条件である。問題は、現実的な自由と相互承認のために、どの種類の国家が必要かである。ヘーゲルにとって、相互承認は心理的な争点ではない。要点は、誰もが、心理的事実にかかわるものとして、国家の法との自己同一化を確実に行なえるようにすることではない。むしろ、相互承認は、国家の合理的な制度的構造にかかわるものであり、そのようなものだからこそ、原理的には、誰もが、自分自身の自由の形成と涵養を可能にするものとして、共通善の形成と涵養を承認できるようになっていなければならないのである[14]。

これと同じ理由で、制度による自由の形成は、従順な市民をつくり出すために、外在的動機によって作られた法律や規則を主体に押しつけることにかかわるものではない。それとは反対に、制度による自由の形成とは、自身が従属する規範を、自分で自分を縛りつけた規範として理解できる市民になること、つまり、自身の行動は内在的動機によるものであり、自身がなすことを、自分自身にたいしても、他者にたいしても正当化できる市民になることを可能にする教育形態――そして、その他の制度的実践――を提供することにかかわるものである。

ヘーゲルは『法の哲学』で、「万人のための自由」としての自由の〈理念〉が歴史的に達成したことに訴えかけることで、近代国家と市場経済の基盤（Grundlinien）の正当化を試みている。ここで問題となっている進歩は、私たちの歴史的自由を確保する神的摂理のいかなる形態も反映していない。ヘーゲルのなかには、先見《プロスペクティヴ》的な歴史的必然性はまったくなく、回顧《レトロスペクティヴ》的な承認だけがある。「誰かは自由である」にたいするコミットメントから、「誰もが自由である」にたいするコミットメントに進んでいくことで、私たちは、さらに十分な自由の概念を達成してきたという回顧的な承認である[15]。私たちの自由についてのこのような明示的承認は、私たち自身についての事実の観察にとどまるものではなく、それ自体、私たちが何者でありうるか、何をなしうるかをつくり変えていく。私たちが自由にたいするコミットメントに誠実であるには、あれこれの制度的実践が必要であることが示されうるという意味で、自由にたいするコミットメントには実践的な必要性の感覚がともなう。この実践的必要性の感覚は、歴史における形而上学的な必然的進歩という古臭い感覚――誤ってヘーゲルに帰されているもの――とは峻別されなければならない。自由の〈理念〉はけっして現実的《アクチュアル》にはなりえなかったかもしれないし――自由の

〈理念〉は偶発的な歴史的達成であり、私たちが維持するコミットメントに左右される――、現実的になり損ねる可能性はつねにある。なぜなら、自由の〈理念〉は、私たちが自分たちの実践をとおして維持するかぎりにおいてしか存在しないからである。

だとすれば、問題は、近代国家と、近代国家が依拠する市場経済が、「現実的《アクチュアル》（wirklich）」な自由社会と両立するのかどうかである。これがマルクスがヘーゲルに提起した批判的問いだが、これは正しく提起されなければならない。マルクス自身によるヘーゲル批判は中途半端である。なぜなら、マルクスはヘーゲルの哲学的論理を捉えきっていないからである。マルクスは、ヘーゲルが、資本主義的な財産権と賃金労働の搾取にたいする国家の保護を正当化するために「抽象的な」自由の〈理念〉を社会に押しつけていると思い込んでいる。そうすることで、ヘーゲルの哲学的論理や自由の〈理念〉が、どのようにして、マルクス自身が追求する資本主義批判のための決定的な資源を提供しているのかを見逃してしまう。ヘーゲルが資本主義を正当化していると言えるのは、ヘーゲルが社会に抽象的〈理念〉を押しつけているからではなく、実際の分析のなかで自身の自由の〈理念〉の含意や要求を最後まで突き詰めていない部分があるという点である。

ヘーゲルは、彼自身が属するプロイセン国家のなかで、すべてがしかるべくあるわけではないことをはっきりと認める一方で、自由の〈理念〉の基盤は、近代国家の到来、根本的な自由権の制度、市場経済の基本的な規制とともに達成されたと主張してもいる。それと同時に、とくに「賤民」の問題の扱い方をとおして、『法の哲学』におけるこの主張を疑問視するための資源をヘーゲルみずからが私たちに与えてもいる。ヘーゲルの賤民概念は、社会の要求を、自分たちのものとして承認できない社会集団すべてを指す。ヘーゲルが賤民の主要な例として挙げるのは、市民社会の市場社会によって取り残され、貧困に苦しむ人々である。ヘーゲルは次のように述べている。「貧民はあらゆることから排除され、侮辱されていると感じており、そこで必然的に内的な憤激が生じます［…］。貧民は恣意にたいして、つまり人間の偶然性にたいして振る舞っていると感じており、そして、貧民がその恣意によってこの分裂の中に置かれているという先ほどの分析にあるように、このことが憤激を引き起こすもとなのです[16]」。重要なことに、この賤民の性質は大貧窮からも大富裕からも生じうるとヘーゲルは述べている。「一面では、貧困が法の不承認という賤民性の基礎にあるように、他面では、富の中にも同じように賤民性の心情が現れます。金持ちは、すべてのものを買えると考えます。なぜなら、自分を自己意識の特殊性の力として自覚するからです。富はかくして金持ちを、貧しい賤民が陥るのと同じ愚弄と破廉恥にいたらしめるのです。奴隷に対する主人の心情は、奴隷の心情と同一です。［…］このふたつの側面、すなわち貧困と富が、市民社会の破滅をもたらすのです[17]」。賤民の問題は、ヘーゲルにとってとりわけ深刻なものである。なぜなら、近代国家と市場経済を正当化するという彼の試みは、市民一人ひとりが、原則として、自由な生を営むことを可能にするものとしてそれらの制度を承認できることにかかっているが、それは、賤民があらかじめ締め出されている承認だからである。

それゆえ、決定的に重要な問いとは、資本主義社会が賤民の生産を回避し、万人の自由にたいするコミットメントをその制度的合理性において具現化できるかどうかである。ヘーゲルは「できる」と答えるが、彼自身による市民社会の分析は、なぜ「できない」が答えなのかというマルクスの議論を確証している。

ヘーゲルが明らかにしているように、自由社会の制度的合理性は、富の生産が、目的それ自体ではなく、市民一人ひとりの幸福《ウェルビーイング》のためのものであることを要求する。ヘーゲルは次のように強調している。「個々人の生計と福祉の保障が——つまり、特殊的福祉が権利として扱われ、現実化される」[18]。ここでの特殊的福祉とは、最低限の生活の維持にかかわるだけのものではなく、まずは自分自身が、そして次に、自身が承認する他者が、尊厳あるものだと認識できる自由な生を営む社会的可能性をもっていることにかかわるものである。しかしながら、福祉と尊厳にたいする市民一人ひとりのコミットメントは、資本主義において社会的富を生産する条件である賃金労働の力学と矛盾する。ヘーゲルが指摘しているように、市民社会の市場経済は貧困と失業の問題にたいしてふたつの解決策しか提示できないし、それらの解決策は根本的に不充分である[19]。一方において、貧困層は慈善や公的福祉給付の支援を受けられるが、それは究極的には不充分である。なぜなら、有意義な職——それは、自分自身の幸福《ウェルビーイング》と、自身が属する社会の共通善に貢献する回路である——に就いているという社会的承認をもたらさないからである。他方において、市民社会において「生産物の量を増大させるであろう」有給職、つまり、賃金労働のさらなる創出によって、貧困層は暮らしていけるようになる[20]。だが、ヘーゲルが洞察鋭く述べているように、「生産物の過多と、これとつり合った、それ自身生産者でもある消費者の不足が生じ、まさしくそこに弊害が存することになる。この弊害は以上のふたつの仕方では増大するばかりである」[21]。

過剰生産の問題が起こるのは、商品の生産が、商品の生産者の購入力（賃金）を上回るときである。市民社会は、貧困と失業の効果を治療しようとして、過剰生産に導かれていくのであり、それが連鎖して、新たな形態の貧困と失業を生み出していく。それゆえ、ヘーゲルは、「富の過剰にもかかわらず、市民社会が十分には富んでいないこと、すなわち、市民社会がその固有の資産において、貧困の過剰と賤民の出現を妨げるのに十分なほどのものを具えていない」[22]と結論している。過剰生産の問題を解決するために、市民社会は「みずからを越え出て」、他国民下で「消費者をもとめるように」[23]駆り立てられる。事実、ヘーゲルは次のように説明している。「生産が消費する側の需要を超過するときには」「自分の労働によって自分の欲求の充足をえられない多くのひとびとが生じる」ため、「市民社会は植民地を建設するように駆りたてられる[24]」。しかしながら、資本主義市場の国際的な拡大は、問題を解決するどころか、過剰生産の問題と賤民の形成をグローバルな規模で再生産する。

ヘーゲルはここで、マルクスが後に資本主義的な富の生産における根本的な矛盾として分析するものにつうじる道を指し示している。ヘーゲルが同定する過剰生産と失業の問題は、社会的富の生産が賃金労働に依拠している以上、避けられないものである。後で見ていくように、賃金労働の力学は、あらゆる形態の資本主義に当てはまる最小限の定義であり、それは、自由社会の制度的合理性と両立しうるものとして資本主義を正当化しようといういかなる試みにとっても致命的なものである。

それゆえ、マルクスの資本主義批判の最良の理解とは、自由の〈理念〉を現実《アクチュアル》のものにすることにたいするコミットメントによって動機づけられた批判と捉えることである[25]。マルクスがしばしば引き合いに出す、賃金労働と奴隷制の比較が、ここではわかりやすい。ヘーゲルが存命中によく気づいていたように、自由の〈理念〉（「万人が自由である」）にたいする公然のコミットメントは、民主主義的と目される国家が奴隷制度を維持することを妨げなかった。しかしながら、ヘーゲルにとって決定的な要点とは、自由の〈理念〉が歴史的に達成したことによって、奴隷制を、矛盾含みの自己毀損的な社会形態として認識できるようになったこと、私たちが何者であるかについての私たちの〈理念〉に誠実であるには、そのような社会形態は克服されなければならないことである。これと同じように、マルクスは、賃金労働が矛盾含みの自己毀損的な社会形態であり、私たちが現実的な自由と平等を達成するには克服されなければならないものであると論じている。この問題にたいする返答として、私たちの経済生活や社会生活は賃金労働がなければどうにも機能しないと述べる者は多い。しかしながら、奴隷制についても同様の議論がなされていたことを思い出すべきである。奴隷制の痛ましい否定的な諸相を認識していた多くの傑出した思想家たちでさえ、奴隷制という制度はなくてはならないものであり、奴隷制がなければ自由社会はバラバラになってしまうだろうという主張を変えなかった。誰かを奴隷化することが、他の誰かの自由のために必要であるという考え方は、ともに生き、ともに働く可能性を――歴史的な生の形態の内側から――開示することによってのみ、克服されうるだろう。これと同じ難問が、賃金労働批判にもある。賃金労働批判は、なぜ各人の自由にたいする私たちのコミットメントが、私たちの経済生活を別のかたちで共有する必要があるのかを開示しなければならない。だから、私が以下で試みるのは、次のことを示すことである。自由の〈理念〉が求めているのは、私たちが賃金労働という社会形態を克服することである。賃金労働という社会形態は、自由と平等という民主主義的な約束をその身のうちに宿している一方で、賃金労働の力学は、究極的には、現実的な民主主義国家――各々が依拠し、各々が貢献する制度のなかに、一人ひとりが自分自身を見いだせるような国家――を達成し、維持することを不可能にする。そのような国家は、現実的な民主主義国家によるグローバルな連合とともに、自由な生を営む私たちの能力を相互に承認するための必要条件である。

Ⅲ

決定的に重要なのは、自由主義の場合と同じように、マルクスの資本主義批判が内在批判——資本主義の条件そのものからの批判——だということを理解することである。マルクスは資本主義に先行する社会的な生産形態や物質的な生産様式になんのノスタルジーも抱いていない。そのうえ、資本主義は、マルクス自身が訴えかける平等と自由の概念の可能性の歴史的条件である。マルクスが強調しているように、資本主義の経済関係は「あらゆる平等と自由の生産的で実在的な土台」を提供しているのであり、それは、「自由と平等は、古代世界においても中世においてもまだ実現されていなかった生産関係を前提としている」からである。[26] 平等と自由についての自由主義の理念は、資本主義を克服することをとおして成就されうる一方で、そのような理念自体の歴史的な出現は、資本主義的な生産様式と切り離せない。

資本主義のふたつの特徴がここではとくに重要である。第一に、資本主義社会では、社会秩序はもはや、宗教的教義や貴族的血統への訴えによって正当化されない。先行する社会生活形態では、あたかも出自だけでひとりの人間がもうひとりの人間より上位に来ることが確立されうるかのように、神的権利や自然権なるものによって権力のヒエラルキーが正当化されていた。だからこそ、支配と搾取の根本にある経済階級の利害が隠されていた。それとは対照的に、資本主義下では、経済的権力が社会的不平等の源泉であることが明示的に認められる。資本主義下では、原理的には、誰かが他の誰かを支配する所与の権利をもたないという意味で、私たちはみな平等である。権力のヒエラルキーは、買い手と売り手、資本家と労働者の関係をとおして確立される。しかし、誰かがあの地位ではなくこの地位を占める（または、誰かをあの地位ではなくこの地位から排除する）権利を付与する神的秩序も自然秩序も存在しない。原理的には、どの買い手も、財力があれば財産を所有する権利があり、どの売り手も、付け値を拒んだり受け入れたりする権利がある。マルクスは次のように説明している。「商品を三シリングで買う労働者も、同じことをする王も、売り手には同じ機能、同じ平等性において、すなわち、三シリングという形態において、立ち現れる。両者のあいだの区別はすべて消え失せる。売り手として、売り手は三シリングの価格の商品の所有者として立ち現れるのみであり、それゆえ、両者は完全に平等なのである」。[27] 血統も、カーストも、人種も、ジェンダーも、いかなる神の認可も、資本主義下での支配を正当化できない。こう言ったからといって、人種差別、性差別、その他の偏見の形態が資本主義下での搾取を正当化する役割を担っていることを否定しているのではない。しかし、以前の時代とは違い、これらを正当化することは原理的に不正であると暴露できる。

第二に、資本主義下で経済関係に参加する者は誰であれ自由であることが、形式的には承認されている。古代ギリシアやローマの奴隷制、中世における農奴制とは違い、資本主義下では、誰かの生を所有する権利をもつ者はいない。もちろん、にもかかわらず、多くの資本主義社会がさまざまな形態の奴隷制を許容してきたことは歴史的事実ではある。しかしながら、賃金労働制のおかげで、原理的には、各人が自身の生を「所有すること」を承認できる。私たちは他人のために働くことを強いられてはいないが、自分の望む相手に自身の労働力を売るのは「自由」である。もっとも重要なのは、私たちの生の時間が、私たち自身の所有物と認められていることである。私はなんの財産も所有していないかもしれないし、私が所有している財産はすべて他人に譲渡可能である。しかし、私の生の時間は、どこまでいっても私自身のもの――私が生きているかぎり私のもの――である。したがって、賃金と引き換えに私の労働力を他人に売るとき、私は必然的に自分自身の生を売っている。私の時間は私の生と切り離せないのであり、私の時間に価値があることが、資本主義下では明示的に認められている。

このように、資本主義の経済関係をとおして出現する平等と自由の概念は、おのずから内在批判に通じている。私たちが平等であることは形式的には認められているものの、私たちは依然として最初から不平等である。なぜなら、私たちがどれだけの財産と資本を相続したかが、私たちのあいだの権力関係を左右するからである。もし私が生産手段を所有していれば、私は賃金と引き換えにあなたを雇用して利潤を上げることができるし、それはめぐりめぐって、私の資本を増加させる。その一方で、もしあなたが生産手段を所有していなければ、あなたは自身の労働時間を、私なり、誰それの資本家なりに売る以外の選択肢をもたない（あなたが生きることをやめるという「選択」をするのでなければ）。あなたが自由であることは形式的には認められている一方で、実質的には、他人の利潤のために労働して生きていくことを強いられている。ひとりの人間が別の人間によって従属させられることを正当化する機能を果たすのは、いまや、宗教でも自然でもなく、経済関係である。

これがどのように機能するかを見るには、まず、マルクスの基本的なカテゴリーを見ていく必要がある。それゆえ、前節で取り上げた村と水の供給の話に立ち戻ることにしよう。資本主義以前でさえ、水の供給はマルクスが言う意味での商品でありえた。なぜなら、水の獲得には労働時間がかかるからだ。何をしなくても勝手に水が手に入るということはなく、水を手に入れるにはなんらかの形態の労働――たとえそれが、小川から水を汲んでくるだけの労働であるとしても――をしなければならない。労働時間がかかるものは何であれ、マルクスの言う意味での商品でありうる。だからこそ、私たちが呼吸する空気は（私たちが飲む水とは違って）、商品ではありえない。私たちが呼吸する空気は、私たちの側でなんらかの労働をしなくても入手可能であり、それゆえ、商品ではありえない。空気をきれいにするために何かをしなければならないとすれば、清浄な空気は商品になりうるし、汚染のせいで、今後、それが実際に高価な商品になる可能性はある。

商品の一般的な形態は、資本主義に特有というわけではなく、使用価値と交換価値の両方をもつものにそなわっているものである。商品の使用価値は、商品が果たす目的であり、それは、商品には複数の使用価値がありうることを意味する。たとえば、水一ガロン〔＝三・七八五リットル〕の使用価値は、喉が渇いている人を潤すことでもあれば、汚れている人をきれいにすること、服や皿を洗うこと、植物を育てることなどでもありうる。しかしながら、水一ガロンの交換価値は、水の特定の使用価値との絡みではなく、他の商品の価値との比較で決まる。

交換価値の問題は、私たちが何かを他の何かと取り引きするとき、必ず発生している。水一ガロンでよいのに二ガロンあるとき、私は不要な一ガロンを靴と取り引きすることを考えるかもしれない。何かを他の何かと取り引きするとき、私たちはそれらふたつのものが、たとえ使用価値はまったく異なるとしても(喉が渇いているときに靴は役に立たないだろうし、足が冷えているときに水は役に立たないだろう)、交換価値は同じであるという取り決めをしている。交換価値の等価性は、貨幣という形態で――たとえば靴一足には水一ガロンかかるという場合のように――表現されうるが、貨幣形態は資本主義に先行するものであり、貨幣形態にしても、それに先行する原始的な交換価値の測定形態があることを覚えておくのは重要である。どのような形態の財の交換であれ、交換価値というカテゴリーを必要とするのであり、それはつまり、異なる商品の価値の比較を可能にする測定基準が必要だということである。

交換価値における価値尺度をどのように理解するかは、底の深い問題である。マルクスが『資本論』のなかで私たちに思い出させているように、この問いを厳密なかたちで提起した最初の人物はアリストテレスである。アリストテレスは次のように指摘している。「交易は均等性なしには成立せず、均等性は通約性なしには存在しない」[28]。水一ガロンを靴一足と交換するには、たとえ水一ガロンと靴一足が比較不可能であるとしても、両者の価値は比較できなければならない。どうすればそのような比較のための本当の基礎がありうるかは不明である、とアリストテレスは譲歩する。「現実的には、そのような異なる事物が通約可能であるはずがない」と断言し、アリストテレスは交換価値の尺度を「実際的必要にたいする緊急措置」に還元する[29]。それとは対照的に、マルクスは交換価値のための本当の価値尺度があると強調する。労働時間である。すべての商品が共有していること――そして、それらの価値の比較を可能にすること――は、それらの生産には労働時間というコストがかかることである。水一ガロンにも、靴一足にも、労働時間というコストがかかっているから、両者の価値を比較できるのである。このように、商品価格はさまざまな要因との関係で変動することがあるとしても、商品の交換価値を左右するのは、その生産に要した労働時間である。

マルクスによれば、アリストテレスが交換価値における価値尺度をつかむことができなかったのは、奴隷労働に基礎を置く社会に暮らしていたからである。奴隷が作った商品は、労働時間という「コストがかかっている」とは認識されない。なぜなら、奴隷は自身の時間を所有することを許されていないからだ。労働時間の一般価値が認識されうるのは、交換過程に参加する一人ひとり――そして商品の生産者一人ひとり――が平等を保っている社会のなかだけである。マルクスは次のように説明している。

> 価値表現の秘密、すなわち一切の労働が等しく、また等価に置かれるということは、一切の労働が人間労働一般であるから、そしてまたそうあるかぎりにおいてのみ、言えることであって、だから、人間は等しいという概念が、すでにひとつの強固な民衆の見解となるようになって、はじめて解きうるべきものとなるのである。しかしながら、このことは、商品形態が労働生産物の一般的形態であり、したがってまた商品所有者としての人間相互の関係が支配的な社会的関係であるような社会になって、はじめて可能である。アリストテレスの天才は、まさに彼が商品の価値表現において、同等関係を発見しているということに輝いている。ただ彼の生活していた社会の歴史的限界が妨げになって、一体「真実には」この同等関係は、どこにあるかを見いださせなかったのである。(30)

マルクスが、自身の洞察は、資本主義の経済関係の歴史的な出現と、そのような関係と絡み合っている平等概念がなければ不可能であっただろうとはっきり述べている箇所は数多くあるが、ここはそのひとつである。資本主義以前でさえ、労働時間は暗黙裡には交換における価値尺度であった――そうでなければ、ふたつの異なる商品の「コスト」を比較できなかったであろう――が、資本主義が到来してはじめて、労働時間は明示的に交換における価値尺度となる。後者の変容には、各人が平等であると承認されるだけではなく、各人が自身の時間を自由に過ごしていると認識される必要がある。私たちは自由時間をもっている――そして私たちの自由時間は私たちにとって暗黙裡に価値がある――という認識こそが、私たちの労働をコストとして理解可能にし、私たちの労働の生産物に価値を授けられるのである。これは私の中心的な議論のひとつである。マルクスの分析ではほのめかされているだけのものだが、マルクスの分析を意味あるものにするには、私の議論が必要になる。

資本主義下では、自由時間への一般権を承認する社会形態は、賃金労働である。賃金労働制度が認めるのは、生きていく糧を得るために働くとき、私が必要の領域で――私の労働は否定的な「コスト」とみなされ、それにたいする埋め合わせが賃金である領域で――働いていることである。これと同じ理由で賃金労働が認めるのは、それが、労働時間の彼方に開かれる自由の領域で私の生を営むという目的のための手段であることである。私の賃金は、文字通り、生きていく糧を手に入れる手段であり、それが、私にとって重要な企図やコミットメントを追求するための自由時間を私に与えることになっている（さもなければ、賃金労働と奴隷制のあいだにはなんの制度的差異も存在しないことになるだろう）。だが、マルクスが主張するように、賃金労働を媒介とした自由の約束は、賃金労働という社会形態それ自体によって必然的に裏切られる。この議論は注意深く展開する必要がある。なぜなら、この議論によって、資本主義下で私たちが自身の生をどのように扱っているか、なぜそのような扱いが自由な生を営むことにたいする私たちのコミットメントと矛盾するかが明らかになるからである。

　賃金労働という社会形態には、経済全体のなかに大量の剰余価値をつくり出す能力がある。そのように価値を「成長」させる能力は、資本主義の支持者が、資本主義こそありうるかぎり最高の経済システムであると信じる主な理由である。しかしながら、決定的に重要な問いとは、資本主義社会における価値の成長をどのように説明するかである。広く行き渡っている前提とは裏腹に、経済成長の源泉を流通過程（購入と売却）に位置づけることはできない。特定の経済アクターは、何かを安く買い、買ったときより高値で売るとき、利潤を得ることができるが、経済全体ではこの種の利潤はゼロサム・ゲームである。なぜなら、ひとりのアクターにとっての得は、もうひとりにとっての損だからである。したがって、売買過程は、なぜ経済全体における価値の増加があるかを説明できない。だが、資本主義経済がそのような剰余（たとえば価値の年間成長）を生み出すことは周知のとおりである。剰余価値はどこから来るのか。生産過程に、とくに生きた労働の活動に、その説明がある。

　第4章で示したように、生物は自分自身による自己維持活動で、必然的に、剰余時間を生み出す。経済的に言えば、私たちは自分たちを生かし続けるなかで「消費」する必要がある以上の生の時間を生産している。私たちに自由時間があるのはこのようなわけだが、だからこそ私たちは搾取されうるとも言える。生きていくというただそれだけのことに自分の時間をすべて使い切るような存在は、それ以外の目的には使いようがない。なぜなら、そのような存在に自己の生を維持する以外のことをやらせようとすれば、すぐさま死んでしまうからだ。しかしながら、私たちの自己維持活動は、活動の「コスト」として必要になる以上の生の時間を生み出す。時間の剰余のおかげで私たちは自由な生を営むことができるものの、賃金労働という社会形態において私たちが搾取されることを可能にするのも時間の剰余である。賃金労働は私たちの生の時間の剰余を、利潤のために、資本を成長させるために、剰余価値に転換する。

　私たちの村における賃金労働の宿命と資本主義の力学をたどっていくことで、マルクスの議論を詳細に追いかけることができる。私が資本家として井戸を所有しているとしよう。井戸は村から一時間のところにあり、効率的に水を入手するための唯一の手段である。水にたいする需要――飲料用、掃除用、洗濯用、灌漑用など――は高いため、私は五〇〇人の労働者を雇い、毎日八時間、週六日、井戸まで歩かせて水を取ってこさせることにした。

私が売る商品（水一ガロン）の価値は、生産に必要な時間によって決まる。さらに正確に言えば、水一ガロンの価値は、私たちの社会における平均的な労働者が水一ガロンを生産するのに必要な労働時間の長さ（二時間）によって決まる。これが、マルクスが〈社会的に必要な労働時間〉と呼ぶものである。〈社会的に必要な労働時間〉は、ある時点のある社会における平均的な生産手段に左右される。私たちの事例では、そのような生産手段に相当するのは、私たちの村がある地方で入手可能な井戸関連の技術であり、水の運搬に使用可能な道具である。技術発展や全般的な労働効率の進化が、水一ガロンの生産のための〈社会的に必要な労働時間〉を二時間から一時間に減らす場合、水一ガロンの価値も半分になるだろう。なぜなら、一ガロンの生産の「コスト」はいまや労働時間一時間だけであり、二時間ではないからだ。

労働市場で私が購入する労働力の価値（労働者の賃金）も、連鎖的に、当該の労働力をつくり出すのにかかるコストによって決まる。マルクスが強調しているのは、私が資本家として買うのは、労働者その人ではなく――そうであれば労働者は奴隷になる――、労働者の「労働力（Arbeitskraft）」だけであるという点だ。しかしながら、労働力は生きている個人の能力としてしか存在しないので、労働者の労働力を労働者その人の生から切り離すことはできない。したがって、労働力を生産するコストは、労働者の生を再生産するコスト――十分な食事、睡眠、その他の生存手段を与え、労働者が確実に働き続けられるようにすること――から切り離せない。だからこそ、賃金率と、ある時点のある社会における生存手段の平均コストとは、本質的なかたちで関係しているのである。資本主義が来る日も来る日もみずからを再生産するには、労働者が労働者自身を再生産する手段を提供しなければならないのであり、その結果、労働者が明日のための労働力を生み出すと同時に、明後日の労働者になりうる子供を生み出せるようでなければならない。マルクスは次のように説明している。「摩滅と死によって市場から引き上げられた労働力は、最小限度にいっても、同数の新しい労働力によって、たえず補充されなければならない。労働力の生産に必要な生活手段の額は、かくて、補充人員の生活手段、すなわち、労働者の子供たちの生活手段をも含んでいる」[31]。

労働力への投資は総じて利潤を生む投資であるが、それは生物が、自己を維持するためにかかる以上の生の時間を――それゆえ、それ以上の労働力を――生み出すからである。これが剰余価値の起源であり、この剰余価値が資本に転化される。平均的な労働者が一時間の労働で生み出すことのできる価値のほうが、平均的な労働者の生を一時間の労働のために維持するのにかかるコストよりも大きい。コストと比較してどれだけ価値が大きいかは、さまざまな要因に左右されるが、資本主義経済のなかで富が増加しうるには、労働によってつくり出された価値が労働コストより大きいという状態が必要である。生産と小売の追加コストのすべてを要因として含めたあとでさえ、生きた労働の活動によって生み出された剰余価値がなければならない——そうでなければ、このシステムには総体的な利潤がなくなり、経済「成長」もなくなるだろう。そのうえ、剰余を労働者本人に戻すことは不可能だが、生産手段の所有者は剰余を再投資し、資本として蓄積しなければならないのである。

だが、生きた労働への投資は総じて利潤を生む投資ではあるものの、個々の労働者に私が投資することが利益につながるかどうか、私の具体的なビジネスが利益を生むかどうかは、私には不確かである。したがって、私は資本主義を奉じる雇用者として、雇った労働者ができるだけ一生懸命に働くように仕向けなければならない。あなたを雇うとき、私は一定時間のあいだ——私たちの村の場合、週六日、一日八時間——あなたの労働力を買っているが、あなたがどれだけ効率的にこの時間を使うかは事前にはわからない。これと同じ理由で、あなたが個々の労働者としてどれほどの利潤をもたらしてくれるか——それどころか、そもそもなんらかの利潤をもたらしてくれるかどうかすらわからない。村まで水一ガロンを運ぶのに一時間以上かかる——足が遅いか、怠けているか、その他の理由で——としても、それで水一ガロンの価値が上がるわけではない。あなたが運んだ一ガロンは私にとってより高くつくことになるが（なぜならあなたの時間にお金を払っているのは私だから）、一ガロンの一般的価値に変動はなく、その結果、私の利鞘に悪影響が出る。水一ガロンの価値は、個々の労働者であるあなたがそれを生産するのに要した時間の長さによって決まるのではなく、現時点での生産の社会的条件下で平均的な労働者が要する時間の長さ（〈社会的に必要な労働時間〉）によって決まるのであり、私たちの場合、それは水 ガロンにつき一時間である。水の運搬に、〈社会的に必要な労働時間〉より長くかかる場合（あなたが平均的な労働者より遅い場合）、私の利潤は減少するし、全体が縮小していく可能性さえある。反対に、〈社会的に必要な労働時間〉より短い時間しかかからない場合（あなたが平均的な労働者より速い場合）、私の利潤は増大し、私のビジネスは安泰である。

それゆえ、私が資本主義を奉じる雇用者として、雇った労働者からより多くの労働を引き出すために圧をかけるように駆り立てられる第一の理由は、心理的な問題や個人的な悪徳にかかわるものではない。マルクス以前の社会主義の著作家たちは、まるで道徳の問題であるかのように、資本家を、貪欲さから労働者を搾取するひどい悪者として描き出す傾向にあった。それとは対照的に、マルクスは、搾取の力学は資本主義という社会形態それ自体に内在するものであり、個人の悪徳や美徳には還元できないことを示している[32]。たしかに、賃金労働の搾取は多かれ少なかれ暴力的でありうるし、マルクスが一九世紀の労働慣行の具体的なおぞましさ——多くの労働者（児童労働者を含めて）が、工場でも、個人雇用主の自宅でも、労働により命を落としていた——をよく知っていたことは間違いない。そのうえ、マルクスの洞察は、今日でも世界中に蔓延している恐るべき労働慣行を思い出させるはずである。たとえば、私がいまこの本の原稿をタイプしているコンピュータ一式を生産する労働者たちの自殺は、生産現場の条件の反映である。だが、この問題を個人の選択や性格に還元することは、資本主義下での搾取がどのようにしてシステムに内在するものであるかを無視することになる。ひとりの消費者として、そのような製品を不買することはできるが、交換システムを集団的につくり変えなければ、私は資本主義の搾取に参加し続けることになる。それと同じように、資本主義を奉じる雇用主として、雇った労働者から剰余価値を搾り取らなければ、私のビジネスは立ち行かなくなり、私自身を賃金労働に売り渡すはめになるだろう。最終的には、賃金労働者として生計を立てて生き延びようとするなら、資本主義を奉じる雇用主の言いなりになる以外の選択肢はない。

私たちの村のなかで、私は、自由主義と資本主義を奉じる善意の雇用者である。ミルの『自由論』を読んだことがあり、「他人の幸福を奪ったり、幸福を求める他人の努力を妨害したりしないかぎりにおいて、自分自身の幸福を自分なりの方法で」[33]私たちの一人ひとりが追求する権利としての自由というミルの定義を支持している。そのうえ、私は偉大な自由主義哲学者ジョン・ロールズの『正義論』を研究したことがあり、生の最高形態は、各人がそれぞれの個人的な「人生計画《ライフプラン》」を立てることを可能にすべきであり[34]、その結果、それぞれが自身にとって大切なことを明らかにし、その達成に着手できるようになるべきであるというロールズの考え方にコミットしている。

私は賃金労働をそのような目的にいたる手段とみなしており、歩いて井戸から水を取ってこさせるために五〇〇人の労働者を雇うとき、共同体にとってよいことをしていると思っている。私の水ビジネスは村の失業状況を緩和し、労働者たちに自身や家族を養うためのよりよい手段を与えている。週六日の一日八時間労働では、生存手段を確保する以外のことが絡んでくる人生計画をはっきりさせる時間はあまり残らないことを、私は大いに気に病んではいる。しかし、近隣の村の水ビジネスと張り合うには、競合相手がやっているのと同じ労働慣行を強いるほかない。

あなたは私が雇用している労働者のひとりで、私はあなたに時給一〇ドルの賃金を払っており、週給は四八〇ドルになる。この賃金は、この村で暮らす個人の社会的に平均的な生活費との関係で確立されている。私もあなたも、賃金労働は自己の生を営むための手段であり、それによって、自身の人生計画を立てて追い求めるために費やせる自由時間が確保されるという見方をしている。あなたが労働と引き換えに受け取る賃金——時給一〇ドル——は、あなたの生を維持するには充分である。しかしながら、私のビジネスのためにあなたが一時間の労働で取ってくる水一ガロンを、私は二〇ドルで売ることができる。なぜなら、私たちの国で水資源はきわめて不足しており、水には高値が付くからである。その他の諸経費（家賃、道具代、小売、間接費など）を引いたあとでも、あなたが一時間の労働で調達した水一ガロンにつき五ドルの利益が私の手元に残る。この利益――あなたの剰余労働時間に端を発するもの――は、増大する私の資本に転化される。

　さて、利潤を増やすために、近隣の村で水ビジネスにたずさわる資本家たちが、労働者たちにもっと懸命に、もっと長時間働くように圧力をかけ始める。組織された労働組合は存在せず、就労時間は一〇時間に延長され、それにあわせて、各労働者は歩くスピードを速め、より多くの水を徒歩で運ぶようにという通達が出る。これらの刷新をとおして、近隣の資本家たちは以前より安価で私たちの村に水を運べるようになり、水の消費にかんする私の市場を奪えるようになる。だから、私は自分のビジネスと村の雇用を守るために、同じ労働慣行を採用する。雇っている労働者の生をリスクにさらしているという思いで夜中に目が覚めるが、私は耐え抜く。なぜなら、そうしなければ自分のビジネスは失われ、私が賃金労働に身をやつすことになるからだ。新たな労働条件のため、私が雇っている労働者たちは、食事、睡眠、回復のために充分な時間が取れない。井戸までの徒行で疲弊して死ぬ者さえ出てくる。労働者たちは抗議に出て、組合を結成するために団結する。あなたは組合長になり、私のビジネスの搾取的慣行に注意を促す。ゼネストが起こり、私を含めてこの国で水ビジネスにたずさわる資本家たちが降参する。就労時間はいまや最大七時間に制限され、最低賃金は一五ドルになる。

　新たな規制が実施され、私の利潤率は下がり、私はビジネスの命脈をつなぐための新たな方法を見つけなければならない。ここで私は使用可能な技術の改善に向かう。進化した取水用機械――井戸を超える超井戸とでも言うべきもの――を村内でつくることに資本を投資する。新技術のおかげで、私の労働者はみな、一時間で一〇ガロンの水を生産できるようになるが、この国の平均的な生産時間（〈社会的に必要な労働時間〉）は依然として一時間一ガロンである。こうして私は、マルクスが超利潤と呼ぶものをつくり出すことができる。いまや、私にとって、一ガロンの生産は一〇分の一の値段になるが、私は依然として〈社会的に必要な労働時間〉にしたがって水の値づけを行なうことができる（それ以上に巧いやり方は、現行価格よりも少しだけ安い値段にして、競争相手をわずかに出し抜くことである）。事実、私は村で水を売ることで一〇倍の利益を得ており、近隣の村にはさらに大きな利鞘をつけて水を輸送できる。

　だが、超利益の時期は一過性のものである。水ビジネスにたずさわる他の資本家たちも、近いうちに、私がもっているのと同じ技術を手に入れ、市場のシェアを取り戻す。しかしながら、就労時間の制限が確立され、根本的なところで変わったことがある。私も他の資本家も、絶対的剰余価値――いま以上に長い時間働かせることで労働者から搾り取る価値――の量は増やせない。労働一時間はそれぞれが剰余価値の単位《ユニット》であるため、就労時間に数時間足すことができたとき、私たちは絶対的な意味で（ユニット単位で）剰余価値を増やしていたのである。就労時間の長さについて定められた規制があるため、労働者からのさらなる剰余価値の搾り取りは、マルクスが相対的剰余価値と呼ぶものに左右されることになる。相対的剰余価値は、一時間の労働にたいして私が労働者に支払わなければならない賃金と、私の労働者が一時間で生産できる価値とのあいだの差異にかかわるものである。技術発展は、相対的剰余価値を増やすベストの方法である。なぜなら、より効率的な技術があれば、以前より少ない時間で以前より多くの価値を労働者に作らせることができるからであり、さらに、それと同時に、賃金を下げることもできるからである。

どうしてそうなるのか説明しよう。新しい技術によって、私の雇った労働者たちが一ガロンの水を二倍の速度で生産できるとき、一ガロン当たりの価値は半分になる。以前と同量の価値を生産するために、労働者はいまや、一時間で以前の二倍の水を生産することになる。その結果、村での水一ガロンの購入価格は下がる。労働者にとって平均的な生活費は下がり、賃金も下がる（少なくとも、賃金上昇に制限がかかる）が、暮らしていくのに欠かせない手段は以前と同じように手に入れられる。その結果、相対的剰余価値が上昇する。労働者は一時間で以前と同量の価値を生産するが、生活費が下がるため、価値全体のなかで賃金に割り当てられる比率が下がり、私のビジネスにとっては剰余価値の占める比率が上がる。

その結果、水ビジネスにたずさわる資本家のあいだの技術競争はますます激しくなっていく。技術が進むたびに、労働者は以前より短い時間で以前より多くの水を生産できるようになり、相対的剰余価値が資本に転化され、次にはその資本がさらに進化した技術を開発するために投資される。一連のサイクルが回り始めるが、その余波は私たちの村でも感じられるようになる。より効率的な技術があれば、生産過程で必要となる労働者の数は減り、失業者の増加に直面する。解雇された労働者は一時的な職を行ったり来たりする剰余人口を増加させ、食いつなぐために低賃金の職を受け入れる。私にとっても、他の資本家にとっても、有利な状況である。なぜなら、賃金の全体水準を下げられるから、少なくとも、下降傾向にもっていけるからである。さらに、いまや剰余人口のなかには低賃金で雇える者たちがいる。最低限のコストで雇い入れ、私たちのためにさまざまな仕事（家事、庭仕事、子育て、料理、洗濯など）をさせることができる。

それと同時に、失業の増加とともに、危機の可能性が辺りにたえず立ち込めるようになる。なぜなら、金が十分になければ、私たちが生産した商品を買うことはできないからだ。経済危機を避けるには、価値の年間成長率が最低でも三%はなければならないというのが、主要な経済学者や政治家が合意するところである。価値の年間成長のためには、前年以上に製品を生産するだけでなく、前年以上に商品を消費しなければならない。売るだけではなく買わなければならないのである。商品が購入されなければ、その剰余価値は資本に転化されることがなく、経済における価値の年間成長に寄与しない。

資本主義的な生産様式における矛盾が、いま、私たちの村に現れている。資本主義は、相対的剰余価値を以前にもまして搾り取ることでしか自身を維持できないし、だからこそ、私たちは価値の年間成長にコミットする。相対的剰余価値を搾り取れるかどうかを左右するのは、〈社会的に必要な労働時間〉を継続的に減らしていけるかどうかであり、それを達成するのは技術的進歩である。〈社会的に必要な労働時間〉が減ることは、誰にとっても自由時間が増える可能性を秘めているが、資本主義下ではその可能性はかなえられない。なぜなら、剰余時間は剰余価値に転化されなければならないからである。〈社会的に必要な労働時間〉の削減――解放をもたらす可能性を秘めているもの――は、各人の自由時間を増やすのではなく、致命的な矛盾に突き当たる。一方で、私たちは以前よりずっと多くの商品を生産しなければならない。なぜなら、資本家からすると、各商品に含まれる労働時間――剰余価値を生み出すもの――が以前より少ないからである。他方では、商品の生産に必要な人員の数はますます減っていく。このように、私たちは、商品の生産数を上げると同時に、商品を購入する収入のある人々の数を減らすことになる。

それゆえ、過剰生産という危機が――充分な購入手段をもたない市場に商品が氾濫するときが――つねに目前にある。危機を食い止めるには、その仕事が本当に必要かどうかも、その仕事が労働者にとって意味のあるものかも関係なく、賃金労働に人を雇う方策を見つけなければならない。そのうえ、消費財が本当に必要かどうかも、財を消費することが充足感をもたらすかどうかも関係なく、以前にもまして人々に消費させなければならない。それどころか、〈いずれ〉ではなく〈すぐに〉商品が壊れ、その結果、消費者が商品を再度購入せざるをえなくなることを見越して生産しなければならない。資本主義下では、私たちは何を必要としているか、何を欲しているか、何が長持ちするかという問いのすべては、何が利潤を生むかという問題に従属させられなければならないのである。

利潤という動機を特権化することは、資本主義下にある諸個人の道徳的失敗ではない。そのような特権化によって表面化するのは、資本主義とその必然的要求である価値の年間成長にコミットするなかで、私たちが集団として何にコミットしているかである。

価値の年間成長を生み出す比率で利潤を生む投資の機会を見つけるために、私たちは以前にもまして、自然資源ばかりか、私たちの生の諸側面をも商品化しなければならない。商品化される自然資源が増えれば増えるほど、そこから産出可能な利益も増える。それと同じように、売買できるものにつくり変えられる私たちの活動――医療、教育、公共事業、家事――が増えれば増えるほど、私たちが手にする利益の源泉は増える。自然資源や生にかかわる活動のさらなる商品化は、資本主義がみずからを維持するのに必要不可欠であり、そこに選択の余地はない。資本主義にコミットしているなら、私たちの生の諸側面を以前にもまして商品化することにもコミットしていることになる。この悪循環を打ち破るには、資本主義を克服するほかなく、そのために必要なのは、私たちの価値の捉え方をつくり変えることである。

Ⅳ

「資本主義」という用語は厳密ではないかたちで使われることが多いが、私たちはそれをマルクスの仕事に照らして正確に定義できる。資本主義は、賃金労働を社会的富の基盤とする、歴史的な生の形態である。マルクスの資本主義批判の最深部にある争点は、社会が賃金労働に依拠することに必然的に付随する価値尺度にたいする批判である。価値尺度は本質的である。なぜなら、それによって私たちがどのように経済成長を計算するかが決まり、それによってどのように社会的富を測るかも決まるからである。資本主義下で富の生産が依拠するのは生きた労働時間であり、生きた労働時間は剰余価値の源泉であり、剰余価値は利潤に転化され、資本の成長を生む。資本主義の生産様式を区別するのは、利潤のための賃金労働であり、その必然的な帰結として、〈社会的に必要な労働時間〉が本質的な価値尺度となる。

　マルクスを読むうえでのもっとも致命的な誤り――マルクス支持者のあいだでも、批判者のあいだでも広く見受けられる誤り――は、マルクスが一般労働価値説を受け入れていると考えることである。一般労働価値説は、労働があらゆる社会的富の必然的な源泉であると主張する。そのような説を最初に定式化したのは、古典派の政治経済学者アダム・スミスとデイヴィッド・リカードであり、マルクスはそれをさらに発展させたと思われている。スミスとリカードにとって、本質的な価値尺度としての労働は歴史横断的な事実である。これまでも、これからも、労働はつねに社会的富の源泉であると彼らは思い込んでいる。それとは対照的に、マルクスにとって、価値尺度としての〈社会的に必要な労働時間〉は商品形態に特有のものであり、それが価値の本質となるのは、資本主義的生産様式においてのみである。価値尺度としての労働時間は歴史横断的な必然ではなく、資本主義の時代特有の本質であり、この本質は矛盾しており、克服可能なものである。

　マルクスの資本主義批判の中身はすべて、価値概念の分析にかかっている。だが、この点――マルクスの仕事のなかでもっとも豊饒な可能性を秘めた点――にかんして、マルクス主義者は、労働時間を歴史横断的な価値の本質と思い込むか、あるいは、なぜ労働時間が商品の価値尺度――それが資本主義下での時代特有の価値の本質をつくり出す――になるのかを説明しそこねるか、これらどちらか／両方の誤りを犯すことによって、全体としてマルクスに烙印を押してきた。必要なのは、なぜ〈社会的に必要な労働時間〉が資本主義下での価値尺度であり、なぜそのような価値尺度が自己矛盾をきたしているかを厳密に説明することである。

　そのような説明を提出できないことはとくに見逃せない。なぜなら、〈社会的に必要な労働時間〉が商品にとっての価値尺度であるというマルクスの議論は、新古典派経済学——一九世紀後半に始まり、現在、あらゆる主要な経済学者のみならず、一般大衆のあいだでも支配的なものである経済学——によって疑わしいものになったと広く信じられているからである。[35] 新古典派経済学の限界革命として知られているものは、商品の価値を、労働時間ではなく、供給と需要の観点から説明しようとする。供給・需要論は経済学入門講座で誰もが学ぶものである。この理論が実質的に経済学の全領域をかたちづくっており、マルクスによる体系的な資本主義分析を——本当の意味で検討することもなく——退けるためのアリバイとして機能している。

新古典派経済学の供給・需要モデルによれば、商品にたいする需要を決めるのは、商品の生産に必要だった労働時間の量でもなければ、商品の全般的な効用でもなく、商品の購入者にとっての「限界効用」である。この標準的な例としては、水とダイアモンドの価値の違いがある。全般的な効用性——限界効用とは区別される全体効用——で考えれば、人間にとってより価値があるのは、ダイアモンドではなく水のほうである。なぜなら、生きていくのに水は必要だが、ダイアモンドをもたない生はまったく可能だからである。にもかかわらず、一般的には、ダイアモンドは水一ガロンよりずっと価値があると考えられている。その説明はこうである。ダイアモンドの供給は稀少だが、水の供給は豊富である。蛇口をひねるだけで必要な水が手に入るとしたら、水一ガロンをわざわざ購入することの限界効用は低い。なぜなら、そうすることで私がすでにもっているものにプラスされるものは少ないからだ。それとは対照的に、ダイアモンドの限界効用は高い。なぜなら、ダイアモンドの供給は限られており、ダイアモンドを保有する人は多くないからだ。このように、商品の価値は、需要曲線と供給曲線がグラフのどこで交わるかの問題である。供給が増えれば需要を決定する限界効用は下がり、供給が減れば限界効用は上がる。

供給・需要モデルは、マルクスの洞察に異議を申し立てるどころか、〈社会的に必要な労働時間〉が商品の価値尺度であるというマルクスの議論を追認している。供給と需要、稀少と豊富というカテゴリーを、空間的な意味でのみ理解することはできない。これらのカテゴリーは、時間的な意味でも理解されなければならない。水が豊富に供給されていると言うとき、それは、水を得るために必要な平均時間（〈社会的に必要な労働時間〉）が最小であることを意味する。平均的な市民は蛇口をひねるだけで必要な水がすべて手に入る。反対に、ダイアモンドの供給が稀少であると言うとき、それは、ダイアモンドを得るために必要な平均時間（〈社会的に必要な労働時間〉）が最大に近いことを意味する。もしこれらの客観的な社会的生産条件が変化すれば、供給と需要の帰結である価値もまた変化するだろう。簡単な作業で炭素をダイアモンドに変えられるとしたら、ダイアモンドの限界効用は下がるだろう。なぜなら、ダイアモンドの生産のための〈社会的に必要な労働時間〉が減るだろうから。それと同じように、水の供給を奪われ、水一ガロンを得るために何時間も歩かなければならないとしたら、水の限界効用は上がるだろう。なぜなら、〈社会的に必要な労働時間〉が増えるだろうから。

このように、限界効用という概念がマルクスの議論に異議を申し立てているというのは幻想であり、この幻想は、新古典派経済学者たちが自分たちのカテゴリーの理解可能性の条件を反省的に考えられていないことに端を発するものである。供給と需要、稀少と豊富というカテゴリーは、〈社会的に必要な労働時間〉によって確立された価値尺度という観点で捉えなければ理解不可能である。価値尺度にしても、有限な生の時間——それが、何かをそもそもコストとして、利潤として理解できるようにする——という意味で捉えなければ、理解不可能である。自身にとって有意義な生を営むための時間を勝ち得たり失ったりする立場にある者にとってのみ、何かが稀少であったり豊富であったりするのである。機会費用《コスト》という概念——新古典派経済学において中心的な重要性をもつもの——それ自体が、自身の有限な生の時間に価値を付与している者でなければ、理解不可能である。だからこそ、水を生産するための客観的な社会的条件が崩れると、水の限界効用が大幅に上がるのである。

それと同じ理由で、新古典派経済学の根本的な考え方である主観的価値論にしても、それを切り崩すのは、供給と需要の力学のなかで稀少性が果たす役割についての新古典派経済学による説明である。商品の価値が、客観的な社会的生産条件とはなんの関係もない、まったく主観的な好みの寄せ集めであるということはありえない。あなたが水に付与する価値は、たんなる主観的な好みであるだけではなく、稀少ないしは豊富な水の供給とも本質的なかたちで関係しており、後者は、あなたが一員である社会において水を生産するための客観的条件に左右されるものである。〈社会的に必要な労働時間〉——あなたが属する社会において水を生産するのに平均してどのくらいの時間がかかるか——との関係を考慮に入れなければ、水の限界効用を決定することはできない。

それと同じ理由で、価格と価値の区別を明確にすることができる。両者の区別は、新古典派経済学によるマルクス批判がことごとく理解しそこなっているところである。商品の実際の価格が、それを生産するのに必要とした労働時間の量に直接的に相関しているというのは、マルクスの議論ではない。商品の価格はさまざまな要因に左右されて変動しうるが、その価値は〈社会的に必要な労働時間〉のコストによって測られる。新古典派経済学者たちは、限界効用についての自分たちの説明が、〈社会的に必要な労働時間〉という意味での価値尺度を前提としているにもかかわらず、このような価格と価値の区別を否定する。

新古典派経済学の先導者であるフリードリヒ・ハイエクについては、次章で詳細に取り上げるが、彼はわかりやすい例である。ハイエクは次のように主張する。「競争社会においては、あるものを得るために人々が払わねばならぬ価格——つまり、物と物との交換比率——は、自分がそのものを獲得するときに、社会の他の人々から奪うことになるその他のものがどのくらいの量になるかによって決定される」（強調引用者）[36]。もしこれが正しいとすれば、どのようにして資本主義経済で全般的な価値の増加（「成長」）がありうるのか説明がつかなくなるだろう。流通過程――売却と購入、供給と需要――は経済全体としてはゼロサム・ゲームである。なぜなら、誰かが高値で売ることで得た利益は、ほかの誰かが高値で買うことで被った損失だからである。経済において資本的富が全体として成長するには、むしろ生産過程に剰余価値を生み出す源がなければならない。そのような源泉は、すでに見てきたように、生きた存在の労働時間である。

　私たちは生きた存在として、自分たちを生かすために「コストとしてかかる」時間よりも多くの生活時間を生産している。だから、私たちは、労働力というかたちで売ることができる剰余時間をもっている。もし私たちが生の剰余時間を生み出していなければ、私たちには売却できる労働力がないことになるし――なぜなら、私たちの時間はすべて、ただ生き続けるだけの活動によって使い切られてしまうことになるから――、私たちを雇うことによって得られるものは何もないだろう。反対に、私たちが剰余時間をたえず生み出しているからこそ、資本主義を奉じる雇用者は、原理的には、賃金と引き換えに私たちの労働力を購入し、剰余価値を搾り取ることができるのである。しかしながら、私たちの労働の剰余価値が利潤に転化されるには、私たちは、商品を生産するだけではなく、消費しなければならないし、自分たちの労働力を売却するだけではなく、生産に要する以上のコストを払って労働の産物を購入しなければならない。資本主義を奉じる雇用者が最終的に手にする利潤が、資本の成長の源泉である。

　このように、賃金労働の力学はあらゆる形態の資本主義を定義している。なぜなら、利潤のための賃金労働が、資本の成長を生み出す可能性の条件だからである。商品の生産と購入の両方を行なう生きた存在を雇用することによってのみ、経済のなかに剰余価値――資本的富の全般的な「成長」――が生まれる可能性が出てくる。だからこそ、生きた労働時間は資本主義経済における価値の源泉なのであり、だからこそ、〈社会的に必要な労働時間〉が商品の価値尺度なのである。

　それとは対照的に、ハイエクは、剰余価値の源泉をまったく説明していない。なぜなら、賃金労働という社会形態がどのように資本主義を構成しているかという問題を無視しているからだ。ハイエクは、新古典派経済学者の常套手段に則って、価格の決定を空間的な流通過程という観点から記述しているが、その一方で、流通を可能にし、労働時間を必要とする時間的な生産過程を考慮に入れない。ハイエクの説明では、価格を決定するのは、売却と購入、供給と需要をとおした物量の流通であり、そこでは、流通過程それ自体を生み出し、維持するのに必要な労働時間が無視されている。このように労働時間の問題を無視することで、ハイエクの説明は、価格という現象さえをも理解不可能なものにしてしまっている。もし流通――売却と購入、供給と需要――過程の説明を空間的なものに限定してしまったら、なぜそもそも何かに価格があるのかという理由が理解不可能になる。なぜなら、そこには労働時間に絡んだ「コスト」がないからである。もし何かを生産したり獲得したりするのに必要な労働時間のコストがまったくないとしたら、そもそもそれに価格があることが不可解なことになる。だからこそ、資本主義下では、いかなる価格形態であれ——いかなる商品の価格であれ——労働時間の価値と本質的なかたちで関係しているのである。

私の分析に照らすことで、資本主義下での価値尺度(労働時間)は、必要の領域で稼働している価値尺度に応答するものであることが見てとれる。私たちが必要の領域で労働するとき——目的のための手段でしかないことをするとき——私たちの労働時間は、標準的には、私たちにとってのコストとして理解される。必要の領域で労働に費やす時間が長くなればなるほど、私たちの労働はますます高くつき、私たちが生産する商品に含まれる価値も増える。労働時間が増えることは、コストが上がることであり、したがって、価値が上がることである。だから、自宅に水道があるときより、二時間歩いて水を運搬する労働が必要なときのほうが、水一ガロンはより「価値がある」のである。

しかしながら、そのような価値尺度は、それ自体としては意味をなさない。労働時間がコストとして理解可能なのは、ひとえに、私たちの有限の生活時間を、私たち自身の自由時間と捉え、それに価値を付与するからであり、そのような時間は、原理的には、それ自体として意味のある活動に費やすことができるものである。

それゆえ、有限の生活時間が根源的な価値尺度であるという私の議論は、新古典派経済学をその条件そのものから批判することを可能にする一方で、マルクスの議論を擁護し、その含意を展開する。マルクスの説明は、資本主義下での価値尺度が矛盾含みであることを力強く示し、この矛盾の実践面における破壊的な帰結をたどっている。しかしながら、資本主義下での価値尺度がなぜ矛盾しているかを理解するには、マルクスが明示的には示していない分析の水準が必要になる。だからこそ、私の分析はまず、精神的生の経済の理解可能性の条件——必要の領域における価値尺度と自由の領域における価値尺度を区別することになるもの——を対象としたのである。資本主義が矛盾した社会形態である最深の理由とは、資本主義が、否定的な価値尺度を、あたかも肯定的な価値尺度であるかのように扱っており、そうすることで、経済生活の手段を、あたかも経済生活の目的であるかのように扱っていることである。

本当の価値尺度は、私たちがした労働の量でもなければ、私たちがすべき労働の量(労働時間の量)でもない。私たち自身にとって大切なことを追求し、探求することができる〈自由に使用できる時間〔可処分時間〕〉の長さ(自由時間の質)である。自由時間という観点での社会的富の尺度は、労働時間という観点での社会的富の尺度にたいする外在的な代替案として私が押しつける理想ではない。それとは反対に、自由の領域で時間をもつことの価値――〈自由に使用できる時間〉の価値――は、必要の領域における労働時間の価値や尺度にたいして内在的であるがゆえに、富の本当の尺度である。必要の領域における労働時間の価値（すなわち、労働時間のコスト）をそれ自体として理解できるのは、ひとえに、私たちがすでに自由時間の価値にコミットしているからである。それと同じように、死んだ労働を――生産に必要とされる生きた労働の量を減らすことを可能にする生産財や技術というかたちで――蓄積する目的は、私たちが自分たちの生を営めるようにすることであって、ただたんに生存手段を確保することではない。死んだ労働の価値が、価値として理解可能なのは、ひとえに、それが生きている者のために時間を解放するという理由のためである。私たちの村の中央に超井戸があれば、私たちはずっと豊かになるが、その理由は、そのような井戸を作るのに人々が多くの時間というコストを払うからではなく、それが、私たち全員のために、水を汲み上げて運ぶこと以外のことをする時間を解放するからである。

　だが、社会的富の資本主義的尺度は、これとは違うことを私たちに信じさせようとする。資本主義下で生きているかぎり、私たちの村の超井戸を稼働させても、私たちにとっていかなる価値も生み出されることはない。私たちが井戸から価値を搾り取る唯一の手段は、生計を立てるために井戸を稼働させなければならない人間から剰余価値を搾り取ることである。それが、労働時間という観点で価値を測ることの直接的な帰結である。もし労働時間の量が私たちの富を決めるとしたら、労働時間を削減する機械は、私たちの富を削減する。そうならないのは、生産に必要な労働時間の減少を埋め合わせるために、労働者にとっての剰余労働時間の量を増大させる場合だけである。労働者の搾取は、資本主義下では必要不可欠である。なぜなら、どのような形態であれ、社会的富を生み出すには、剰余価値を搾り取るしかないからである。たとえすべての人が各々の生活を営むのに必要な手段を提供できるところまで私たちの技術が発展したとしても――そのような技術を稼働させるのに必要な社会的労働はごくわずかであるとしても――、私たちは依然として、可能なかぎり賃金労働を搾取しなければならないだろう。なぜなら、資本主義が認識する価値の源泉は賃金労働しかないからである。

　だとすれば、資本主義下での価値の計測それ自体が、自由の現実化に反していることになる。事実、資本主義の最深部にある矛盾は、資本主義の価値尺度である。資本主義は必要の領域で稼働している価値尺度を採用し、それをまるで自由の尺度であるかのように扱う。それゆえ、資本主義は必要の領域を増大させ、自由の領域を縮小させることになる。資本主義が〈社会的に必要な労働時間〉を減らすことで潜在的には自由の領域を拡大させるときでさえ、私たちは資本主義下での自由の領域の拡大を現実的には認識できない。なぜなら、〈自由に使用できる時間〉は社会的富の尺度として機能できないからだ。手段〈必要な労働時間〉としてしか理解可能ではない活動形態が、あたかも目的それ自体であるかのように扱われ、本当の目的（自由時間〉はなんの価値もないものと認識されている。

その結果、富裕層でさえ、自身の資本を自由時間に転化することができない。資本主義下では無価値なもの——〈自由に使用できる時間〉——に自身の資本を費せば、富裕層から転落し、プロレタリアートに加わることになる。もちろん、個々の資本家は、自身の資本の一部を〈自由に使用できる時間〉に「浪費」できるほどに裕福かもしれないが、そう言うのは的外れである。なぜなら、資本家の富の原理は依然として、自由な生を営むための手段としてではなく、目的それ自体として富を用いることを求めるからである。資本主義下での富の要点は、さらに富を蓄積することであって、有意義な目的のための手段として使用することではない。死んだ労働の蓄積が、私たちが価値と呼ぶものであり、死んだ労働を蓄積すればするほど、私たちはますます豊かになる。だからこそ、マルクスは、資本という死んだ労働を、「生きた労働の血を吸うことでしか生きられず、生きれば生きるほど、ますます生きた労働の血を吸う」吸血鬼と呼ぶのである。資本主義下では、生きた労働のために死んだ労働が役立てられるのではなく、死んだ労働をさらに蓄積していくために生きた労働が役立てられている。したがって、必要の領域にある労働の目的は根本的なところで歪められており、それ自体の目的を達成することを妨げられている。手段としての労働が目的それ自体になっており、自由の領域で生を営むための手段として機能していない。

この点でもっとも驚くべき例が次のものであることは当然である。私たちの社会のなかに、賃金労働のために必要とされていない人々がいるとき、それを、つかまえるべき機会ではなく、解決を必要とする問題（「失業」）とみなすことである。目的や意味がある活動（目的それ自体）を感じるには、賃金労働——それは定義上、手段である——が必要だという考え方は、まったく表層的である。自由に価値を付与したとき、私たちに必要となるのは、私たちが何者であるべきか、私たちにとって何が大事なのかを理解するための時間である。このために要求されるのは、自分自身を教育する時間、私たちにとって何が有意義な活動となるべきなのかと——個人的にも集団的にも——じっくり考えてみる時間であり、そのときたまたま資本家に利益をもたらしていたものによって意味ある活動とみなされているものをあてがわれることではない。後者は奴隷状態であり、自由ではない。

それゆえ、資本主義批判の鍵となるのは、価値の価値転換である。資本主義の基礎は、〈社会的に必要な労働時間〉という観点からの富の尺度である。それとは対照的に、資本主義の克服が要求するのは、私たちの富を、私が〈社会的に利用可能な自由時間〉と呼ぶものの観点から測ることである。〈社会的に必要な労働時間〉が私たちの富の尺度であるかぎり、機械技術を運用することで私たちにとってなんらかの価値がつくり出されることはありえない。私たちを豊かにしてくれるかもしれない技術——生を営むための時間を増やしてくれるかもしれない技術——は、そのような目的ではなく、人間労働を搾取するために使われている。そのような労働が必要とされていないときでさえもそうである。しかしながら、私たちの富を〈社会的に利用可能な自由時間〉という観点で測るとしたら、機械を運用することで私たちにとって価値が生み出されることにならないだろう。〈社会的に利用可能な自由時間〉が私たちの価値尺度であるとしたら、労働を効率化する技術的手段は、私たちをより豊かにすることになるだろう。しかし、私たちの価値尺度は〈社会的に必要な労働時間〉であり、そのため、労働の必要性を減らす技術的手段は、私たちの富を減らすものであるとみなされている。

　価値の価値転換は、資本主義の内在批判である。価値転換は、資本主義が用いる社会的富の尺度に対立する新たな価値を提案するのではない。むしろ、価値転換は、資本主義が用いる社会的富の尺度はそれ自体としては意味をなさないこと、そして、資本主義は自身が否定している自由時間という価値を前提としていることを立証する。資本主義の問題は、価値と社会的富を特権化していることではない。資本主義の問題とは、価値と社会的富の意味を歪めていることである。資本主義下での価値尺度は歪んでおり、自己矛盾している。なぜなら、手段が目的として扱われているからである。

　資本主義が用いる社会的富の尺度の最深部で稼働している歪みは、家族や、同居生活を送る友人や恋人からなるグループのような比較的小規模な集団における社会的富の尺度と比較してみることで描き出すことができる。私たちの家族が、マルクスがマンチェスターで研究した家族（子供が働かなければ、親が生存手段を確保できないような家族）のように機能しているのでなければ、私たちの世帯における社会的富の水準が、共同生活を維持するのに必要な労働時間の量によって測られることはない。食洗器と掃除機を入手し、その結果、世帯全員にとって掃除や皿洗いに費やさなければならない時間が減るとき、それに続いて、私たちの社会的富の水準の低下――剰余労働で埋め合わせる必要があること――が起こるとは思わない。日々の家事に費やされる時間が減った結果、「失業」危機が起こることもない。だから、無意味な仕事をつくり出して、世帯の成員が暇にならないようにする必要はない。むしろ、いまや世帯全員にとって、生を営むため――学業に取り組んだり、希望した職に就いたりするため、自分にとって大切な人たちと交流するため、スポーツやダンスに力を入れるため、自然観察のため、本を読んだり、絵を描いたりするため、新しいスキルを学ぶため、または、これらとは別のかたちで、自分の時間を使って何をすべきかという問いに向き合うため――の時間が延びたことを、私たちの自由の特徴として肯定できる。それと同じように、私たちは共同生活をどのように営むべきか、世帯において依然として必要とされている社会的労働をどのように分担すべきかを熟考する時間が、いまや、以前より増えている。

　このような自由の領域の拡大、そして、これに対応して起こる必要の領域の縮小に私たちがコミットしていなければ、食洗器や掃除機を手に入れることはそもそも意味をもたない。たしかに、世帯のなかには、食器を洗うという活動をそれ自体として愉しむ者、このような活動が必要の領域ではなく自由の領域に入るという者もいるだろう。これは問題ではない。なぜなら、たとえ食洗器があっても、手で皿を洗うことの妨げになるものは何ひとつないからだ。自由の領域を拡大することの要点は、どのような活動が自由なものとみなされるべきかをあらかじめ決めることではないし、生きた労働を可能なかぎり最大限に死んだ労働で置き換えなければならないということでもない。それとは反対に、自由の領域を拡大することの要点は、これらの問いを、正真正銘の問いにできること、個人でも集団でも熟慮する主題にできることであり、私たちの物質的条件に私たちのすべきことを決めてもらうことではない。食洗器があるときに食器を手洗いするのは、やらなければならないことではなく、あえてそうすることである。

　価値の価値転換が目指すのは、自由時間にたいするコミットメントを反映するように社会的富の捉え方をつくり変えることである。私たちの富の度合とは、自分たちの生を用いて何をすべきかという問いに取り組むために私たちがもっている資源の度合であり、これを左右するのは、〈社会的に利用可能な自由時間〉の量である。裕福であるとは、生きていくために仕事に行かなければならない代わりに、月曜の朝、何をすべきかという問いに取り組めることである。

　そのような自由は、求められている責務や差し迫った責任を免れる自由と混同されるべきではない。自由の領域に生きることとは、あなたの実践的アイデンティティ——親として、市民として、医師として、アスリートとして、学者としてなど——の要求に縛られることである。しかしながら、要点は、あなたを縛っているのが、あなたの物質的な欲求が命じる必要性ではなく、あなたのコミットメントだというところである。自由であるとは、いかなる実践的アイデンティティからも自由であることではなく、実践的アイデンティティをもつという要求に取り組むための自由である。そのような自由には、あなたは自身の実践的アイデンティティにおいて成功しているか失敗しているかという要求水準の高い問いに加えて、それに劣らず要求水準の高い問いである、あれこれの実践的アイデンティティを保持すべきか手放すべきか——あなたの実存的アイデンティティをめぐる問い——が含まれている。あなたの実践的アイデンティティと実存的アイデンティティをめぐるこれらの問いには、出来合いの解答が存在しないからこそ、自由の現実化には、要求水準の高いこれらの問いに、まさにそのような問いとして取り組むための時間や物質的資源を私たちがもっていることが要求されるのである。そのような時間や資源をもっていることは、これらの問いに生産的なかたちで取り組んでいけることの保証にはなりえない——まさに、私たちには失敗する自由があるからこそ、そのような保証はありえない——が、要点は、私たちは集団として、自由な生を営むことを互いに不可能にするのではなく、そうすることを互いに可能にすべきだというところにある。これが価値の価値転換の要点である。

マルクスの議論の基盤としての価値の価値転換は、おおむね看過ごされてきたし、十全に理解されたことは一度としてなかった。その理由の一端は、マルクス自身が、「価値」という言葉を、労働時間の量としての価値という資本主義の捉え方に限定して使っているところにある。だが、資本主義的な社会的富の尺度にたいして明示的に異議を唱え、その変革を試みており、それが、暗黙裡に、マルクスを価値の価値転換にコミットさせている。富の尺度は、分析としては、価値の尺度を前提としており、富の尺度を変革するには、その根底にある価値の捉え方を変革しなければならない(37)。

　マルクスにおける価値の価値転換の鍵となるテクストは、『経済学批判要綱』の七冊目のノート、一八五八年の冬と春にロンドンで書かれたものである。この時期、マルクス自身が貧困にあり、日中は研究のための自由時間がなく、夜を徹して研究を進めなければならなかった一方で、体調不良と、家族を養わなければならないというストレスの両方と闘っていた。だが、彼が『経済学批判要綱』を執筆していた年（一八五七―五八年）は、マルクスの生涯のなかでもっとも実り豊かで、哲学的な創意にあふれていた年に数えられる。その書名はドイツ語で「根本的な特徴」の意味であり〔ドイツ語タイトルは *Grundrisse* で、Grund は「基礎、土台」、Riss は「設計図、概略」を意味する〕、とくに七冊目のノートにはマルクスの思考の根本的な特徴が凝縮されている。輝かしい数ページのなかで、マルクスは資本の中核的な矛盾を捉えている(38)。その矛盾が、なぜ資本主義は、潜在的には、万人のために自由時間を解放するかを説明するが、それはまた、なぜ資本主義の克服だけが、現実的に、自由時間の価値を本当の社会的富に転化できるかを私たちに理解させてくれる。

　その矛盾とは、私たちがすでに検討した、労働時間と技術的発展のあいだの矛盾である。資本主義は〈社会的に必要な労働時間〉という観点で価値を測るが、〈社会的に必要な労働時間〉を削減するために、「ありとあらゆる科学力を呼び起こす」。この過程はマルクスが生きていた時代から急速に加速し、生きた労働にたいする欲求は技術的効率化によって減少した。生産過程における生きた労働にたいする欲求の減少は、マルクスが「資本の文明的側面のひとつ」と呼ぶものであり、それによって、「社会的諸関係の発展にとって、またより高度の〔社会的〕改革のための諸要素の創造にとって、奴隷制や農奴制等の以前の諸形態下におけるよりも有利な仕方と諸条件」が生み出される(39)。事実、マルクスは資本主義が「諸関係への、物質的手段および萌芽をつくり出」し、「物質的労働一般に費やされる時間のより大きな制限」をともなう「社会のより高度な形態」につながる可能性があることを強調している(40)。〈社会的に必要な労働時間〉を劇的に削減できることを示すことによって、資本主義下で達成された技術的進歩は、「真の自由の領域、自己目的として行為しうる人間の力の発展」に寄与することが可能である(41)。にもかかわらず、資本主義下では、自由の領域の拡大に直接的に専念することは不可能である。なぜなら、社会的富の尺度が、生きた労働から搾り取られた剰余価値しかないからである。生産にかんする私たちの技術的能力がどれほど進歩しようと、資本主義は「そのようにして創造されたこれらの強大な社会力を測るための物差しとして労働時間を使い[42]」続けるしかない。なぜなら、資本の成長の源泉となるのは、生きた労働の剰余時間しかないからだ。

資本主義的な生産様式におけるこの矛盾は、ふたつの異なった方向に進む可能性があり、この点において、価値の価値転換が決定的重要性を帯びる。

私たちの社会的富を労働時間という観点で測るかぎり、技術的発展は、労働者から相対的剰余価値を搾り取るための搾取方法を強化するばかりである。生産過程における技術的効率性の向上によって労働者にもたらされるのは、次のどちらかである。失業して、賃金を下げるために使われかねない剰余労働力の一部となるか（今日の西欧社会でありがちなように）、さもなくば、その労働から可能なかぎり大量の剰余価値を搾り取る仕組みになっている過酷きわまりない労働条件に従うか（現在、大半の製造業の拠点が置かれている地域でありがちなように）。

それと同時に、資本の矛盾は、その内部に、解放のポテンシャルを秘めている。私たちの技術的生産力が進歩すればするほど、労働時間が社会的富の尺度としては不充分であることがますます明らかになっていく。生産過程の自動化が加速し、生きた労働にたいする欲求が減れば減るほど、「人間が生産過程それ自体にたいして監視者ならびに規制者としてかかわるようになる[43]」。これは、潜在的には、解放につながるものである。なぜなら、これは私たち自身を「社会的個人」として発展させる方向性につながりうるからである。マルクスの言う意味で私たちが真に社会的な個人になるには、私たちは資本のために生産に従属するというよりも、私たちの目的のために計画し管理する生産の主体でなければならない。マルクスは次のように述べている。「この変換のなかで、生産と富との大黒柱として現れるのは、人間自身が行なう直接的な労働でも、人間が労働する時間でもなくて、人間自身の一般的生産力の取得（Aneignung）、自然にたいする人間の理解、そして、社会体としての人間の定住を通じての自然の支配、一言で言えば社会的個人の発展である[44]」。

そのような変革は、私たちが、生産の目的を民主的に計画する社会的個人として教育されることを要求する。私たちが自分たちの共生を再生産するやり方をそのように変革するとなると、「必要労働時間が社会的個人の諸欲求をその尺度とすることになるであろう[45]」。つまり、私たちは、利潤を生み出すという見地ではなく、自身の生を営むために何が必要かという見地から、生産を行なうようになるということである。そのうえ、私たち自身の目的のために技術を設計し、生産を計画するとき、「社会的生産力の発展はきわめて急速に増大し、その結果として、生産はいまや万人の富を考量したものであるにもかかわらず、万人の自由に使用できる時間〔disposable time〕が増大するであろう[46]」。

驚くべきことに、マルクスは原文で「disposable time〔可処分時間〕」という英語の術語（ドイツ語の verfügbare Zeit ではなく）をそのまま強調して用いている。マルクスが提唱する社会的変革は、価値の価値転換を要求する。マルクスが強く主張しているように「富の尺度は、もはや労働時間ではけっしてなくて、自由に使用できる時間である」（強調引用者）[47]。マルクスがここで〈自由に使用できる時間〉と記述しているのは、私が〈社会的に利用可能な自由時間〉と呼ぶものである。〈社会的に必要な労働時間〉ではなく、〈社会的に利用可能な自由時間〉こそが、私たちの富の本当の尺度であることを、価値の価値転換は明らかにする。価値の価値転換があれば、私たちは（資本主義下でやっているように）「剰余労働を生み出すために必要労働時間を縮減する」代わりに、「社会の必要労働の最小限への縮減」のために努力できるようになる[48]。賃金労働から相対的剰余価値を搾り取るのではなく、〈社会的に利用可能な自由時間〉の剰余の増大を目指せるようになる。このように〈社会的に利用可能な自由時間〉は、解放の手段でもあれば、解放の目的でもある。なぜなら、それが「諸個人の自由な発展」を可能にするからであり、これをマルクスは「すべての個人のために自由になった時間と創造された手段とによる、諸個人の芸術的、科学的、等々の発達開花〔Aussbildung〕」（強調引用者）と詳述している[49]。

しかしながら、そのような社会的変革には、私たちのほうで積極的に価値を価値転換することが求められていることを、マルクスは明示的に説き明かしていない。マルクスが述べているように、資本主義は「社会の可処分時間という手段を創造することに、すなわち、社会全体のための労働時間を、減少していく最小限に縮減し、こうして万人の時間を自身らの発展のために解放する手段を創造することに役立つ」[50]。このように、資本主義は、自身の基盤を「爆破する」——〔in die Luft zu sprengen〕——ことを可能にする物質的条件をつくり出す[51]。だが、マルクスは『経済学批判要綱』のなかで、このような爆破力を、無効化するのではなく有効化するかたちで用いるには、私たちに何が求められているのかと問うことを脇に置いている。マルクスは次のように強調するだけである。「現在の富が立脚する、他人の労働時間の盗みは、新たに発展した、大工業それ自身によって創造されたこの基礎に比べれば、みすぼらしい基礎に見える。直接的形態における労働が富の偉大な源泉であることをやめてしまえば、労働時間は富の尺度であることを」「やめるし、やめざるをえない」[52]。

マルクスの著作において争点となっているものはすべて、先の文の「えない（muß）」の状態にかかっている。物質面における技術的発展のおかげで、富の生産が、資本の増大を目的とした剰余労働の搾取に依拠してはいないこと、私たち全員が自分たちの生を営むために時間を解放するという見地に立ち、十分以上の技術を生み出すことにみずからの能力を費やすことで、私たちの暮らし向きはさらによくなるであろうことを、私たちは潜在的には見てとれる位置にいる。マルクスが強調しているように、「大衆の剰余労働はすでに一般的富の発展のための条件であることをやめてしまった[53]」。それゆえ、労働時間は社会的富の尺度でなくなるべきだが、そうなっていくかどうかは、私たちの価値の捉え方を私たちが集団として変革していくかどうかにかかっている。労働時間が富の尺度にならざるをえないと言うことは、避けられない必然事（たとえば、資本主義の力学は自動的にその克服につながること）を述べていると解釈することもできれば、私たちに下された指令として――私たちが価値の捉え方を転換しなければならないと述べていると――解釈することもできる。

マルクスはしばしば、第一の解釈（歴史的に不可避なものとしての資本主義の克服）を提唱していると解釈されてきたが、それは深刻な誤読である。もし資本主義の克服が歴史的に不可避であるとすれば、私が何にコミットするか、私たちが何に価値を付与するか、私たちが自分たちの生きる世界をどう理解するかとは無関係に、物理的諸力の力学だけで資本主義の克服は確実にもたらされることになり、マルクス自身による分析は不要になる。それとは反対に、価値の価値転換は、私たちが私たちの生を再生産するやり方を、理論と実践の両方において変革することを要求している。私たちによる財の生産から、私たちの教育、その他の形態の社会化にいたるまで、すべてにおいて、私たちは、資本や宗教に従属するのではなく、自由な生を営むことの価値と、精神的に自由であることの一筋縄ではいかない責任を、積極的に推し出していかなければならないのである。

価値の価値転換は、私たちが自分たちの生を集団として組織するやり方の根本にかかわるものであるため、国家という形態を解放することが要求される。ここで思い出しておくべきは、国家形態――私たちがみずからを縛りつけた規範によって統べられる私たちの生の活動を制度的に組織化するような形態――がなければ、精神的生はありえないという点である。精神的に自由な存在として、私たちはつねに国家のなかで生きてきたし、これからもずっと国家のなかで生きていくだろう。最初に自由な個人がおり、その後に国家によって形成されるのではない。私たちの自由は、最初から、なんらかの国家によって――なんらかの集合的な自己立法によって――かたちづくられている。なぜなら、自分たちが何者であるかを私たちが理解できるのは、社会的に制度化された規範という観点があればこそのことだからである。しかしながら、私たちの生を統治する規範は自然が与えたものではないからこそ、私たちは革命をとおして国家形態に異議を唱え、それを変更できる。事実、そのような革命がすでに何度も起こっており、私たちの歴史をかたちづくってきたのであり、マルクスにとって最重要の革命はフランス革命であった。

革命が要求する手段は歴史状況に左右されるものであり、マルクス自身、民主主義という「平和的な手段[54]」をとおして達成される革命のほうが、暴力的なものより好ましいと強調している。どちらの場合も、私たちを資本主義から解放するという革命の目的は、価値の価値転換でなければならず、それは、新たな制度的形態を求める。資本主義的な階級分割を維持する社会形態としての国家の克服を求めている点で、マルクスは正しい。しかしながら、そのような国家の捉え方は、国家の決定的な形態ではない（マルクスの想定する国家はときとしてそのようなものになりがちではあるが）。むしろ、競合する階級的利害からなる機関としての国家は、ある時代に特有の国家の捉え方であり、それは資本主義の克服をとおして克服可能なものである。資本主義以後の生になんらかの定まった形態をもたせるために私たちがしなければならないのは、国家形態を廃絶することではなく、国家形態を再発明することである。すでに論じたように、私たちの生の制度的な形態としての国家――複数の制度によって構成されうるもの――は、それ自体取り除かれうるようなものではない。なぜなら、それは、精神的自由を可能にする条件だからである。

マルクス自身が指摘しているように、「そこで次の問題がおきる。国家制度は共産主義社会ではどんな変革をこうむるだろうか。いいかえれば、そこでは現在の国家機能に似たどんな社会的機能が生き残るだろうか」[55]。私は資本主義以後の国家を、共産主義《コミュニズム》よりも、民主社会主義《デモクラティック・ソーシャリズム》というこれまでにない捉え方で記述することを選ぶが、それは、マルクスによる資本主義批判にとって民主主義にたいするコミットメントが必要不可欠であることを強調するためである。マルクスが正しく強調しているように、「自由とは、国家を、社会の上位機関から社会の完全な下位機関に変えることにある」[56]。国家を社会に従属させるとは、国家を現実的な民主主義につくり変えることである。マルクスは次のように述べている。「あらゆる国家形態はそれらの真理として民主主義を有し、それゆえにこそ、それらが民主主義であるのでないかぎり、非真理である」[57]。このように、私が民主社会主義と呼ぶものには、解放された国家形態が必要となる。そのうえ、資本主義はグローバルなものであるため、資本主義の克服は、究極的には、民主社会主義国家のグローバルな同盟が必要である。

次章で見ていくように、資本主義は現実的《アクチュアル》な民主主義とは両立しない。現実的な民主主義が求めるのは、政治的論議や熟議にしても、政治的代議制の形態にしても、その基礎が、社会全体の名のもとに提示される競合的な私的利害ではなく、社会全体としての利害に尽くす最善のやり方についての競合的な考え方にあることである。それと同じ理由で、現実的な民主主義が求めるのは、私たちの社会をしかるべきやり方で組織することによって、私たち自身の利害に尽くすことと、社会全体の利害に尽くすこととのあいだに、敵対関係が生まれなくてもよいようにすることである。社会全体の利害に尽くすことへのコミットメントは、いつでも一筋縄ではいかないものであり、つねに論争を招くことになるが、そのようなコミットメントを資本主義下で維持するのは、原理的に不可能である。賃金労働という社会形態があるため、民主的政治や民主的国家は、必然的に、支配を求めて競合する階級的利害の代表機関として機能する。社会全体の利害に尽くす最善の方法について熟議をめぐらすことは、現実的には不可能である。なぜなら、私たちは資本家の私的利害を優先しなければならないからである。このような優先順位を付けないという選択肢はない。なぜなら、資本主義下では、私的に所有された事業の利潤がなければ、社会的富を生産することができないからだ。

このように、不当な利潤の獲得を引き続き助長していかなければならないせいで、富の分配にかんする私たちの民主的決定のすべてが制限を受けている。そのうえ、富それ自体が、不平等な生産関係をとおしてつくり出されるため、民主主義に必要な形式面での平等性は最初から妥協にさらされている。社会のために富を生み出す力をもっている資本家の利害は、必然的に、賃金のために労働する人々の利害よりも重視されることになる。政治プロセスがなにかしら操作される前でさえ、そうなのである。賃金労働者の利害までもが、資本の所有者の利害によってかたちづくられている。なぜなら、賃金のために働く者は誰であれ、生計を立てるために、資本的富の持続的な成長に依存しているからである。

それゆえ、民主主義が、民主主義的な自由と平等の概念に忠実であるには、資本主義が克服されなければならない。私の狙いは、未来において求められる制度形態の青写真を提供することではない。なぜなら、青写真は、特定の制度形態はたえず続いていく民主的プロセスをとおして進化していかなければならないことを無視してしまうからだ。にもかかわらず、民主社会主義の諸原理――経済組織や政治組織に特有の問いは、それらの原理に照らして交渉され、協議されなければならないだろう――を明確化することは可能であるはずだ。そのような原理がなければ、民主社会主義という考え方は、私たちにたいして何ひとつ現実的に訴えかけてこない抽象的なユートピアでしかない。そのうえ、民主社会主義の原理をたんに措定することは不可能だが、私たちの歴史的達成物である自由の〈理念〉にそのような原理が暗黙裡に含まれていることは、明らかにされなければならない。したがって、次章では、私たちがすでに表明した自由と平等にたいするコミットメントから、民主社会主義の三つの原理を引き出していく。民主社会主義の原理は、どのような種類の国家、どのような種類の制度を私たちが必要としているかを決定するのに十分ではない。しかしながら、どのような種類の国家であれ、どのような種類の制度であれ、民主的であるには、これらの原理と両立するものでなければならないという意味で、そうした原理は必要なのである。

第6章　民主社会主義

I

　最初期から最晩年の仕事にいたるまでマルクスを導いているのは、自由と平等へのコミットメントであり、それがひとつになるのは民主主義においてのことである。「民主主義はあらゆる政治体制の謎の解かれたものである」とマルクスは書いている。なぜなら、民主主義においてのみ、「政治体制は［…］人間自身、国民自身の業として定立され［…］人間の自由な産物というそれ本来のあり方においてあらわれる[1]」からである。民主主義制度をとおして、私たちは次のような深く世俗的な認識にいたることができる。私たちの共生の形態を組織し、法制化する責任を負っているのは、ほかならぬ私たちである。社会秩序を正当化できるのは、神でも自然でもない――ほかならぬ私たちだけが、私たちの推進する価値観を、私たちが互いに保持する原理を正当化できる。ここから以下のように言うことができる。私たちの共生の形態は、民主的な交渉に開かれていなければならない。論争における最終的な意見として、または、法を創設する権威として、宗教的教義を引き合いに出すことはできない。私たちは（宗教の場合とは違って）法に従属してはいない。私たちが、法の主体なのである。マルクスが強調しているように「民主主義では［…］人間が掟のために在るのではなく、掟が人間のために在るのであり、掟は人間的定在である[2]」。民主主義のなかで私たちにできるのは、神に応えることではなく、互いに応え合うことである。共通善についての私たちの考え方に理由を付けて説明することも、私たちの共同の目標を達成するための最善の手段を熟議することも、私たちがしなければならないことである。

　マルクスにとって、一八世紀に端を発する民主的革命は世界史的重要性をもつ出来事であり、それが本当の解放の可能性を開いたのだった。マルクスも、自由主義を奉じる彼のライバルたちと同じく、真に自由な社会の必要条件として、市民権――

民主的選挙において誰もが等しく一票を投じる権利を含めて――を承認している。しかしながら、マルクスにとって、市民権は、現実的《アクチュアル》な民主主義のための十分条件ではなかった。政治的民主主義を現実化する――私たちが、私たちの共生の形態について、現実的に交渉できるようにする――には、私たちの経済の目的と実践それ自体が、私たちの民主的熟議の対象でなければならない。だからこそ、資本主義と現実的な民主主義は両立しないのである。資本主義下では、私たちの経済的生産の目的はすでに決まっている。経済のなかで資本の「成長」を生み出すことが何よりも重要である。この目的は民主的議論の埒外にある。なぜなら、私たちの社会的富のそもそもの測り方に、この目的が組み込まれているからである。私たちの富をどのように分配すべきかは、民主的に議論することもできるが、どれだけの富を分配に回すべきかは、私たちの経済のなかで私たちが維持できる資本の成長によって決まる。もし私たちの経済のなかで資本が大きく成長しているなら、課税や分配に使える富は増える。もし私たちの経済のなかで資本があまり成長していないなら、課税や分配に使える富は減る。

　したがって、私たちが社会的富の資本主義的な尺度を受け入れるかぎり、私たちの経済の目的は、ありうべきどのような民主的熟慮にも手出しができないところに留まるだろう。社会的富の基盤が資本の成長にあるとすれば、私たちには利潤という目的を促進する以外の選択肢はない。なぜなら、私たちが社会として保有する富は、資本が成長できるかどうかにかかっているからだ。さまざまな形態の法制化をとおして資本の成長の可能性を制限することはできるが、それは、再分配に回すことができる、さらに多くの富を生み出す可能性を制限することでもある。

　それゆえ、資本主義批判は、価値尺度それ自体に狙いを定めなければならない。だからこそ、まさしく前章で、資本主義的な価値尺度がどのように自己矛盾しており、民主主義にたいしてどのように敵対するかを分析したのである。資本主義下では、価値尺度は、私たちの実際の社会的富――〈社会的に利用可能な自由時間〉――を反映しない。なぜなら、財を生産し、〈社会的に必要な労働時間〉を削減する私たちの現実の能力を測っていないからだ。私たちの社会における必要労働時間が技術革新によって削減されるときでさえ、私たちは、拡大した自由の領域でどの労働形態が追求可能になるべきかを民主的に決めることができない。私たちにとっても、私たちの社会にとっても、何をするのが重要で意味があるかということを基礎にして新たな仕事をつくり出すことができず、私たちは、市場において利潤を生む仕事を探さざるをえない。なぜなら、そのような仕事だけが経済における価値の成長を生み出すからである。事実、資本主義下では、私たちの社会的富を測るのは、現実の生産性や剰余時間ではない。むしろ私たちは、生きた労働の搾取から引き出して資本の成長に転化させるという剰余価値の観点から、自分たちの社会的富を測ることを強いられている。私たちは、自分たちの本当の社会的富を測っていない。本当の社会的富は、私たちが必要とする財やサービスを現実にはどれだけ速く生産できるか、私たちの生を営むために現実にはどれだけ多くの自由時間を持てるかにある。

それと同じ理由で、資本主義の克服と民主社会主義の進展は、価値の価値転換を要求する。価値の価値転換は前章で説明したが、本章でも引き続き展開させていくことにする。

まず、民主社会主義は、富の再分配を行なうだけで達成されうるものではない。画期的なマルクス学者であるモイシェ・ポストンが示したように、ほとんどの形態のマルクス主義（それから、それに関連した左翼の政治プロジェクト）の問題点は、それらによる批判が、資本主義的な分配様式に限られており、生産様式それ自体に影響を与えている価値形態を問い質していないところにある。[3] プロレタリアを基礎とする労働をとおした価値の生産が所与の条件とみなされており、社会主義とは、もっと平等なやり方で、社会全体にわたって、プロレタリアの労働が生み出した富を分配することにかかわるものになっている。その結果、社会主義は政治的運営と経済的分配の様式に還元され、生産様式と価値尺度は手つかずのまま温存されることになる。これこそまさにソヴィエト連邦で起こったことであり、そこでは、マルクスの根本的な洞察がことごとく裏切られていったのだった。スターリン下のソ連の法制化は、マルクスの核心的な原理の定式（「各々の能力に応じてそれぞれから、各々の欲求に応じてそれぞれへ」〔後出註57参照〕）を、次のように変えた。「各々の能力に応じてそれぞれから、各々の労働に応じてそれぞれへ」。マルクスの思想をこれ以上に歪めるやり方を想像するのは難しい。私たちの欲求の充足が、私たちの労働の供出に依拠するようになるやいなや、私たちは、マルクスが賃金労働批判をとおして克服しようとした強制の形態へと逆戻りする。スターリン主義下、国家は実質的に一人の大資本家となり、生存のためという理由で市民にプロレタリア的労働を強いることによって、市民にたいして権力をふるうようになる。

ポストンが示しているように、ほとんどの形態のマルクス主義には、ソヴィエト連邦やその他の社会主義とみなされている体制にたいしてもっとも深い形態の批判を差し向けるための装備が十分に整っていない。これらの体制の問題点は、政治的に民主的であることに失敗した――それはそれ自体として大失敗ではある――ばかりか、経済的な生産様式において社会主義的であることに失敗してもいたのだ。ほとんどの形態のマルクス主義がこの点を理解できていないのは、生産様式と分配様式のあいだに資本主義の根本的な矛盾があると想定しているからである。プロレタリア労働が生産した富は、潜在的には、社会の全成員の欲求を満たすのに充分であるとみなされ、資本主義批判は、富が正しいやり方で分配されることを妨げている社会経済関係の批判に限定されている。

しかしながら、すでに見たように、資本主義の根本的な矛盾は、生産様式それ自体に影響を及ぼす価値尺度の内部にある。労働時間にもとづく価値尺度を受け入れているかぎり、プロレタリア労働の搾取は富の生産に必要なままである。

ここで有益なのは、影響力のある現代のマルクス主義者フレドリック・ジェイムソンが提案した社会主義社会のユートピア的な展望について考えてみることである。『アメリカのユートピア』で、ジェイムソンは、資本主義を越えた先にある生の展望を提示していると主張するが、資本主義が何であるかの説明は一言もない。なぜなら、〈社会的に必要な労働時間〉という価値尺度はけっして問い質されることがなく、資本主義的な生産様式における矛盾――賃金労働が社会的富の基盤であるかぎり避けられないもの――はけっして分析されないからだ。価値をめぐる根本的な問いに取り組む代わりに、ジェイムソンによるユートピアの展望は、賃金労働という社会形態と、その必然的な付随物であるプロレタリア労働とを保持している。事実、ジェイムソンが提唱するのは国民皆兵制であり、それが「年間最低保証賃金」を私たち全員に提供し、なされる必要があると軍隊が私たちに告げる〈社会的に必要な労働〉に私たち全員が確実に参加できるようにするという。ジェイムソンのユートピアに完全に欠けているのは、私たちの社会的労働の目的の民主的な決定である。私たちが民主的に生産の目的を考えられること――そして、私たちの自由の表現として〈社会的に必要な労働〉に参加できること――は、ジェイムソンが追求する可能性ではない[4]。

それと同じ理由で、ジェイムソンの自由の概念は貧しいものになっている。徴候的なのは、ジェイムソンのユートピアに自由の制度がないことである。社会的労働の目的を決定する制度はすべて（教育も含めて）、必要の領域に割り振られており、軍隊モデルで運営されている。それとは対照的に、自由の領域はジェイムソンにとって未決のものである。何が〈社会的に必要な労働〉に該当するかは軍隊が決めることであり、そのような労働に参加した報酬として基本的な欲求を充たすための食糧が支給され、それ以外のことは就業時間のあとの個々人の思い思いの選択にゆだねられる。軍隊の監督下にある義務的な労働時間が終われば、私たちは自由にしたいことをしてよいのである。

そのような展望は、自由な生を営むための可能性の条件を把握しそこねている。自由の行使に求められるのは、実践的アイデンティティ――一個人がゼロからつくり出すことは不可能であり、社会制度によってかたちづくられるもの――である。自由であるとは、規範的な拘束から自由であることではなく、私たちが自分たちの生を営むさいに照らし合わせる実践的アイデンティティの拘束について交渉し、それらをつくり変え、それらに挑むための自由があることである。問うべきは、私たちの自由が社会的制度によって形成されるかどうかではなく――制度的な形態をもたない自由はありえない――、私たちの自由がどの社会組織によって、どのように形成されるかである。

民主社会主義の鍵となるのは、個々人が、他者にも集団的プロジェクトにも依存しているという認識に照らして自身の生を営むことを可能にする制度（教育制度や政治的熟議形態を含めて）があることである。さらに言えば、民主社会主義の鍵とは、私たちがその形態のなかに私たち自身の姿を認め、私たちの自由を認識するからという理由で、私たちが参加する制度があることである。社会的制度――私たちの社会を維持するのに必要であると私たちが認識する社会的労働を含めて――への参加は、強制によって確保されるべきではなく、参加にたいする私たちの積極的なコミットメントを動機とすべきである。軍隊やその他の制度が、私たちに労働を強いる役目を担うべきではない。むしろ、私たちの民主的社会の課題は、私たちが精神的自由を行使するように教育されたおかげで、内発的な動機から現在進行形の生に参加し、寄与し、つくり変えていくようなかたちで、この社会が組織化されることである。精神的自由の行使には、確立された参加形態を批判したり拒絶したりする可能性が含まれていなければならない。離婚という法的可能性を認めないかぎり、結婚制度は自由の制度ではないのとまったく同じように、自由の制度としての民主社会主義は、私たちに、所与の形態の生に参加することを拒絶する実践上の可能性を認めなければならない――さもなければ、私たちの参加は、自由なものではなく、物質的必要性に迫られてのものになるだろう。それとは対照的に、ジェイムソンは、私たちの自由の社会的制度に影響を与えているはずの価値観や原理についてなにも語るべきことをもっておらず、そのような制度が必要であることを認識してさえいない。むしろ、ジェイムソンの記述によれば、自由の領域とは、個人の恣意的な選択以外のなにものにも拘束されていないものである。ジェイムソンのユートピアでは、集団的な自己決定プロジェクトは、必要の領域においてのみ稼働しており、その一方で、自由の領域は、拘束からの個人の解放でしかない。

この問題のより洗練された議論がポストンに見いだされる。ジェイムソンとは違い、ポストンは、資本主義下での価値の問題や、賃金労働という社会的形態との関係を深く理解している。にもかかわらず、ポストンの自由の捉え方は、究極的には、未決のままであり、価値の価値転換を成し遂げる可能性を説明できていない。

ポストンが論じているように、資本主義は、〈社会的に必要な労働時間〉を削減する技術革新をとおして資本主義それ自体を克服する物質的条件をつくり出す。ポストンにとって、解放の鍵となるのは、技術という死んだ労働である。なぜなら、私たちはそれによって、私たちの生きた労働を生産過程に費やす必要性から解放されうるからである。このように、ポストンは、技術の位置づけにかんするマルクス理論の古典的なふたつの誤りは回避できている。一方において、技術は、自然な労働形態や原始共産制から私たちを疎外するものとみなされるべきではない。そのようなノスタルジーの形態はすべて見当違いであり、資本主義が歴史的に到来したがゆえに万人のための社会的自由へのコミットメントが可能になったというマルクスの根本的な洞察を無視している。精神的存在にとって自然な労働形態はかつてなかったし、原始共産制はありえないものでもあれば、望ましくないものでもある。精神的存在の労働は、最初から、技術（なんらかの形態の道具）にかかわるものであり、資本主義の克服に求められるのは、技術の放棄ではなく、技術のさらなる発展である。他方では、生産様式は資本主義の延長線上にあり、そこに、プロレタリア労働が生み出した富の再分配がともなっているというだけでは、資本主義の克服は不可能である。目指すべきは、プロレタリア労働の称揚ではなく、その克服である。プロレタリア労働の克服には、生産様式それ自体の変革が求められるのであり、その基礎は、生きた労働の価値ではなく、死んだ労働の力に置かれるべきである。技術的進歩は次のことを必然的に含意している。私たちの財をつくり出すのに必要な生産時間が、生きた存在の労働時間からますます切り離されうることである。このように、生産過程のなかの生きた労働を死んだ労働と置き換えることで、私たちは労働時間という観点において資本主義的な価値尺度を克服することができる。

しかしながら、ポストンにとって、そのような変革は、私たちの側での価値の価値転換を要求しない。社会主義下では、「新たな社会的な生産様式は、新たな技術に基礎づけられることになり[5]」、その結果、「機械生産の目標だけではなく、機械それ自体が変わるだろう」（強調原文）[6]と、ポストンは主張する。ポストンが認めないのは、そのような社会的変革には、社会的生産の目的についての私たちの規範的な理解の変革が求められることである。生産の物理的諸力は、単体では、社会的富についての私たちの捉え方をかたちづくっている価値尺度を変革することはできない。私たちの所有する機械が異なったものになるとしたら、それは、私たちの所有する機械の能力が異なったものになるだけではなく、私たちが機械を別の目的のために設計するようになるからである。目的における相違は規範的な相違であり、物質的条件には還元できない。なぜなら、機械は、単体では生産目的を決定できないからだ。生産目的が理解可能なのは、機械それ自体からは引き出せない価値尺度に照らし合わせる場合だけである。このように、私たちの規範的目的は、必然的に、私たちがどのように私たちの物質的条件を再生産するかに影響を与えている。たとえば、資本主義下では、私たちの技術的装置の多くは、〈いずれ〉ではなく〈すぐに〉壊れる設計になっている。なぜなら、私たちが新しい装置を買わざるをえないほうが、生産者にとって利潤が出るからである。私たちの技術的ノウハウは、私たちの生の実践面での目的をかなえるためにではなく、利潤の最大化のために発展させられ、そのために使用される。それとは対照的に、民主社会主義下では、新たな技術形態についての研究も、現実的な機械の設計も、現実的な生産過程も、すべてが異なったものになるだろう。利潤を生み出すためではなく、〈社会的に利用可能な自由時間〉を増大させるために生産するからである。

しかしながら、資本主義から社会主義への移行についてのポストンの構想のなかでは、歴史的行為主体《エージェント》には、何かを変える力がない。ポストンの説明では、歴史的行為主体は、物質的な生産様式の変容によって一方的に条件づけられている。資本主義を克服するために私たちに何が求められており、解放を成し遂げたあと、それを維持していくために私たちが何をしなければならないことになるかを、ポストンは取り上げない。解放の可能性が物質的生産の資源に左右されることは、正しく強調している。しかし、解放のための闘争の現実性――そして、解放が成し遂げられたあとでさえ求められる持続的奮闘――が、歴史的行為主体の規範的なコミットメントに左右されることは、把握しそこねている。その結果、ポストンによる自由の領域の概念は未決である。彼が唯一気にかけるのは、私たちが、私たちの生きた労働を生産過程にゆだねることから自由であることだが、何をするための自由が私たちにあるか、なぜ私たちの自由が大事であるかを、彼は何ひとつ語らない。ポストンの説明において、社会主義を際立たせる唯一の特徴は、機械が生産過程を受けもつようになった結果、私たちは何ひとつ決定的なことをしなくてよくなるという点である。

　自由をそのように未決のものとして捉えることは、民主社会主義と両立しない。自由な生を――個人としても、集団としても――営むことの要点は、必要の領域を超越することではなく、必要の領域と自由の領域の関係を交渉できることである。死んだ労働がどれほど生産的になることがあるとしても、死んだ労働には、少なくとも、技術の目的を思い描き、技術の運用を監督するという私たちの生きた労働がつねに求められる。そのうえ、死んだ労働それ自体の価値は、私たちの規範的なコミットメントに左右される。〈社会的に必要な労働〉の全分野において、生きた労働をできるかぎり死んだ労働に置き換えることを欲するかどうかは、あらかじめ決まっているどころではない。たとえば、たとえ病人や老人の看護をする機械を設計できたとしても、私たちは、機械ではない、痛みや苦しみを気にかけ、理解することができる存在に看護してもらうことには内在的な価値があると主張するかもしれない。「各々の能力に応じてそれぞれから、各々の欲求に応じてそれぞれへ」という原理は、匿名的な集団意志の押しつけではなく、私たちにとって何が大事であり、互いをどのように気づかうべきかということについて、本当の意味で民主的に熟議するための可能性の条件なのである。

Ⅱ

　民主社会主義の可能性の条件は、資本主義的な価値尺度の価値転換である。価値の価値転換は――本章で詳しく示していくように――、資本の蓄積という意味での経済成長にコミットすることなしに、生産性の増大と深遠な技術的進歩を追求することを可能にする。私たちは自分たちの社会が保有する富を増大させることにはコミットするが、もはや資本の成長という観点から社会的富を測ることはない。むしろ、私たちの富は、私たちの現実的《アクチュアル》な富の生産と〈社会的に利用可能な自由時間〉という観点から測られる。

価値の価値転換は、資本主義と自由主義の両方の内在批判の最重要の一側面である。自由主義を唱える思想家たちは、自由にたいする信を公言してはいるものの、社会的富の資本主義的な尺度を基礎としない、科学的にも技術的にもイノベーションを行なう進歩的な社会を私たちがもちうることを構想できたためしがない。だが、以下で見ていくように、政治経済学を専門とする主要な自由主義思想家たち――ミル、ロールズ、ケインズ、ハイエク――は、資本主義的な富の尺度によって彼らのコミットする価値観が歪められていることを、知らず知らずのうちに容認している。

自由主義的な経済思想の基本的前提は、ミルの『政治経済学原理』で定式化されている。それは次のような主張である。「富の生産に関する法則や条件は、物理的真実の性格をもっている［…］。富の分配の場合はそうではない。それはもっぱら人為的制度の上の問題である[7]」。富の分配だけが、制度や歴史的コミットメントに左右される政治的論点として扱われており、その一方で、富の生産は、私たちには変えられない自然の法則に従っているとみなされている。したがって、私たちの価値の捉え方が規範的なものであること（自然的な所与ではないこと）は、無視されている。私たちの価値の捉え方は、中立的な尺度の基準とはかけ離れたものであり、それは、私たちがどのように生産を計画し、追求するのかをかたちづくる歴史的なコミットメントである。私たちが資本の成長という観点から私たちの社会的富を測る――それは必然的に、私たちの経済が資本的富の増大を目指していることを含意する――のは、自然の必然ではなく、私たちがみずからを繋ぎとめる規範である。そのうえ、この規範は自己矛盾している。なぜなら、手段が目的として扱われているからである。資本主義下では、私たちは生産のために生産し、蓄積のために蓄積する。

この矛盾を解くために、政治経済学の自由主義思想家たちは、ミルが「定常状態」と呼んだものを夢想するようになる。それは、富を充分に蓄積したため、資本の成長を追求することから手を引き、それに代わって、「人生の美点美質を自由に探究[8]」できるようになったときのことである。そのような夢想のバリエーションは、ロールズとケインズ（ミルの系譜に連なるふたり）にも見いだされうるが、資本主義の力学はけっしてそのようなときが到来するのを許さないことを、彼らは理解しそこねている。

たとえば、ロールズの議論によれば、よき社会のための先行条件とは、利潤の追求と剰余価値の蓄積ではなく、むしろ、「他者との自由な連合体における意義のある仕事[9]」である。この言い回しは、実質的には、マルクスの『資本論』からの引用だが、ロールズ自身はそのことに気づいていないようではある。解放された社会についての鍵となる記述が『資本論』第一巻にある。「自由な人間の連合体」であり、「共同の生産手段をもって労働」するため、物質的生産過程は、「自由に連合した人間の生産物として、意識的な計画的な規制下に立つ[10]」。マルクスが『資本論』第三巻でさらに説明しているように、自由に連合した生産者は、「自然との人間の物質代謝によって盲目的な力によって支配されることをやめて、これを合理的に規制し、自身らの共同の統制下に置く」[11]。そのような集団的な自己統治が目指すのは、私たちの精神的自由を目的それ自体として発展させるための時間をさらに多く提供することであるというのが、私の議論である。

　マルクスの議論のなかできわめて重要な部分は、生産手段の民主的所有である。そのような民主的所有は、他者との自由な連合体《アソシエーション》における有意義な仕事を特別なものとして扱う社会の現実的《アクチュアル》な可能性にとって決定的である。生産手段が私的所有されているかぎり、私たちの個人としての意図が何であれ、システム全体としての目的は、意味ある労働形態の創出ではなく、資本の成長である。ロールズは「実質貯蓄（実質資本の純増分）はもはや必要ではなくなるであろう[12]」地点に私たちは到達できるかもしれないと主張するが、そのような変革には別の経済システムが要求されるであろうことを彼は把握しそこねている。「実質貯蓄と経済成長は、特定の目標を視野に入れることなく、上向きに、前向きに進んでいく[13]」という原理に反対するとき、ロールズは資本主義の原理それ自体に反対している。だが、ロールズは、自身が退けた原理にもとづく経済システムを維持することにコミットしたままである。なぜなら、ロールズの考えによれば、富の状態を生み出すには資本主義が不可欠だからである。

　同じ矛盾の痕跡はジョン・メイナード・ケインズの著作にもたどることができる。ケインズは、資本主義を支持する一方で、それが「人間の性格のうち、もっとも不快な部分を最高の徳[14]」に引き上げるように私たちを導く経済体制であると公言してもいる。事実、ケインズは「金銭動機の真の価値をようやくまともに評価できるようになる」日を夢見ている。

> 人生を楽しむための手段として、人生の現実を考えれば不可欠なものとして金銭を求めるのではなく、所有するだけのために金銭を求める見方を、ありのままに認識できるようになるだろう。つまり、少し気味の悪い病気、半ば犯罪的で半ば病的な性癖、なるべくなら専門家に治療をお願いしたいと考えるような性癖だと認識できるようになるだろう。社会の習慣と経済の慣行のうち、富の分配や経済的な報酬と罰則の分配に影響を与える部分には、それ自体ではいかに不快で不公正であっても、資本の蓄積を促す点できわめて有益なために、どのような犠牲をはらっても維持しているものがあるが、これをついに放棄できるようになる[15]。

ケインズは、私たちの経済システムが病理的な生の形態であることを認めているにもかかわらず、次のように主張する。私たちは、資本主義的な価値尺度を、いま存在しているその歪曲された価値形態として認識するのは慎まねばならない。なぜなら、私たちが必要とする経済的富の水準にまで私たちを引き上げるには、少なくともあと一世紀は資本主義が必要とされるからだ、と。ケインズ本人によれば、資本主義的な生き方は精神病の一形態であり、私たちに、少なくとも半ば犯罪的、半ば病理的な活動への参加を強いるものではあるが、いまのところは、それに従う以外の選択肢は私たちにはない。なぜなら、私たちを自由にするであろう財をつくり出すことができるのは、資本主義だけだからだ。ケインズは次のように述べている。「少なくとも今後百年は、自分自身にたいしても他人にたいしても、きれいは汚く、汚いはきれいであるかのようにふるまわなければならない。汚いものは役立つが、きれいなものは役立たないのだから。貪欲や高利や用心深さをもうしばらく、崇拝しなければならない。これらこそが、経済的な必要というトンネルから光の当たる場所へと、私たちを導いてくれるのだから」（強調引用者）[16]。

ケインズがこれらの言葉を書いたのは一九三〇年のことだった。私たちはもうじき、ケインズが思い描いた、私たちを自由にするもう百年の経済的必要性のトンネルから抜け出すことになるはずだが、資本主義は私たちを日の当たる場所に導けてはいない。それどころか、私たちの物質的な富はかつてないほど増大しているというのに、かつてないほど不均等に分配されてもいるし、天文学的な量の資本的富の所有者でさえ、依然としてさらなる蓄積を目指している。これは偶然ではなく、資本主義本来の力学である。目的それ自体としてのさらなる資本的富の蓄積——それに必然的に随伴する生きた労働の搾取と、過剰生産が原因の周期的な危機——は、資本主義の一時的な局面ではなく、その稼働原理である。

それとは対照的に、ケインズは資本主義的な生産様式における矛盾や、それに付随する有害な力学を把握しそこねている。彼は私たちを次のように安心させる。「今後は、経済的な必要性という問題から実際上、解放される階級や集団が増えていくだろう[17]」。事実、そのように発展しうる可能性はあるが、それには民主社会主義が求められるだろう。ますます多くの集団が経済的必要の領域から解放されていくことがありうるのは、私たちが必要とする財を生産する現実的な能力と、〈社会的に必要な労働時間〉を削減する現実的な能力という観点から、私たちの社会的富を測る場合のみである。しかしながら、資本主義下では、財を生産し、〈社会的に必要な労働時間〉を削減する私たちの現実的な能力は、富の尺度ではない。私たちが財を生産するのは、実用的な目的のためではなく、利益を生み出すためである。だからこそ、無数の住宅を作ったものの、それを売って利益を得られないからという理由で空室のままになっているときでさえ、住宅危機が起こり、ホームレスになる家族が出てくることがありうる。それと同じように、資本主義下では、〈社会的に必要な労働時間〉を削減するのは、〈社会的に利用可能な自由時間〉を増大させるためではなく、生きた労働からより多くの相対的剰余価値を搾り取るためである。だからこそ、資本主義下では、〈社会的に必要な労働時間〉の削減は、経済的貧困の解決につながるのではなく、失業問題を生み出す。

ケインズ自身、「技術的失業」の問題を特定しており、それを、「省力化の手段を見つけ出すペースが速すぎて、労働力の新たな用途を探すのが追いつかなくなるために起こる失業[18]」と定義している。しかしながら、ケインズにとって、技術的失業の問題は、「一時的に調節がうまくいっていない[19]」ことが原因であるにすぎず、最終的には、経済問題の解決につながっていくという。ケインズが理解できていないのは、失業が資本的富の生産の肯定的な特徴である点だ。失業者という余剰人口は、少なくとも三つの理由で、相対的剰余価値を搾り取るために欠かせない。第一に、技術革新をとおした〈社会的に必要な労働時間〉の短縮は、必然的に、失業につながる。なぜなら、生産過程で必要とされる労働者の数が減るからである。第二に、失業者は一時的な職を見つけるために以前より賃金が下がることを受け入れなければならず、したがって、資本家が賃金を低水準に保つことを可能にする。第三に、失業者という余剰人口は、資本主義的生産の不定期なリズムにとって非常に使いやすい。なぜなら、失業者は、増産で利潤が出るときには雇い、資本利得のために減産が必要なときには解雇できるからである。

だから、資本主義の力学は、失業問題を解決するような方向には向かっておらず、失業があることから積極的に利潤を得ている。そのうえ、資本主義下では、失業という否定的価値を、私たちの生を営むための自由時間という肯定的価値につくり変えることはできない。なぜなら、労働時間が私たちの価値尺度だからである。ケインズの主張——資本主義は最終的には私たちを自由にするのだから、それに耐えなければならない——は擁護できない。資本的富の増加は、経済的必要の領域から解放できる私たちの生を増やすことはできない。なぜなら、賃金労働の搾取は、資本的富の「成長」をもたらす剰余価値の唯一の源泉だからだ。

それゆえ、資本的富の再分配をとおして社会的正義を達成しようという試みは、本来的に矛盾している。生きた労働の搾取を防ぐ福祉政策や国による規制を増やせば、それに応じて、剰余価値を搾り取る可能性にたいする制限も厳しくなり、経済のなかで分配に回すことができる「富」は減るばかりである。顕著な例を取り上げよう。医療、教育、その他の公共サービスが福祉国家によって運営されるとき、それらは、資本として再投資されて利益を産み出す商品として売られるのではない。つまり、それらは、資本主義下での測定によれば、社会的富の「成長」に寄与しない。反対に、これらの公共サービスが民営化され、商品化されると——利潤を目的とした売買の問題につくり変えられると——資本的富の成長に寄与する。これが、新自由主義による福祉国家の解体と労働市場の脱規制の経済的な説明原理である。私たちが資本主義的な富の尺度を受け入れるかぎり、社会民主主義的な改革は、いまよりも平等なかたちで分配することを目指す富を減らす傾向にある。同じ理由で、社会民主主義的な政策は、新自由主義による批判——そのような政策は、経済を萎縮させ、社会のなかでもっとも困窮しており、社会的流動性というチャンスを与えられてしかるべき人々にとって死活問題である職を無くす原因になっているとする批判――にたいして無防備になる。失業者にたんに福祉援助を与えることは、誰にとっても、長期的には現実味のある解決策ではない。新自由主義的な改革や規制緩和を受け入れるべきだと言うのではない。社会民主主義的な改革は、民主社会主義の目的につうじる手段として理解されなければならないと言いたいのである。

したがって、私は、いかなる形態であれ、社会民主主義に相当するものと、私が練り上げていく民主社会主義の概念とのあいだに分析的な区別を設ける。私はこれらふたつの用語――社会民主主義と民主社会主義――を、これまでに用いられてきたさまざまな意味のどれかと直接的に対応するかたちでは定義しない。私の言う社会民主主義は、福祉国家政策に限定されるものではないし、私の考える民主社会主義は、これまでに提示されてきた社会主義の展望のどれにも還元できない。むしろ、私の分析的定義は次のようなものである。私が社会民主主義と呼ぶものは、再分配だけに的を絞り、生産様式における価値という根本的問題に取り組まない、あらゆる形態の社会主義ないしはマルクス主義を含む。それとは対照的に、民主社会主義は、資本主義的な価値尺度の根本的で実践的な価値転換を要求する。

二〇世紀のあいだ、社会民主主義は、資本主義の「ソフト」な形態へと発展していったのであり、その頂点を飾る達成物が福祉国家であった。私自身生まれ育ったのは、もっとも成功した福祉国家のひとつ（スウェーデン）であり、そこでは、一九四五年以降の大規模な経済成長が、社会全体におよぶ富の分配へと転化されていた。私の祖父母はスウェーデン北部の貧しい農民だったが、私の両親は、無償の公教育と好景気のおかげで出世し、安定した中産階級の生活を手に入れることができた。私が子供だったとき、スウェーデンでは誰もが無償で医療サービスと子育て支援を受けることができたし、大学を含めて教育はすべて無償だった。一九世紀、労働者たちはみずからを政治的に組織し始め、労働条件から選挙権や公共サービスにいたるまで、すべてを少しずつ改善させていったが、これらを端緒とする発展の頂点に来るのが福祉国家であった。しかしながら、社会民主主義は、分配様式を変革することにとどまっており、資本主義的な生産様式に依存したままである。

その結果、福祉国家は、資本主義経済の宿命から逃れられない。第二次世界大戦後の数十年のあいだ、社会民主主義は、資本主義を飼い慣らし、共通善のために機能させる方法を見つけたかのようにみえたかもしれない。だが、一九七〇年代の世界経済危機――そして、それ以後の緩慢な複合年間成長――がはっきりと思い出させるのは、資本主義が福祉国家を管理しているのであって、その逆ではないことである。福祉国家は資本主義に依存しているが（なぜなら社会民主主義的な福祉体制は、賃金労働が産み出す富を食いつぶしているからだ）、資本主義のほうは福祉国家に依存していない。だから、経済危機のせいで社会全体に分配できる富が減ると、さらなる複合年間成長を産み出すための新自由主義的な戦略――労働市場の規制緩和、公共サービスの民営化など――が政治的同意を勝ち取ったのだった。

私たちが過去数十年にわたって目撃してきた新自由主義的な改革は、間違いなく有害なものである。しかしながら、福祉国家の没落は、新自由主義イデオロギーのためだけではない。資本的富の産出に全般的に依拠しているためでもあり、そのせいで、福祉国家は経済危機の人質になっている。福祉国家（または、その他の形態の再分配的正義）の視点からのみ新自由主義イデオロギーを批判することは、社会民主主義と新自由主義の両方が、資本主義的な価値尺度と生産様式における矛盾にどのように苦しめられているかを等閑視することである。

この点を明らかにする例と言えるのは、ユニヴァーサル・ベーシックインカム（UBI）にかんする昨今の議論である。UBIというアイディアは、現代においてもっとも広く議論されている政治的議題のひとつであり、その背景には、かつて必要だった労働が自動化され、失業問題が増大してきていることが多分にある。UBIというアイディアには、新自由主義を奉じる右派と社会民主主義を奉じる左派の両方に支持者がいる。新自由主義者にしてみれば、UBIは、失業者でさえ、市場経済に参加するのに充分な購買力を確実に持てるようにしてくれる一方で、それ以外の形態での国家的福祉支援を取りやめにすることを可能にするものである。それとは対照的に、社会民主主義者にしてみれば、UBIは、福祉国家の補完物（代替物ではなく）となるべきものであり、労働者に、雇用者に立ち向かう力を与えられるほどに充分なものでなければならず、貧困に追い込まれることなく、疎外や搾取をもたらす仕事を止めることを可能にしなければならないものである。

したがって、多数の影響力ある左派の人々が、妥当な生活水準を維持するのに充分な金額を市民一人ひとりに与えるようなUBIの形態を支持してきた。そのようなベーシックインカムは、資本主義的な労働市場の特徴である間接的な形態の強制――資本をもたない人々は、形式的には、自分たちのしたいことをする「自由」があるが、実際は、資本家のために労働しなければ生活が立ち行かない――から私たちを解放するとされている。社会学者のデイヴィッド・カルニツキーがこのうえなく綿密なユニヴァーサル・ベーシックインカム擁護論のなかで論じているように、「UBIが左派の規範的展望であるべき主な理由は、それが搾取と支配の関係からの脱出を促進するからである」[20]。充分な金額を与えるUBIが人々に与えるのは、直接的な強制からの抽象的な自由だけではなく、「自由を生きた現実にする物質的資源でもある。UBIは、虐待的な雇用主、不愉快な仕事、家庭における父権的支配に「ノー」と言う力を人々に与える」[21]。たとえば、非常に興味深い実証的調査の一部として、カルニツキーは、カナダでの三年にわたる年収保証の実験が、DV〔家庭内暴力〕の減少に一役買ったこと――なぜなら、年収保証は、女性が虐待的なパートナーに経済的に依存する度合いを下げ、破壊的な関係からの脱出を促進したから

――を示している。これをさらに敷衍するなら、ＵＢＩは「職場でも家庭でも、交渉が発生するときにその背後にある条件を変える[22]」。なぜなら、「安定したキャッシュフローのおかげで、結婚や職から離脱すると脅しをかける力があなたにあれば、つまり、脱出するというあなたの脅しが本当に信憑性のあるものだとしたら、あなたは本心を語るうえで有利な立場にいることになる[23]」からである。

このように、ユニヴァーサル・ベーシックインカムは解放的な効果をもちうる。だが、カルニッキーをはじめとして、その他の多くの人がしているように、マルクスが分析した賃金労働の問題にたいする潜在的な解決策としてＵＢＩを記述するのは、深刻な誤りである。カルニッキーは正しくも次のように強調してはいる。「賃金関係の廃絶を旗印とする展望から、私たち全員を賃金関係にしばりつける展望へと方向転換するなかで、社会主義は何かを失った[24]」。そのうえ、カルニッキーは、賃金労働の廃絶を規範的な目標として公言している。なぜなら、「目指すべきは、誰か特定の資本家から労働者を自由にすることだけではなく、資本家階級から労働者を自由にすることである[25]」からだ。しかしながら、カルニッキーが把握しそこねているのは、ＵＢＩでは、原理的にでさえ、賃金労働にたいする依存を克服できない点である。それどころか、いかなる形態のユニヴァーサル・ベーシックインカムであれ、賃金労働という社会形態に全面的に依存している。なぜなら、いかなる形態のＵＢＩであれ、賃金労働によって産み出された資本的富の再分配によって成立しているからである。資本主義下では、利益に奉仕する賃金労働が、社会的富にとって必要不可欠の源泉である。この賃金労働にたいする依存は、ＵＢＩによって克服されるどころか、永続化される。カルニッキー自身、ユニヴァーサル・ベーシックインカムの資金を調達するには賃金労働が要求されると述べているが、それが、ＵＢＩは私たちを資本家階級にたいする依存から解放できるという自身の主張と矛盾することに、目をつぶっている。どのような形態であれ、ユニヴァーサル・ベーシックインカムは、私たちを資本主義的な搾取から自由にすることはできない。なぜなら、ＵＢＩというかたちで分配される富を産み出すことができるのは、利益に奉仕する賃金労働だけだからだ。

ここでの基本的な問題は、カルニッキーの分析に限ったことではなく、社会民主主義的な政策が例外なく抱えている限界の徴候である。社会民主主義的な解放の展望は、富の再分配に限られており、その一方で、資本主義下で富がどのように生産されるかという根本的な問題が見えていない。ユニヴァーサル・ベーシックインカム（または、その他の形態の再分配的正義）の提唱者たちは、資本主義下での価値の尺度や生産をけっして問い質すことがなく、社会全体におよぶ富の分配にだけ焦点を当てる。それと同じ理由で、資本主義の進歩的な改革――目指す先が福祉国家の強化であれ、ユニヴァーサル・ベーシックインカムの提供であれ、両者を組み合わせるのであれ――が必ずとらわれてしまう矛盾を把握できていない。「私たちはベーシックインカムと質の高い公共財の両方をまかなう余裕を持てるべきである」[26]とカルニツキーは主張する。しかしながら、資本主義的な価値尺度があるかぎり、そのようなプログラムはつねに、自身を劣化させ、消滅させかねない矛盾にとらわれている。私たちの生が利潤のために搾取されなくなればなるほど——たとえば、福祉国家の公共財や、UBIが支援する非営利のプロジェクトに私たちの生を費やせば費やすほど——、福祉国家やユニヴァーサル・ベーシックインカムの財源にできる富は減る。富の再分配におけるこの実践上の矛盾は、資本主義下では回避できない。なぜなら、その価値尺度は〈社会的に利用可能な自由時間〉ではなく、〈社会的に必要な労働時間〉だからだ。私たちが、生きた労働時間の搾取からみずからを解放すればするほど、私たちの自由状態を支えるために私たちが保有する富は減る。

III

民主主義の可能性にたいして資本主義的な価値尺度がもたらす帰結を理解するには、多方面で称讃されたトマ・ピケティの研究書『二一世紀の資本』を見てみるのが有益である。ピケティの議論は、新自由主義的資本主義にたいする社会民主主義的批判の範例であり、再分配が中心に置かれており、価値転換の問題は認識されていない。ピケティの目標は、資本主義の克服ではなく、むしろ、富の不平等に歯止めをかける、改革と規制をほどこされた資本主義システムである。

ピケティのもっとも重要な主張点は、「自由市場」資本主義は——もしその本来の働きにまかせられたら——富の分配を促進しないし、個人的自由を保護しないという点である。長期にわたる富と収入の関係を追跡する革新的な統計技術を展開することで、ピケティは、資本主義が、多数の手というよりも少数の手に富が集中する傾向にあることを示している。資本主義的な富の蓄積の力学は、多数の利害のためではなく、自身らの利益のために政治を操作する資源をもつ家族王朝や寡頭制の形成につながるのであり、そのような力学をピケティは「民主主義社会や、それが根ざす社会正義の価値観を脅かし」[27]ていると正しく記述している。

ピケティによれば、資本主義が富の不平等を拡大させる傾向にある理由を説明するメカニズムは、r＞gという公式であらわすことができる。資本収益率（r）の増加速度は、経済全体の成長率（g）より速い。このように、資本主義の力学は、収入を基盤とする富よりも、すでに存在する富の蓄積を優遇する。相続によって蓄積された富の成長は、収入の成長を上回り、資本を所有する者と、生活のためにみずからを賃金労働に服従させなければならない者とのあいだの、不平等な富の分配のスパイラル——ピケティが「かなり恐ろしい」[28]と呼ぶスパイラル——につながる。

にもかかわらず、国家による増税や雇用創出のような改革をとおして、民主主義は原理的には「資本主義のコントロールを取り戻す[29]」ことができるとピケティは主張する。新自由主義的な市場の規制緩和を促進する者たちとは対照的に、ピケティは、国民全員に健康保険と（高等教育を含めた）教育を提供する一方で、不平等は制限し、グローバル資本にたいする累進的な年税をとおして富を再分配する、社会民主主義的な福祉国家を提唱する。

富の不平等の問題にたいしてピケティが提案する解決策は、実際的な観点からすると現実味に欠けると言われることも少なくないが、彼の分析のもっとも根深い問題点は、資本主義の構造的力学についての体系的な理解をまったく提示していないところにある。ピケティにしても、ＵＢＩの提唱者たちにしても、資本主義の問題はたんに富の分配にかかわるものでしかなく、その一方で、資本主義下での富の生産や尺度はけっして問い質されることがない。事実、ピケティは、資本主義的な生産様式に本来的にそなわっている矛盾についてのマルクスの分析をはっきりと退けている。その一方で、ピケティは明らかにマルクスの議論の論理を理解していない。ピケティによれば、「マルクスは持続的な技術進歩と安定的な生産性上昇の可能性――これはある程度までは、民間資本の蓄積と集積のプロセスに拮抗する力となる――を完全に無視していた[30]」。これは非常に誤解を招く主張だ。技術的進歩と増大する生産性は、資本の蓄積と集中の過程を駆り立てる力学についてのマルクスの分析の核心にある。そのうえ、マルクスが統計データを集めているのは、資本主義がどのように機能するかを「予測」するためではない。マルクスは資本主義の内的な合目的性（消費のためではなく利益のために生産する）を分析し、そのような力学の構成的な傾向を解説しているのである。

もしピケティがマルクスの分析の論理を把握していたら、彼自身のデータの意味を理解可能にするための資源を手にしていたことだろう。ピケティは資本が少数者の手に集中する傾向にあることを統計的に示す一方で、この傾向や、この傾向と技術的生産性の関係を説明する力学を理解しそこねている。なぜなら、資本主義的な生産様式の特有性を無視し、資本主義下での社会的富の尺度を、まるで自然の必然性であるかのように扱っているからである。その結果、ピケティは、失業にむかう傾向と危機にむかう傾向の両方がどのようにして資本的富の生産にとって必要不可欠な特徴であるかを無視している。経済危機は、市場の規制（社会民主主義）でも、市場の規制緩和（新自由主義）でも、避けることはできない。なぜなら、危機にむかう傾向は、資本主義的な生産様式それ自体に本来的にそなわっているからである。

資本主義的な生産様式における本来的な傾向を理解するには、「利潤率の傾向的低下の法則」についてのマルクスの分析――『資本論』第三巻で追究されるもの[31]――に目を向けなければならない。利潤率の下落傾向についてのマルクスの分析は、もっともよく知られている部類に入るが、もっとも誤解がはびこっているものに数えられる。ピケティをはじめとした多数の人々が言い立てていることとは反対に、マルクスは、利潤率が不可逆的に下落して資本主義の自己破壊につながるという予言をしていない。資本主義の命運についてのそのような黙示録的な展望がマルクスに帰せられることはめずらしくないが、それはマルクスの実際の分析と相容れない。マルクスは経験論的な予測は何ひとつしていない。むしろ、彼は資本主義的な生産様式における「動的な矛盾」を分析しているのである。そのような矛盾はダイナミックで動的なものであるため、資本主義システムをどうにか延命させる「中和的な」戦略はいくらでもありうる。要点は、資本主義が不可避的に自死することを確証することではなく、資本主義がその生を保つことができるのは、有害で自己矛盾的な力学——本当の社会的富の生産に敵対するもの——をとおしてだけであることを示すことである。

　資本主義的な生産様式に利潤率の本来的な下落傾向が必然的にともなっている理由を理解するために、ここで、前章で取り上げた村と水の供給の例に立ち返ってみよう。利潤率は、商品の生産に投資した資本の総額——たとえば、水一ガロンの生産に必要とされる賃金、機材、原材料の総計——と、商品の生産から絞り出せる剰余価値の量との関係である。

　利潤率を上昇させようとするのは、あらゆる資本主義的な事業に本来的にそなわっていることである。私の水ビジネスを維持するには、水の生産と分配から利潤を出し続けなければならない。そのような利潤は、生きた労働の剰余時間を、私の資本主義的な事業のために剰余価値に転化できるかどうかにかかっている。しかしながら、就労時間の上限と労働条件についての法的制約があるため、私が雇っている労働者たちの生の時間をどこまで搾取できるかには制限がある。私のビジネスを収益化し、競争力を維持するための主要な方法は、むしろ、生産の技術手段をさらに効率化することで、労働者から相対的剰余価値を搾り取ることである。だからこそ、私は、水ビジネスの利潤率を上げようとして村内に超井戸を作ったのである。超井戸は、私の労働者たちに、同じ時間でより多くの水を生産することを可能にし、したがって、その労働から私が搾り取れる相対的剰余価値を増やす。

　このように、利潤率を上昇させようとすることは、ある商品の生産のために〈社会的に必要な労働時間〉を削減する技術的発展を追求することから切り離せない。商品の生産からさらに利潤を上げようとする場合、私は商品の生産をより効率的にしようとする。つまり、より時間がかからないようにするのである。

　しかしながら、それと同じ理由で、私は資本主義的な生産様式を特徴づける矛盾にとらわれている。資本家としては、生きた労働時間からしか剰余価値を搾り取ることができない。だが、さらなる剰余価値を私の労働者たちから搾り取ろうとするなかで、私は、生きた労働時間（剰余価値を搾り取れるもの）を、生きていない生産時間（なんの剰余価値も搾り取れないもの）に漸進的に置き換えていく技術を発展させるようになっていく。

　そのような技術的発展の結果、私の水ビジネスの利潤率は本来的に下落する傾向にある。水の生産効率が上がれば、マルクスが「資本の有機的組成」[32]と呼ぶものに変化が起こる。生きた労働時間（利潤を引き出せるもの）の比率は下がる一方で、生きていない生産時間（利潤を引き出せないもの）の比率が上がる。このように、生産手段として導入された超井戸の効率性のおかげで、剰余価値と利潤の総量は増加するとしても、それと同じ理由で、私の水ビジネスの利潤率は下落傾向を見せる。

それゆえ、私たちは資本主義的な生産様式における矛盾の力学を特定することができる。一方では、利潤を上げようと試みるなかで、私はますます効率的な生産技術手段を発展させていく。他方では、私の生産技術手段が効率的になればなるほど、利潤率はますます下落する傾向にある。

資本主義的な生産手段は、利潤率を維持するために、技術的生産性の向上にむかう衝動を押さえなければならない。生きていない生産時間の比率を際限なく上昇させるにまかせると、生きた労働時間の比率も際限なく下降し、利潤が出る可能性が減少する。超井戸が完成し、それを稼働させるのに生きた労働時間をほとんど必要としないところまでくると、利潤を出すために剰余価値を搾り取ることができるものはほとんどなにも残っていない。

利潤率の傾向的下落の法則は、予測ではなく、構造的力学であり、それによって、資本主義下での相殺的な諸傾向が理解可能になる。利潤率は下落する傾向にあるため、資本主義を奉じる雇用者は、生きた労働の搾取を強化し、かつ、生産施設を労働力が安価な場所に移転するか、そのどちらかをしなければならない。〈社会的に必要な労働時間〉が減少していくとき、相対的剰余価値からの搾取――利潤が出るかどうかを左右するもの――を増加させる唯一の方法は、労働者の賃金の相対的価値を下げることによって労働者の搾取を強化することである。失業と職の移転は、資本主義下では、取り除かれうるものではなく、資本的富の生産にとって必要不可欠の条件である。賃金の相対的価値を下げ、利潤率を維持できるかどうかは、国内か、生産の移転先である貧困国に、低賃金でも働きたいと思っている失業者からなる剰余人口がいるかどうか次第である。

もっとも重要なことに、利潤率の傾向的下落の法則によって、資本主義下での危機にむかう傾向が理解可能になる。資本主義下では、技術的生産性の持続的な向上は、危機につながっていく。なぜなら、生きた労働時間を生きていない生産時間に置き換えることは、利潤率を下落させるからである。下落する利潤率は、さまざまな戦略によって相殺されうるが、究極的には、価値引き下げ危機か、または、戦争下での既存の資本の全面的な破壊か、その他の手段による巨額の資本の破壊が求められる。経済におけるそのような「恐慌」だけが、新たな「好況」につながりうる。機械類やその他の形態の生産関連資本が大量に破壊されると、生きていない生産の能力は低下し、その一方で、生きた労働にたいする必要は高まる。だからこそ、資本主義経済では、戦争がもたらす破壊が好況につながりうる。そのような破壊が、生きていない生産の能力を大量に取り除き、再建過程で、大量の生きた労働時間が要求され、そこから搾り取ることができた剰余価値が、経済における資本的富の「成長」に転化される。

それゆえ、危機にむかう傾向が資本主義の終焉を告げていると考えるのは、重大な誤りである。危機は、資本主義的な蓄積のサイクルにとって必須であり、資本的富の継続的な生産にとって必要不可欠である。利潤率をふたたび上昇させるには、生きていない生産時間にたいして生きた労働時間の比率が上がらなければならず、そのために、生産資本の価値の引き下げか、その破壊が求められる。そのような危機は、資本主義にとって脅威であるどころか、自己を再生産するシステムとしての資本主義にとって可能性の条件である。当然ながら、個々の資本家（そして資本主義社会全体）が危機に打ち負かされることはありうるが、資本主義がシステムとして維持されるには、新たな成長サイクルがふたたび始まりうるということだけで充分なのである。

にもかかわらず、マルクス主義を公言する多くの者が、「最終的危機」の予測を要とする資本主義批判を続けている。そのような資本主義批判は深刻な考え違いをしている。資本主義の問題は、資本主義がいずれ崩壊することではなく、有害な社会的帰結をもたらす自己矛盾的な力学をとおしてしかみずからを維持できないことである。資本主義的な社会的富の尺度を前提とすれば、技術的効率性のおかげで私たちが獲得する自由時間は、それ自体では、価値として認識されえない。もしかりに私たちが、利潤のためではなく、解放のために技術革新を追求するとしたら、技術的生産性の向上は、万人に、各々の生を営むための自由時間をより多く与えることができるだろう。しかしながら、私たちが利潤のために生産するかぎり、技術革新による〈社会的に必要な労働時間〉の削減は悪循環する矛盾にとらわれたままである。私たちは、〈社会的に必要な労働時間〉の削減を、目的それ自体としてではなく、労働者から剰余価値を搾り取るための手段としてしか追求することができず、それによってもたらされるのは、解放ではなく、失業、搾取、危機である。

厳密な資本主義批判がなすべきは、システムの黙示録的な終焉を予言することではない。むしろ、厳密な批判に求められているのは、なぜ資本主義下の価値尺度が自己矛盾しているのか、なぜ資本主義下の価値尺度が集団的に価値転換される必要があるのかを明確に説明することである。価値の価値転換は、政治による経済の変容——それによって私たちは〈社会的に利用可能な自由時間〉を目的それ自体として認識できるようになるだろう——をとおしてしか達成されえない。そのような経済の変革が、私が民主社会主義と呼ぶものの中心にある。

Ⅳ

民主社会主義の争点を練り上げるには、もっとも力強く、哲学的にもっとも洗練された社会主義批判を行なった人物と向き合うことが役に立つ。オーストリアの経済学者にして哲学者であるフリードリヒ・ハイエクである。ハイエクは一九七四年にノーベル経済学賞を受賞しており、いわゆるシカゴ学派――「自由市場」の利点についての新自由主義的な考え方に多大な影響を与えてきた学派――の形成を先導した人物である。

ハイエクによる社会主義批判の要《かなめ》となるのは、社会主義という形態はすべて、トップダウン型の、非民主的なやり方で構造化された中央計画という形態を必要とするという仮定である。ハイエクが指摘しているように、「みずからの進めようとしていることが現実的にどんなかたちになるか真剣に考えたことのある計画主義者なら、統制経済は多かれ少なかれ独裁的なやり方で管理されなければならないということを、ほとんど疑わないだろう」が、それは、「たくさんの活動が相互関連している複雑なシステムは、かりにも意図的に統制されるべきであるならば、専門家たちからなる一つの運営体によって統制されなければならない」からであり、そこでは、「最終的な責任と権力は一人の統制指揮者の手にゆだねられ、その行動は民主主義的手続きに束縛されてはならない[33]」からである。だとすれば、社会主義は、政治的民主主義と経済生活の分離を要求することになる。私たちの経済生活の形態は、中央計画を担う当局による指図を受けることになるが、その一方で、それ以外の点では自由に生を営むことになる。ハイエクは次のように述べている。「こういったたぐいの保証は、だいたい次のような示唆を含んでいる。すなわち、私たちの生活の中でも、あまり重要でないし、また重要であるべきではない側面においては、自由を放棄することになるが、代わりにもっと高次元な価値の追求において、より大きな自由を獲得することになるだろう、という見解である。同じような考え方から、人々は往々にして、政治的独裁を毛嫌いしつつも経済分野における独裁者を求めるのである[34]」。

それとは対照的に、ハイエクは、経済的自由、政治的自由、実存的自由の分離不可能性についての重要な議論を追究している。ハイエクが正しく強調しているように、「経済目的というものは他の人生の目的とまったく独立に、純粋なものとして存在する[35]」と信じるのは誤りである。むしろ、自由の核心には、それを構成する「経済問題」がある。なぜなら、「われわれの目的のすべてが、いくつかの共通する手段の上に競合している[36]」からであり、私たちは、手持ちの手段が限られていることに照らして、どの目的を優先するかを決定しなければならないからである。だからこそ、誰が経済を管理するかという問題がそれほどまでに重大なのである。「経済統制が、人間生活の独立したある部分だけを統制するのにとどまらないのは、目的達成手段の統制だからである[37]」。したがって、「手段の独占的な統制権を握るものは、どの目的が達成されるべきか、どういった価値が高いか低いかを決定することになる。結局のところ、その者は、人々が何を信奉し、何にむけて努力すべきかをも決定するのである[38]」。

ハイエクはここで、経済的生と精神的自由のあいだの本来的なつながり——私がマルクスの読解をとおして掘り下げ、展開してきたもの——を見抜く直前まで来ている。にもかかわらず、ハイエクは自身の潜在的な洞察を見逃している。なぜなら、彼は依然として、経済的組織を厳密に道具的な用語で——個々人の目的の追求のためのたんなる手段として——構想しているからである。しかしながら、経済的組織の問題は、私たちが目的を追求するさいの手段には還元できない。むしろ、自分たちの生の経済を私たちがどのように組織するかは、それ自体が、手段と目的の関係を私たちがどのように措定するかの現われである。精神的生は、どのような形態であれ、その核心には経済問題がある。なぜなら経済問題は優先順位にかかわるものだからである。私たちの生の経済をどのように組織するかは、究極的に言って、私たちがさまざまな活動の価値をどのように理解するか、自分たちの時間を使ってなす価値があると私たちがみなすのは何であるかにかかわるものである。私たちの経済的自己組織化は、私たちの手段のみならず、私たちの目的をもかたちづくっている。

こうして、私たちが経済を組織、計画する仕方が、私たちの生のあらゆる側面をかたちづくっている。ハイエク自身が認識しているように、いかなる経済であれ、それを構成しているのは経済計画である。ハイエクは経済計画を、「利用可能な資源の配分にかんする相互に関連する多くの決定の複合体」[39]と定義しており、「すべての経済活動はこの意味において計画である」[40]ことを強調している。いかなる経済であれ、それを機能させるには、なんらかの形態の計画が必要であるため、ここで問題となるのは、計画の有無ではなく、むしろ、誰が計画するかである。ハイエクは次のように主張する。「それは計画が立てられるべきか否かということについての議論ではない。そうではなく、計画が経済体制の全体についてひとつの権力によって中央集権的におこなわれるべきか、あるいは計画は多くの個人間に分割されるべきかということについての議論である」[41]。

どのような形態の経済計画にとっても決定的に重要な問いとは、部分と全体の関係である。中央による計画は、全体と部分の関係をトップダウン的なものと誤って解釈している。なぜなら、そのような計画が求めるのは「経済体制全体をひとつの統合された計画にしたがって指令すること」[42]を押しつけることだからである。したがって、中央による計画は、経済の個々の部分の必要や需要と同期しないことになる。必要なのは、むしろ「誰にとっても完全な形では与えられていない知識の利用」[43]を可能にする形態の経済計画である。個人であれ、中央計画を担う当局であれ、経済計画の変数のすべてが与えられていることは絶対にありえない。なぜなら、本質的に経済は、事前の予測が不可能な実践的活動の形態に左右されるからだ。経済計画は、一連の一般規則や所与の統計データには還元できない形態の実践的知識、すなわち「ある時と場所における特定の状況についての知識」[44]を受け入れるものでなければならない。ハイエクが言うように、一人ひとりが「独特の情報——それにもとづく意思決定がその保有者に任されている場合か、その保有者の積極的な協力によってなされる場合にかぎって有益に使われうる、独自の情報[45]」をもっている。

このように、ハイエクは、部分と全体の関係を、個人の欲求や欲望（購入者の需要）と、利用可能な資源（売却者の供給）との調整をめぐる技術的問題として思い描いている。ハイエクは、この問題にたいする解決策を、価格システムに見いだす。なぜなら、商品の価格は、供給と需要の関係の反映だからだ。自由市場では、商品の価格は、欠乏の水準（購入者にとって）と需要の水準（売却者にとって）につうじていることになっている。だとすれば、「合理的な経済秩序」につながる鍵は、価格システムが握っていることになるだろう。なぜなら、それが、供給と需要のあいだの相互的な決定のさい、経済にかかわるさまざまな当事者のあいだで伝達されるべき実践的知識や関連情報の正しい形態を準備することになるからである。ハイエクにとって、部分と全体の理想的な関係は、「自生的に形成される市場の秩序[46]」によって達成されるものであり、それが、「あらゆる設計が達成できるよりも効率的な資源配分[47]」を生み出すのである。

しかしながら、ハイエクの分析の問題点は、資本主義的な市場経済でどのように価値がつくり出されるかをけっして自問しないことである。その他の自由主義思想家と同じく、彼もまた、資本主義的な市場経済を、富の生産のための唯一の社会形態ではなく、富の分配のための最適の道具として扱っている。合理的な経済秩序にとって中心的な問題に数えられるべきは、「社会の構成員の誰かが、個人としてその相対的な重要性を知っている諸目的にたいして、彼が知っている資源の最良の利用をいかにして確保するか[48]」であると考えている点で、ハイエクはたしかに正しい。しかしながら、ハイエクは、資本主義的な市場経済が合理的な経済秩序ではありえないことを見逃している。ひとりの資本家が気にかけるのは、利用可能な資源の最適な運用ではなく、もっとも効率的に利潤を出す方法である。そのうえ、資本主義社会として私たちが集団的にコミットしているのは、消費のために生産することではない。むしろ、私たちがコミットしているのは、資本の成長に転化できる剰余価値を搾り取るために生産することである。

これと同じ理由で、資本主義的な価格システムは、不足と必要、供給と需要の実際の関係についての情報を伝達するための中立的な媒体として機能することができない。ハイエクによれば、価格システムの「驚異」は、それが「情報伝達のためのメカニズム[49]」を提供していること、しかも、そのようなコミュニケーションが「誰かが個人にたいして何をすべきかを命令することなしに、個人に望ましいことをさせる[50]」ようなやり方で行われていることにある。ハイエクの説明では、価格システムは、不足と必要のあいだの本当の関係を社会全体に伝えることを可能にし、その結果、「命令が発せられるわけでもなく、おそらくはほんの一握りの人々以外には不足の原因を知っている人がいるわけでもないのに、何ヵ月かけて調査してもどこの誰とも確かめることができないであろう何千何万の人々が、その原材料もしくはその原材料からつくられた製品をいままでよりも倹約して用いるようになる[51]」。だが、まさに価格システムのこれらの特徴こそが、価格システムを、資本主義下で供給と需要の両方を操作するためのかくも効率的な道具にしているのである。資本家は、当該の商品が実際にはどれだけ効率的に生産できるのかを「伝え」ようとして価格を付けるわけではない。もし自身の生産能力を制限し、人為的に品薄状態をつくり出すほうが利潤が出るのであれば、資本家はそうするだろう。また、資本家は、人々の実際の欲求について正しい部類の「情報」を手に入れ、それに見合った需要を満たせるように供給しようとしているわけではない。資本家が目指すのは、むしろ、社会的な帰結には頓着せず、最大の利潤を得るために供給と需要の両方を操作することである。

　利潤のために供給と需要を操作することは、資本家個人の道徳的失敗ではなく、資本主義を維持するうえで私たちが集団としてコミットしている生産原理の効果である。資本主義にコミットすることは、生産の目的が消費ではなく利潤であるべきだと主張することである。それゆえ、資本主義下で供給と需要が乖離すること——私たちが必要としていなかったり、高すぎて手が出なかったりする商品の過剰生産と、必要なのに購入できない財の過少生産の両方をとおして——は、まったく偶然ではない。これらの逸脱は、欲求を満たしたり、精神的な成長のための資源を配ったりすることより、利潤の蓄積を優先する生産原理から導かれるものである。

　このように、ハイエクが中央計画に投げかける批判は、彼自身が擁護する資本主義的な自由主義にたいしても投げかけられうる。ハイエクは次のように主張する。「富の生産にたいする統制は、人間生活それ自体にたいする統制である[52]」。だからこそハイエクは、その形態にかかわらず、非民主的な中央計画——それは「私たちにとって重要かそうでないか[53]」を決定する経済的自由を私たちから奪うことになる——に異議を唱えるのである。そのような経済的自由は、私たちの政治的自由や実存的自由から切り離せない。ハイエクが正しく強調しているように、「経済問題にだけかかわる」ことは、「人生のより基本的な価値にはダメージを与えない[54]」と考えるのは誤りである。それとは反対に、経済的自由を失うことは、「経済計画は「たんなる」経済問題と軽んじられている、精神にとっては周辺的であるような事柄のみを左右するものではない。それは、実際には、何が周辺的であるかを決めることが、もはや個人には許されなくなることを意味する[55]」。

　にもかかわらず、ハイエクは資本主義下での富の生産の非民主的な管理を無視する。資本主義は、私たちの経済的自由を保護するどころではない。経済的な優先順位を決定し、経済的な生の形態をめぐって民主的に熟議する力を私たちから奪う。私たちの経済の優先事項——利潤のための労働——は、私たちに代わってすでに決定されている。なぜなら、それは、社会的富についての資本主義的な定義に組み込まれているからである。

ハイエクには争点になっている問題が見えていない。なぜなら、〈何かをする自由《フリーダム》〉を〈何かからの自由《リバティ》〉に還元しているからだ[56]。こうではなくあのように行動しろと直接的に強制されないかぎり——すなわち、形式的な〈何かからの自由〉があるかぎり——、ハイエクにしてみれば、私たちはそのかぎりにおいては自由なのである。それと同じ理由で、ハイエクは実質的には決定を選択に還元している。誰かに無理強いされたり、何をすべきか口出しされたりすることなく選べているかぎり、私たちは自由なのである。

しかしながら、そのような形式的な自由の捉え方は、まったく貧しいものである。直接的な強制を免れており、選択させてもらえていることは、自由な生を営むには不充分である。自由な生を営むには、私たちがすることのなかに私たち自身を認め、私たちの実践的活動を私たち自身のコミットメントの現われであるとみなすことができなければならない。そのために求められるのは、選択にかかわれるだけではなく、私たちの選択の幅を決めるとともに、私たちが自身の生を営む理由でもある、目的にかんする根本的な決定にもかかわれることである。〈何かをする自由〉には、私たちが営んでいる生の形態にかんする決定に参加する力が必要であり、選択の自由だけでは足りない。そのうえ、選択と決定の形態はすべて社会的なものであるため、私たちは、自分たちが参加している制度的な生の形態のなかに、私たちの自由にたいするコミットメントを認められなければならない。だからこそ、資本主義は、本来的に疎外をもたらす社会制度なのである。利潤のための生を営むことは自己矛盾をきたしており、疎外をもたらす。なぜなら、利潤という目的は、私たちの生を目的それ自体ではなく、手段として扱うからである。

資本主義下では、私たちの誰もが、実際には、そのなかに自分自身を認めることができない目的にコミットしており、それが必然的に行き着く先にあるのは、疎外された社会的生の形態である。私たちの実際の欲求や能力は二次的なものになる。なによりも重要なのは、資本家が私たちの欲求から利潤を得られるかどうか、私たちの能力を賃金労働のなかで搾取できるかどうかである。私たちがどの能力を活用すべきかは、市場が決定するのであり、その一方で、私たちの欲求は、私たちが購入可能なものを念頭においてつくり変えられる。私たちが成長させられるかもしれない能力——もしかりに、私たちに自分たちの生を営む時間があるとしたら——の多くは、利潤をもたらすとは思われないという理由で放棄され、多くの欲求は、満足をもたらすようにではなく、商品をさらに購入させるように誘導される。

はっきりさせておこう。私が言いたいのは、社会的変化から保護されるべき純粋な欲求や能力を私たちがもっているということではない。それとは反対に、私たちが何者であるか——すなわち、私たちが何をし、何に価値を付与するか——は、最初から、私たちの社会的実践にかかわるものであり、私たちがより良きものを目指して自分たちの実践を変えることは、いかなる形態の進歩にも要求される。しかしながら、重要なのは、私たちが自分たちの実践を維持するのも変化させるのも、私たちの民主的な参加によって決められるべきであって、資本の力学によって私たちに強いられるべきではないという点である。私たちは、私たちがすること、私たちが価値を付与するものの主体であるべきであって、する必要があることになっているもの、価値を付与することになっているものに従属すべきではない。そのような私たちの生の革命はどうすれば可能なのか――そして、そのために私たちには何が求められているのか――については、以下で説明する民主社会主義の原理によって突きとめていく。

　民主社会主義が挑むべき難題は、非民主的な中央計画にも、利潤という資本主義的な目的にも頼ることなく、私たちが共有する経済的生に参加し、それに貢献する形態を発展させることである。それに絡む諸原理のあり方を把握するには、抽象《アブストラクト》と一般《ジェネラル》、特殊《パティキュラー》と具体《コンクリート》を区別することが重要である。民主社会主義の諸原理は、私たちの経済問題を一度にすべて解決する抽象的なユートピアに訴えかけるものではない。むしろ、それらの諸原理が明らかにするのは、一般的な原理――いかなる民主主義であれ、民主的であり続けるために、みずからを形成し、維持しなければならないときに照らし合わせるもの――である。また、それらの諸原理は、私たちの経済をどう組織するかについて、特殊な青写真を押しつけるものではない。むしろ、そのような原理が明らかにするのは、具体的な経済的変革――いかなる民主的国家、いかなる民主的制度であれ、不可能にするのではなく、可能にしなければならないもの――である。

　民主社会主義についての一般的諸原理も、具体的諸原理も、私たちの歴史的な生の形態にとって外在的な理想として措定することはできない。なぜなら、そのように措定されてしまえば、これらの諸原理は、私たちにたいして何かを求める資格を何ひとつもたないことになってしまうだろうからだ。これらの諸原理は、自由の〈理念〉――自由民主主義《リベラル・デモクラシー》や資本主義を正当化しようとして私たちがすでに用いているもの――に内在的に由来するものでなければならない。私が一貫して強調してきたように、自由主義と資本主義の批判は内在批判でなければならないのであり、それは、解放のための資源を、私たちがすでに公言しているコミットメントの内側に探り当てるものである。自由民主主義の正当化としてまかりとおっているものによれば、自由民主主義は、私たち一人ひとりに、自由な生を営むことを可能にしてくれるはずであり、資本主義の正当化としてまかりとおっているものによれば、資本主義は、私たちの保有する社会的富を漸進的に増加させるはずである。しかしながら、資本主義的な価値尺度は、これらの解放の約束と矛盾しており、これらの約束を裏切るものである。私たちが現実的で自由な生を営み、私たちの現実的な社会的富を漸進的に増やしていくことを可能にするには、私たちの経済と物質的生産をかたちづくっている価値尺度を実践のなかで価値転換していくことを追求しなければならない。民主社会主義の諸原理とは、そのような価値転換の諸原理である。

V

民主社会主義の第一原理は、私たちの富——個人的なものも、集団的なものも——を、〈社会的に利用可能な時間〉という観点で測ることである。私たちの自由時間は、社会や制度の形態に左右される。なぜなら、時間の量だけの問題ではないからである。むしろ、自由時間の量は、自由時間の質と切り離せないし、そのために、私たちが自分たちの生を営むさいに照らし合わせるコミットメントをかたちづくり、育て、つくり変えることを許容する制度が求められる。これと同じ理由で、自由時間は必ずしも余暇《レジャー》時間と同じではないのであり、私たちにとって目的それ自体に該当する活動に捧げる時間はすべて自由時間である。たとえば、私が本書を書くために捧げる時間は、自由時間に該当する。なぜなら、根本的な哲学的概念を考え抜き、言い表すことは、私にとって目的それ自体だからである。しかしながら、哲学的概念を追究し、本を書くことは、自分ひとりで出来るものではない。なぜなら、この活動には、私がやっていることを（私自身にたいしても、他人にたいしても）理解可能にする制度的形態が必要だからだ。このように、自由の領域——〈社会的に利用可能な時間〉——は、私たちの制度的な生の形態や、それらの制度を私たちがどのように維持したり変更したりするかに左右される。私たちの社会制度は、私たちがすることのなかで、あらゆる形態の実践的アイデンティティ（哲学者であること、親であることなど）のなかで、必ずしも明示的ではないが、つねに潜在してはいる。実践的アイデンティティ——私たちがみずからのアイデンティティを見いだす天職——の本質的な一部と私たちがみなす活動は、そのすべてが自由の領域に属しており、私たちがそれらの活動に捧げる時間は、自由時間に該当する。目的ではなく手段とみなされるかもしれない活動、たとえば、要求水準の高い教育を修めることでさえ、そのような教育が天職へのコミットメントの本質的な一部であるかぎり、自由の領域に属している。それと同じように、実際的な必要事としかみなされないかもしれないさまざまなタスク、たとえば、子供のおむつを替えることも、子供の世話が親であることの実践的アイデンティティの本質的な一部として認識されているかぎり、自由の領域に属している。

私たちはここで、実践的アイデンティティと、たんなる社会的役割とを、注意深く区別しなければならない。実践的アイデンティティ（親、哲学者、政治活動家など）は、そのすべてが社会的役割だが、私たちの引き受ける社会的役割のすべてが、私たちにとって実践的アイデンティティに該当するわけではない。目的それ自体として私たちがみずからのアイデンティティを見いだすことができる社会的役割だけが、私たちにとって実践的アイデンティティであり、それ以外の社会的役割は、目的にたいする手段として機能するにすぎない。はっきりさせておこう。社会的役割にすぎないものにさえ、規範的基準——私たちがコミットしている目的に照らして、履行するか変更するかを模索できる規範的基準——はある。たとえば、共通善のために下水処理の仕事に参加するときである。しかしながら、下水処理の仕事が、目的それ自体ではなく、目的にたいする手段と理解されている度合いに応じて、私たちはこの仕事が要求する〈社会的に必要な労働時間〉を削減することにコミットしている。

自由の領域と必要の領域の関係を把握するには、実践的アイデンティティとたんなる社会的役割の区別が決定的に重要である。自由の領域を定義するのは、私たちの実践的アイデンティティ——そして、それに対応する私たちの実存的アイデンティティ形態の内部での優先順位関係——であり、それらを表面化させるのは、私たちがそれ自体のために追求する活動である。自由の領域を拡大するには、〈社会的に利用可能な自由時間〉（私たちの実践的アイデンティティを追求し、疑問を突きつけ、つくり変えるのに利用できる時間）の量を増やし、その質を上げなければならない。それとは対照的に、必要の領域を定義するのは、現時点での発展段階にある私たちの社会の欲求を充たすために果たさなければならない、たんなる社会的役割である。それゆえ、必要の領域を縮小するには、〈社会的に必要な労働時間〉（私たちの欲求を充たすために必要な時間）の量を減らし、その質を上げなければならない。

民主社会主義の第一原理——〈社会的に利用可能な自由時間〉という観点による、私たちの富の測定——に照らして、私たちは、技術革新をとおして〈社会的に必要な労働時間〉を削減することにコミットする。たとえば、道路を清掃するのに必要な生きた労働時間は、ボタン一つ押すだけであとは全自動という機械によって劇的に削減されうる。たとえ効率性という点では人間と大差がなく、同じだけの時間（たとえば三十分）がかかるとしても、機械に任せた場合、清掃された道路に含まれる〈社会的に必要な労働時間〉はわずか一分であり、二九分は、誰も搾取されていない、生きていない生産時間になる。道路を清掃することを目的それ自体として愉しむ人がいるなら、そうするのはもちろんその人の自由だが、この労働はもはや社会的に必要なものではない。そのうえ、私たちは資本主義的な価値尺度を克服しているため、〈社会的に必要な労働時間〉の削減はそのまま〈社会的に利用可能な時間〉に転化され、それを私たちは、自分たちの生を用いて何をすべきかという問いに取り組み、自分たちにとって大事である活動を追求するために使うことができる。私たちが目的それ自体とみなすことに費やせる時間が多くなればなるほど——そして、私たちが〈社会的に必要な労働〉とみなすことに費やす時間が少なくなればなるほど——、私たちは個人としていっそう豊かになり、社会としていっそうより良い暮らしを送れるようになる。たしかに、必要の領域に入るとみなされるべきもの（〈社会的に必要な労働時間〉）と、自由の領域に入るとみなされるべきもの（〈社会的に利用可能な時間〉は、あらかじめ決まっているわけではなく、持続的な民主的対話が要求される。しかしながら、ここでの要点は、私たちがそのような対話を追求できる状態にあるのは、ひとえに、私たちの富の尺度が、〈社会的に必要な労働時間〉を搾取することにたいするコミットメント（資本主義）ではなく、〈社会的に利用可能な自由時間〉にたいするコミットメント（民主社会主義）を反映している場合だけだという点である。自由の領域を拡大し、必要の領域を縮小するという私たちの集団的なコミットメントを私たちのものにすることを可能にするのは、価値の価値転換だけである。それゆえ、私たちが自由な社会を築き、維持していくには、民主社会主義の第一原理が要求されるのである。

　民主社会主義の第二原理は、生産手段が集団的に所有され、利潤目的では使用できないようになっていることである。第二原理は第一原理に必然的に付随するものである。なぜなら、生産手段の集団所有は、〈社会的に利用可能な自由時間〉を私たちの富の尺度として認める可能性の物質的条件だからである。生産手段が個人所有されており、利潤目的で用いられているかぎり、生きた労働の搾取に由来する剰余価値の量が私たちの富の尺度である。生きていない労働による効率的な生産技術を運用するだけでは、私たちにとってはなんの価値も生み出されえない。生きていない技術の運用が生み出す価値を私たちが認めることができるのは、〈社会的に利用可能な自由時間〉のために生産する場合だけである。このような実践上の価値転換は、生産手段の集団所有を要求する。生産手段を集団として所有するからこそ、私たち一人ひとりにとって、できるかぎり多くの剰余価値を生み出すことを目指して技術を設計できるのである。そうするからこそ、私たちは、剰余時間を資本の剰余価値に転化することを強いられることなく、生産過程における生きた労働にたいする必要の削減を自由に追求できるのである。生産効率の向上は、剰余労働を搾取するための新たな方法を見つけることで「解決」を試みなければならない問題ではない。むしろ、生産効率の向上は、社会の成員の誰もが各々の生を営むためにさらに多くの時間を解放するための機会である。

　生産手段の集団所有は、私たちが具体的な意味で私有財産をもつことを妨げられることを意味しない。家、PC、本などは、それらを自分自身の目的のために使用できるし、私たちの意志に逆らってそれらを取り上げる権利は誰にもないという意味では、私たちはそれらを所有できる。しかしながら、具体的な意味では私有財産をもつことができる一方で、利潤目的で売買可能な商品に財産を転化するという抽象的な意味では、私たちは私有財産をもつことができない。あなたの財産をあなたの財産として認めることは、そのような財産の商品（または商品生産のための手段）としての抽象的価値にたいするあなたの権利ではなく、そのような財産があなたにとって価値があり、あなたの生を営むうえであなたにとって役に立つという具体的な特有性にたいする権利に基礎を置くことである。

　それと同じ理由で、生産手段の集団所有が、私たちを、トップダウン型の中央計画モデルにコミットさせることはない。それどころか、生産手段の集団所有は、経済における部分と全体の相互決定――これが自由市場資本主義下で達成可能だというのはハイエクの誤解である――に必要な条件である。わかりやすい例は、インターネット・サービスだ。民主社会主義下では、現在利用可能な技術で最速のインターネット・アクセスを誰もが享受し、インターネット・アクセスをさらに高速化し、それをいまよりさらに少ない〈社会的に必要な労働〉で維持することを可能にする技術の創出に、集団としてコミットするだろう。民主的国家がインターネット・サービスのプロバイダーになる一方で、中央計画を担う委員会の命令によってインターネットの実際の運用や適用が制限されることはない。むしろ、ハイエクの言葉を引き合いに出すなら、私たちは、「ある時と場所における特定の状況」で立ち現れてくる問題に解決をもたらす実用化を発展させるために、物質的資源と〈社会的に利用可能な自由時間〉の両方を手にするのであり、「誰にとっても完全なかたちでは与えられていない知識の利用」が可能になり、「独自の情報――それにもとづく意思決定がその保有者に任されている場合か、その保有者の積極的な協力によってなされる場合にかぎって有益に使われうる、独自の情報」を用いることができる。

そのような具体的なかたちでの知識の活用は、民主社会主義下で促進される。なぜなら、実用化を行なったり広めたりするインセンティヴとなるのは、利潤を生むことではないからである。むしろ、問題を問題として、必要を必要として、認識することそれ自体が、問題の解決と必要の充足をもたらしうる実用化を提供するインセンティヴである。そのうえ、民主社会主義下では、実用化される技術は所有財産ではないため、当初の文脈以外でも役に立つことが証明されればされるほど、それらの技術は注目を集め、社会一般のものとなり、そうすることで、抽象的な交換価値ではなく、具体的な使用価値のおかげで、その社会的価値を実地で明らかにしていく。

それとは対照的に、資本主義的な自由市場では、インターネット・サービスはつねに、地域独占の営利企業によって提供されるだろう。ハイエクの想定とは反対に、自由市場では、独占企業が自然に形成されていく傾向にある。なぜなら、必要不可欠な技術的インフラが私的所有されると、支配的なネットワークをすでに構築している企業と競争するのはますます困難になるからである。利潤という動機があるため、可能なかぎり最速のインターネット・アクセス全般を私たちに提供することは、企業にとって本来的な関心事ではない。低速で、アクセスに制限があるインターネットのほうが利潤が出るなら、そちらが好まれるだろう。それと同じように、利潤という動機があるため、実際の問題を解決し、実際の欲求を充たそうとすることが、技術的な実用化を進めるさいの先導役というわけではない。資本主義的な生産様式は、私たちが利用可能な資源の効率的な配分にも、私たちの技術的可能性の進歩的な開発にも、つながっていかない。利潤という動機を取り除くことによってのみ、私たちは、変化し発展する私たちの資源（全体）と、変化し発展する私たちの需要（部分）とを、相互的なかたちで決定することができるのである。

だとすれば、生産手段の集団所有は、私たちが経済的生の非民主的管理に従属させられることを意味しない。生産手段の集団所有は、むしろ、現実的な経済民主主義の可能性の物質的条件である。生産手段を集団で所有しているからこそ、私たちは、民主的なプロセスをとおして、どのような能力を涵養しようとするか、どのような欲求を充たそうとするかを基盤として、何をどのように生産するかを決定できるのである。

このような、涵養すべき能力や充たすべき欲求の集団的決定は、資本主義下でもすでに稼働している。しかしながら、資本主義下での集団的自己決定のプロセスは深く非民主的であるという違いはある。私たちの集団的な社会生産の目的がすでに決まっているのだ。つまり企業にとっての利潤と、経済における資本の「成長」を生み出すことがその目的であり、そのように疎外されたかたちで価値を捉えることに起因する搾取、失業、過剰生産による危機は等閑視される。私たちの時間や生の価値ではなく、蓄積された利潤の価値が争点となっている場合、私たちは、自分たちがその一部である社会全体のなかに、みずからを見いだすことができない。むしろ、私たちは自分たちのことを、本質的に利己的な、原子状に構成された個体とみなし、共通善のことを気にかける本来的な動機をもっていないと思うようになる。

それとは対照的に、民主社会主義下では、私たちの技術的革新、政治的議論、進歩的立法、選挙が、私たちの経済的生の目的や、私たちが維持しようとしている集団的価値観と実際にかかわることがありうる。民主社会主義下では、私たちの目的をどのように定義し、どのように達成するかは、持続的に取り組んでいける政治的な問いである。生産手段を集団で所有しているため、私たちは、自分たちが必要であるとみなす財を生産することと、それぞれが各々の能力を探求するための〈社会的に利用可能な自由時間〉の量を増やすこととの両方を目指して、これらの手段——広い意味での技術——を発展させていくことができる。

それゆえ、民主社会主義の第三原理は、マルクスが定式化した以下のものである。「各々の能力に応じてそれぞれから、各々の欲求に応じてそれぞれへ[57]」。マルクスはこの原理の意味を展開していないが、民主社会主義の第一、第二原理に照らして、私たちは第三原理の含意を練り上げることができる。民主社会主義が目指すのは、私たちが、自分たちの欲求を満たすことによって、みずからの生を生きるだけではなく、自分たちの能力を涵養することによって、みずからの生を営むこともできるようにすることである。私たちは、必要不可欠な生存手段を生産することにも、それぞれにとって大切な活動（絵画、著述、音楽、運動、演劇など）を一人ひとりが追求するための手段や制度を生産することにも、集団としてコミットしている。

ここで鍵となる特徴は、民主社会主義が、自由の領域で生を営むやり方に照らして、必要の領域で生を営むことを可能にするという点である。必要の領域と自由の領域は分離できないが、両者を正しく区別することにすべてがかかっている。必要の領域では、私たちの欲求を満たすために不可欠な社会的財――水、食物、服、家など――を生産しなければならない。したがって必要の領域で私たちがまず気にかけるのは、私たちの生を維持するうえで〈社会的に必要な労働時間〉の量である。社会民主主義下では、私たちは〈社会的に必要な労働時間〉をシェアすることにコミットするが、それに加えて、技術革新をとおしてそれをできるかぎり削減することにもコミットしている。

私たちは、各々がもっている異なった能力にもとづいて、共通善（食糧生産、建造、医療サービス、子育て支援、教育、科学、政治的熟議など）にとって必要であると私たちがみなす社会的労働に参加する。だが、民主社会主義下では、誰ひとりとして、社会的労働への参加を強制されることはない。なぜなら、社会の一部であるというただそれだけのことで、誰もが自身の欲求に応じたものを支給されているからである。しかしながら、これは、共通善と、生を営む私たち自身の自由が、社会的生産の目的であることを認識できるとき、私たちは内在的な動機から社会的労働に参加するようになるという考え方である。資本主義的な賃金労働は、本来的に疎外的である。なぜなら、私たちは、自分たちが生産しているものの目的の決定にかかわっておらず、私たちの労働は、自由につながる手段ではなく、目的それ自体として措定された利潤のためのものと捉えられているからである。それとは対照的に、民主的な社会的労働は本来的に自由である。なぜなら、私たちは、生を営むことにたいする私たちのコミットメントにもとづいて、私たちの自由にコミットしていると私たちがみなしうる生の形態のために働いているからである。必要の領域で行なう単調で退屈な仕事――たとえば、毎週、近隣のごみ掃除に参加すること――でさえ、自由の領域に照らして眺めることができる。なぜなら、そのような仕事は、〈社会的に必要な労働時間〉を削減し、〈社会的に利用可能な自由時間〉を増加させる方向にむけられているからである。資本主義の場合とは異なり、私たちは、自分たちが維持している生の形態にかんする教育と民主的熟議をとおして、いまやっていることをなぜやっているのかを理解することができる。

私たちが働くように動機づけされるのは、みずからの生存を確保しなければならない場合――または、金銭的利益を得るチャンスがある場合――だけであると反対する人々は、自身らが私たちの精神的自由にたいする信を持ち合わせていないことに思いをめぐらせてみるべきである。そのような反論は、私たちが働くには、生存ないしは利益という一重の〈すべき〉による命令が必要であり、精神的自由にある二重の〈すべき〉にかかわることは許容されえないと前提している。生存ないしは利益という一重の〈すべき〉は、私たちを精神的自由から疎外する。なぜなら、それは、私たちがみずからを繋ぎとめる責任に照らしてではなく、知覚された必要性を基盤として、私たちに働くよう命じるからである。精神的自由を行使するための物質的、社会的、制度的な資源が与えられさえすれば、私たちは、自分たちがしていることを自分自身の活動とみなし、そこに実際にみずからのアイデンティティを見いだすことができる。活動ないしはアイデンティティを私たちのものにしようとするなら、それを必要として押しつけることはできない。私たちは私たちがやっていることをやるべきことなのか、私たちは私たちが私たちであるとみなしている存在であるべきなのかを、自由に自問できなければならない。そのために要求されるのが、私たち自身の生存以外の何かのために働くことを可能にする資源と、利潤とは別の目的を採ることを可能にする自由時間である。要するに、自由の領域で私たちの生を営むやり方が、どのようにして、必要の領域で私たちの生を生きるやり方を決定するかが、私たちに見通せるようでなければならない。

　私たちはこうして、民主社会主義下での必要の領域と自由の領域のあいだの関係をどのように理解すべきかを、さらに突き詰めることができる。自由の領域では、私たちが何者であるかという問い――それは一律には答えられない――に取り組むための〈社会的に利用可能な自由時間〉がある。私たちが何者であるかは、私たちの維持する実践的アイデンティティと、私たちの生におけるそれらの優先順位（実存的アイデンティティ）から切り離せない。それとは対照的に、必要の領域で私たちが共有するのは、私たちの精神的生から切り離せない物質的生の維持に不可欠な〈社会的に必要な労働時間〉であり、私たちの精神的活動から切り離せない物質的条件である。私たちは脆く壊れやすい肉体的存在であるため、住処や食物や医療サービスを必要とするが、それはただ生き延びるためだけではなく、精神的コミットメントを維持するためでもある。それと同じように、私たちはさまざまな道具、多様な形態のインフラを必要とするが、それは、精神的企図を追求するためである。私たちの身体の力は有限であり、回復させる必要がある一方で、私たちの道具やインフラは使われることで摩耗し、交換や修理が必要になる。これらの必然的な物質的条件はすべて、維持のために労働時間というコストがかかる。しかしながら、どれだけの労働時間がコストとしてかかるかは、技術的発展や、私たちが自分たちの労働力をどのように組織するかにかかわることである。

　民主社会主義下では、〈社会的に必要な労働時間〉を削減し、質的に変革する方法が三つある。

　第一に、社会的に必要な労働の大部分は、自由の領域においてなされうる。そのような労働を行なう人々が、仕事にたいして目的それ自体としてコミットし、そうすることで、必要とされている社会的役割を、自分自身の生を営むさいに照らし合わせる実践的アイデンティティとして引き受けるかぎりは、そうでありうる。たとえば、建築は社会的に必要な労働形態である。なぜなら、私たちは、自分たちの活動の助けとなる空間に住むことなしには、自分たちの生を生きることができないからである。だが、建築家にとって、建築プランを立てる仕事がそれ自体として価値があるとしたら、建築家が仕事に費やす時間は、〈社会的に必要な労働時間〉という否定的コストではなく、〈社会的に利用可能な自由時間〉につながる肯定的なアクセスとみなされる。建築家として果たす社会的に必要な労働は、必要の領域ではなく、自由の領域でなされている。

第二に、やることそれ自体を目的としてやりたい人がひとりもいない社会的に必要な労働（誰にとっても、必要な労働時間という否定的コストに該当するもの）が、生き延びるために金が必要で、自身がしていることの社会的目的のなかにアイデンティティを見いだせない人々によって、疎外された労働としてなされることはない。むしろ、各々の能力とコミットメントにもとづいて、共通善——自由な生活を営む各々自身の可能性を向上させるために振り向けられていると誰もが認識できるもの——に寄与するという明確な目的とともに、社会の成員によって共有されるなかで、〈社会的に必要な労働時間〉は質的に変容される。そのうえ、もしあなたが、そのような共通善の捉え方のなかに自身を見いだせなかったら——なされる仕事にたいする反対者であったり、良心的拒否者であったりしたら——、誰もあなたに社会的に必要な労働への参加を強いることはない。しかし、さまざまな資源が利用可能であり、あなたはそれを使って、あなたのコミットメントに照らして、あなたにとって腑に落ちる有意義な貢献を行なうやり方を見つけたり、あなたが反対する実践をつくり変えていくことに力を貸したりすることができる。

第三に、技術発展や革新的な解決策をとおして、私たちは、自分たちの生を維持するうえで〈社会的に必要な労働時間〉を削減し、自分たちの生を営むうえで〈社会的に利用可能な自由時間〉を増加させることに、集団としてコミットする。〈社会的に必要な労働時間〉を削減するというのは、必ずしも、社会的に必要な労働に費やす時間を減らすという意味ではなく、そのような労働に費やす時間が、かなりのところまで、〈社会的に利用可能な自由時間〉にかかわるものになるという意味である。技術的改善は、さまざまな職業間の関係においても、ある特定の職業の内部においても、その両方で、そのような労働時間の質的変容に寄与する量的手段である。たとえば、もし私が建築家で、私のＰＣが図面を処理するのに要する時間が技術的改善のおかげで削減されたら、私の仕事の物質的条件はつくり変えられ、その結果、プログラムがデータを処理するあいだの待ち時間が減ることになる。待ち時間の代わりに、私はより多くの〈社会的に利用可能な自由時間〉を得て、それを、ＰＣで図面に取り組んだり、私の生のその他の側面を追求したりするために使うことができる。そのような変容の要点は、必ずしも、私の効率の最大化ではない。なぜなら、最大限に効率的であるべきだ、労働時間のすべてを図面作成に費やすべきだという命令は何ひとつ与えられていないからだ。要点は、むしろ、私の労働時間が所与の物質的条件（たとえば、ＰＣの処理速度）から受ける制限を減らすこと、私の労働時間を、どちらかと言えば、私の自由なコミットメント――自分の仕事に振り分けたいと思う時間量に自由にコミットすること――にかかわるものにすることとである。

〈社会的に利用可能な自由時間〉と〈社会的に必要な労働時間〉のあいだの違いは、制約があるかないかの差異ではなく、私たちがコミットする実践にとって本質的であると認識されている制約に従属していることと、本質的ではないと認識されている制約に従属していることとのあいだの差異である。たとえば、道具にそなわっている一定量の物質的抵抗が、削減されるべきものではなく、実践それ自体にとって本質的とみなされている実践がある。さまざまな種類の音楽的実践〔稽古や練習〕がここではわかりやすい例になってくれるだろう。しかしながら、そのような例は、私たちが〈社会的に必要な労働時間〉を減らし、〈社会的に利用可能な自由時間〉を増やすことにコミットしていることの反論にはならない。むしろ、そのような事例では、道具の物質的抵抗量――たとえば、サックスの構造的制約が私たちに要求する努力の量――のために私たちが実践に費やさなければならない時間それ自体が、〈社会的に必要な労働時間〉ではなく、〈社会的に利用可能な自由時間〉として認識される。なぜなら、物質的抵抗量は、私たちがコミットしている実践にとって本質的な一部であると認識されているからである。建築や音楽を追求するなかでも、どのような実践的活動を追求するなかでも、私たちはつねに、物質的道具――私たちにできることを容易にするとともに、制約を課しもするもの――に左右されることになる。なんらかの形態の物質的道具に左右されることは、実践にそなわっている本質的な制約だが、それでも〈社会的に必要な労働時間〉を減らし、〈社会的に利用可能な自由時間〉を増やすという私たちの企図の一環として、私たちが実践にとって本質的ではないとみなす物質的制約を減らそうとすることは、依然として可能である。

しかしながら、〈社会的に必要な労働時間〉を減らそうという企図は、〈社会的に必要な労働時間〉を無くしたいという熱望と混同すべきではない。〈社会的に必要な労働時間〉をすべて無くすことは、可能でもなければ、望ましいことでもない。私たちの生にはつねになんらかの形態の維持が必要であろうし、私たちの物質的な生をどのように維持するかという問いは、私たちの精神的自由の本来的な一部である。〈社会的に必要な労働時間〉を取り除くことは、自由な生にとって理解可能な目標ですらない。なぜなら、必要と自由の区別をどこに設けるかという問いそれ自体が、自由な生を営む者すべてにとって生きた問いであり続けるはずだからだ。

社会的役割と実践的アイデンティティをどのように区別するかは、必要の領域と自由の領域をどのように区別するかの現われである。民主社会主義下では、これらの区別をどのように交渉するかという問いが、政治的熟議の中心にある。私たちは、私たちが共有する生を維持するのに必要な労働や、そのような労働に必須の社会的役割という観点から、必要の領域を画定する。私たちは、〈社会的に必要な労働時間〉を削減し、必須の社会的役割を、私たちの目的に照らしてつくり変えることを可能にすることによって、必要の領域を縮小することを目指す。それと同じ理由で、私たちは、増大させることを目指す〈社会的に利用可能な自由時間〉や、目的それ自体としてコミットする社会的役割（私たちの実践的アイデンティティ）という観点から、自由の領域を画定する。これは自由にかかわるものであるため、各人がまったく同じ実践的アイデンティティ群をもつことを保証できるものは何もないし、何もそのようなことを保証すべきではない。私にとっては実践的アイデンティティに該当するものが、あなたにとってはただの社会的役割になることはありうるし、逆もまたありうる。そのうえ、実践的アイデンティティに該当するものと、それらの優先順位（実存的アイデンティティ）は、私たち一人ひとりにとって争点であり続けなければならないし、変化しうるものでなければならない。

たしかに、民主社会主義というプロジェクトを左右するのは、市民という社会的役割であり、それは、私たちにとっては、実践的アイデンティティに該当するものである。しかしながら、市民というアイデンティティをそのように積極的に引き受けることは、上から押しつけられうるものではなく、私たちの社会的実践によって内から浮かび上がり、維持されなければならないものである。市民である――民主社会主義というプロジェクトに参加する――という実践的アイデンティティが、目的それ自体として追求されるというまさにその理由で、そのようなコミットメントの意味それ自体が、開かれた問い《オープン・クエスチョン》になるはずである。民主社会主義下で私たちがコミットするのは、自分は何をしようとしているのかという問いに誰もが取り組める〈社会的に利用可能な自由時間〉だけではなく、その問いをさまざまな形態の創造的活動や教育をとおして具体的に追求するために利用可能な社会制度――それ自体、修正や変更に開かれている――をも提供することである。

教育をつうじてあなたがみずからの能力やコミットメントについて発見することが、今度は、社会に貢献するなかであなたがどのような種類の仕事――たとえば、患者の治療、家の設計、子供の世話、新たな医薬品の発明、技術的に改良された機械の製造――をするかに影響を与えていくだろう。争点となる実践的アイデンティティ（医者であること、建築家であること、保育園の先生であること、科学者であること、エンジニアであること）は、何をすべきかという感覚をともなうが、民主社会主義下では、生涯をつうじて生業をひとつだけ選ばなければならないという本来的な要求は存在しない。生き延びるために働くことを要求されないため、あなたには、もしかりにある実践的アイデンティティを維持すべきであるとしたら、もしかりにそのような実践をつくり変えたり、止めたりすべきであるとしたら、と自問する精神的自由がある。あなたの生を用いて何をすべきかという問い――あなたの実存的アイデンティティにかかわる問い――は、何か別のものには還元できない問いとみなされており、これは、いかなる精神的生においても明示的なかたちで争点であり続けていかなければならない。

このように、経済をめぐる根本的な問い――何を優先するか、何に価値を付与するか、私たちの時間を使ってする価値があるのは何かという問い――は、私たちの精神的生の核心にあるとみなされている。私たちがどのように経済を組織するかは、私たちがどのように共生するか（どのようにしてシェアされたホームをつくり、家政《オイコス》を取り仕切るか）と切り離せない。なぜなら、私たちが経済を組織する仕方は、究極的には、私たちが優先順位や価値の捉え方をどのように表現するかの問題だからだ。民主社会主義が目指すのは、経済的問いに一度にすべて答えることではなく、そのような問いを、私たちが共有する生にとってなによりも重要な問いとして「所有」できるようにすることである。それゆえ、民主社会主義の三つの原理は、経済的生と精神的生は切り離せないという認識の現われなのである。解放された生を営むには、私たちは、自分たちの富を〈社会的に利用可能な自由時間〉という観点から測り、私たちの生産手段を集団所有し、「各々の能力に応じてそれぞれから、各々の欲求に応じてそれぞれへ」というかたちで私たちの労働を追求しなければならない。

Ⅵ

本書における私の議論の争点は、民主社会主義の三つの原理に収斂する。民主社会主義は、精神的自由のための制度的・政治的・物質的条件を提供することを目指す。だから、民主社会主義プロジェクトは、世俗的信の涵養に左右されることになる。なぜなら、このプロジェクトは、私たちが共有する有限の生への、目的それ自体としてのコミットメントを公言し、実践のなかでそのようなコミットメントを認知することを要求しているからである。民主社会主義下で、私たちは、自分たちの時間を使って何をすべきかという問いを「所有」できるが、これは、私たちの時間が私たちの所有物として私たちのものになっているという意味ではない。それどころか、私たちは、自分たちの生の時間を所有するなかで、自分たちのすることにおいて、みずからを争点とし、自分自身が時間の喪失にたいして脆いことを認める。私たちの生の脆さ壊れやすさの認識は、世俗的信の力学と調和しており、民主社会主義というプロジェクトにたいする私たちの忠実さを活気づけるものに本来的にそなわっているものの一部である。このプロジェクトは、一度にすべて完成させられるようなものではなく、私たちが市民として継続的にコミットするかどうかにかかっている。民主社会主義が目指すのは、有限性を克服することではなく、私たちに――個人としても、集団としても――どのようにして私たちの有限の生を営むかという問いを所有できるようにすることである。

したがって、民主社会主義という考え方は、資本主義の克服と有限性の克服の区別を混同するいかなる形態のユートピア主義からも切り離さなければならない。そのようなユートピア主義の有力な例は、哲学者テオドール・W・アドルノの著作である。フランクフルト学派の批判理論の主導者であるアドルノは、民主社会主義に必要な世俗的信と精神的自由について考えそこねた何人ものマルクス主義者のなかで、もっとも洗練された人物である。これから見ていくように、アドルノは解放にコミットしてはいるが、究極的には、世俗的な自由の概念（有限の生を解放すること）と、宗教的な救済の概念（有限の生から解放されること）を混同している。その結果、自由や解放の可能性についてのアドルノの貴重な洞察は、妥協の入り混じる議論になっている。

もっとも有益な例は、アドルノの晩年のテクスト「自由時間」であり、そこで彼は、民主社会主義の核心にある自由と時間の関係をつかむ寸前まできている。このテクストにおいて、アドルノは正しくも次のような前提から始めている。自由は、私たち自身の意図にしたがって働くことを「選び出して行なう[58]」ための物質的・社会的資源をもつことから切り離せない。自由であることは、目的それ自体として活動に没頭していることであり、だからこそ、自由は、人々が「おのれとその生活とを決定することが可能[59]」であることを要求する。解放についての決定的な課題とは、どのようにして「自由時間が自由に一変する[60]」かである。このために要求されるのは、余暇のための自由時間だけではなく、教育や、その他の形態の制度的活動をとおして自身のコミットメントを探求するための自由時間である。自由を個人的な達成に還元することはできない。なぜなら、私たちがどれだけの自由時間をもっているかと、自由時間を使って何ができるかは、私たちが社会をどのように組織するかに左右されるからである。アドルノは次のように述べてもいる。「自由時間は社会の全状態に依存する[61]」。

アドルノの圧縮された定式の含意を展開するなら、次のように言うことができる。私たちの自由時間の量と質を左右するのは、私たちが集団として自分たちの生の時間をどのように組織するかである。アドルノが記しているように、量的な意味での自由時間は「すでにいちじるしく増大して」おり、それは、生産を自動化する技術革新のおかげであり、技術革新の恩恵を受けて「自由時間は無限に高められて行く」だろう[62]。しかしながら、アドルノはこの問題を、資本主義下での価値尺度や、私たちの価値の捉え方の価値転換の必要性とリンクさせない。すでに示したように、資本主義下では、自由時間の量も質も、それ自体として価値をもっているとは認識されえない。なぜなら、労働時間が価値尺度であり、私たちの経済的「成長」に寄与できるのは商品化される活動だけだからだ。経済成長の概念を決定する価値尺度は、自然なものとして扱われているが、その一方で、私たちは、それが自由の現実化に敵対する集団的で規範的なコミットメントであることを認識する必要がある。資本主義システムからすれば、私たちが経済における資本の成長に寄与する商品を消費して自由時間を過ごしているかぎり、私たちのすることが私たちにとって本来的に意味のあることかどうかは、どうでもよいことである。だからこそ、資本主義は、ある時代に特有の、私たちの生の時間を組織する形態である——そして、私たちの生の時間を組織することは、私たちの時間にどのように価値を付与するかと切り離せない――と私は強調してきたのである。資本主義の社会形態は、本来的に価値のある生の時間を私たち一人ひとりが「所有している」とみなす（その点では、自身の時間の所有が体系的に拒否されている奴隷を保有する社会とは対照的である）。しかし、資本主義の社会形態では、私たちの生の時間は、資本という形態で剰余価値を蓄積するという目的のための手段として扱われている。

資本主義下での手段と目的のあいだの矛盾関係は、賃金労働という社会形態に起因する仕事と自由時間のあいだの対立のなかにはっきりと見てとれる。規範的に言えば、労働は、賃金を受け取るという点で、埋め合わされるべき否定的な「コスト」と認識されている。賃金労働は、私たちの就業時間の向こうに開けている自由の領域で私たちの生を営むという目的のための手段である。しかしながら、仕事外の自由時間は、それ自体、働くためのエネルギーや能力を回復させるという目的のための手段になっている。なぜなら、資本主義下での価値尺度は、〈社会的に必要な労働時間〉だからである。アドルノ自身が述べているように、賃金労働という形態がある以上、「労働からの自由な時間は、労働力を回復するものとされ[63]」ている。その結果、「自由時間は、その後において人はより良く労働出来るであろうとする理由からだろう、労働をいかなる点においても想起させてはならないとされ」、「労働から免除された時間は労働のたんなる付属であるとする理由から、それはピューリタン的熱意をもって労働時間から分離される[64]」。

こうして、自由時間は余暇《レジャー》時間に還元される。私たちの自由時間は、自分は何者か、自分にとって大事なことは何かという問いに取り組むという形態ではなく、利潤のために商品化され、「余暇産業の提供品と一致する趣味の選択[65]」に還元される。

それとは対照的に、アドルノの主張によれば、自由は仕事と自由時間の対立を克服することを求めている。アドルノは驚くべき一手を打ち、彼自身の生を例として取り上げる。著名な哲学者であるアドルノが、インタビューでくり返し尋ねられる質問に、「趣味」についてのものがある。彼は、この質問に答える代わりに、この質問それ自体が致命的な誤りであり、仕事と自由時間の分断を例証していると強調する。

> 私は質問によって驚かされることになります。私は無趣味なのです。為すべきことを果たす以外には、おのれをいかんとも為しえない、私が仕事の虫であるというわけではありません。だが私の公的職業の外で携わるものについて、私は例外なくきわめて真剣でありますし、趣味、すなわちたんに暇つぶしのための無意味さにうつつをぬかす用事が問題とされるなら［…］私は衝撃をうけたことでありましょう。音楽を演奏し、音楽を聴き、集中して読書すること、それは私の生活の完全な一契機であって、趣味という言葉はそれにたいする嘲笑でありましょう。逆に哲学的社会学的創造と、大学における教育という私の仕事は、これまで私にとってきわめて幸

運に充ちていたので、仕事と余暇という現在の画然とした二分割によって人間に要求されているように、仕事と余暇とを対立させることは、私の為しえないところでもありました。[66]

個人的な富と傑出した教育という特権を両方とも持ち合わせている——そのおかげで、彼は自身の情熱を見いだし、それを涵養することができたのだった——人間の口ぶりであることを、アドルノは充分に自覚している。彼は成功した哲学者にして社会学者でもあれば、古典的教育を受けたピアニストでもあり、著名な作曲家アルバン・ベルクのもとで作曲を学び、みずから曲を書いた。そのような人物にとって、仕事と自由時間のあいだには必ずしも対立はないとみなすのは、容易なことである。公的な職業（たとえば、大学に籍を置く哲学者）としてする仕事は、それ自体として意味があり、自身のコミットメントを表すものであるため、それが多くを要求する困難を伴うときでさえ、仕事に費やす時間は自由時間に該当するということはありうる。それと同じように、空き時間に追求する活動（たとえば、作曲）は、時間つぶしのためのたんなる「趣味」ではなく、それ自体として意味があり、自分が何者かを表すものである。公職としてやる仕事が自由時間とみなされうる一方で、公職には該当しない自由時間それ自体が、没頭した仕事の形態でありうる。これがアドルノの自由のモデルである。彼は次のように述べている。「自由時間がいつか真に、かつて特権であったものがすべての人々に与えられる状態と化すことがあるとするなら」、「私はかかる自由時間を、私自身において観察したもののモデルとして想像するでありましょう。たとえ状況がかわり、そこにおいてかかるモデルそれ自体が変化することがあるとしてもです[67]」。

異なる状況がどのようなものになるかについて、アドルノはなにも述べていないが、私たちは、民主社会主義の三つの原理に照らし合わせることで、仕事と自由時間のあいだの対立を克服するさいの争点を明らかにすることができる。

まずはっきりさせておきたいのは、公的な職業にしても、その他の活動にしても、それが自由とみなされるために、いわゆるハイカルチャーに属している必要はないという点である。すでに見てきたように、作曲活動のことを「真に自由な労働」と言うとき、マルクスが第一に考えているのは、楽曲作りや哲学のことではない。作曲という自由活動は、多種多様な社会プロジェクトのなかで表出しうるものであり、料理、収穫、建築から、子育て、運動競技、勉強会まで、多岐にわたり、音楽や哲学をも含む。このような活動は、自身が選んだ職業として追求されうるものでもあれば、空き時間《スペア》に追求されうるものでもある。公的な職業としてすることと、空き時間にすることのあいだの違いは、賃金労働にかかわるものではなく、コミットメントの性質にかかわるものである。公的な職業として医師であることにコミットするときと、空き時間に勉強会に参加することにコミットするときでは、あなたを縛る責務はそれぞれ異なる。どちらの場合にも制約があり、あなたはそれらをみずからに課すとはいえ、それらの重みや意義は異なる。真に自由な労働は、制約から自由であることにかかわるものではなく、あなたがみずからを従わせる制約のなかにアイデンティティを見いだすことにかかわるものである。

　したがって、疎外労働と自由労働の対立についてのマルクスの議論におけるキータームは、「何かを自分自身のものにする」ことを意味するドイツ語の動詞 aneignen《アンアイグネン》である。(68) 資本主義は労働を疎外し、あなたの生を、利潤目的での私有財産の所有と同一線上に置くことで、生を所有しているという感覚を抽象化する。それとは反対に、マルクスが肯定する、生を所有しているという具体的な感覚は、自分がすることのなかで自分自身を争点とすることで、自身の生を自分のものにすることにかかわるものである。

　わかりやすい例は、芸術作品の制作と消費である。資本主義下では、芸術作品を「所有」することは、当該の対象物にたいする抽象的な財産権をもっているという意味であって、それを鑑賞し理解する具体的な能力をもっているという意味ではない。資本主義下では、芸術作品の「所有者」でありながら、当該の対象物とはたんに抽象的な関係しかもっていないことがありうる。セザンヌの作品を鑑賞する時間がなくても、その意義を理解するための教育を受けていなくても、社会的名声のしるしとしてセザンヌの作品を壁に掛けることができる。そのうえ、資本主義下にある芸術家は、自身の作品にたいして抽象的な財産権をもってはいるが、具体的に言えば、生計を立てるために、利潤と引き換えに自身の作品を売らなければならない。それとは対照的に、民主社会主義下では、芸術作品は、利潤のために売買される商品ではありえず、芸術家は自身の作品の創作者であるがゆえに、それにたいして具体的な財産権を――そして、何人たりともそれを無理やり奪い取ることはできないという感覚を――もつ。しかしながら、芸術作品は誰かが見たり鑑賞したりするためにつくられることを考慮に入れるなら、芸術家が自身の作品をギャラリー、個人宅、図書館、オフィス、公共美術館に寄付し、なぜ自身の作品がコレクションの一部となるにふさわしいのかを論じることには、内在的な動機があるだろう。芸術作品自体は、原理的には、公共美術館ですべての人に開放されたり、芸術家本人か芸術作品の支持者が主催するその他の場所で公開されたりするだろう。しかしながら、実践面において芸術作品にアクセスできるのは、展覧会におもむき、美術史にかんする教育を受け、芸術が何であるべきかについての深い会話に参加するために時間を費やせる者だけだろう。芸術作品を具体的に「所有」するには、芸術作品とかかわり、それをどのように理解するかを学び、その意味を捉えようとする試みのなかで自分自身を争点化するために時間を費やす必要がある。

　ここでの要点は、誰もが芸術愛好家であるべきだということではなく、何を愛し、どの活動にコミットするかという問いを探究するための〈社会的に利用可能な自由時間〉を誰もがもつべきだということである。これは、自分にとって大切なことを探究するために自分自身の感覚と向き合い、涵養し、つくり変えるための物理的・社会的資源を要求する。マルクスが強調しているように、私たちの感覚は、それ自体が、私たちが行なう労働の種類や、私たちが生きる条件によってかたちづくられている。疎外された労働の一日で疲れ果てると、労働以外の生の側面に取り組む能力それ自体が減少し、自由時間は、自身の生を営む形態ではなく、労働力を回復させるための手段となるだろう。それとは対照的に、真に自由な労働が要求するのは、あなたの生を用いて何をすべきかという問いをあなたが所有することを可能にする〈社会的に利用可能な自由時間〉である。

真に自由な労働は、好きなことができるという意味ではない。どの職を生業に選ぶことができるか、空き時間に何ができるかは、あなたの具体的な技能に左右される。たとえば、民主社会主義下では、誰もが無償の教育にアクセスでき、医学校に出願できるが、誰が実際に医者になるかは、誰にどれだけ適性があったのか次第である。それと同じように、音楽のある暮らしに私たちが集団としてコミットしている場合、誰もが楽器演奏を学ぶチャンスがあるが、誰がそれを天職として選ぶか、それどころか、空き時間に有意義なかたちで演奏できるほどに上手な演奏家になるかは、才能と専心にかかわるものである。真の自由が意味するのは、保証された成功ではなく、なれるかもしれないものを探究する自由であり、システム的な不正ではなく、自分自身の力不足によって失敗する自由である。マルクスがすばらしい一節のなかで指摘しているように、愛も、芸術も、他人にたいする影響力も、金では買うことができないとき、愛する人であること、芸術愛好家であること、影響力をもつ人物であることは、あなたのもつ購買力ではなく、あなたが実際は何者であるかにかかってくるだろう。

愛は愛としか交換できないし、信頼は信頼としか交換できない。芸術を楽しみたいと思えば、芸術性のゆたかな人間にならねばならない。他人に影響を与えたいと思えば、実際に生き生きと元気よく他人に働きかける人にならねばならない。人間や自然にたいするあなたの関係の一つひとつが、輪郭のはっきりした、あなたの意志の対象に適合した、あなたの現実的で人的な生命の発現でなければならない。あなたが愛しても相手が愛さず、あなたの愛が相手の愛をつくり出さず、愛する人としてのあなたの生命の発現が、あなたを愛される人にしないなら、あなたの愛は無力であり、不幸だといわねばならない。(69)

民主社会主義は、そのような不幸から私たちを守るような設計にはまったくなっていない。自由な生を営むことは、あなたが何をするか、あなたがどのように受けとめられるか——マルクスの言い方では、本当の意味での個としての生に特有な生きた表現——によって定義されることである。あなたのすること、あなたの受けとめられ方によってあなたが定義されているというほかならぬその理由で、生を営むことには、あなたがなろうとしているものになりそこねるリスクが含まれていなければならない。愛される人に、芸術的な素養がある人に、政治的影響力をもつ人になろうと試みるための資源は保証されている。しかし、愛される人に、芸術的な素養がある人に、政治的影響力をもつ人になることに成功する保証を与えられるものは何もないし、そのような保証を何かが与えるべきではない。本質的に言って、あなたは社会的存在であるため、あなたの成功も失敗も、それ自体は、あなたの行為の社会的承認にかかわるものになるはずである。もちろん、誤解されることはあるし、あなたの行為に与えられた社会的承認に異議を唱えることはできるが、そのような懸念に判決が下されうるような空間は、社会的なものの外部にはない。生を所有するとは、あなたが何者であるかは本質的には社会的達成であること、それはつねに失敗のリスクをともなうことを、自分のものとして引き受けることである。

それと同じ理由で、あなたの現実的《アクチュアル》な自由は、他者の自由に左右される。あなたが、あなた自身の行為のおかげで、社会的地位――たとえば、愛する人である、偉大な作曲家である――を獲得したと本当の意味で承認されるには、他者も〈社会的に利用可能な自由時間〉を有しており、あなたの地位やあなたのしていることにかかわることができなければならない。そのような取り組みに求められるのは、他者が、あなたの行為の意味を評定するための物質的および精神的資源をもっていることである。他者の時間が疎外された労働で使い尽くされてしまうなら、あるいは、あなたが金《かね》の力で他者にあなたのことを愛する人や偉大な作曲家だと認めさせるとするなら、あなたの達成なるものに与えられるのは、無理強いされた同意がせいぜいであり、本当の意味での承認ではない。私たちがすること、私たちにとって大切なことはすべて、社会活動という形態をとるため、私たち自身の自由を意志的に求めるには、他者の自由を意志的に求めなければならない。私たちのうちの誰かが自由であると認められるには、私たちの自己イメージを追認したり、異議を唱えたりするための自由時間が、他者になければならない。反対に、他者が自身の自由を行使することから疎外されていればいるほど、私たちもまた、私たち自身の自由から疎外されていることになる。私たちは自分たちがなろうとしているものであり、自分たちがやろうとしていることをやっている――そのような私たちの主張を承認したり、異論を述べたりする他者の自由は、私たちの自由と切り離せない。私たちのうちの誰かが独りで自由の領域に在ることは不可能である。なぜなら、他者の承認がなければ、私たちが何者であり、何をしているかは理解不可能だからである。

それゆえ、〈社会的に利用可能な自由時間〉を共有し、増加させなければならないという要求は、真の意味での機会の平等にたいするコミットメントであるとともに、社会的個人としての私たち自身の自由のための条件でもある。自由であるとは、自分がすることを、自身のコミットメントに照らして見ることができることだとすれば、そのような自由は次のものを含まなければならない。私が維持し、私を維持してくれる制度のなかに、自由にたいする私のコミットメントを認識する能力である。だからこそ、アドルノであれ、私であれ、他の誰であれ、資本主義下では自身の自由を十全に現実化することはできない。たとえ私たちが、哲学を教えるなかで、本を書くなかで、曲を作るなかで、私たちの愛するものに自分の生を捧げるとしても。私たちの依拠する制度が他者の労働時間を搾取しているとしたら——たとえそれが私たちには生を営むための自由時間を与えてくれるとしても——、私たち自身が現実的な自由にもとることになる。

それゆえ、民主社会主義は次のことを私たちに要求する。私たちの物質的生と精神的生がコインの表裏であることを明示的に把握させてくれるような実践を発展させることである。必要の領域で費やす時間——たとえば、私たちの共生を維持するのに必要となるなにかしらの形態の労働をする時間——が社会的に共有されており、集団としての私たちの自由の領域の拡大に寄与しているとみなされうるなら、単調で退屈な形態をとる労働でさえ、自由な生を営むことにたいする私たちのコミットメントの表現となる。たとえば、私たちの生が、社会的に必要な労働形態を共有するようなかたちで組織されるようなことになれば、毎日一時間かけて教室の床にモップをかけ、カフェテリアの食洗器を受けもつことそれ自体が、大学教員であることにたいする私のコミットメントの表現でありうる。自由の領域で費やす時間（授業をすること）と必要の領域で費やす時間（教室の床にモップをかけること）の区別は依然として残るだろう。教えるのに費やす時間はそれ自体として価値があり、その時間が減ることはない（私の授業のために時間を捧げたいという者がいるかぎりは）。その一方で、床のモップがけに費やす時間はそれ自体としては価値がなく、技術的進歩による削減は歓迎される。しかしながら、決定的に重要なのは、自由の領域と必要の領域のあいだの区別が、自由な労働と疎外された労働の区別と同じでなければならないわけではないという点である。利益のために搾取されておらず、承認された共通善のために行なわれるなら、必要の領域で費やされる時間も、疎外された労働ではないのであり、そのうえ、それは、〈社会的に必要な労働時間〉を万人のために削減することにたいする私たちの集団的なコミットメントを体現してもいる。

したがって、現実的な労働の自由には、生の物質的生産と再生産の負担を私たちが共有することが含まれていなければならない。影響力のある多くの哲学者（ハンナ・アーレントからミシェル・アンリまで）[70]が主張してきたのとは反対に、マルクスにとっての自由とは、労働と必要からの解放にあるのではない。資本主義の克服は、私たちの欲求がすべて自動的に充たされ、私たちの物質的生を維持するためになんの努力も払う必要がない「過剰」の状態へと私たちを導きはしないだろう。そのような過剰の状態は、到達不可能であるばかりか、望ましいものでもない。なぜなら、そうなれば、必要の領域に縛られていない自由の領域が存在しえないことになるからだ。もしかりに、私たちが自分たちの生を維持しなくてもよいとしたら、自分自身の生をどのように営むべきかという問いは存在しないことになるだろう。だから私は、精神的生は物質的生と切り離せないということを詳細に論じてきたのである。私たちが自由の領域でどのように生を営むかは、必要の領域でどのように生を維持するかと切り離せない。なぜなら、いかなる形態の精神的生も、維持されなければならない脆く壊れやすい物質的身体に左右されるからだ。

　そのうえ、どのような形態の自由な生活であれ、私たちはそれを営むなかで、物質的肉体をもっていることから生じる病気や怪我のリスクと、精神的生――それは統合されそこなったり、基盤とした原理がそもそも間違っていたことが後になってからわかったりすることがありうる――を営むことから生じる、時間を「無駄にする」リスクとの両方によって起こりうる時間の喪失を、覚悟しなければならない。精神的に自由な存在として、私はあれこれの実践的アイデンティティの要求に応えて生きることに失敗することがあるが、実践的アイデンティティに応えて生きるという熱望それ自体を失敗とみなすようになることもありうる。そのとき、私の生につねに暗黙裡に存在していた問い（私の時間を使ってする価値のあることは何かという問い）が、明示的になる。本格的な危機のなかで、私が営もうとしてきた生そのものが――私の実存的アイデンティティを定義していた優先順位が――時間の無駄とみなされるようになることがありうる。

　ここで争点となっているのは、私の時間が浪費されている、みずから時間を無駄にしていると判断する私の能力である。そのような判断を下す能力――そして、それにともなう実存的危機のリスク――は、私の精神的自由の行使と切り離せない。時間を無駄にしていると判断できないとしたら、自分が疎外されているとみなすこともできないし、どのような形態の解放であれ、そのために闘うことはできない。そのうえ、自分が時間を無駄にしていると判断できないとしたら、私の生を用いて何をすべきかと――暗黙裡であれ、明示的であれ――熟慮できない。

　民主社会主義下では、私たちの時間が剰余価値を生み出すことに浪費されることはないが、私たちは依然として私たちの剰余時間を無駄にするリスクをかかえている。なぜなら、そのようなリスクは自由な生を営むことに内在しているからである。解放されることとは、私たちの有限の時間を使って何をすべきかという問いから放免されることではない。むしろ、解放の要点とは、優先事項をめぐる問い――何を目指して奮闘すべきか、何をあきらめるべきかという問い――を、私たちの生のきわめて重要な問いとして所有することによって、そのようなリスクを所有できるようにすることである。

　だとすれば、資本主義の克服はけっして有限性の克服と混同されてはならない。だが、これこそまさに、アドルノをはじめとした、ユートピア思想を奉じるその他多くのマルクス主義者が犯した誤りである。アドルノは次のように主張している。

「足枷を解かれ、死から自由になった生という概念がなければ、なんらかのユートピアという観念、ユートピアというものの観念は、思考することさえ不可能であるというのが私の信じるところだ[71]」。このような時間的な有限性の克服に、アドルノは大きな力点を置き、「死を取り除くことは実のところ決定的なポイントである[72]」と強調している。なぜなら、「なんらかのユートピアという観念は、死を取り除かなければ思い描くこともできないものであり、死の削除はユートピアをめぐる思考そのものに本来的にそなわっている[73]」からである。同一線上の議論をたどりながら、アドルノは、「束縛から完全に自由になった現実の可能性は正当なものでありつづけている[74]」と主張する。そのような束縛から完全に自由になった現実は、「無意味な苦痛が存在することを止めた世界[75]」であり、「無意味な苦しみの痕跡の一片[76]」さえもが取り除かれた世界になるだろうと明記している。

私たちの生がどうあるべきかについてのアドルノの要求――死と苦痛からの解放――を考慮すれば、彼がなにかしら肯定的なかたちで自身のユートピアを思い描くことができないのは、驚くようなことではない。アドルノはくり返し、ユートピアには「イメージ禁止令」が出されなければならない――ユートピアは否定的不在としてのみ措定されうる――と強調している[77]。だが、アドルノは、死と苦痛から自由になった生を描き出すことはできないが、そのような生を描き出すことは望ましいことであり、私たちが求めている充足感を与えてくれるだろうと確信してもいる。

このように、私たちの有限性についてのアドルノの理解は、私の用語法によれば、本質的に「宗教的」である。たとえアドルノが私たちは永遠の生を手に入れることができると信じていないとしても、彼は私たちの有限性を否定的制限と見ており、死を免れているようなユートピア的生が欠けていることに私たちが根本的なところで苦しんでいると想定している。それと同じ理由で、アドルノは、有限性が自由の可能性の条件であることを理解しそこねている。有限な者だけが自由でありうる。なぜなら、有限な者だけが、自身の時間を使ってする価値があることは何かという問いに取り組むことができ、どのように自身の生を営むかが争点となっているものとして自分自身の生を把握できるからである。無限の存在はけっして自由な生を営むことができない。なぜなら、無限の存在の生は自身の活動のなかでけっして争点となりえないからだ。さらに言えば、無限の存在にはそもそも生きるべき生がない。なぜなら、無限の存在の生は自己維持に左右されないからだ。アドルノのユートピア的生の問題点は、それが到達不可能であることではなく、それが望ましくないこと、自由の脆く不確かな可能性と両立しえないことである。自由の脆さや不確かさは取り除くことができないものであり、自由それ自体に本来的にそなわっている。死を免れた生を営むことを私たちが思い描けないのは、認識や歴史にかけられている制限のためではなく、そのように概念化された生は理解不可能なものだからである。

アドルノ自身は、生と自由の理解可能性の条件に一度も触れていないが、彼はそのような条件をたえず時代特有の条件と混同している。この混同は、「自由時間」と題されたテクストにおける退屈の問題の扱いにおいて明白である。退屈の問題は「労働の強制と苛酷な分業下の、生の機能[78]」とみなすことができるとアドルノは論じている。私たちの労働時間は、自由なコミットメントの現われではなく、強制的なものであるがゆえに、退屈につきまとわれている。その一方で、私たちの労働時間は、「働くためのエネルギーを奮い立たせる」ための「表面的な気晴らし」を必要とするがゆえに、退屈につきまとわれている[79]。これらの所見を、時代特有の形態をとる退屈にかんするものと理解するなら、アドルノはここで重要な指摘をしていることになる。資本主義的な労働条件は、労働問題を質的に変容させ、形式的には私たちの自由時間を認めるが、私たちの生をずっと単調で退屈なものにする(私たちの物理的・社会的条件が、私たちの時間を使ってすべきことは何かという問いを私たちに所有することを可能にしていたら、私たちの生はずっと違ったものになるはずである)。しかしながら、アドルノは、いかにも彼らしい議論の運びで、資本主義的な労働条件下での時代特有の退屈の問題を、退屈それ自体という実存的カテゴリーと混同する。「退屈は必ずしも存在する必要はない」とアドルノは断言する。「人間がおのれとその生活とを決定することが可能であり、永遠なる同一のうちへと組みこまれることがないなら、人間は退屈するには及ばないであろう。退屈とは客観的灰色からの反射である[80]」。

もしかりにアドルノが正しいとすれば、自由な生を営むことは、自分がしていることにけっして退屈しないという意味になるだろう。アドルノの説明では、退屈は、世界に何か客観的な間違い(「灰色」)があるという事実に還元できるのであり、私たちの退屈は、客観的な灰色性にたいする自動的な反応(「反射」)でしかない。このように、退屈は取り除かれるべきであると主張することによって、アドルノはユートピアの展望にコミットする。彼の展望するユートピアでは、世界が灰色であると判決を下すことは絶対に不可能であり、私たちはつねに自分たちのすることに完全に没頭しているだろう。しかしながら、そのようなユートピアは、私たちが自由であることを可能にするどころか、客観的自由の問題と主観的自由の問題の両方を取り除くことになるだろう。客観的自由の問題はなくなるだろう。なぜなら、私たちが属する世界のなかにあるいかなる欠損(灰色性)も、私たちにはけっして見分けがつかなくなるからだ。むしろ、私たちは、世界をあるべき姿のままに受け取り、私たちの客観的な社会条件をつくり変えることをまったく求めないだろう。それと同じように、主観的自由の問題もなくなるだろう。なぜなら、私たち自身の生の営み方のなかにあるいかなる欠損(灰色性)も、私たちにはけっして見分けがつかなくなるからだ。むしろ、私たちは、自分たちのことをあるべき姿のまま受け取り、私たちのすることはすべて絶対に興味深いと思うだろう。アドルノにしてみれば、私たちがユートピア的生にもとるかぎり、なにかしらの意味での——私たち自身や世界はなにかしら間違っているという意味での——「否定性」が稼働しているのである。もしかりにユートピア的な生を与えられたら、私たちはけっして何にも苦しむことはなく、けっして何にも退屈することはなく、けっして何かで死ぬことはなくなるだろう。

アドルノは、否定的なもの——苦痛、退屈、死——との関係が、自由の肯定的可能性に本来的にそなわっていることを、把握していない。苦痛、退屈、死を前にした不安は、心理的状態——または、ある時代に特有の病理——に還元できるものではなく、むしろ、自由な生を営むための必要条件である。苦痛、退屈、死との関係によって、私たちの生を営むことがそもそもどのように私たちにとって大事なのかが理解可能になる。何ひとつ私たちにとって苦痛にあたらないとしたら、私たちの身にどのようなことが起ころうと、それに反対する理由がまったくなくなるし、私たちの状態を変化させたり改善したりする理由もなくなるだろう。それと同じように、私たちが何かに退屈させられたり、私たち自身の活動に退屈したりしているとみなすことができないとしたら、私たちが自分たちの生の処し方をつくり変えようとする理由をもつことはけっしてないだろう。[81] 最後に、私たちが自分自身のことを、有限で、死を前にして不安を抱いていると理解できないとしたら、どのような企図であれ、どのような活動であれ、それを追求しなければならない切迫感を理解できなくなるだろう。なぜなら、私たちの生のなかで〈すぐに〉と〈いずれ〉を区別できなくなるからである。苦痛、退屈、死にたいする関係は、精神的自由にとって必要条件である。苦しむことも、退屈することも、死ぬこともありえないとしたら、私たちにとって、成功と失敗、取り組むことと無関心でいること、生と死の区別がなくなるだろう。それと同じ理由で、何かにコミットすることが、まったく不可能になるだろう。なぜなら、私たちのすることすべてが、私たちにとってどうでもよいことになるからである。

それゆえ、アドルノのユートピア的生の展望が、何もする必要のない状態という考えにくり返し立ち戻るのは、きわめて啓示的である。「まったく何もしないという動物的段階を取り戻すことはできない」[82] と口にするアドルノからは、悲嘆の溜息が聞こえそうなほどである。彼が考えているのはいったいどのような種類の動物なのだろうかと不思議に思うところだ。なぜなら、動物であること——それどころか、とにかくそもそも生きていること——は、生きているためにつねに何かをしなければならないことを意味するからだ。そのような問いにはまったく注意を払わず、「抽象的な概念のうちでユートピアの具体的なイメージに一番接近しているのは永遠平和の概念である」[83] とアドルノは主張する。「「動物のように何もしないで」、水に上に寝そべり、充ち足りて天を仰ぐ、「他になんの職務も満足もいらない、ただ存在しているというそれだけ」[84]」の状態を想像することで、アドルノは、そのような達成されたユートピアという抽象的観念に具体性を与えようとする。

さて、たしかに、水に浮かんで空を見上げるための時間を取ることは、意味のあることでありうる。しかしながら、活動が私にとって大事であり、私の自由を表現するものになるには、それが私のしている何かでなければならない。「何もしていない」ときでさえ、私は何かはしている（たとえば、休憩している、人生のなかの大切な一日を味わっている、穏やかな水の動きに夢中になっている、かたちをなす雲の美しさを見つめている）。本当に何もしていないとしたら――「純粋な存在」や「永遠平和」の経験であるとしたら――それはまったく経験ではないであろうし、私はそこにいないだろう。水に浮かんでいるのは死体であって、人格《パーソン》ある者ではないだろう。なぜなら、何もかもが大事である人がいるわけはないだろう。水に浮かびながら、誰も何にも苦しむことがなく、空を見上げるという活動に誰も飽きることがなく、死に照らして自身の生を用いて何をすべきかと誰も自問しないとしたら、それは誰も生きていないからである。だからこそ、永遠の平和の展望は、永遠の無関心と区別できないのであり、だからこそ、アドルノのユートピア的「生」の概念は意味をなさない。純粋な存在は無である[85]。

　したがって、私たちは、アドルノが混同するふたつの分析水準を、注意深く区別しなければならない。一方に、歴史や社会に特有の形態をとった苦痛――私たちが克服を試みるべきもの――がある。私たちは資本主義の不正に苦しむ必要もないし、ある形態の退屈をはびこらせる就労時間《ワークタイム》と余暇時間《レジャータイム》の対立を受け入れる必要もないし、いま現在私たちの生を衰弱させている原因の多くで死ぬ必要もない。私たちはもっとうまくやることができるし、そうすべきである。他方では、歴史または社会に特有の苦痛、退屈、死の形態を、実存的なカテゴリーとしての苦痛、退屈、死それ自体と混同してしまうと、私たちは、現実に存在する苦痛の形態――それを克服することに私たちはコミットしている――を突き止める能力を自分たちから奪うことになる。自分自身の有限な生を営むさいの有害なやり方をどのように突きとめ、つくり変えるかという問題に取り組む代わりに、この問題が、私たちは結局のところ有限の生を営んでいるという事実と混同される。こうして、私たちは、有限の生それ自体にたいする宗教的絶望という行き止まりに導かれていき、有限性という条件からの救済を求める宗教的切望を背負いこむことになる。

　アドルノが私たちを連れていく行き止まりはそのようなものである。『ミニマ・モラリア』の終結部で、彼は次のように宣言する。「絶望的状況のさなかにありながらも是認できる哲学の有り様はただひとつしかないと言っていいので、それは万事を救済の立場から眺められたように考察する試みである[86]」。そのような観想的な救済の立場を取れば、世界は「メシアが出現した暁には」「みすぼらしいぶざまな[87]」姿を見せるだろう。世界をそのように眺める立場を取ることは私たちにとって「まったくの不可能事」であるとアドルノは譲歩する。なぜなら、それは、「たとえほんのわずかにせよ現存在の縄張りから解脱した立場を前提としている[88]」からである。だが、アドルノはそのような立場の不可能性を嘆き、それを私たちの側の否定的無能力のあかしであると考える。「無条件的なもの」[89]のために、条件的なものを克服できさえすれば、私たちは、実存から切り離された観想の立場を占めることができるようになり、世界をメシアの光で照らしてやれるだろう。

そうすることで、アドルノは、マルクスの解放にかんするもっとも根本的な洞察を裏切っている。マルクスにとって、実存から切り離された観想の地点は、まったく不可能であるばかりか、まったく望ましくないものであり、まったく首尾一貫性のない考えである。なぜなら、世界が大事なものでありうるのは、生を営むという脆く不確かな活動に取り組む者にとってだけだからである。マルクスは、救済という理解不可能な約束に私たちを向かわせるのではなく、すべては私たちが自分たちの有限の時間と共有の生を用いてすること次第であることを私たちに認識させようとする。だからこそ、マルクスの資本主義批判は、最初から、宗教批判と絡み合っていたのであり、だからこそ、一方を理解しなければ他方を理解できないのである。マルクスは次のように述べている。「宗教の批判は、あらゆる批判の前提なのである[90]」。

資本主義と宗教が高度に両立可能であることが証明されてきたが、マルクスの視点からすれば、これはまったく偶然ではない。資本主義と宗教の両方がどのようにして自己疎外の形態であるのかという問題に、マルクスはくり返し立ち戻る。資本主義も宗教も、私たちの時間が私たちから取り上げられるとき、そこで取り上げられているのは私たち自身の生――私たちの唯一の生――であることを、私たちに実際に気づかせまいとする。資本主義が、私たち自身の時間を利潤という目的に従属させることで、私たちを私たち自身の時間から疎外する一方で、宗教は、私たちの時間は究極的には取るに足らないものであり、永遠によって贖われるという慰めを与える。資本主義が貧困を永続化し、富の意味を歪める一方で、宗教は貧困を美徳として、救済に通じる道として推進する。資本主義が自由な生を営む私たちの能力を奪う一方で、宗教は服従が解放につながると私たちに教える。要するに、資本主義も宗教も、私たちに、自分たちの有限の時間を使って何をすべきかという問いを所有することを可能にするのではなく、私たちの生を手放すことを強いる。

したがって、よく知られているように、マルクスは、宗教は「民衆の阿片」[91]であると論じている。社会的不正が引き起こす苦痛は、宗教的救済の約束によって軽減される。宗教は、開花繁栄した生を営むことができないという苦痛を減らすとともに、私たちの唯一の生の条件をつくり変えるために私たちを奮い立たせ、行動させるのではなく、私たちを慰撫し、不可能な至福を夢見させることの両方によって、「阿片」という形態として機能する。それゆえ、マルクスが強調しているように、「民衆に幻想のうちだけの幸福感を与える宗教を廃棄するということ」は、「民衆に現実の幸福をあたえることを要求するということ」と理解されなければならないのであり、「みずからの現実の状態についての幻想を放棄すべきであることを要求するということは、幻想を必要とするような状況を廃棄することを要求することである」[92]。宗教的信仰はまやかしであると批判するだけなら――それらのまやかしの動機である、社会的不正の形態を克服することにコミットしていないとしたら――、そのような宗教批判は空虚で、上から目線のものになる。ここでの課題は、むしろ、私たちの社会的条件をあるやり方でつくり変えることであり、人々がもはや宗教という阿片に頼る必要がなくなり、自分自身の生のなにものにも代えられない価値を肯定的に認識できるようになることである。マルクスが彼のもっとも美しく、もっとも重要なものに数えられる定式化のなかで説明しているように、彼の宗教批判は、「鎖から、その鎖につけられた［嘆きの谷のような］幻想の花を摘み取った。それは、人間がこの鎖をいかなる幻想も慰めもなしに担いつづけることができるようにするためではなく、この鎖を断ち切るためであり、生きた本物の花を摘むことができるようにするためである」[93]。

本章の文脈では、この「生きた本物の花」は、私たちの生の時間の比喩と読むことができる。生ある有機体がみなそうであるように、私たちは、自分たちの自己維持活動によって、剰余時間を生み出す。しかしながら、私たちを精神的存在として区別するのは、私たちが、自分たちの剰余時間を、自分たちの生を営むための自由時間としてつかみ取る（「摘む」）ことができる点である。それと同じ理由で、私たちは、みずからを搾取し疎外する（私たち自身を鎖につなぐ）こともできる。資本主義下では、私たちの鎖は、私たちが自分たちの生の剰余時間を剰余価値に転化しなければならないところにある。そのようにして、私たちは、私たち自身の自由の現実化に敵対する目的（利潤）に支配されている。生きていない生産のための技術的手段――生物である私たちの目的に役立つはずのもの――でさえ、解放ではなく、搾取のために用いられている。

それとは対照的に、民主社会主義の目的は、私たちの生の剰余時間を〈社会的に利用可能な自由時間〉に変容させることである。この変容は、私たちの精神的自由を促進する制度を発足させ、維持することによって、また、〈社会的に必要な労働時間〉を減らし、生の時間の剰余を増やすために生きていない生産のための手段を発展させることによって、達成される。資本主義と宗教は、まるで私たちが超越的原理（利益であれ、神であれ）に依拠しているかのように思わせるが、私たちは民主主義の真実――私たちを鎖につなぐことができるのは私たち自身にほかならず、私たちを自由にできるのは私たち自身にほかならない――をつかみ取らなければならない。私たちの生の力は、私たちがすることと切り離せない――民衆《ピープル》の力と切り離せない。私たちの鎖を投げ捨て、私たちの時間をつかみ取るには、次のことを把握しなければならない。私たちがもっているもの――私たちが何者であるか――のすべてが、私たちの生を再生産し、つくり変えていく物質的・社会的実践と切り離せないのである。

そのような民主的解放は、私たちが、現在の鎖を耐えられそうなものに思わせている「幻想の花」を取り除くことを要求する。自由市場の約束であれ、永遠の生という宗教的な約束であれ、幻想の花は、この生の不正を受け入れたり、忘れたりさせる機能を果たしている。マルクスが思い出させてくれているように、多くの人々が宗教という阿片に頼っているという事実は、「現実の悲惨を表現するものであると同時に、現実の悲惨に抗議するものでもある」[94]とみなすことができる。だが、有限性についての宗教的な理解は、私たちが克服を試みている苦痛を私たちに誤解させる。私たちに欠けているのは、永遠の生ではなく、開花繁栄する生を営むことを可能にする、社会的・制度的形態としての共存《ビーイング・トゥギャザー》である。

解放された生の開花繁栄――積極的に育てられた生花――は、それ自体では有限であり、満開のときでさえ、私たちの持続的な気づかい《ケア》を必要とする。しかし、永遠という幻想の花を私たちが取り除くとき――永遠の生は死であり、生の形態などではないことを私たちが認識するとき――、私たちは次のことを見てとることができる。私たちの有限性は、それ自体としては制約ではないことである。むしろ、開花繁栄の有限性は、私たちが開花繁栄を現実化し、それを生かしておくことに身も心も捧げている理由の本質的な一部である。

それゆえ、宗教批判は――資本主義批判と同じく――内在批判でなければならない。私たちは、有限性についての宗教的な理解を克服するための資源を、信の実践の、その共有された社会的生へのコミットメントの内側に位置づけなければならない。宗教的信仰の実践は、連帯をあらわす重要な共同的表現としてしばしば機能してきたし、依然として多くの人々にとってそのように機能している。それと同じように、宗教組織はしばしば、助けを必要とする貧しい人々のために奉仕している。もっとも重要なことに、宗教的言説はしばしば、不正にたいする具体的闘争において動員されてきた。しかしながら、これらの社会的コミットメントは、どれひとつとして、宗教的信仰や宗教的な組織形態を必要としない。これらのコミットメントが解放という約束を果たすには、宗教的信仰が世俗的信に転化され、目的それ自体としての社会的正義に捧げられなければならない。貧しい人々に救済を約束するのではなく、貧困を廃絶することに私たち自身がコミットするとしたら、実践のなかで私たちが体現する信は、宗教的なものではなく、世俗的なものである。なぜなら、私たちは、私たちの共生が、私たちの究極的な目的だと認めているからである。この議論――世俗的信と精神的自由を、現実的《アクチュアル》な解放の追求に収斂させる議論――が、私たちを、本書を締めくくる章へと導いていく。

終章　私たちの唯一の生

I

一九六八年四月三日、マーティン・ルーサー・キング・ジュニアはテネシー州メンフィス市の空港に降り立った。雨が降っており、嵐が迫っていると警報が出ていた。中断されて終わった前週の抗議運動のあと、キングは、市の黒人のゴミ清掃員らが続行中のストライキを支援するために、メンフィスに戻っていたのだった。竜巻は夜までにテネシー州西部を襲っており、一二人が死亡し、竜巻警報がメンフィスで鳴り響き、雷鳴が市のあちこちで轟いていた。

キングは〈貧者の行進《プア・ピープルズ・キャンペーン》〉のために駆け回って疲れ切っていた。熱と喉の痛みのため、予定されていた演説をキャンセルしたかったが、直前になって説き伏せられ、地元組合との約束を守ることにした。キングは嵐のなか車を運転し、メイソン監督記念教会の集会に到着した。多くの者に欠席を余儀なくさせた悪天候にもかかわらず、二千人以上の組合員とストライキ支援者がキングの演説を聞くためにやってきていた。彼はそこで生涯最後となる公開演説を行なった。詰めかけた群集に彼が語りかけたのは午後九時三〇分のことで、彼の手元にメモはなく、聴衆の前のめりな反応によって前へ前へと突き動かされていった。キングに残された生の時間が二四時間もないことを知りえた者はひとりもいなかったが、彼の命に危険が迫っているという根強い噂があった。アトランタからキング一行を運んだ飛行機は、爆破予告のため、搭乗口で引き止められていた。キングがメンフィスに到着したとき、さらに殺害予告があったが、確かな筋の情報ではなかった。その手の噂はそのときまでに日常茶飯事になっており、その日も、社会正義をもとめるキングの遊説のいつもの一日となったかもしれなかった。

一九五五年と五六年のモンゴメリー・バス・ボイコットのリーダーとして頭角を現してからというもの、キングの命はたびたび危険にさらされてきていた。モンゴメリーの自宅は白人の人種隔離主義者たちによって爆破され、彼の妻コレッタと娘ヨランダは命を落とすところだった。バーミングハムやセルマでの大衆集会では、顔を打《ぶ》たれ、殴られた。シカゴの白人地区を行進したときは、石を投げつけられた。地方当局は少なくとも一八回は彼を逮捕しており、キングに近しい人々は、彼が政治の仕事のために差し迫った暗殺の危険と隣り合わせで生きていることを知っていた。

だが、キングの生涯最後の年、彼にたいする敵意はそれまでになかったレベルに達していた。キングの注意が、システムに内在する経済的不正の形態――人種的不正の形態を下支えし、特徴づけているもの――に向けられていくにつれて、体制側のリベラル派――キングの焦点が、アフリカ系アメリカ人のために形式上の市民権を獲得することにあったときは、彼を支持していた層――は、彼にたいしてますます敵対的になっていった。キングがベトナム戦争にたいする強固な反対を公言し、アメリカ合衆国の「中核的《ハードコア》な経済問題」と呼ぶものに光を当てるようになると、メディアもジョンソン政権も批判に転じた。FBI長官のJ・エドガー・フーヴァー（彼は一九六一年からキングの電話を盗聴していた）は、「キングを自国と黒人にたいする裏切り者と宣伝する」[1]ことを任務とする「人種諜報」部を新設した。FBIの人種諜報部は、潜入捜査、抗議行進の力づくの中断、名誉棄損的な主張の拡散をとおして、キングが主導する〈貧者の行進〉にたいするさまざまな妨害計画を立てた。ジョンソン大統領、司法長官、ペンタゴン、財務省検察局も、主要メディアも、「マーティン・ルーサー・キング・ジュニア――治安問題――共産主義者」[2]と題されたFBIのメモをたえず受け取っていた。

それと同時に、ニューレフトにしても、台頭しつつあったブラック・パワー・ムーヴメントにしても、キングを時代遅れと退ける傾向にあった。とくに、六〇年代半ばに始まった暴動を受けて、キングの非暴力の手法や政治的な連携は、時代の要請に応えるには不充分であると、侮蔑の対象になっていた。権力側はキングをラディカルすぎるとみなしていたが、前衛派はキングを充分にラディカルではないとみなし、次のように批判していた。キングは本質では、中産階級の目標を追求する中産階級の説教者である、と。

しかしながら、キングは改革者にすぎないという見方は、ひどい誤解である。キング本人が、公民権運動におけるふたつの段階を区別し、第二段階はずっとラディカルなやり方が必要になると考えていた。第一段階は一九五五年のモンゴメリー・ボイコットに始まり、一九六五年八月六日の投票権法の可決まで続いた。この段階の主な目標は、南部の黒人のために、基本権とさまざまな形態の自由を獲得することだった。キングが指摘したように、これらの改革のためのコストは政府主流派にとって微々たるものであり、直接的な経済的要求とは無縁のものだった。「この点にいたるまでは、変化に応じて国民が実際に支払わなければならないコストは安いものだった」[3]とキングは『黒人の進む道』（一九六七年）のなかで書いている。「この限定された改革は、格安で手にいれることができた。黒人がランチ・カウンターや図書館、公園、ホテルその他の設備で白人の仲間入りをするのに、別に費用はかからないし、税金も不要である」(4)。そのうえ、「選挙人の登録に伴うもっと大きな変化でさえも、大きな金額上の負担や心理的な犠牲を要求したりはしなかった。耳目を聳動《しょうどう》させるめざましい出来事がたくさん発生したので、重荷を背負いこんでいるというような誤った印象ができてしまったのである」(5)。政府主流派には、南部における人種隔離撤廃を支援する、構造的かつ経済的なインセンティヴがあったと付け加えることもできる(マルクス主義的な歴史家たちはそのように主張してきた)。資本主義下では、二重の労働市場(黒人と白人)の維持は、経済的に不合理である。なぜなら、労働力の補充にたいする人為的な障壁が生まれ、効率性のためにそれぞれのユニットを抽象的に等価なものとして扱えないからである。単純だがわかりやすい例(アドルフ・リード・ジュニアから借用する)は、工場でふたつのトイレを別々に――黒人用と白人用に――維持しなければならないという経済的な無駄である(6)。さらに一般化するなら、人種隔離を行なう南部の暴力的な不安定性は、それ自体が非効率的であり、資本主義的な営為を拡大させるには取り除かれなければならない障壁であった。

一九六五年に頂点に達した公民権運動の勝利のあと、最大の挑戦はまだこれからだということをキングは理解していた。「本当に高いコストを必要とするのは、これから先のことなのだ。白人の抵抗が強くなるのは、この事実を物語っている」と彼は『黒人の進む道』のなかで書いていた。「黒人のために行なわれた経費のかからない教育は、もし充実した教育を行なおうとするなら、将来は十分な費用を注がなければならないであろう。黒人のために仕事をつくることは、選挙人名簿をつくるよりも困難だし、また高価でもある。何百万人もが住みついているスラム街を根絶するということは、バスやランチ・カウンターで人種統合をするよりも、はるかに複雑な問題なのである」(7)。実質的な経済的正義をめぐるこれらの問いは、キングにとって、公民権運動の第二段階の中核にあるものだった。

キングの足取りをたどっていくと、第二段階の始まりは一九六五年八月一一日、リンドン・B・ジョンソン大統領が投票権法に署名してからわずか五日後であったことがわかる。八月一一日、ワッツ近隣で起こった暴動は、ロサンゼルス南部中央《サウスセントラル》に急速に広まっていった。キングの生涯最後の数年のあいだ、そのような暴動が続いていくことになるが、キングは都会スラム街《ゲットー》が公民権運動の新たな前線《フロンティア》であることをただちに理解した。暴動からわずか数日のうちに、彼は次のように主張した。「ワッツの炎が照らし出したのは西部の空だけではない。公民権運動の不完全さに、一触即発のスラム街における白人の人種政策の悲劇的な浅薄さに、光を投げかけたのだ」(8)。好戦的でありながら非暴力であった解放闘争は、いまや、南部から北部に拡大し、決然と階級分断に切り込んでいかなければならない、とキングは結論した。キングが認めていたように、「公民権運動は中産階級向けであることがあまりにも多かった」のであり、「われわれのコミュニティという草の根のレベル」[9]に向かっていく必要があった。その狙いとは、貧困を終わらせ、労働力の搾取を防ぎ、経済的正義をつくり出すことであった。

例によって、キングは家族とともにシカゴのウェストサイドのスラム街に引っ越した。キングが目指したのは、ただたんにスラム街のために発言することだけではなく、みずからを解放する活動に都市の貧困層を動員し、組織することであった。スラム街に暮らす疎外された市民にできるのは暴力だけだと考える人々とは対照的に、キングは驚くべき政治運動を追求し、ギャングのメンバーを勧誘し、路上でギャングたちと付き合い、自宅に招き、喫緊の社会問題や非暴力の政治について議論を交わした。キングがはっきりさせているように、非暴力行動は受動的でも服従的でもなく、好戦的で有無を言わせぬものである。キングは次のように公言していた。「非暴力を、都市の状況や雰囲気に適合させていかなければならない。政府の善意をあてにするのではなく、気の進まない当局を正義の命令に屈服させるのに役立つ、新たな戦術をつくっていかなければならない」[10]。そのうえ、キングは、集団抗議と市民的不服従という形態は、不平等な権利だけではなく、経済的不平等を攻撃するためにも用いられるべきであると強調していた。この目的をかなえるためにキングは次のように論じた。「好戦的な非暴力」は、道徳的にというだけではなく、実際的にも政治的にも、暴力的な暴動より優位にある。「破壊することなしに都市の機能を取り除くほうが暴動によるよりもはるかに永続性がありま す。また、より大きな社会にとっては費用がかさみますが、暴動のように無制限に破壊的とはならないので、はるかに効果的な解決策であるはずです」[11]。暴動は、黒人にたいする右派のネガティヴ・キャンペーンを力づけ、政府当局による鎮圧的な処置を助長するばかりだろうとキングは正しく予測していた。それとは対照的に、政治的に明確化された、集団的な市民的不服従という形態――それによって、現に存在する人種的・経済的不平等の形態が照らし出される――は、実践する側の道徳的権威を示すのであり、「政府がその優れた軍事力によって鎮圧するのはより困難である」[12]。

キングによる組織化の試みには難題が山積みだったが、一九六六年のミシシッピ・フリーダム行進でも、同年夏のシカゴでの非差別住宅制を求める行進でも、ヴァイス・ロード、ローマン・セイント、ブラックストーン・レンジャーのギャングを含めて、スラム街の幅広い層の市民を動員することに成功した。ブランドン・M・テリーが重要な研究のなかで示したように、スラム街におけるキングの仕事は、ブラック・パワー・ムーヴメントの主張と、実践的かつ批判的に取り組むという形態を取った[13]。ブラック・パワーの代表者たちの多くと同じく、キングもまた、暴徒による犯罪は「派生的犯罪」であり、その根本的な原因は社会的・経済的不正（キングが「白人社会の犯罪」と呼んだもの）であると考えていた。だが、何がなされるべきかについてのキングの考えは、ブラック・パワーの擁護者たちとは大いに異なっていた。ブラック・パワー・ムーヴメントの指導者たちは、解放プロジェクトの一部として暴動を自分たちの手柄にしようとしたが、キングは、ブラック・パワー・ムーヴメントの指導者たちは実際的な意味では暴動の拡大をまったくコントロールできておらず、したがって、暴徒が手掛けた行動の明示的な意味にかんしてなんら実際的な権威をもたないと指摘していた。そのような権威を主張できるのは、組織された政治的行動だけであろう、と。そのうえ、黒人ナショナリズムや黒人分離主義は、どのような形態であれ、袋小路であること——なぜなら、人種的境界線をまたぐ階級的・経済的正義の問題を無視しているから——をキングははっきりと見抜いていた。「力と達成につながる黒人別個の道はない[14]」とキングはくり返し強調していた。その代わりに、彼は、人種を越えた労働運動の必要性を明確にし、労働組合自体の内部にある根強い人種主義の形態と闘いつつ、労働活動家との関わりを深めた。

キングはこうして〈貧者の行進〉を始めるように導かれていった。一九六八年、この行進を組織していた真っ最中に、キングはメンフィスで暗殺されたのだった。〈貧者の行進〉は「真の意味での階級運動」ということになっており、人種や民族の垣根を越えて、アメリカ先住民やヒスパニック、白人の貧困層の労働者や失業者——都市における脱工業化や田舎における自動化に置き去りにされた人々——を含んでいた[15]。この「非暴力軍」は、根本的な経済問題を焦点化するために、大規模な形態の市民的不服従に取り組むことになっていた。このような動員の一環として、キングは全国福祉権協会——この協会をつうじて黒人女性たちは好戦的な抵抗を組織してきていた——とも共闘を始めた。亡くなったときにキングが計画していたのは、ワシントンDCでの新たな行進であり、それは首都を占拠し、貧困層の人種間の同盟を示すことになるものであった。暗殺される直前にメンフィスでレポーターに語ったように、「ええ、われわれは階級闘争に取り組んでいると言ってよいでしょう[16]」。

権力側の人々からの反対にみまわれることはよくわかっていたが、それでキングがみずからの公的態度をラディカル化させることを思いとどまることはなかった。「わが国の経済システムは何かが間違っている。資本主義は何かが間違っている[17]」とキングは生涯最後の数年ますます頻繁に強調していた。これらの主張は、抽象的なものではなく、北部のスラム街や、南部の都市や田舎の貧困層で活動するさいに彼が目の当たりにした住宅、教育、福祉にかんする具体的な問題と直につながっていた。キングは一九六七年のインタビューで次のように述べていた。「何年ものあいだ、社会の既存の制度を改革するという考え方でやってきました。こちらでちょっとした変化を、あちらでちょっとした変化をというように。いま私はかなり違った思いを抱いています。社会全体の再建、価値観の革命が必要ではないかと思うのです[18]」。ラディカルなアジェンダは、自身の政治活動をいっそう困難なものにするだろうということ、いま取り組んでいる「階級問題」は、法的差別を終わらせる運動よりもはるかに大きな妨害にあうだろうということをキングは知っていた。一九六六年一一月、南部キリスト教指導者会議（SCLC）のための修養会のさい、キングは真の経済的正義を要求することの意味をはっきりさせた。それは「危険地帯に踏み込むことだ。そうなれば、さまざまな人々に手を出すことになるからだ。ウォール街に手を出すことになる。産業のトップに手を出すことになる」[19]。翌年――一九六七年八月、SCLCの総会で――、キングは次のように強調した。「私たちは社会全体のことを問い」、「資本主義経済の問題を問い始めなければならなくなった」[20]。キングはすでに二〇代前半でマルクスを研究しており、生涯にわたって、システムに内在する不正にたいするマルクスの経済分析を高く評価していた。キングは総会で聴衆に念を押した。「私たちは人生の市場で失望した物乞いたちを助けなければならない」、「だがいつの日か、私たちは物乞いを生み出す建物を立て直す必要があることを、理解しなければならない。[…]この問題に取り組みだすと、あなたは「いったい誰が石油を所有しているのか」と問わなければならなくなるだろう。「誰が鉄鉱石を所有しているのか」と問わなければならなくなるだろう」[21]。こうして、キングは、自由の探求、貧困を終わらせることにたいするコミットメントに導かれて、資本主義を問い質していった。彼が根気強く論じたように、「人種差別の問題と経済的搾取の問題と戦争の問題とはひとつの問題である」[22]。

今日、キングのラディカルな遺産は大部分が忘れられている。二〇世紀のもっとも著名なアメリカの政治家だが、そのような称讃には、牙を抜かれるというコストがあった。黒人詩人のカール・ウェンデル・ハイネスはかつて次のように書いた。「死人は／かくも好都合な英雄となる／死人は／立ち上がることはできない／その生から私たちがこしらえるイメージに異議を唱えるために／そのうえ、記念碑を築くのはずっとたやすい／より良い世界を作るよりも」[23]。キングの死後、彼に敬意を表して多くの記念碑が立てられてきた。ワシントンDCでは、議会議事堂の円形広間にキングの胸像（キングはこの名誉を与えられた最初の黒人である）、ナショナル・モールには市を見渡すキングの巨像がある。ひょっとすると、もっとも驚くべきは、マーティン・ルーサー・キング・ジュニアの日が、ひとりのアメリカ市民を記念した唯一の連邦祝日であることかもしれない。コロンブスの日を別にすれば、個人名を冠する唯一の祝日である。

しかしながら、これらの形態の儀礼的称讃は、私たちがキングの遺産を生きたものとして保ち続ける保証にはならない。それどころか、彼の遺産はますます平和と同意のメッセージにのみ縮減されてきており、彼が実際に語ったこと、達成を目指して闘ったものが犠牲になっている。キングはしばしば、達成された公民権や形式的な人種的平等をめぐる懐柔的な物語に組み込まれているが、現実的《アクチュアル》な和解や平等を達成するための最重要の難題は依然としてこれからのものであることを、キングはこのうえなく明らかにしていた。そのうえ、これらの難題は今日でも依然として私たちにとってこれからのものである。公民権運動でキングの近くでともに活動したホセア・ウィリアムズは次のように述べていた。「マーティン・ルーサー・キング・ジュニアの本当の姿を変えようと、アメリカは確固たる努力をしている——今世紀のアンクル・トムに仕立て上げようというのだ。私の心のなかでは、彼は今世紀の闘士である」[24]。

だが、私たちは、リンカーン・メモリアルの階段で行われた演説——あの有名な一九六三年八月二八日の「私には夢がある」——を聴くだけで、キングがたどるようになっていったラディカルな道に導かれていく。演説のなかでキングは自由へのコミットメントから始めるが、それは「憲法と独立宣言の壮大な言葉」[25]に書き込まれているものである。建国の父たちは、これらの文章を作成するなかで、「すべてのアメリカ人が享受すべき約束手形に署名した」のであり、それはつまり、各人が「生命、自由、幸福追求の譲渡すべからざる権利を保証」されているということである[26]。このような自由へのコミットメントが歴史的に達成したもののおかげで、私たちは、建国の父たちが、みずから公言した原理にもとらずに生きることに失敗した——たとえば、奴隷を所持し、女性を軽視した——と批判できるし、自由にたいするコミットメントにおいて失敗していると現代社会を批判できる。キングは演説のなかで次のように宣言している。「黒人市民にかんするかぎり、アメリカがこの約束手形の責務を履行しなかったのは今日明白である」[27]。憲法と独立宣言へのキングの訴えは、私たちがすでにそうなっている存在に真摯であれという訴えではない。むしろ、私たちがけっしてそうではなかった存在、しかし、自由と平等にたいする私たち自身のコミットメントに照らし合わせて、私たちがそうであるべき存在になれという変革の訴えである。キングは早くも『自由への大いなる歩み』（一九五八年）で、自由と平等は経済的正義と「切り離せない」[28]ことを明らかにしていた。一九六三年のリンカーン・メモリアルでは、冒頭から経済的観点から自由について語ることで、この点を主張している。「アメリカは、黒人にたいして不渡り小切手を切ったのだ。それは「資金不足」と書かれて返ってきた小切手である。私たちはこの国の「機会」という大金庫室に、かような資金不足があると信じることを拒否する。だから私たちは、この小切手を現金化するためにここにやってきたのだ。すなわち、要求に応じて自由の富と正義の保証を与える小切手を現金化するためにである」[29]。

公民権運動の第二段階に進んでいくにつれて、キングの議論の経済的次元はますます目立っていった。一九六八年の演説で建国の父たちの約束手形の話に立ち戻るとき、キングは、自由と幸福の追求が、生を営むための経済的資源を必要とすることを明らかにしている。キングは次のように強調する。「靴をもっていない人に、靴紐を引っ張り上げて独力でやり遂げるべきだと言うのは、残酷な嘲りだ」[30]。彼が引き合いに出すのは、形式上の自由（奴隷制からの自由）は授けられたものの、自由を追求し涵養するための資源は授けられなかったアフリカ系アメリカ人の事例である。一八六三年、アフリカ系アメリカ人は、肉体的な意味では奴隷制のくびきから解放されたとき、自身らの生を営むことを可能にするであろう土地も、金銭も、教育制度へのアクセスも与えられなかった。キングは次のように指摘している。「それは何年も、何年にもわたって収監しておきながら、突如として冤罪だったことを発見したようなものだった。そしてただ彼のところに行って、こう言うのだ、「さあ、お前は自由だ」、と。しかし、街まで出るためのバス代も渡さない。背中にまとう服などを買うための金も与えない。もういちど生を始めるための餞別を何ひとつ与えない［…］。私たちは読み書きができず、一文無しで、ただ「お前は自由だ」と言われたのだ」(31)。それと同時期のアメリカ史を繙き、キングが思い起こすのは、議会が、何百万エーカーもの土地を、ヨーロッパからやってきた白人の農民に譲渡していたことであり、そのような人々のために、州は「払下げ地に学校をつくり、土地の耕し方を教え、郡職員を派遣して農業についての専門知識をさらに提供し、その後は、税率を低くし、農場を機械化できるようにしたのだった」(32)。

特権の分割は、今日、キングが「ふたつのアメリカ」と呼ぶものによって永続化されており、そこには、「富裕層のための社会主義」と「貧困層のための無骨《ラギッド》な個人主義」がある(33)。一方のアメリカには「身体のための食物や必需品、心のための文化や教育、魂のための自由や尊厳をもつ何百万もの人々がいる」(34)。それとは対照的に、もう一方のアメリカでは「何百万の人々が、不充分で、標準以下で、荒れ果てていることもめずらしくない住宅環境で暮らすことを余儀なくされて」おり、その子供たちはというと、「不充分で、標準以下で、劣等で、質の悪い学校に行くことを余儀なくされ」、そのような学校は「あまりに過密で、あまりに質というものを欠いており、こう言ってよければ、あまりに人種隔離的であるため、このうえない志をもっている者でさえ、世に出ていくことはかなわない」(35)。

私自身、コネティカット州ニューヘイヴンで働いているので、キングの分析に出てくるふたつのアメリカが消えずに残っていることを、日々、思い知らされている。一方に、私が教えているイェール大学——世界でもっとも裕福な部類に入る教育機関——がある。他方に、大学からわずか数ブロック離れたところに、広域にまたがる深刻な都市の貧困があり、そこに住む人々の大部分はアフリカ系アメリカ人である。イェールのキャンパスでさえ、アメリカにおける奴隷制の遺産は明白であり、教員の過半数は白人で、用務員の過半数は黒人である。六〇年代と比べれば、教員の人種的・ジェンダー的多様化にたいする制度的なコミットメントには雲泥の差がある。しかしながら、キングがよく気づいていたように、そのような解決策では、問題の大元——根本的に経済的なもの——に取り組むことは絶対に不可能である。本当の意味での機会の平等を推進しようとする社会は、経済的周縁化のメカニズムを多数派のために稼働させたままにしておきながら、人種的に定義された集団を代表する数人を権力の地位に就けるだけですませるわけにはいかない。むしろ、本当の意味での機会の平等を促進するには、市民一人ひとりが、物質的な幸福《ウェルビーイング》、教育、社会的承認のために充分な資源を持てるようにしなければならない。

そのような目的を達成するためにキングが公けに提案したことは、主に、富の再分配にかかわるものである。彼が提唱するのは、貧困を取り除く保証付き年収であり、その補完物としての、州による雇用創出、住宅支援プログラム、無償医療、公教育システムの活性化である。これらの改革案は、第6章で私が「社会民主主義」として分析したものと軌を一にし、今日では進歩的左派の主要な提案――そこでは、ユニヴァーサル・ベーシックインカムないしはその他の再分配形態が、資本主義下での経済的不正の問題にたいする解決策とみなされている――と共鳴するものである。だが、キングは、資本主義にはさらに根深い価値の問題――富の再分配では解決できないもの――があることを感じ取ってもいる。

すでに見てきたように、価値の問題がとりわけ明白になるのは、生きた労働時間が生きていない自動化された生産時間によって置き換えられる場合である。キングは、演説や著書のなかで、両刃の現象としての自動化にくり返し立ち戻っている。以前は必要であった労働を自動化することは、解放をもたらすはずである。なぜなら、そのおかげで、単調で退屈な形態の仕事に私たちの生の時間を費やす必要性から解放されるからである。だが、資本主義下では、自動化の行き着く先は、労働者の解放ではなく、むしろ失業であり、失業者は、短期の低賃金の職でさらに搾取されるようになる。キングは一九六二年のアメリカ労働者組合に向けた演説のなかで次のように強調している。[36]「機械が人間に取って代わるにつれて、私たちは、自分たちの社会的な思考の深さが、自身の技術的創造性の発展に見合っているのかどうか、あらためて問わねばなりません。社会と経済の再組織化と釣り合った考え方を同時につくり出すことなしに、産業を革命化する機械をつくり出すことはできません。人間のためになるように、そうした機械の力を制御するのは、そのような考え方です。この問題を統御できなければ、新時代は希望の時代ではなく、恐怖と空虚の時代になるでしょう[37]」。

キングの思い描く社会と経済の再組織化は、資本主義の価値尺度の価値転換と私が呼んできたものを要求するだろう。資本主義下では、技術発展は、私たちの共生のためではなく、利潤のためになされる。そのような利潤は、私たちの生の剰余時間を剰余価値に転化することに依拠している。生きた労働時間から剰余価値を搾り取ることだけが、利潤を生み、資本的富の蓄積につながりうる。だからこそ、私たちが見てきたように、資本主義下での価値の生産は、〈社会的に必要な労働時間〉という観点から測定されるのである。機械がどれほど効率的になろうと、自分自身で機械を稼働させるのでは、なんの剰余価値も引き出せない。機械を稼働させる誰かの生の時間を搾取することによってのみ、それが可能になる。このように、資本利得の目的――資本的富の産出と蓄積――は、〈社会的に必要な労働時間〉の搾取を要求する。資本利得の目的によってかたちづくられるのは、機械の使用法ばかりではなく、関連技術をそもそも構想したり構築したりといったことも含まれる。

それゆえ、労働者の生の時間の搾取は、資本主義下では必要不可欠である。搾取ではなく解放のために技術力を役立てるには、〈社会的に必要な労働時間〉から〈社会的に利用可能な自由時間〉へと、私たちの価値尺度を変革しなければならない。第5章と第6章で論じたように、そのような価値転換が要求するのは、理論のみならず、実践においても、技術、教育、労働をとおして私たちが私たち自身の生を再生産するやり方を変革することである。生産手段を私的所有する――資本的富の産出のために〈社会的に必要な労働時間〉を搾取する――のではなく、私たちは生産手段を集団所有し、〈社会的に利用可能な自由時間〉を増やすために、技術を発展させ、財を生産しなければならない。

次のことを思い出しておこう。〈社会的に利用可能な自由時間〉とは、たんなる余暇《レジャー》時間ではなく、私たちがそれ自体として意味があるとみなす活動に捧げることができる時間である。これらの活動は、共通善のために必要だと私たちが認識する労働形態に参加することから、有意義な活動かもしれないものの既定の規範に異議を申し立てる個人的プロジェクトの追求まで、幅広いものでありうる。〈社会的に利用可能な自由時間〉が価値として認識されるには、互いを目的それ自体である社会的個人と認め合う民主的な制度形態を発展させなければならない。このような民主的生の制度形態は、〈社会的に必要な労働時間〉の削減によってつくり出される〈社会的に利用可能な自由時間〉を使って、私たちのコミュニティでなされるべきことを集団で議論することと、何をすべきか――する価値のあることは何か――という問いに個人として取り組むことの両方を可能にしなければならない。資本主義下での生の問題は、私たちが賃金労働に従属しているということだけではなく、〈社会的に利用可能な自由時間〉の価値を認識し、涵養するための充分な制度形態を持ち合わせていないということでもある。資本主義下での〈社会的に必要な労働時間〉の削減は、失業問題や、生存の目的の感覚の喪失につながるのにたいして、民主社会主義下での〈社会的に利用可能な自由時間〉の増加は、共通善のための、共有されたプロジェクトのための、余暇活動のための、個人的な追求のための、さまざまな種類の教育やさまざまな形態の仕事をとおして、私たちの優先事項と私たちにとって大事なものを探求する可能性につながる。

富の再分配をとおした資本主義の改革では、このように社会を変革することはけっして達成されえない。なぜなら、再分配されるべき富は、資本主義的な搾取と商品化という社会関係によって生産されるからだ。搾取と商品化を制限すればするほど、分配できる富は減る。富の再分配にかんするいかなる進歩的な試みにも見られるこの実践上の矛盾は、私たちが資本主義下で暮らすかぎり、回避できない。再分配による改革が必ず直面する具体的な難題を理解しようとするなら、この実践上の矛盾を認識し、それを考慮に入れたうえで政治的戦略を追求するとともに、優先事項を明確化する必要がある。

しかしながら、次のことを思い出しておこう。実践上の矛盾に、再分配による改革が無意味であり、放棄されるべきであるという結論が必然的に内包されているわけではない。ローザ・ルクセンブルクは二〇世紀初頭に、「社会改良のための日常闘争、現在の体制のうえでの労働者大衆の状態改善や民主的諸制度のための日常闘争[38]」といった改革の仕事は、絶対になくてはならないものであると論じた。だが、ルクセンブルクがそれに続けて強調していたように、改革は「社会革命[39]」という目的に向かう手段として理解されるべきであり、そのために要求されるのが、賃金労働の克服である。だからこそ、私は、社会民主主義的な改革――ユニヴァーサル・ベーシックインカムという観点からのものであれ、さらに強力な福祉国家という観点からのものであれ――は、資本主義下での価値という基礎問題にたいする解決策と混同されるべきではないと論じてきたのである。むしろ、社会民主主義的な改革は、明示的なかたちで、民主社会主義という観点からの経済システムの根本的な変革という目的に向かう手段として構想され、展開されていくべきであり、そのために要求されるのは、再分配ではなく、価値転換である。

生涯最後の数年のキングは、そのような洞察の途上にあるとみなされうる。改革を提唱するだけではなく、彼はくり返し「価値観の徹底的変革[40]」を求め、それを「民主社会主義」という概念にリンクさせている。一九五五年、キングはモンゴメリーですでに次のように宣言していた。「私たちはあらゆる搾取に反対する。階級もカーストもいらない。各々を自由にしたいのだ[41]」。六〇年代に入ると、「散発的な社会抗議を、社会革命というハンマーに[42]」鍛えていくことにたいするコミットメントをキングは公言するようになる。「私たちの運動を、アメリカ社会の現存するすべての価値観のなかに、黒人を統合しようと努めているものと考え[43]」ないようにと支持者たちに力説し、資本主義をはっきりと名指しながら、「私たちはこの価値構造に統合されることに興味はない[44]」と強調している。

「価値観の徹底的変革」の意味するところをキングは詳述していないが、それが「『もの志向』社会から『人間志向』社会へのシフト[45]」を要《かなめ》とし、利潤という目的を標的とし、私たちが互いを目的それ自体と認識することを支持するものであることは明らかである。そのうえ、キングの社会革命の展望は、公的な発言が思わせた以上にラディカルであったことを示す証拠がある。一九六八年一月の〈貧者の行進〉のスタッフ・ミーティングのさい、キングは、民主社会主義についての自身の考えを述べる前に、テープ録音を切るように頼んでいた。列席者の報告から私たちは次のことを知っている。「彼が話したのは、いま構築されている資本主義が貧しい人々の欲求に応えられるとは彼には信じられないこと、私たちが見すえるべきかもしれないのは、ある種の社会主義、しかし、民主的な形態をとる社会主義であるということだった」。キングはスタッフに次のように話していた。「これは公けには言えないし、もし私がこう言ったとあなたたちが言ったら、私はそれを認めないだろう(46)」。
それからわずか三ヶ月後、キングはメンフィスで射殺された。価値観のラディカルな革命という考えにしても、社会的民主主義という展望にしても、それ以上練り上げられることはなかった。それを練り上げていくのは私たちの仕事である。

そのような仕事をするために、私は、なぜ資本主義的な社会的富の尺度が自己矛盾しており、なぜそれが価値の価値転換を必要としているのかを、哲学的、経済的、政治的に説明してきたのである。さらに言えば、私は民主社会主義の三つの原理を突きとめた。〈社会的に利用可能な自由時間〉という観点からの富の尺度、生産手段の集団所有、〈各々の能力に応じてそれぞれから、各々の欲求に応じてそれぞれへ〉〔第6章註57参照〕の労働の追求である。これらの原理は、価値の価値転換が実際には何を要求しているかを明らかにする。民主社会主義の三つの原理は、私たちが営む生の外部にある理想として措定されているのではない。むしろ、これらの原理は、私たちが自由民主主義《リベラル・デモクラシー》と資本主義経済を正当化しようとするさいにすでに依拠している、平等と自由にたいするコミットメントに暗黙裡に含まれているものを、明示的にする。平等にたいするコミットメントは、私たちが〈各々の能力に応じてそれぞれから、各々の欲求に応じてそれぞれへ〉というかたちで労働を追求することを要求する。自由へのコミットメントは、私たちが〈社会的に利用可能な自由時間〉という観点から富を測ることを要求する。そして、実践において両者の要求がともにかなえられうるのは、私たちが生産手段を集団所有し、利潤のためではなく、私たちの共有された生のためにそれらを使用し、発展させる場合だけである。

たしかに、原理群によって私たちの社会の実質的な変革がひとりでにもたらされるわけではない。私たちがそのなかで暮らしている資本主義の権力関係を考慮に入れるなら、民主社会主義が達成されうるとしたら、それは、持続的で困難な政治闘争の結果でしかありえない。しかしながら、現在の生の形態の何が間違っており、どこに向かうことにコミットしているかを私たち自身にたいして明らかにすることは、そのような闘争に欠かすことができない。民主社会主義が確実に達成されるようにするには、私の説明で十分であるという勘違いはしていないが、私たちの自由のための闘争の方向性を定め、真に解放的な社会革命の意味をつかむには、私の説明が必要であるとは主張する。変化の蓋然性は、中立的な視点から観察可能な、この世界についての所与の事実ではない。変化の蓋然性は、それ自体が、新たな光を注ぐことで変化の可能性を開示する説明によって、つくり変えられるものである。

それと同じ理由で、私の哲学的説明は、社会革命のための闘争にたいして外在的なものではなく、それ自体がそのような革命の一部であるという見方を採る。自由な生を営むことにたいする私たちのコミットメントが必然的に含んでいるものについての哲学的な説明——本書で私が提供しようとしたような説明——は、超然としたものでも、観察的なものでもなく、それ自体、私たちが何者であり、何者であることができるかについての私たちの感覚をつくり変えることにたいする実践的コミットメントの表出である。事実、私たちが私たち自身や世界をただたんに観察するだけの超然とした視点は存在しえない。あらゆる活動——観察という活動も含めて——は実践を伴うものであり、あらゆる実践的活動がそうであるように、哲学もまた、世界を変えないままにしておくことはできないのであり、哲学は自身の探究する地盤を必然的につくり変える。それゆえ、マルクスの有名な主張（「哲学者たちはただ世界をさまざまに解釈してきたにすぎない。肝腎なのは、世界を変革することである」[47]）は、誤解を招くものである。厳密に言えば、世界についてのいかなる解釈もすでに世界を変えている。たとえ私たちがどこにいるのかを、私たちが何者になろうとしているのかを認識する、または誤認するだけであったとしても。たしかに、多くの哲学者たちは、世界を解釈しているにすぎないと自認してきたが、そのように自認するなかで、哲学者は考え違いをしていた。肝腎なのは、哲学が世界を変えているということである。

だとすれば、問うべきは、哲学が世界を変えるかどうかではなく、哲学が世界をどのように変えるかである。マルクスが、もっとも重要な趣意表明のひとつ（友人であるアルノルト・ルーゲへの公開書簡）で明らかにしているように、「私たちはドグマ的に新たな世界を先取りしようとするのではなく、古い世界の批判のうちから新しい世界を見いだそうとしている」[48]。そのような批判は、「任意の理論的な意識や実践的な意識の形式を取り上げて、それを現存する現実に固有の形式に基づいて、それの真の現実性をその当為として、しかもその究極の目的として展開すること」[49]で進んでいく。ここで問題となっている真の現実とは、抽象的な理念ではなく、自由と平等にたいする私たちのコミットメントが歴史的に達成したものに由来するものであり、だからこそマルクスは、「世界の原理に基づいて新しい原理を展開する」[50]と主張しているのである。この批判的実践が着手するのは、マルクスが「意識の改革」と呼ぶものであり、その内実は、「世界の人々が自分自身について意識できるようにすること、自分についての夢から目覚めさせること」[51]にある。ここでの課題は、「時代自身にみずからの闘争と願望について明確に理解させる批判哲学」を追求することによって、「世界の人々に、そもそも世界の人々がなぜ闘っているのかという理由を示す」ことである[52]。

批判の主要な主題としてマルクスが突きとめる二形態の意識とは、宗教的なものと政治的なものである。私たちの宗教的および政治的自己理解が、マルクスにとっての主要な批判の主題である（私にとっても『この生』の各章について同じことが言える）。なぜなら、宗教と政治は、私たちがなんのために闘い、何を夢見て、何を望んでいるかについての自己理解を表現する支配的な形態だからである。それゆえ、私たちの闘争、夢、欲望についての自己理解を変革するには、私たちは宗教と政治の実践を変革しなければならない。マルクスはルーゲへの手紙のなかで次のように説明している。

私たちのすべての目的は［…］宗教的および政治的な問題を、人間の自覚的な形式下にもたらすことでしかないのです。／ですから私たちのスローガンは次のようなものになるでしょう。「意識を改革せよ、ただしドグマによってではなく、神秘的でそれ自身にとって不透明な意識を分析することによって。この不透明な意識が宗教的な意識として現れるか、政治的な意識として現れるかを問わずに」。そのことによって、世界の人々がある事柄についてずっと前からひとつの夢を抱いていることが明らかになるでしょう。その夢が現実のものとなるには、人々はそれについての意識をもたねばならないのです。／そのことによってさらに問題となるのは、過去と未来のあいだを区切るひとつの大きな区切りのようなものをつくることではなく、過去についての思想を実現することが重要であるということです。そして最後に明らかになるのは、人間はそれによって新たな仕事を始めるわけではなく、人類の古い仕事を、意識をもってやり遂げるということです。[53]

これはキングの「私には夢がある」のマルクス版である。自由と平等にたいするコミットメントは、過去に結ばれながら、成就することのなかった約束であり、夢を現実にすることができなかった前世代から私たちに遺贈された夢であり、着手されながら未完のまま残されている、未来に向かう私たちがやりとおさなければならない仕事である。マルクスが強調しているように、目覚めるための鍵――夢をアクチュアルな現実に変えるための鍵――は、自己意識という形態である。それは私たちの夢であるという認識、私たちの実践的活動をとおしてそれを所有しなければならないという認識だ。夢を本当のものにすることは、救済という宗教的な夢（有限の生から解放されること）ではなく、自由という世俗的な夢（有限の生を解放すること）であるため、私たちの仕事にかかわることである。私たちが営む生、私たちが維持する社会形態は、つねに、ほかならぬ私たちに、ほかならぬ私たちが自分たちの時間を使ってすることにかかっている。

II

世俗的なものと宗教的なものの差異は、マルクスとキングのあいだの決定的な差異のように思われるかもしれない。キリスト教にかんする著作のなかで、キング本人が、自身の宗教的信仰とマルクスの世俗的コミットメントのあいだにはっきりと一線を引いている。経済的正義にたいするマルクスの情熱に共感を示す一方で、マルクスは生の「精神的」諸側面を否定する唯物的決定論者であるとキングは信じている。そのうえ、キングは自身の宗教的立場から、「人間がいかなる神聖な力の助けも借りずに、自分自身を救うことができ、新しい社会の先駆けになれるのだ、というだいそれた幻想[54]」と彼が呼ぶものに同意しない。それとは対照的に、キングが賛同するのは次のような彼自身のキリスト教への信仰である。「現実の中心には、ひとつの「心」であり愛に満ちた父であるお方がいて、歴史をつうじ、子供たちの救いのために働き給う」「人間は自分自身を救うことはできない。なぜなら、人間は万物の尺度ではなく、人間性は神ではないからだ。自分自身の罪および有限性という鎖に縛られている人間は、救い主を必要としている(55)」。

しかしながら、これから見ていくように、そのような神の概念は、キングの政治演説のなかでなんの役割も果たしていない。彼の宗教的説教は、「愛に満ちた賢き神」の存在を公然と認めている。そのような神が、「この宇宙は無意味な混乱を悲劇的に表現したものではなく、秩序ある調和《コスモス》をすばらしく繰り広げたもの(56)」であることを保証し、「暗黒の夜から」「永遠の生命という輝かしい夜明けへと(57)」私たちを導く。だが、キングが解放のための闘争や社会変化の可能性を論じるとき、そのような超自然的な摂理や来世的な贖いに助けを求めるようなところはまったくない。それどころか、私がこれから示すように、表向きは宗教的なものに思われるキングの政治演説のレトリックは、世俗的信という観点から捉えたほうがうまく理解できる。重要なのは、私たちがこの生において疎外を克服し、解放されうることである。それと同じ理由で、実践においては、私たちの精神的自由が、どのようにして、私たちが物質的条件や脆く不確かな社会的認知の形態に依拠していることから切り離せないのかを見ていくことにしよう。私たちの有限性は、永遠の救世主によって私たちがそこから解き放たれる必要がある鎖ではなく、私たちの自由、私たち相互の気づかい《ケア》の可能性の条件である。

私の世俗的なキング読解は、ある哲学者の洞察に依拠している。私たちが本書で彼の著作とはじめて遭遇したのは第5章のことだ。付け加えるなら、彼はマルクスとキングがともにもっとも影響を受けたと認めていた哲学者でもある。ゲオルク・ヴィルヘルム・フリードリヒ・ヘーゲルのことだ。一九五六年のバスボイコットのさいのインタビューで、キングは『モンゴメリー・アドヴァタイザー』紙に、ヘーゲルがお気に入りの哲学者であると語っており(58)、ヘーゲルは彼の著作のいたるところでくり返し言及されている。キングはクローザー神学校の学部生のときすでにヘーゲルを読んでおり、ボストン大学で博士号の取得を目指しながら、ヘーゲルの『精神現象学』のみならず、『歴史哲学』や『法の哲学』を研究していた。さらに、彼がボストンのアパートで主催した哲学討論会は「弁証法の会《ダイアレクティカル・ソサエティ》」と呼ばれており、その名前は、ヘーゲルが明確にし、マルクスが彼なりのやり方で発展させようとした哲学の弁証法的方法にならってつけられたものだった。

ヘーゲルは最初の著作から最後の著作まで、社会的個人としての私たちの自由の条件を理解することに関心を抱いている。ヘーゲルが生きたのは、大きな政治革命と、自由であることの意味の理解における大変容によって特徴づけられる時代（一七七〇―一八三一年）のヨーロッパであり、その時期は一七七〇年代のアメリカ独立革命から、一九世紀最初の数十年における産業革命と経済的グローバリゼーションの始まりにまで及んでいる。ヘーゲルにとって最重要の出来事をふたつ挙げれば、ひとつはイマヌエル・カントの革命的な哲学三部作――『純粋理性批判』（一七八一年）、『実践理性批判』（一七八八年）、『判断力批判』（一七九〇年）――であり、もうひとつは一七八九年に始まったフランス革命であった。どちらの出来事も、ヘーゲルが自身の哲学的軌跡をつうじて追求した、近代的で世俗的な自由の概念の争点を明らかにするものであった[59]。

　カントの革命的な一手とは、権威をめぐる問いは、宗教、伝統、所与の国法に訴えかけることで決着がつくものではないと論じていることである。所与の法が拘束力をもつには、私たちがみずからをそこに繋ぎとめなければならない。所与の法は、自動的に、それ自体によって権威をもつことはありえない――私たちによって権威があると受けとめられ、私たちにたいして権威をもっていることにならなければならない。それと同じ理由で、所与の法は、私たちにたいする拘束力を失ったり、私たちによって疑問に付されたりすることがありうるのであり、それを劇的なかたちで実地に示したのがフランス革命であり、さらに一般化して言えば、君主制から民主制への移行であった。

　そのような劇的な変容は、カントの有名な言葉にあるように、私たちがつねに「自由の理念のもとに」行動していることの証左である。実践の行為主体《エージェント》として、私たちはつねに暗黙裡には自由であったが、私たちの自由を明示的にするのは、自由にたいする啓蒙主義的なコミットメント（カントの忘れがたい言い回しでは、「みずから招いた未成年の状態[60]」から抜け出すこと）である。カントは三人称の視点から私たちに自由意志があることを証明しようとしているのではない。むしろ、彼が私たちに示そうとしているのは、私たちが一人称の視点から自分自身は自由であると必然的なかたちで理解することである。私たちの自由は理論的懐疑によって論駁されうるものではない。なぜなら、誰であれ、自身の生を営むという実践的活動に取り組む者の一人称の視点は、自由を前提としているからだ[61]。自由であるとは、拘束されていないことではなく、何をすべきか、何を信じるべきかという問いに直面していることである。一人称の視点からすると、たとえ暗黙裡でしかないとしても、そのような問いはつねに稼働している。あなたは何かをするさい――そしてあなたはつねに何かをしている――、何をすべきか、何を信じるべきかという問いに応えるプロセスにかかわっている。そのような問いが絡んでいないとしたら――まったくなんのためらいもなく、熟慮もなく、あなたが変わることもなく、すべきことがただちに与えられているとしたら、あなたは自分自身を行為主体として理解できないだろう。なぜなら、あなたがすべきことは何もないだろうし、すべては自動的なものになるだろうからだ。

　それゆえ、私たちの自由はこの世における行為者としての私たちの自己意識と切り離せない。私たちの自己意識は明示的でなくともよいが、私たちが実践的な行為主体としてすることすべてのなかに、私たちの自己意識は本来的に存在している。画期的なヘーゲル研究者であるロバート・ピピンを手引きとすることで、私たちは、カントの自己意識についての洞察がヘーゲルによってどのように深化され、ラディカル化されたのかを理解できる(62)。ヘーゲルが明らかにしているように、私たちが自己意識的であるというのは、私たちが自分自身や世界についての超然たる省察に引きこもることができるという意味ではない。私たちが世界に気づいているだけということはありえないのであり、私たちは世界にかかわり、実践的活動にコミットしているという自意識を必然的にもっている。それと同じ理由で、自己意識《セルフ・コンシャスネス》または自意識《セルフ・アウェアネス》は、内省や観察をとおして手に入る内的自我《インナー・セルフ》という意味で理解すべきではない。私たちが自己意識的であるというのは、私たちが自分自身にたいして透明であるという意味ではなく、私たちはつねに、私たち自身と世界についての捉え方――それはみずからを欺くものでありうるし、修正したり、疑問に付したりすることを必要とするものでもありうる――に働きかけているということである。

簡単な例を取り上げよう。私が青色を知覚するとき、私は青色を知覚しているだけではない。私は私自身が青色を知覚していると捉えている。このような自意識は、省察という第二段階で知覚に付け加えられるのではなく、知覚という形態それ自体に組み込まれている。それと同じように、私が友情のふるまいをするとき、私は何かをしているだけではない。私は私自身が友人としてふるまっていると捉えているのであり、このような自己理解はふるまいそれ自体に組み込まれている。自分が何かをしていると捉えることは、私の色知覚が正しいことや、私の友人としての自己理解が充分であると私が確信できているということを意味しない。それどころか、自己意識という形態のおかげで、私は、私の色知覚について訂正を受け入れることができたり、私の友人としての自己理解について異議を受けることができたりする。私の青の知覚が無媒介的であったら――いかなる形態の自己意識も知覚行為にかかわっていなかったら――、私の知覚が間違っているかもしれないことが私には想像もできないだろう。なぜなら、私自身のどんな活動も知覚にかかわっていることを理解しないだろうから。それと同じように、私の友情のふるまいが無媒介的であったら――いかなる形態の自己意識も私が友人であるということにかかわっていなかったら――、私のふるまいが友情のふるまいにもとるものでありうるかもしれないことが、私には想像もできないだろう。なぜなら、私自身がすることに私が応答できることを理解しないだろうから。それゆえ、自己意識という形態は、他者にたいして責任を覚えるための条件でもあれば、自己訂正や自己変容の可能性の条件でもある。私は私自身が青を知覚していると捉えているからこそ、私が知覚しているものの色について自分が間違っていることをみずから受け入れることができる。私は私自身を友人であると捉えているからこそ、友情が求めるものについて自分が間違っているということをみずから受け入れることができる。

だとすれば、私が何者であるかは、私が実際に何をするかだけではなく、私の行為や知覚が他者にどのように認知されるかにも依存していることになる。青色を見るには、私自身が青色を見ていると捉えるだけでは不充分であり、友人であるには、私自身が友人であると捉えるだけでは不充分である。何かを見ようとするなかで、私は私自身が何か（青色）を見ていると捉えなければならないが、私が見ているものについて私が間違っている可能性はある。それと同じように、何者かであろうとするなかで、私は私自身が何者か（友人）であると捉えなければならないが、私が何者であるかについて私が間違っている可能性はあるし、友人であることに失敗する可能性はある。

そのような間違いと失敗の可能性は、ヘーゲルが自己意識の「否定性」と呼ぶものである。自己意識の行為すべてに（もっとも無媒介的な知覚にさえ）そなわっているのは、なにか別のかたちで異議を唱えられ、改訂され、否定されることがあるコミットメント形態である。このような否定性が、私たちの自己関係のもっとも深いところさえをも特徴づけている。人格をそなえた者《パーソン》であることは、一度にすべて達成されうるようなものではない。目的志向的な活動であり、維持されなければならないものであり、壊れてしまう可能性をかかえている。しかしながら、ヘーゲルが強調しているように、そのような「否定性」は、たんに否定的に理解されるべきものではない。なぜなら、それは、否定的であるのと同じくらい、何かを大事にしている誰かであることの意味の肯定的で不可欠な一部でもあるからだ。脆さや不確かさがあなたの自己意識にまったく組み込まれていないとしたら――あなたが何者であり、あなたが何を見ているかが、たんに所与のものであるとしたら――、何をするのであれ、そのさい、あなたにとっては何も争点にならないだろう。

このように、自己意識という形態にかんするヘーゲルの洞察は、世俗的信という観点から理解できる。自己意識の根本形態（「私は思う」）は、理論的で観想的な知識の所有というモデルではなく、実践的コミットメント（「私は信じる」）の維持というモデルで構想されるべきである。信をもつこと――私が知覚するものについての信から、私が何者であるかについての信にいたるまで――は、なんらかの精神状態にあることには還元できない。むしろ信をもつとは、私が信を維持しなければならないコミットメントをすることである。それと同じ理由で、私は、私の信に異議が唱えられる可能性、私の自己理解の脆さや不確かさにたいして、みずからを開いておかなければならない。私が何者であるかが無媒介的に与えられることはありえないし、最終的に確立されることもありえない。それは私の実践のなかで具現化されなければならないのであり、他者の承認に左右されるものであり、他者は、私がしたことや、私が何者であるかについての私の捉え方に異議を唱えるかもしれない。

ヘーゲルは『精神現象学』のなかで、彼の自己意識概念を、啓蒙主義と信（さまざまな形態の宗教的信仰にたいしてヘーゲルが使う総称）の関係についての新たな理解に明示的なかたちでリンクさせている。[63] 一方で、啓蒙主義による宗教的信仰の全般的な批判——神またはその他の形態の無限の行為主体はこの宇宙に存在しないという主張——にヘーゲルは同意する。何が善で何が正しさであるかについての私たちの概念（私たちの規範）は、なんらかの神が法として制定したのでもなければ、宇宙それ自体の性質によって法として制定されたのでもない。むしろ私たちの規範は、私たちの実践をとおして制度として制定されたのであり、私たちから独立して存在するものではない。他方で、ヘーゲルの議論は、規範の地位を主観的な態度や特殊な利害の追求に還元する啓蒙主義の意向に逆らう。私たちの規範は神や自然が与えたものではないが、規範の権威はたんに主観的なものではない。なぜなら、私たち自身の態度や利害は、最初から、社会的に共有された実践によってかたちづくられているからだ。そもそも何が善で何が正しさに当たるのかという感覚を私たちがもつには、これらの規範は、私たちが人格をそなえた者としてどのように扱われ（私たちが他者によってどのように承認され）、私たちがすることにたいする相互の説明責任をどのようにして保つかということのなかで立法化されなければならない。

ヘーゲルが宗教的信仰の伝統に見てとるのは、実践がすべてに先んじることを暗黙裡に認めている点である。宗教的共同体は、集団礼拝、啓発的教訓、社会奉仕をとおして、統治的な規範群——何が善で何が正しさに当たるのかについての共有理解——を制度として制定する一方で、個々の成員に尊厳の感覚を授ける。わかりやすい例は、キングの出自であるアフリカ系アメリカ人のキリスト教の伝統だ。そこでは、相互的な敬意、支援、交流の共同体を築くことが大いに強調されている。定期的に教会に行き、信心の集団的な表現（歌うこと、祈ること、讃えること）に参加することで、共同体感覚がつくり出されるのであり、それはめぐりめぐって、社会的組織化のためのプラットフォームとして機能することになる。

そのような共同体は、力の源、肯定的な社会的承認の源でありうるが、衰弱化をもたらしたり、抑圧的になったりする可能性もある。キングが存命中の頃すでに、公民権運動の宗教的なルーツにたいして重要な批判がなされていた。エラ・ベイカーをはじめとする公民権運動のなかのフェミニストの活動家たちは、権威主義的なリーダーシップの伝統、女性の従属化、核家族についての保守的な概念に異論を唱えたが、それらはキングが引き継いだ南部の宗教的伝統の一部であった。[64] そのような伝統的遺産を批判し、つくり変える能力は、世俗的認識——私たちがみずからの実践をとおして維持している規範にたいして責任を負うのは、ほかならぬ私たちであるという認識——に由来する。私たちはけっして最初から始めるわけではないが——私たちはつねに、何をすべきかを私たちに告げる伝統を引き継いでいる——、その伝統をどのように引き受けるかは決まっていない。私たちは、すべきこと（所与の規範）の感覚をもっているだけではない。私たちには、すべきことになっていることをすべきかどうかと自問する能力もある。この〈二重のすべき〉

構造が、精神的自由と私が呼んだものの核心にある。ヘーゲルの用語を使えば、私たちは自身がしていることを意識しているだけではなく、自身がしていることに応答可能であるということに自己意識的であり、したがって、私たちの実践の原理を問い質す能力をもっているのである。

ヘーゲルにとっての重要課題は、私たちを承認し、私たちの精神的自由を涵養することを可能にする制度的実践を築くことである。だから、宗教的信仰の諸形態の問題点とは、それらが究極的には、私たちの精神的自由を手放すことである。私たちが何者であるべきか、何をすべきかという問いに取り組むには、私たち自身が共同体の規範の製作者であり、それらを弁護し、批判し、つくり変えるのも私たちであることを認識しなければならない。それとは対照的に、宗教的信仰の諸形態は、私たちがみずからの実践をつうじて制定する生の形態にたいする責任を所有する能力を制限する。究極的には、何が善で何が正しさに該当するのかの責任は私たちのものではない。なぜなら、その責任は、私たちから独立して存在する神にゆだねられるからだ。

それゆえ、ヘーゲルの説明では、宗教的信仰者の自己理解は、自身の実践的活動と齟齬をきたす。信を実践するなかで、信心が実際に差し向けられるのは、共同体それ自体である。キリスト教の三位一体は、私たちから独立して存在する現実ではなく、信仰者の共同体の構造の図像的表象である。「主」は、みずから法制化された共同体の規範（会衆が帰依する原理）を表す名である。「キリスト」は、具体的な実践をつうじてそれらの規範を維持する社会的行為者を表す名である。「聖霊」は、規範の実現を媒介する教会の制度的関係を表す名である。教会に集い、礼拝することで、会衆の成員は、精神的生の形態を具現化する。互いに応え合い、互いを敬虔な信徒として扱い、互いの個人的尊厳を認める。

どのような形態の精神的生であれ、その核心にはそのような相互依存があり、それは、物質的に具現化された社会的実践としての承認をとおして展開され、維持されなければならない。しかしながら、宗教的共同体は、自身の活動が目的それ自体であることを理解しない。むしろ個々の成員は、宗教的共同体を、私たちから独立して存在する神に仕え、会衆として共有された生のはかなさを超越する救済を獲得するという目的のための手段と捉える。宗教的信仰の対象——神であれ、その他の形態の無限の存在であれ——は、究極的には、信の実践と分離可能であるとみなされる。なぜなら、前者は、いかなる形態の有限の生にも左右されないからである。

それとは対照的に、ヘーゲルによる信の理解は、私が言う意味で世俗的なものである。私たちの信の対象が信の実践と分離不可能であることを彼は私たちに認識させようとする。私たちが身も心も捧げる目的は、私たちの共生——私たちが唯一もっている生——であって、彼方にある来世などではない。

こうして私たちは、なぜヘーゲルがキリスト教的な受肉概念にあれほどの重要性を与えているのかを理解できる。『精神現象学』の結論の要となるのは、ヘーゲルによる哲学的な受肉概念と、宗教的な受肉の理解として彼が記述するものとのあいだの差異である[65]。受肉をとおして、信の対象――神――は物質的に具現化された脆く壊れやすいものと認識される。だが、宗教的な立場からすると、死すべき生に神が受肉することは、二次的な歴史上の出来事である。三位一体における主は永遠にして不変である。ある時点で主はイエスというかたちで人間になるが、この受肉形態は、キリストという永遠の存在との関係で言えば、一時的なものである。地上でイエスとして存在するときは、飢え、渇き、疲れ、痛み、不安、死にさらされるが、そのような制限は永遠の三位一体におけるキリストを苦しめることはない。それとは対照的に、ヘーゲルにとって、脆く壊れやすい物質的な具現化は、あらゆる形態の精神的生にとって根源的な必要条件である。受肉の意味とは、歴史上のある時点で神が人になることではなく、精神的生の形態はみな生まれなければならないことであり、死にさらされていることである。私たちが帰依する、生を定義する規範（神）が存在しうるのは、私たちの実践のなかで、個々の社会的行為者（キリスト）として具現化されることによってのみである。そのような行為者が生き続け、私たちがそうであるところの存在として認識されうるのは、私たちが共有する制度的関係（聖霊）をとおしてのことだけである。

三部構造は、イエスの生と死と再生についてのヘーゲルの世俗的読解の鍵である。ヘーゲルが精神（Geist）と呼ぶものは、その物質的条件から切り離されている何かではなく、死にうる生というかたちで具現化されるものである。精神的生はけっして永遠ではなく、それを支える社会的実践をとおしてのみ生き続けることができる。それと同じ理由で、再生は救済という出来事ではなく、私たちが共有する精神的生をとおして私たちが個人として生き続けるさいの形態である。イエスについての宗教的理解は、再生を、有限性の克服と、永遠の生という救済につうじる歴史上の出来事として描き出す。それとは対照的に、ヘーゲルにとって、再生が取りうる唯一の形態は、個人が共同体によって承認され、記憶され、讃えられるというあり方である。共同体は、個人を記憶のうちに生かし続けることができるが、共同体自体は脆く壊れやすいものであり、私たちが維持するコミットメントに左右されるものである。

したがって、精神的生を定義する特徴は、死者の埋葬であるとヘーゲルは論じる。埋葬という行為をとおして個人を記念することで、物質的生と精神的生は、分離はできないが、区別はできるものであることを、私たちは実践のなかで認識する。一方で、埋葬行為が認めるのは、人間の精神的生が、その人の物質的生の喪失とともに絶対的に失われることである。あの人が死んだこと――あの人があの人自身にとってもはや存在しないこと――を理解することは、精神的生は物質的生と分離できないことを理解することである。他方で、埋葬行為が認めるのは、人間の精神的生が、その人の物質的生と区別できることである。ヘーゲルが述べているように、埋葬行為をとおして誰かを記念することは、「個別者の最終的なありかた〔…〕がひとり自然に所属するのではない[66]」というコミットメントを表明することである。たとえ亡くなった肉体の「個々の元素[67]」は分解していくとしても、私たちはそれでも、亡き人を、その人がそうであった唯一無二の個人として記憶し、讃えることができる。私たちは自然の出来事としての死をただ黙認するだけではなく、死者にたいする私たちの精神的忠誠を保ち続ける。あの人は死んでいるとただ記録するのではなく、あの人は私たちの記憶のなかで生き続けるべきであり、私たちはあの人の死を悼むという痛みに苦しむべきであることを、私たちは肯定する。

　私たちは埋葬行為をとおして、故人が共同体の成員として享受していた規範的地位を認識し、個人が目的それ自体であること、つまり、もはや私たちの共生に貢献できなくなっているいまでさえ、私たちの敬愛を受けるに値することを肯定する。ヘーゲルの言葉を使えば、埋葬行為は、認識されるべき「主体性の権利」を確証する。私たちは死者を埋葬するなかで、私たちの社会が、すべてから独立した全体ではなく、唯一無二の社会的個人で構成されており、そのような個人の生はなにか他のもので置き換えられるものでもなければ、もういちどくり返すことができるものでもないことを認める。死者の不在をはっきりと刻み込み、記念することで、私たちは自分たちが自己完結していないこと、自分たちより前に来た者と自分たちより後に来る者と本質的に関係づけられていることを公言する。私たちの精神的な共生は、過去を未来に投影することにかかっているが、それはつねに危ういものである。過去は、私たちのコミットメントや私たちの社会的実践をとおして生き続けることができるが、生き続けるという運動それ自体は、精神的生が受ける物質的支援にかかっている。

　埋葬行為は、物質的生と精神的生が、区別はできても分離はできないことを、後づけで認識することである。しかしながら、自分自身を個の行為主体と理解する人であれば誰であれ、それと同じ認識が先取りで稼働している。私の生を営むには、私の精神的コミットメントが私の物質的生と区別されなければならない。もし私が物質的生の要求に従うことしかしないとしたら、私は、みずからのものであるコミットメントをそなえた個人として理解不可能になるだろう。私の生が私のものとして認識されるには、私の生を用いてする価値のあることは何かという問いが私にとって争点化されていなければならない。私はみずからの生をリスクにさらし、みずからの生存を優先すべきかと自問できなければならない。もし私の生にリスクがなければ、私は自分の生に価値を付与することができないだろう。なぜなら、私の生はただ与えられたものであり、失われることはないことになるだろうからだ。私の生は生きる価値があると肯定する私の能力――それから、私の生より価値あるものがあると肯定する私の能力――が前提とするのは、私の生とは、私が価値を付与する何かのために危険にさらすことができるものであるという点である。

　それゆえ、自分の生を危険にさらす能力は、私の行為能力《エージェンシー》にとって可能性の条件である。何かに価値を付与し、私のものであるコミットメントを表明するには、物質的生が求めるものにただ従っているわけにはいかない。自分の生を争点にし、優先する価値があるものは何かという問いに取り組めなければならない。まさにこの意味で、私の精神的自由は私の物質的生から区別できる。しかしながら、それと同じ理由で、私の精神的自由は私の物質的生から分離できない。自分の生をリスクにさらしながら、自分の物質的生に無関心でいることはできないし、物質的生が、私が何者であるかという問いにとって本質的ではないと扱うこともできない。それどころか、私の物質的生を、私が何者であるかという問いにとって本質的であると価値づけるからこそ——私の精神的生は、私の物質的生から分離できないと私が理解するからこそ——、私の生のリスクが、リスクとして理解できるのである。宗教的殉教者は、自身の信仰という見地から実際に自身の生を犠牲に捧げることはできない。なぜなら、殉教者たちは、自身の物質的死は永遠の生につながると信じているからだ。世俗的信の見地からのみ——私たちは本質的に死を免れえないのであり、死すべき存在として本来的に価値があるのだとみずから考える立場からのみ——、私たちは、私たちにとって自分自身の生存以上に大切な何かのために自分の生を犠牲に捧げることができる。

　それと同じ理由で、世俗的信の視点からのみ、私たちは、私たち一人ひとりにそなわっている「主体性の権利」を認識できる。何かが私たちに権利としてそなわっていると認識するには——何かがあなたのものであると認識するには——、あなたは自足しておらず、物質的生に依拠していることを私が理解しなければならない。それと同じように、私たちのうちの誰かが、何かを私たちのものにするには、私たちがすることに私たちの生が賭けられており、私たちは死にさいしてすべてを（私たち自身を含めて）失うことになると、私たちが認識しなければならない。

　私たち自身の死の見込みは、ヘーゲルが「絶対的な恐怖[68]」と呼ぶものにかかわるものである。私たち自身の死にたいする恐怖が「絶対的」であるのは、それが、特定の客体や主体にたいする恐怖ではなく、客体や主体を経験する能力そのものを失うことにたいする恐怖——私たち自身の主体性を失うことにたいする恐怖——だからである。絶対的な恐怖において、恐怖の主体と恐怖の客体は同一である。なぜなら、私たちが恐れるのは、私たち自身の存在が在ることを止めることだからである。ヘーゲルが驚くべき一節のなかで述べているように、私たちは絶対的な恐怖に「すみずみまで染めあげられ」、「すべてが動揺するにいたっ[69]」ているというまさにその理由で、自身の個体性の感覚を持ちうるのであり、私たちの生を私たちのものにするという企図に取り組むことができるのである。

　このように、ヘーゲルの絶対的な恐怖の概念は、死を前にした不安として私が分析したものの観点から理解することができる。第4章で詳細に論じたように、死を前にした不安は、心理的、人間学的、生物学的な現象には還元できない。むしろ、死を前にした不安は、精神的自由が理解可能であるための条件である。有限であることの不安をとおしてのみ、自身の生を用いてする価値があることは何か——優先する価値のあることは何か——と自問できるのであり、そのようにして、何かを自身のものにすることができるのである。

したがって、ヘーゲルの主張によれば、精神的生が精神的生でありうるのは、死との関係においてのみ、死との関係をとおしてのみである。ヘーゲルは次のように書いている。「「死」こそはもっとも恐るべきものであり、それゆえ死せるものを見すえるためには、もっとも大きな力が必要となる」(70)。だが、死と向き合う——そして、生き続けるという運動をとおして死から手を離さない——ことによってのみ、精神の生はそれ自身になりうるのである。

> 生とは、それが死を怖れ、荒廃を避けてみずからの純粋さを守ろうとするのではなく、かえって死に耐え、死のなかで自分を維持するときにこそ精神の生である。精神がみずからの真のありかた《ヴァールハイト》を獲得するのは、ひとり精神が絶対的に引き裂かれたありかたにあって自分自身を見いだす場合なのだ。精神がこのような威力となるのは、精神の肯定的なありようにあってのことではない。つまり、否定的なもの《ダス・ネガティーヴェ》から目をそむけ、私たちがなにごとかについて「これは無である、あるいは誤っている」と語って、いまやそれを片づけてしまい、その或るものからはなれ、なにか別のものへと移ってしまうような場合ではない。精神がくだんの威力となるのは、むしろひとえに、精神が否定的なものに正面から向かいあって、否定的なもののもとに留まることによるのである(71)。

精神的な生を営むことは、つねに、荒廃と死の可能性との関係のなかで生きることである。私たちは病に侵されたり、障害を抱えたりすることがある。愛する人々に見捨てられたり、愛する人々を奪われたりするかもしれない。みずからの生を捧げたプロジェクトが頓挫することはあるし、私たちがみずからを繋ぎとめている統合性《インテグリティ》を自壊させてしまうかもしれない。そのうえ、私たちがみずからを繋ぎとめている統合性の基準が疑問に付され——私たち自身によって、または、他人によって——私たちが営もうとしてきた生が、時間の無駄であったとみなされることもある。要するに、私たちが私たちであるとみなす私たち自身も、私たちがコミットしているものも、否定されることがありうるし、私たちを荒廃させ——最終的には——死に至らしめることもありうる。ヘーゲルが明らかにしているように、そのような「否定性」(つねに存在している否定と喪失の可能性)は、本質的なものではないと退けることはできないのであり、それは、あらゆる形態の精神的生にとって必要不可欠な一部であると認識されなければならない。「絶対的に引き裂かれ」るリスクは、私たちが何かを統合状態に保つことがなぜ大事であるかの理由に、本来的にそなわっているものである。失敗する可能性がなければ、成功という概念それ自体が理解不可能になるだろうし、死の可能性がなければ、生という形態それ自体が――自己維持という形態が――なんの目的も持ちえないだろう。

私が「宗教的」理想と呼んできたものに共通する特徴は、否定性からの放免、喪失の苦痛からの放免という目標である。ヘーゲルは『精神現象学』のなかで、そのような宗教的放免の範例的形態を三つ提示している。ストア主義、懐疑主義、そして、ヘーゲルが〈不幸な意識〉と呼ぶものである。[72] これらに共通するのは、心の平安を達成するために、世俗的信の克服――有限な生の形態にたいするコミットメントからの解放――を試みるところだ。理想的な心の平安は、ストア主義の措定によれば無感動状態（アパテイア）、懐疑主義の措定によれば何にも乱されない状態（アタラクシア）である。〈不幸な意識〉にとって、理想的な心の平安が達成されうるのは、いまここにある生ではなく、来世的な彼方の永遠の至福においてのみである。

ヘーゲルが自身に特徴的な哲学的手法に則って行なうのは、ストア主義、懐疑主義、〈不幸な意識〉を、外在的な視点から批判することではない。むしろ、ヘーゲルが示そうとするのは、これらの宗教的な生の形態が自身の矛盾を解くことができておらず、自身の自己理解をつくり直す必要があることである。

ヘーゲルの出発点は、ストア主義である（私も第1章、第2章ではストア主義を出発点とした）。なぜなら、ストア主義は、有限な生の形態にたいするコミットメントの否定形態のなかで、もっとも根本的なものだからである。ストア主義は、実践的知恵の形態として、今日でも依然として人気があり、仏教と明らかな親近性がある。ストア主義は自身の肉体が脆く壊れやすいものであること、自身が切り結ぶ社会的関係はすべて――他者にたいする依存形態はすべて――不安定なものであることを認める。だが、ストア主義は、自身の肉体や、この世における自身の社会的な立ち位置に何が起ころうと、自身の美徳がそれで傷つくことはないと主張する。そのような傷つけられなさにとって鍵となるのは、私たちを苦しませる信念――実践的コミットメント――を放棄することである。肉体的な健康が重要だと信じれば、病気によって苦しむことになる。なぜなら、私は自身の健康を維持することに実際にコミットしているからである。それと同じように、自由な生を営むための物質的・社会的資源があることが重要だと信じれば、奴隷にされることで苦しむことになる。なぜなら、私は実践において自身の解放にコミットしているからである。しかしながら、ストア主義は、病気になることも鎖につながれて生きることもたいしたことではないと私に教えようとするだろう。ストア主義の美徳は、そのような懸念を手放し、理にかなった宇宙の秩序を観想し、そうすることで、ストア主義の哲学者スピノザが有名にも述べた「神への知的愛」を獲得することである。神への知的愛は、私が自身の肉体的状態や社会的立ち位置にかんして抱くかもしれないどのような判断からも独立している。スピノザによれば、私たちの苦しみはすべて、私たちの実践的コミットメントにある「誤った信念」——善と悪、成功と失敗、正と誤と私たちがみなすものを区別するもの——に起因する。そのような「誤った信念」が妨げとなって、私たちは、「完全な心の平安」にある「至福」とスピノザが呼ぶものを達成できない。スピノザにとって、完全な心の平安を達成することが、真の意味での宗教的な救済であり、それは、私たちの身に起こることはすべて、私たちが変えることができるものではなく、必然的なものであることを私たちに受け入れさせる。

ヘーゲルが指摘しているように、そのような心の平安の問題点は、それがまったく空虚であることである。ストア主義は「真」「善」「正」にコミットしていると言うが、それらの概念になんら確定的な内容を与えることができない。真、善、正になにかしらの確定的な内容をもたせるには、私たちが何かを真、善、正であるとみなさなければならない。そのうえ、真と偽、善と悪、正と不正の区別をしなければならない。どのように区別するかは、話合いや見直しの余地があるが、区別をすることは、いかなる形態の責任にとっても必要不可欠である。何であれ、何かを真、善、正と確定するには、偽、悪、不正と私たちが考えるものに苦痛を覚え、それらにたいして反抗することに私たちを繋ぎとめる実践的コミットメントが必要となる。だが、ストア主義の知恵なるものは、そのようなコミットメントから身を引くことである。なぜなら、そのようなコミットメントのせいで、世界の状態に苦悶し、論争にさらされることを免れえないからである。このように、ストア主義は自己矛盾にとらわれている。ストア主義は、私たちを賢明な市民にする生き方であると思われているが、それにできるのは、真、善、正の確定的な捉え方をことごとく分解させる空虚な心の平安に私たちを向かわせることでしかない。ヘーゲルの的確な言い回しを使えば、ストア主義的な無感動が目指すのは「生気のなさ」であり、それは「たえず現にある《ダーザイン》ものの運動から身を退き、「はたらくこと」からも「はたらきかけること」からも身を引いて」(73)、事実上、何ものかにたいするいかなるコミットメントも放棄することである。

それゆえ、懐疑主義がストア主義の「真実」である。ストア主義では暗黙裡にすぎなかったあらゆる形態のコミットメントの拒否を、明示的なものにするという意味においてである。ストア主義と同じく、懐疑主義もまた、古代ギリシア思想における一学派として始まったのであり、その使命は、あらゆる形態の痛ましい思い悩みから放免された生き方を弟子たちに教えることであった。ストア主義と違って、懐疑主義は、そのような放免が、真、善、正にたいするコミットメントと両立するようなふりはしない。それどころか、懐疑主義は、無感動な心の平安が達成されうるとしたら、それは、いかなる思想や行動にせよ、その確定的な内容を否定することによってのみであることを認める。この目的のために、懐疑主義は、誰かが抱きうるありとあらゆる信念——真、善、正にたいするありとあらゆる信念を含めて——の正当性を否定する方法を学ぶのであり、その狙いは、実践的コミットメントの形態すべてから解き放たれ、懐疑主義がアタラクシアと呼ぶ心の平安に到達することである。

しかしながら、ストア主義と同じ理由で、懐疑主義はそれ自身の矛盾にとらわれている。懐疑主義は、すべての信念を否定する自身の方法は心の平安につながると約束することで、自身をセラピー的な生き方であると喧伝する。しかしながら、実際のところ、懐疑主義は、自身が偽とみなす信念を否定することにすべての時間を費やさなければならない。何かをしているかぎり、懐疑主義には、反駁しなければならない信念がつねに少なくともひとつはある。すなわち、自身がしていることは大事であるという信念である。そのうえ、懐疑主義には、アタラクシアにたいする自身のコミットメントを正当化するやり方が何ひとつない。心の平安は、なぜ、情熱的に取り組むことよりもよいことなのか。私たちの身に起こることにたいして心を乱されないことは、なぜ、心を動かされ、深く感化されることよりもよいことなのか。何であれ、何かが究極的に大事であることを懐疑主義は否定するが、その一方で、アタラクシアが究極的に大事であると主張する。懐疑主義は無関心であると主張するが、自身や他人が無関心でいることができていないという事実については、無関心からはほど遠い[74]。

そこで、〈不幸な意識〉が懐疑主義の「真実」になる。ストア主義も懐疑主義も、自身の活動によって、宗教的放免——完全な心の平安——を達成しようとする。それゆえ、どちらも、自身にたいして不満を覚え、折り合いがつかない(「不幸である」)。なぜなら、自身の活動には、ぜひとも払拭したい有限性の条件が刻まれているからだ。回避不可能な不満は、ストア主義と懐疑主義においては暗黙裡のものにすぎないが、〈不幸な意識〉においてはそれが明示的なものになる。ヘーゲルの『精神現象学』では、〈不幸な意識〉が第一に意味するのはさまざまな形態のキリスト教の信仰のことだが、これはもっと一般的に、私たちの有限性を否定的制限——私たちの望みということになっている救済の達成を妨げるもの——とみなす視点すべてに当てはまると理解されるべきものでもある。〈不幸な意識〉は、有限性からの放免がこの生ではありえないことを認めるものの、私たちが物質的なものに支えられ、他者からの脆く不確かな承認に依存していることを、嘆き悲しむべき条件——私たちの理想的な生のあり方にもとるもの——として扱う。この視点こそ、ヘーゲルが克服しようとするものであり、ヘーゲルは私たちがそれを乗り越える手助けをしてくれる。

このように、私たちの有限性を、絶対的なものに到達することを妨げる制限ではないと理解しているという意味で、ヘーゲルの『精神現象学』の目的は、私たちの有限性との世俗的な「和解」とみなすことができる。それどころか、精神的生のあらゆる形態にとっての理解可能性の条件として有限性を理解することは、ヘーゲルが「絶対精神」の『絶対知覚』と呼ぶものである。ヘーゲルが使ったこれらの用語は、長年にわたって誤解を招いてきており、そのせいでヘーゲルは、人類史のなかでみずからを現実化する〈宇宙精神〉ないしは〈絶対神〉についてのなんらかの神学的形態を推進していると解釈されている。これほど真実からかけ離れているものもないだろう。絶対精神の絶対知覚は、神の心の行為ではなく、精神的生の条件を私たちが哲学的に把握することである。このような哲学的把握は、死なき生、物質なき精神、失敗なき成功がありえないことを明らかにする。そのような有限性は、永遠の生にもとるという意味ではなく、あらゆる形態の生の可能性の条件であるという意味で、「絶対的」なのである。

こうして、私たちは、受肉についてのヘーゲルの世俗的解釈と、第3章における磔刑についての私の世俗的読解の争点を余すところなく理解できる。キリスト教の信仰の不幸な意識からすれば、私たちは永遠の生の欠如に苦しんでおり、有限性からの贖いを求めている。イエスの生と死がそのような贖いを成し遂げるものと思われている。聖書がケノーシス〔無化〕と呼ぶ運動をとおして、神はイエスの死すべき肉体に降臨する。そのようにして、神は苦しみと死を受け入れるようになるのであり、それが頂点に達するのは、責め苛むイエスの磔刑においてである。磔刑は、ケノーシスという降臨運動における最下降点だが、神が最終的にその重力に屈することはない。それどころか、宗教的な展望からすれば、イエスの復活と昇天は、このうえなく痛ましい形態の荒廃と死すら超越されうることを示すことで、救済につうじる道を開いている。

ルターによる聖書のドイツ語訳――ヘーゲルにとって重要なもの――で、ケノーシスに当てられた訳語は Entäusserung《エントオイセルング》〔外化、放棄、譲渡〕であり、それは、神が創造の瞬間にみずからを空にして世界になり、受肉の瞬間にイエスの肉体となる活動を指す。死すべきものになることで、神は自身から神的特性を剝奪する。全能、遍在、全知を放棄する。この自己空虚化を、信心の表現として――あたかも神が余すところなくみずからを世界に贈与し、死すべき生に留保なしに属していることを告白しているかのように――聴きとることを、ルターの翻訳は可能にする。だが、キリスト教の信仰と〈不幸な意識〉の視点からすれば、私たちはこの生にみずからのすべてを捧げることはできない。死すべき肉体への神の降臨は、昇天につうじる中間的段階にすぎない。イエスの死すべき肉体――欲求、分解、取り返しのつかない死に従属するもの――は、究極的には、不死である「栄光の」復活の肉体から切り離されている。ルターが述べているように、この世に生きた歴史上のイエスは「まことに人のように死んだ」が、キリストという神格としては、「つねに生きている、なぜなら、生が死ぬことはありえなかったし、ありえないからである」[75]。それと同じく、不幸な意識も、自身の救済を、この世に繋ぎとめられている死すべき肉体の運命から切り離す。私たちの死すべき運命は、永遠の生への昇天によって救われる必要がある下降〔堕落《フォール》〕と考えられる。

それとは対照的なことに、ヘーゲルにとって、イエスの死すべき運命は、脆く壊れやすい物質的肉体化があらゆる形態の精神的生と切り離せないという認識に私たちを導くはずのものである。精神的生は有限性に下降したり「堕落」したりはしない。むしろ、精神的生は、最初から、有限な生の形態に従属しており、その主体である。神的愛としての Entäusserung というルターの宗教的捉え方を、精神的コミットメントという世俗的概念に転化することによって、ヘーゲルがどのようにしてこの主張を行なっているのかを、私たちは見てとることできる。Entäusserung という語は『精神現象学』でも『大論理学』でも多用されているが、とくに重要性を帯びるのは『精神現象学』の結論部分であり、そこでヘーゲルはすべてのページでこの語を用いている[76]。

そこで争点となるのは、個人と集団の両方の意味で精神的生を営むための可能性の条件である。精神的生を営むには、個人として、共同体として、私たちが何者であるべきかについての概念把握、ヘーゲルの言葉を借りれば、私たちが何者であるかについての〈理念〉が必要である。受肉についてのヘーゲルの世俗的概念にしたがえば、私たちが何者であるかについての〈理念〉は、別の領域に存在しうるようなものではない。それは、私たちの実践において具現化されなければならないものである。そのうえ、私たちが何者であるかについての〈理念〉は、観想的なものではない。私たちが何者であるかを私たちが発見できるとしたら、内省をとおしてではなく、私たちがすることに、私たちが他者にどのように認識されるかに、全身全霊で取り組む――賭ける、リスクを冒す――という意味で、みずからを外化することによる以外にない。私たちが何者であるかについての〈理念〉は、私たちの生の形態にとって外在的な抽象的理想ではない。それは理解可能性の原理であり、それに照らすことで、私たちは、私たちがなろうとしている存在であることに成功したり失敗したりすることがありうる。

たとえば、マーティンであることの〈理念〉は、私の実存的アイデンティティを維持しようとする。それは私の実践的アイデンティティのあいだの優先順位であり、それが私に、私の生において何が大事であり、それが大事になるのはいつであり、〈すぐに〉すべきは何で、〈いずれ〉すべきは何かについての感覚を与える。マーティンであることの意味について私がなんの〈理念〉ももっていないとしたら、私は何者かであろうとすることも、何かをしようとすることもできないだろう。なぜなら、私の生において重要なことと重要でないことを区別できないだろうからだ。何ひとつ、切実なものとしても退屈なものとしても、中心的なものとしても周縁的なものとしても立ち現れてこないだろう。なぜなら、優先順位の問題が私には理解不可能になるだろうからだ。それと同じように、アメリカ合衆国の〈理念〉は、私たちが市民としてみずからのアイデンティティを見いだす原理に、私たちを繋ぎとめようとする。もし私たちがアメリカ合衆国の〈理念〉をまるで持ち合わせていないとしたら、私たちはアメリカ人であろうとすることもできないし、アメリカ的であると私たちがみなす何かをすることもできないだろう。いかなる形態の立法も、政治的実践も、アメリカ合衆国にたいする私たちのコミットメントと一貫するものとしても、一貫しないものとしても、立ち現れてこないだろう。なぜなら、私たちは、自分たちが何者であることになっているかについて、なんの〈理念〉ももっていないだろうからだ。

それゆえ、生の形態の〈理念〉は、忠誠と背反の両方のあらゆる形態にとって理解可能性の条件である。マーティンであることの意味の〈理念〉をもっているからこそ、私は人格をそなえた者として自分自身に背くことができる。アメリカ合衆国の〈理念〉をもっているからこそ、私たちは国民として自分自身に背くことができる。マーティンであることは、自動的に起こるようなことではない。私はマーティンであろうと努めなければならず、私が私であるとみなす私になりそこねることもありうる。それと同じように、アメリカ合衆国であることは、自動的に起こるようなことではない。私たちはアメリカ合衆国であろうと努めなければならず、私たちが私たちであるとみなす私たちであり損ねることもありうる。そのうえ、マーティンであろうと努めることは、完遂できる課題ではないし、アメリカ合衆国であろうと努めることは、達成できる使命ではない。むしろ、マーティンであろうと努めることは、マーティンであることに内在しており、それは、アメリカ合衆国であろうと努めることが、アメリカ合衆国であることに内在しているのと同じである。

それと同じ理由で、私たちが何者であるべきかの〈理念〉は、それ自体、異議や変革を受け入れることができるものである。どのような〈理念〉であれ——個人についてのものであれ、集団についてのものであれ——、実践において具現化されなければならないため、私が何者であるべきかの〈理念〉は、つねに、さまざまなかたちで取り上げられ、疑問に付され、変革の主題となりうる。これが、ヘーゲルの Entäusserung 概念のラディカルな含意である。まず内的な〈理念〉があって、次に、世界の外在的な運命に従属するのではないし、まず内的な自我があって、次に、他者の承認に依存するのでもない。そうではなく、どのような〈理念〉も、どのような自我の感覚も、最初から、維持される必要がある物質的実践のなかで外在化されなければならない。私たちは、自分たちがコミットする活動において、私たちが自分自身であるとみなしているものを深いところからつくり変えることを要求されるかもしれない活動において、自分自身を争点化する——自分自身を注ぎ込み、自分自身を空にする——のでなければ、何者かであろうとしたり、何かをしようとしたりすることさえできない。このような有限性は、精神的生の約束であると同時に、その危険でもある。

こうして私たちは、有限性との世俗的な和解の争点を明確化し、『この生』における議論の筋道をひとつにまとめあげることができる。宗教的信仰の〈不幸な意識〉は、苦痛、喪失、死にたいして傷つきうるという意味で、みずからを生きていることと和解させることができない。これまで見てきたように、いかなる形態の生であれ、自分自身であるには、自分自身の維持に——脆く壊れやすい物質的肉体の維持に——努めなければならない。このうえなく充ち足りている精神的生の形態でさえ、自分自身であろうと努めることが、自分自身であることにとって必要不可欠である。しかしながら、〈不幸な意識〉は次のように考える。私たちは努めることを終わらせようと努めており、私たちは平安のなかでの休息を切望している。それゆえ、宗教的和解はつねに、到達不可能な未来――生の有限性から放免されるとき――に先送りされる。それとは対照的に、世俗的和解は（ヘーゲルが辛辣に言ってのけたように）、「誰かが生きているということのうちには、なんら卑下すべき事柄は存在していない[77]」ことを認める。苦痛、喪失、死にたいして傷つきやすいことは、堕落の条件ではなく、何かを大事にする誰かであることから切り離せないものである。

要点は、私たちが苦痛、喪失、死を迎え入れるべきだということではない。そのような迎え入れという考え方は、傷つきやすさからの放免という宗教的理想のまた別のバージョンでしかない。苦痛を迎え入れるなら苦しむことはないし、喪失を迎え入れるなら悼むことはないし、死を迎え入れるなら生に悩むことはないだろう。そのような傷つかなさを擁護することからほど遠いところに、有限性との世俗的和解がある。有限性との世俗的和解は次のことを認める。生を営み、互いを気づかうために、私たちは傷つきうるものでなければならないこと――私たちが苦しみの痛み、喪失の嘆き、死を前にした悩みの刻印を帯びていなければならないことである。そのように認めることをとおしてのみ、私たちは放免という宗教的約束から顔を背け、私たちがともにする時間のほうを向くことができる。そのように認めることをとおしてのみ、私たちは私たちの生を変えることの切実さを理解できる。私たちは生きていることと和解するが、まさにそうであるからこそ、私たちは価値のない生を生きることと和解しない。私たちはよりよい社会を要求するし、それが私たちにかかっていることを知っている。行動するとき、私たちは、時間の埒外にある未来がやってくるのを待っているのではない。私たちは実践のなかで、私たちの時間こそが、私たちのもっているすべてであることをつかみ取るのである。

III

私たちはいまや一九六八年のメンフィスに戻る準備ができている。エイブラハム・リンカーンの誕生日である二月一二日、千三百人近くにのぼるメンフィスの衛生関連の黒人労働者がストライキに出た。労働条件は耐え難いものであり、それは、公民権運動による法的勝利のあとでさえ、黒人コミュニティを苦しめていた経済的な搾取形態の徴候であった。衛生関連の労働者は、フルタイムで働いていたにもかかわらず、貧困のうちに暮らしており、家族を養うのに充分な稼ぎを得ていなかった。保険はなく、ゴミ箱やゴミ収集車を扱うという肉体的にきつい仕事のなか、日常茶飯事のように深刻な怪我に見舞われていた。一日中汚物にまみれて働いていたが、メンフィス市は手袋も制服も、それどころかシャワーを浴びる場所さえ提供していなかった。使われていた道具は旧式のものだったが、市はその刷新のための支出を拒否した。そのうえ、衛生関連の労働者は組合を作ることを禁じられており、黒人は白人の上司から「ボーイ」と呼ばれていた。そこには、奴隷制時代の谺《こだま》がはっきりと響いていた(78)。

労働状況の不安定さに注目が集まったのは、二月一日、市が黙殺して交換しなかった機械の欠陥のせいで、ふたりの黒人労働者——エコール・コールとロバート・ウォーカー——がゴミ収集車のなかに巻き込まれて命を落としたときだった。それから二週間と経たないうちにストライキが始まり、衛生関連の労働者は組合権と労働条件の改善を求めた。労働者たちを待っていたのは、白人市長と市議会からの猛烈な抵抗だった。警察がストライキ参加者やストライキ支持者を警棒で攻撃する一方で、基本権を求める労働者たちの要求はメディアで悪しざまに報道された。だが、メンフィスの黒人コミュニティは、衛生関連の労働者の支援のために結集した。日中の活動のためにコミュニティを組織し動員するべく、教会で夜ごとに集会が開かれた。労働者、学生、主婦、その他の市民によるピケライン、抗議行進、ダウンタウンの商店の不買運動に聖職者も加わった。運動が拡大するにつれて、ウィリアム・ルーシー、ジェス・エップス、ジョー・ペーズリーなど、指導的な立場にある全米規模の組合の組織者たちがストライキ参加者を助けるためにメンフィスに派遣された。それらにたいして市の役人は、警察による威嚇、暴力的脅迫、法的制裁を押し進めることによって応えた。メンフィスは、労働者と資本の所有者が一触即発の状態にあった。

このとき、キングは〈貧者の行進〉にたいする支持を募るために全米を飛び回っていた。キングのラディカルな先駆性は、多くの地域で、それによって解放されることになる人々のあいだでさえ、大規模な抵抗や懐疑に見舞われた。キングは深く落胆し、彼の身内のスタッフたちは、人口の最貧困層から始まる本当の階級運動を築くというキングの展望に疑問を唱えた。かくして、メンフィスでのストライキのニュースは、キングの先駆性にとって新たな戦線になりうるものとして立ち現れたのだった。衛生関連の労働者は、階級の垣根を越えて、メンフィスの黒人コミュニティのほぼすべてを団結させており、そうすることで、キングの展望を現場で追求していた。ストライキにたいする支持を表明するためにメンフィスに来ることを求められると、キングはスタッフの反対を押し切って、躊躇なくメンフィスに飛んだ。

キングがメンフィスに着いたのは三月一八日、ストライキにとって決定的な瞬間のことだった。キングの演説が予定されていた夜、一万五千人以上のストライキ賛同者がメイソン監督記念教会に集まった。公民権運動のなかで史上最大の屋内集会であり、民衆の力にたいするキングの信を回復させた。キングは次のように証言した。「メンフィスほどひとつになったコミュニティを目にするのは初めてだ。私が〈貧者の行進〉でやりたいと思っていることを、あなたたちみんながいまメンフィスでやっている(79)」。

メイソン監督記念教会では、礼拝のための空間が、解放にたいする世俗的コミットメントをともに言祝ぎ、あらためて活気を注ぎ込むための空間に変わっていた。会衆は古い讃美歌を歌った。一九三〇年代や四〇年代には労働運動の頌歌に、一九六〇年代には公民権運動の頌歌につくり変えられたこれらの讃美歌は、私たちの信心を、超越的な神ではなく、私たちが成し遂げられるもの——もし私たちがともに立ち上がり、精神的自由にたいするコミットメントに信を置き続けるのであれば——へと差し向ける。三月一八日、会衆は「私たちは動かない〔We Shall Not Be Moved〕」を歌い、「今朝目覚めた私の心は自由とともにあった〔I Woke Up This Morning with My Mind Stayed on Freedom〕」がそれに続き、その後、もっとも有名な讃美歌である「私たちは乗り越えていく〔We Shall Overcome〕」が歌われた。最後の讃美歌は、あまりにも象徴的なものになってしまっているため、今日の私たちにはその力強い反響が伝わってこない傾向にあるが、その核心にある世俗的信にたいする決然たる表現を聴き取ることは、決定的に重要である。私たちが心の奥底で信じているのは——と讃美歌は公言する——神が私たちを救ってくれることではなく、集団的な行動をとおして私たちが自分たちの従属状態を克服していくことである。この讃美歌を労働運動の頌歌として採り入れた最初の人物は、一九四六年、サウス・カロライナ州チャールストンのストライキに参加していた黒人女性たちであり、この歌はキングが指揮する公民権運動にとって欠かせないものになっていった。人々が歌っているあいだ、ストライキ中の衛生関連の労働者のための寄付が集められた。参加者たちは、労働者たちが闘っていた不当な労働条件にたいする証人となり、二月一日に凄惨な死を遂げた二人の労働者のために声を上げた。独特のやり方で、互いが互いの自由にたいする闘争を承認し、肯定するなかで、発言者と聴衆のあいだのやり取りが高まっていった。その夜全体が、「メンフィスの精神」——労働条件を変えようとする民衆の決意——として知られることになる強力なデモであり、それがキングに新たな希望を与えた。ジェイムズ・ローソンは後に次のように回想した。「マーティンはこのすべてに目に見えて揺り動かされていた。というのも、この手の支援は運動のなかで前例がなかったからだ。それまでにこれほどの数を集められた者はいなかった[80]」。

メイソン監督記念教会における大衆集会——そして、そこでキングが行なったふたつの演説——は、世俗的信の深遠な顕現とみなすことができる。それらの含意を汲みつくすために、ここで私たちは、世俗的信の最終局面を明示しなければならない。世俗的信の対象はつねに精神的大義であり、それが私たちを行動へと突き動かし、私たちにとって何が重要であるのかを決定する[81]。精神的大義《スピリチュアル・コーズ》とは、私たちが生を営み、実践的アイデンティティの要求に応えようとする理由になるもののことである。たとえば、私たちの注意をたえず子供に向かわせる親としての愛、私たちの熱望に方向性を与える芸術家という天職、または——キングやその他多くのメンフィスの活動家にとってそうであったように——そのために自分の生を危険にさらすことを厭わない政治的大義は、精神的大義でありうる。

原因《コーズ》はさまざまなものでありうるが、精神的生は、いかなる形態であれ、精神的大義をもっている。私たちが何者であり、何をするかという問い——そして、私たちが自分たちの努力において成功しているか失敗しているかという問い——は、私たちが行動する理由である精神的大義と切り離せない。これらは精神的なものであり、自然的なものとは一線を画する。それらの効力は、私たちが維持するコミットメントに左右されるからである。自然的原因（たとえば落下する物体の自然的原因としての重力）は、私たちが成したり欲したりすることとはまったく無関係に働く。それとは対照的に、精神的大義が大義として存在するのは、私たちがそれを信じるかぎりにおいてのことでしかない。

精神的大義にたいする信念は必ずしも明示的にはならないし、意識的に抱く信念に先行する。なぜなら、そもそも私たちが何者であり、何が大事であるのかの感覚を私たちに与えるのは、精神的大義にたいする信念だからだ。そのうえ、精神的大義を自由に選ぶことができる中立的な見地は存在しない。何かを選ぶことができるようになる前に、私たちはすでに、自身が生まれ落ちた社会的世界から引き継いだ精神的大義に縛られている。にもかかわらず、私たちの行動の争点を決定する精神的大義を維持し、異議を唱え、変更していく責任を負っているのは、私たちにほかならない。親であること、芸術家という天職、政治的大義が要求することが存在するには、そのような要求に私たちがみずからを繋ぎとめ、そうすることで、それらが大事であると信じなければならない。

私たちが世俗的信を自身のものとして所有するとき、私たちは自分たちの信の対象——精神的大義——が私たちによる信の実践にかかっていることを認めている。信の実践は私たちの実践的アイデンティティ（たとえば政治活動家）であり、信の対象は私たちの精神的大義（たとえば政治的大義）である。

世俗的信はあらゆる形態の気づかいの理解可能性の条件だが、そこにはつねに、世俗的信をどの程度まで所有したり手放したりするか——私たち自身の存在が私たちの行動のなかで争点となっていること、私たちの精神的大義が私たちのコミットメントにかかっていることをどの程度まで認めるか——という問いがある。本書をとおして私が示そうとしてきたのは、私たちが個人としても集団としても世俗的信を自身のものとして所有するときに開かれ、立ち上がってくる解放的で変革的な可能性であった。

反対に、私が宗教的信仰と呼ぶものは、世俗的信を手放す。宗教的信仰がその対象とするのは、私たちによる信の実践とは独立して存在する神——ないしは、その他の形態の無限の存在——である。私たちの精神的大義は、あたかも命令を下す存在であるかのように扱われ、私たちに左右されることなく、私たちにたいして力をもつ。キングが宗教的説教のなかで支持するのはこの種の信である。キリスト教の伝道者としての役割を担っているさいのキングの主張によれば、「この宇宙は慈悲深い知性でいます方に導かれており、そのお方の無限の愛が全人類を包んでくださる」、すなわち、「唯一の永遠なる神」は「無限の資源」で「力をもってわれわれを守」ってくださるのであり、その恩寵にわれわれは支えられているのである。[82] この宗教的視点からすると、私たちは集団的な行動によってみずからを救うことはできないことになる。むしろ、私たちは、私たちの理解を超える永遠の救世主に信をもたなければならない。なぜなら、「神の意志はあまりにも完全であり、その目的はあまりにも広大なので、時間という制限された容器や、地球という狭い壁のなかには収めきれない[83]」からである。

しかしながら、それと同じ理由で、神と私たちの解放のあいだにあるとされている関係は、理解不可能なものになる。私たちが悪や不正とみなすものは、神の「計画」ないしは測りがたい「目的」の一部であるかもしれず、それが、私たちの理解の及ばないところで、私たちに起こることを贖うという。そのうえ、神が私たちの理解を超えるとしたら、善や正についての神の考えは、それらについての私たち自身の考えと完全に食い違う可能性がある。キングが宗教的説教のなかで公言しているように、「私は、神が悪と組打ちをし給う方法や特別の時間表のようなものについて、全部理解しているようなふりをするつもりはない。神は、われわれが欲しているような横暴な方法で悪を処理するならば、おそらく、その究極的な目的を台無しにしてしまうであろう[84]」。このような宗教的信仰の黙従を前提とすると、「究極的目的」(精神的大義)という考え方自体が、空虚で理解不可能なものになる。神の「無限の愛」の目的は、何でもあり、何でもない。なぜなら、そこには確定的な内容が何ひとつないからだ。何であれ、確定的な内容は私たちが維持するもの——私たちが善、正、真と考えるもの——であり、私たちが身も心も捧げる精神的大義にたいして責任を負うことができるのは、私たちにほかならない。世俗的信を所有することは、このような責任を認め、私たちが維持するコミットメントにかんして、他者にたいしてみずからを応答可能にすることである。

それとは対照的に、宗教的信仰の〈不幸な意識〉——私たちは、理解不可能な神にみずからをゆだねなければならない、微々たるものであることを運命づけられた罪深き被造物であるという考え——は、みずからが懐疑主義やストア主義に逆戻りしていくのを止めることができない。私たちが悪とみなすものが、神の目には善でありうるとしたら、道徳的判断にかんするあらゆる権威を否定することができる(懐疑主義)。私たちが不正とみなすものが、正しさについての神の計画の一部でありうるとしたら、私たちに起こることすべてを甘受するように強いられるかもしれない(ストア主義)。宗教的説教法のなかでキングが明示的に肯定しているように、「地上の原爆シェルター」を私たちが必要としないのは、「神こそは、われわれの永遠の原爆シェルター」だからであり、それゆえ私たちは、「原子爆弾が巻き起こす恐怖にたいして、聖なる方の腕を乗り越えて進むことはけっしてできないのだという信仰によって、立ち向かう[85]」べきだからである。

そのような宗教的な神の概念では、政治的演説における「神」という用語の使用法を説明できない。「神」は私たちに、貧しき者がみずからを解放するのを助けよと命じてきた——そして、社会的自由を目的それ自体として追求するなかで、私は「神の意志」を行なっている——と言うときのキングが、永遠なる神という宗教的概念を引き合いに出していることはありえない。なぜならキング自身が認めているように、彼にはそのような神の意志を確定することはできないからだ。神の命令も意志も、ヘーゲル的なやり方で理解すれば、意味をなす。「神」は、私たちが自分たちにたいして立法化し、みずからを繋ぎとめる共同の規範を表す名前である。政治的演説のなかで神の意志や命令に訴えかけるとき、キングが私たちに思い出させるのは、万人の社会的自由にコミットするなかで私たちがコミットしているものである。目的それ自体としての——私たちに行動を命じる精神的大義としての——相互の社会的自由にたいするコミットメントは、私たちの世俗的達成であり、なんらかの宗教的啓示のおかげではない。目的それ自体としての自由を促進するのは、なんらかの世界宗教でも、その創始者の誰かでもない。イエスもブッダもムハンマドも、目的それ自体としての自由については、なんら言うべきことがない。それは偶然のことではなく、彼らの教えと整合している。宗教的な観点から究極的に大事なのは、自由ではなく救済だからである。すなわち、生を営むことではなく、生きていることから救われることである。

それゆえ、社会的自由を目的それ自体として追求するときにキングがコミットしているのは、宗教的大義というよりも、世俗的大義である。キング本人の説明によれば、聖職者となることを選んだのは、なんらかの宗教的啓示のためというよりも、「社会に尽くすという逃れがたき衝動」のためであった。「聖職に就くという私の使命《コール》は、何か奇跡的なものでも、超自然的なものでもなかった。それとは反対に、人類の役に立てと私に呼びかける内面的衝動であった[86]」。事実、伝記作家のデイヴィッド・J・ギャロウによれば、キングは青年のころからすでに、「多くの聖職者が、現在の社会を改善するうえで教会が果たすことのできる役割ではなく、来世のことばかり説教する[87]」ことに不満を覚えていた。

宗教的救済ではなく、世俗的自由への転回が頂点に達するのは、暗殺前夜の一九六八年四月三日、キングの最後の演説においてのことである。嵐がメイソン監督記念教会の窓をガタガタと揺さぶるなか、キングは自身が後に遺すものが約束するものを描き出したのだった。

「天国でまとう白くて長い服」にあれこれ象徴的な意味を付して、いろいろ話をするのもいいだろう。しかし究極的には人はこの地上で服やドレスや靴が欲しいのだ。「乳と蜜の流れる街路」の話をするのもいいだろう。しかし神は地上のスラムに、そして三度の食事を満足に食べられない神の子に目を向けるよう、私たちに命令しているのだ。新しいエルサレムについて話すのもいいだろう。しかし神の意を受けた牧師なら、いつか新たなニューヨークについて、新たなアトランタについて、新たなフィラデルフィアについて、新たなロサンゼルスについて、新たなテネシー州メンフィスについて語らなければならない。これが私たちがしなければならないことだ。[88]

新たなエルサレムではなく、新たなメンフィスについて話すことは、この生のなかで、私たちが集団的な解放を達成できると公言することである。新たなメンフィスは、世俗的信の対象、すなわち、私たちの自由を相互に承認するための社会的条件を打ち建てるために、行動を起こし、闘うようにと私たちを突き動かす精神的大義である。それゆえ、新たなメンフィスにたいするコミットメントは、キリスト教的な慈善《チャリティ》とは区別されなければならない。キリスト教的な慈善は、この世の貧困を廃絶することに努めるのではなく、むしろ、貧困層を、慈善を提供する側にたいして非対称なかたちで依存する立場に留め置き、永遠の生における贖い（新しいエルサレム）を待ち望ませることになる。それとは反対に、新たなメンフィスにコミットすることは、この世における貧困からの現実的《アクチュアル》な解放にコミットすることである。誰ひとり、慈善に依存すべきではない。なぜなら、誰もが〈私たちの能力に応じて私たち一人ひとりから、私たちの欲求に応じて私たち一人ひとりへ〉与えることにコミットする社会の一部であるべきだからだ。これが民主社会主義の核心である。

民主社会主義の精神的大義は、世俗的信をとおしてのみ維持されうる。新たなメンフィスは、私たちがそれを達成しようと奮闘するかぎりにおいてのみ存在する。達成されているときでさえ、つねに脆いままであり、私たちがすることに、私たちが互いを承認する仕方に、つねに左右されるだろう。新たなメンフィスの達成に努めるのであれ、その維持に努めるのであれ、世俗的信の二重運動を行なうことがつねに必要になるだろう。私たちは、自分たちの生をひとつにまとめるもの――私たちの制度、共同労働、愛、喪――のまったき脆さや壊れやすさを認めなければならないし、それにもかかわらず、なんの最終的保証も与えないものに信を持ち続けなければならない。これが世俗的信の二重運動である。私たちが信じるものは、私たちがそのために行動しなければ、失われたり、存在しなくなってしまう可能性があるため、私たちの献身を要求する。私たちの精神的大義は脆いものであるため――私たちを支えるものは、バラバラになったり、粉々になったりする可能性があるため――、私たちが何をするか、私たちが互いをどのように扱うかが大事なのである。

最後となった演説の終結部分で新たなメンフィスに話を転じるとき、キングの言葉には、奥底の深いところまで世俗的なものに変容した、約束された土地という宗教的概念が響き渡っている。キングはメモもなしに話しており、その瞬間の重みが最後の文に行き渡っている。自身の生の時間が終わりを迎えている可能性を――精神的大義ゆえに自身の生を危険にさらしていることを――痛いほどに意識している彼の言葉は、すべてが争点として賭けられている未来の重みを背負っている。彼が提示するのは、個人的な来世としての約束の地ではなく、彼が死んだ後に生き続ける人々にとっての別の社会の可能性としての約束の地である。

私も人並みに長生きをしたい。長生きにはそれなりの意味がある。でも今の私には重要なことではない。今はただただ神の意志を体現したいだけの気持ちで一杯だ。神は私を山の頂まで登らせてくれた。頂から約束の地が見えた。私自身は皆さんと一緒には約束の地には行けないかもしれない。でも知ってほしい。私たちはひとつの民として約束の地に行くのだということを。(89)

約束された地というキングの展望は、永遠の生の展望――新たなエルサレムという展望――ではなく、私たち民衆が達成可能なことについての展望、新たなメンフィスという展望である。それは、私たちが何世代にもわたって努力することをとおしてのみ現実となりうる集団的解放の展望であるため、それは、私たち全員が集まってひとつになる、時間の埒外《タイムレス》にある永遠を投影するものではない。むしろ、新たなメンフィスというキングの展望は、私たち自身は生きて目にすることがないかもしれない、時間内的な未来にコミットしている。キングがそこにはたどり着かなかったように、私たちもそこにはたどり着かないかもしれない。だが、私たちは新たなメンフィスのために行動することができるし、それを私たちの精神的大義として所有することができるし、私たちの行為をとおしてそれを私たちの信条《クレド》とすることができる。

　メイソン監督記念教会での最初の大衆集会――三月一八日の集会――のさい、キングは信条を革命的行為に転換することを約束していた。その場に集った一万五千人のストライキ参加者とのやりとりに鼓舞されて、キングは演説の終結部で、メンフィスにおけるゼネストを求めた。キングの演説のテープ録音が切れる直前に、並々ならぬ反応が聞き取れる。労働史家のマイケル・K・ハニーがこの出来事を語るところによれば、「人々が立ち上がり、大声で喝采を送り、拍手し、踊り、歌い、そのようなアイディアの大胆不敵さを褒め讃える」につれて、メイソン監督記念教会は「群衆からの割れるようなオベーション」に沸き返り、「コミュニティと連携した黒人労働者たちはメンフィス全体を封鎖できそうなほどであった」という。(90) ハニーが私たちに思い出させているように、公民権運動をとおして、黒人によるゼネストを提案した者はひとりとしていなかったし、ゼネストはアメリカ労働史において稀である。これはキングにとって分水嶺的な瞬間であった。彼が行なったゼネストの要求は、公民権のための闘争から、経済的正義のための闘争――それは彼が始動させようとしていた〈貧者の行進〉の核心にあった——へのシフトを体現していた。

ゼネストは、その他の形態の集団活動のどれにもまして、私たちの生を支える社会的分業を明示的にする。フルタイムで働きながら貧困のうちに暮らしている黒人の労働があればこそ、市は機能しえていることを、メンフィスにおけるゼネストはこのうえなく具体的な仕方で明らかにしたことだろう。ハニーがメンフィスのストライキについての研究のなかで論じているように、「そのような規模の非暴力的な直接行動は、黒人の自由を求める一九六〇年代の闘争の軌跡のなかで転換点となったことだろう」[91]し、それは、キングが率いる運動のさらなるラディカル化につながりえたことだろう。

だが、メンフィスにおけるゼネストはけっして実現することがなかった。キングは三月二二日にメンフィスに戻り、ゼネストの指揮をとる予定だった。しかしながら、運動の精神的大義は、予期せぬ自然的原因によって途絶えた。大吹雪——それはメンフィス史上、二番目に入るものだった——が、いつもなら暖かい早春を急襲したのである。市を封鎖するゼネストのためではなく、一六インチを越える雪のせいで、誰も仕事に行けなくなったのだった。

猛威を振るう悪天候により少なくとも九人が亡くなり、メンフィスにおける解放運動にたいする吹雪の影響は甚大なものとなった。キングが市に戻ることができたのは三月二八日のことであり、その日、キングはダウンタウンで大規模な抗議行進を率いた。吹雪による遅延が、今にも勃発しそうだったゼネストの気運を萎えさせ、警察にもＦＢＩにも、どのようにして大衆抗議に潜入するかを計画する時間を与えた。スパイとして送り込まれた参加者たちが、キングが率いる行進の最中に窓を破壊し始め、警察に攻撃する口実を与えた。暴力的な衝突の結果、七百人以上が病院に運ばれ、丸腰の一六歳——ラリー・ペイン——が警察によって殺された。ＦＢＩは、これらの出来事にかんしてキングを責める秘密回状を拡散させ、全米のニュースメディアはその筋に沿って、ストライキ運動のみならず、キングのリーダーシップにも非難を浴びせた。

反発は激しかった。メンフィスにおけるストライキばかりか、キングが計画していた〈貧者の行進〉とワシントンでの行進までもが危機にさらされた。にもかかわらず、キングは四月三日にメンフィスに戻り、さらなる抗議行進の計画を練り、メイソン監督記念教会での集会に参加し、最後の演説を行なった。翌日——一九六八年四月四日の夕方——彼はモーテルの部屋の外で射殺された。三九歳であった。

Ⅳ

キングの死がもたらしたものすべてを検討するすべはないし、彼が成しえたことを見積もるすべもない。言えることがあるとすれば、それは、キングの殺害が、一九六〇年代に相次いで起こった社会主義者のオーガナイザーの殺害の一部であり、自由を求める闘争を少しずつ弱体化させていったその他の形態の暴力的抑圧に連なるものであるという点だ。メンフィスの衛生関係の労働者はストライキで勝利を収め、労働条件は改善されたものの、キングからすれば、ストライキをその一部とする一大プロジェクト（貧者の行進）だったものは、彼の死後、間を置かずして敗北した。ワシントンでの行進は、一九六八年の五月と六月、いまは亡きキングの記憶を前面に押し出しながら実施され、数千にのぼる貧しい人々が首都に「復活の市」と呼ばれるキャンプを築いた。活気を取り戻したデモがあり、明確化された要求があったものの、六月にはワシントン警察が復活の市を解体し、催涙ガスと警棒で貧しい人々を攻撃した。

私がこれらの出来事を語るのは、社会主義運動の歴史的敗北が、不充分な分析や不充分な戦略のせいだけではなかったことを、けっして忘れるべきではないからである。その敗北は、資本主義的な権力関係の非対称性、オルタナティヴな社会の展望のための組織化の試みを鎮圧するために用いられたあまりに生々しい暴力とも深く結びついている。

一九七〇年代、八〇年代、九〇年代の政治経済的枠組みが少しずつ新自由主義的資本主義にシフトしていくにつれて、「自由」という考え自体が主に右翼的言説の一部となり、そこで優位に立ったのは、市場を利潤のために運営する自由であって、私たち民衆が、私たちの維持する制度において、私たち自身を承認する——私たちのコミットメントを承認する——自由ではなかった。しかしながら、これまで論じてきたように、解放を旨とするアジェンダのために自由の観念を取り戻し、民主社会主義にたいするコミットメントを追求するには、資本主義の新自由主義的形態を批判するだけでは不充分である。むしろ、私たちは、資本主義下での価値の捉え方——資本主義社会において価値がどのように生産され、測定されるか——自体が、私たちの自由の現実化に、私たちの物質的条件にたいする気づかいに、私たちの生の時間にたいしてどのようにして敵対的であるかを、把握しなければならない。

私たちはこうして、本書の冒頭で掲げた問題、間違いなく、私たちの時代においてもっとも差し迫ったグローバルな問題に立ち戻ることができる。気候変動である。私たちのエコロジー的な危機は、私たちの生が、私たちの物質的身体の脆く不確かな自己維持だけではなく、私たちがその一部であるグローバルなエコシステムの脆く不確かな物質的自己維持にも依拠していることを、鮮烈に思い出させるものである。そのうえ、私たちの依拠するエコシステムを私たちの生き方が破壊しているという洞察によって、「資本主義」の生存可能性についての問いが、政治的討議の主流においてさえ、活気を取り戻してきている。だが、これらのことにかかわる根本的な問題を把握するために必要とされる、資本主義についての体系的な理解が、驚くほどに欠如している。そして、そのような理解が求めるのは、私が明確化してきた価値の価値転換である。

きわめて説得的な例は、ナオミ・クラインによる影響力のある著作『これがすべてを変える――資本主義vs気候変動』である。クラインが正しく強調しているように、気候変動の問題は、個人レベルを第一にして対処することは不可能なものであり、私たちが暮らす経済システムという観点から理解されなければならない。広範囲にわたる研究に依拠しながらクラインが示しているように、エコロジー的災害を防ぐために必要な措置を実行できない主な理由は、私たちの経済的優先事項――利潤の産出と資本の「成長」――である。利潤を目的とした組織化であれば、各国政府は実効性のあるかたちでグローバルに協力できるが（たとえばWTOの創出のように）、私たちの生存がかかっているエコシステムを目的とした組織化となると、そのような協力も実効力も存在しない。利潤を生まないからである。それと同じように、資本の「成長」における経済的危機を避けるとなると、私たちは「緊縮経済」の名のもとに、集団的な社会的善の犠牲を耐えることを強いられる。それとは対照的に、エコロジー的危機を避けるとなると、政府が主導して大規模に商品の消費を制限することはない。そのようにすれば、利潤率にマイナスの影響が及ぶことになるからである。私たちは利潤のために自然資源をますます搾取し続けている。そのようにすれば、私たち自身の環境条件を破壊することになるのが明らかであるときでさえそうである。そのうえ、クラインが私たちに思い出させているように、現在の経済システムが「気候変動関連の災害の連鎖」にどのように「対処するか」を、そして、このシステムが「利益をむさぼり、敗者を勝者から隔離するためにますます非道なことをするに違いない」ことを、私たちはあまりによく知っている。[92]

それゆえ、気候変動問題が提起する大きな問いは、「文明にたいする警鐘」として、「火事や洪水、干ばつ、種の絶滅などといった言語で、まったく新しい経済モデルと、この惑星をみなで分かち合うための新しい方法の必要性を伝える、力強いメッセージ」として理解されるべきである。[93] 気候変動が提示する難題に応えて立ち上がるには、「共同性、共有、公共性、市民性、市民権という理念そのものを再構築」[94] する必要があるだろうし、だからこそ、「人間全体として見たとき、経済成長や企業の利益よりも大事にすべき」[95] ものは何かという問いに、政治的に取り組まなければならないのである。クラインが何度も強調しているように、『私たちは厳しい選択を迫られている――気候崩壊を招いてこの世界のすべてを変えさせてしまうのか、それとも、その運命を回避するために、現在の経済システムのほとんどすべてを変えるのか』[96]。

しかしながら、クラインは、根本的な経済的変革を求めながら、資本主義下での富の生産や、それを特徴づける価値尺度を、一度として問い質すことがない。「資本主義vs気候変動」という副題は、資本主義が問題の根本であることを同定しているが、クラインの著書には資本主義の定義が欠けている。彼女が資本主義という用語で何を言おうとしているかを定義するときに判明するのは、次のことである。彼女が語っているのは、経済システムとしての資本主義ではなく、彼女が「規制緩和型資本主義」と呼ぶもの（すなわち、新自由主義）でしかないこと、その罪悪は、「経済や政治的プロセス、そして、大手メディアのほとんどを牛耳る少数のエリート」[97]に帰せられていることである。たしかに、企業による政治経済の締めつけは有害であり、その批判は急務ではあるが、それを資本主義の構造的矛盾の原因と捉えるのは、私たちもまたその一部である経済システムを理解する能力を私たちから奪うことになる。私たちが利益を優先することを、企業エリートによる操作に還元することはできない。なぜなら、利益優先は、私たちの社会的富のそもそもの測定方法に組み込まれているものだからだ。それと同じ理由で、私たちが集団として資本の「成長」を経済の最終目的とし、それに価値を付与することを、現在幅を利かせている新自由主義的資本主義イデオロギーに還元することはできない。むしろ、私たちの経済の目的は、いかなる形態の資本主義下であっても、民主的熟議の及ばないところにある。なぜなら、資本蓄積の確固たる目的は、私たちが社会的富をつくり出すそもそものやり方に組み込まれているからである。そのうえ、私が突っ込んで示したように、資本主義的な価値尺度は、本当の社会的富の生産に敵対的である。なぜなら、それが価値を付与するのは、〈社会的に利用可能な自由時間〉ではなく〈社会的に必要な労働時間〉であり、失業を構造的特徴として必要とし、破壊的危機に向かう本来的傾向を孕んでいるからである。

　クラインにとって、資本主義的生産様式にそなわっているこれらの特徴はすべて、視野の外にある。なぜなら、富の生産ではなく富の分配こそが決定的な問題であるというのが、彼女の前提だからである。彼女はフランツ・ファノンを好意的に引用している。「今日重要なこと、われわれの視界をさえぎっている問題は、富の再分配の必要性である」[98]。その結果、クラインによる――また、彼女と同じくファノンによる――資本主義の分析と批判は不徹底なものとなる。資本的富の所与の分配を批判すること――そして、その再分配を提唱すること――は、資本主義の批判ではない。

　この欠点はクラインに限ったことではなく、第6章で見たとおり、現代の左翼思想の多くに当てはまる。問題は資本主義であると論じながら、同時に、資本的富の再分配が解決であると論じるのは、筋が通らない。だが、このような議論が、今日、左翼陣営で決まり文句のように行われている。そのような議論形態は明らかに矛盾している。それは、問題なのは資本主義であり、かつ資本主義が解決であると断言するようなものである。そのような矛盾した議論形態は、巧妙なごまかしによって覆い隠されており、その結果、資本主義は暗黙裡に新自由主義と定義され、再分配は暗黙裡に資本主義にたいするオルタナティヴと定義されている。これらの混同は一貫して行われているが、けっして正当化されてはいない。不平等、搾取、商品化は定期的に糾弾されるが、それらと資本主義的生産様式の関係は考慮されず、批判的な呼びかけは再分配の要求に還元されている。再分配的改革が、資本主義下での政治的変化のための有益な手段でありうることはたしかである。しかし、再分配的改革が遭遇する実質的な難題を理解する――そして、そのような難題との関係で政治的戦略を構想する――ためでさえ、私たちは、資本主義的な富の生産が本来的に孕んでいる矛盾を把握する必要がある。そのうえ、資本主義の経済的不正を克服することに私たちがコミットするのなら、再分配は私たちの目的ではありえない。資本的富の再分配による、不平等、搾取、商品化の克服は、原理的なレベルにおいてさえ不可能である。なぜなら、富それ自体が、生産、搾取、商品化が取り結ぶ不平等な関係によって生産されているからである。だとすれば、私たちが取りこぼしているのは、資本主義の告発ではなく、資本主義の厳密な定義と分析であり、同時に、資本主義の彼方にある生の経済的形態の原理（民主社会主義の原理）である。それを私は提示してきたのである。

それゆえ、第5章で詳細かつ網羅的に示したことをもう一度示したい。資本主義の根本的定義はひとつだけである。資本主義とは、賃金労働を社会的富の基盤とする歴史的な生の形態である。私たちがグローバル資本主義社会に生きているのは、私たちの誰もが、生存のために、賃金労働がつくり出す社会的富に依拠しているからである。賃金関係という社会形態をとおして富を創出するには、私たちは労働時間を搾取し、利潤を目的としてつくり出された商品を消費しなければならない。あらゆる財とサービスの生産を媒介するのは、賃金労働という社会的形態である。なぜなら、非営利目的で財やサービスを生産するために私たちがどれだけの自由時間をもっているかということでさえ、私たちが受け取る賃金や私たちがもっている資本に依拠しているからである。そのうえ、資本的富を生産し、賃金という形態で分配するには、経済において価値が「成長」することが求められるのであり、それが可能になるのは、ひとえに、私たちが私たちの生を利潤のために搾取し、商品化し続ける場合だけである。資本主義下では、私たちの集団的な精神的大義――私たちが労働する目的となる対象――は利潤である。だからこそ、下降する利潤率は私たちにとって「危機」という形態をとって現れるのであり、だからこそ、処置を講じて、利潤を上げる新たな可能性をつくり出さなければならないのである。資本主義下での私たちの精神的大義が利潤であることは、イデオロギー的な世界観にも、意識的な信念にも、心理的な性向にも還元できない。利潤が私たちの精神的大義であるのは、資本主義下で私たちが考える必要があるもののためではなく、私たちがする必要があるもののためだからである。富として分配される、資本という形態で蓄積された、利潤につくり変えられた剰余価値がなければ、私たちは自分自身を維持できない、つまり、私たちの生を再生産できない。私たちの生も、私たちの環境も、それらを搾取し商品化すればするほど、分配に回せる富が増える。私たちの生も、私たちの環境も、それらを搾取し商品化しなければしないほど、分配に回せる富は減る。

ここで強調しておきたいのは、資本主義は歴史的な生の形態であること、利潤は私たちのなすことの自然的原因ではなく、精神的大義であることだ。要点は、資本主義は自然の原初的状態の反映ではなく、私たちが何者でありうるかを最終的に決定しないということである。私たちは、生きている存在として、自己充足を求めるが——そして、生きていること自体に卑しいところはまったくないし、自己充足を求めることに罪深いところはまったくない——、私たちは精神的に生きている存在であるため、何が私たちにとって自己充足に該当するかは、自然に与えられているわけではない。

決定的に重要なのは、私たちにとって何が自己充足に該当するかは、精神的大義——私たちの社会において大事なもの、私たちを行動へと突き動かすものを決定するもの——に左右されることである。利潤が私たちの精神的大義であれば、利潤という目的に尽くす実践的アイデンティティ（たとえば、血も涙もない資本家であること）の要求を満たすことは、たとえそのために、私たちの行動が他者や環境に及ぼす結果を無視することが求められるとしても、充足をもたらすものに該当するだろう。そのうえ、利潤が私たちの集団的な精神的大義であれば、私たちの誰もが、自分自身を、共通善を気づかう本来的な動機をもたない個人と理解しがちになるだろう。なぜなら、社会の集団的な目的のなかには自分自身を見いだせないからである。事実、誰ひとりとして、利潤という目的に自分自身を見いだすことはできない。なぜなら、利潤は私たちの生を、目的それ自体ではなく、手段として扱うからだ。だからこそ、資本主義は本来的に疎外的な社会生活形態なのである。

資本主義下では、私たちの集団的な精神的大義——私たちの生をどのようにして物質的に再生産するかを決定するもの——は利潤であるため、たんなる一個人の意志によっても、私たちの社会の公式的な世界観の変更によっても、その力を克服することはできない。そうではなく、私たちは、自分たちが必要とする社会財の生産にいたるまで、徹底的に、私たちの生を維持する仕方を実践のうえでつくり変えなければならない。生産手段は、私有されて利潤目的で用いられるのではなく、集団的に所有されて民主的に決定された共通善のために用いられなければならない。

集団所有の原理が、民主社会主義の残りふたつの原理——〈社会的に利用可能な自由時間〉という観点からの富の尺度、〈各々の能力に応じてそれぞれから、各々の欲求に応じてそれぞれへ〉の追求——にとっての可能性の物質的条件を特定する。生産手段が私有されているかぎり、富を創出するには、私たちの生の剰余時間を剰余価値に転化するしかない。生きていない生産を向上させる技術のおかげで私たちの社会における自由時間が増加することは、資本主義下では、それ自体としてはなんの価値もない。なぜなら、価値を創出できるのは、生きた労働時間の搾取だけだからだ。〈社会的に必要な労働時間〉の全般的な削減を、本来的に価値があるものとして肯定することができず、私たちは自分たちの生の時間を搾取し、自分たちの労働の生産物を商品化する新たな方法を探さなければならない。
それとは対照的に、私たちが生産手段を集団的に所有していたら、万人のために社会財を生産し、私たち一人ひとりの〈社会的に利用可能な自由時間〉を増加させるために技術発展を追求することができる。生きていない生産能力を、私たちの生の時間を搾取するためではなく、私たちの解放のために――私たちの生を営む時間を私たちに与えることに――用いることができる。こうして、私たちは実践のなかで、〈社会的に利用可能な自由時間〉が、〈社会的に必要な労働時間〉を否定的な価値尺度として理解可能にする肯定的な価値尺度であることを認識できる。私たちは万人のために〈社会的に必要な労働時間〉を削減し、私たちの生の剰余時間を〈社会的に利用可能な自由時間〉に転化することで、富を創出できる。

それと同じ理由で、私たちは、共通善に専心すること――〈私たちの能力に応じて私たち一人ひとりから、私たちの欲求に応じて私たち一人ひとりへ〉――が何を意味するのかという問いに民主的に取り組む時間を私たち自身に与えることができる。〈社会的に利用可能な自由時間〉の涵養には、民主的な教育制度、労働の物質的な組織化、政治的熟議、芸術的創作、身体的娯楽などを進化させていくことが求められる。これらの制度的な生の形態に参加することで、私たちは何が私たちの能力とみなされるべきか、何が私たちの欲求とみなされるべきかという問いに取り組むことができる。私たちは、教えること、学ぶこと、くつろぐ《レジャー》ことをとおして、自分たちの個人としての能力を発見することができるとともに、社会的に必要な労働形態を共有することで、自分たちの集団的な欲求を理解するようにもなる。

このようにして、自分たちにできることは何か、自分たちが価値を付与するものは何かを探求するための時間が、私たちに与えられる。どのような活動を必要不可欠なものとみなし、どのような活動を私たちの自由の現われとするか、どのような探求を目的それ自体と同定し、どのような社会的役割に実践的アイデンティティとしてコミットするかを、私たちは能動的に交渉できる。私たちが自分たちの能力を探求する媒介となる実践的アイデンティティにしても、私たちの欲求をかたちづくる社会的条件にしても、一度にすべて与えられるものではない。私たちは、私たちのコミットメントにもとづいて制度的な生に参加するのであり、だからこそ、私たちの制度を変革する可能性もまた、私たちの一部なのである。民主社会主義の要点は、何が大事かについての全般的な同意を押しつけることではなく、私たちの生を用いてする価値のあることは何か――私たちが個人としても集団としても価値を付与するものは何か――という問いを、私たちの生にとっての還元不可能な問いとして私たちが所有することを可能にする生の形態を維持することである。

それと同じ理由で、民主社会主義は、私たち全員が、魔法にかけられたかのように、敵対することなく協力するとも、私たちが社会的絆の脆さや壊れやすさから放免されることがあるとも、想定しない。私たちがどのように共生すべきかという問いはいつまでも争点のままであり、私たちをひとつに結び合わせているものが壊れてしまうリスクが消えることはない。要点は、私たちが互いの自由を相互に承認して協力することを確保する社会をもつことではない。相互承認を確保することは、可能でもなければ、望ましいことでもない。なぜなら、そのような確保は私たちの自由を取り除くことになるだろうからだ。要点は、むしろ、互いの自由の相互承認のなかでの協力を可能にする社会をもつことである。相互承認を実際に実行することを確保できるものは何もないが、相互承認が可能になるか不可能になるかを左右するのは、私たちがみずからを繋ぎとめる原理であり、社会的な空間と時間のなかで私たちの行動を突き動かす精神的大義である。私たちの相互承認を、不可能にするのではなく可能にするには、実践のなかで、私たちの社会の目的志向的な諸原理を、共通善と生を営むための個人的能力との両方のための原理として把握できなければならない。疎外されるのではなく解放されるには、私たちの社会の目的志向的な諸原理のなかに自分自身を見いだす――社会的自由にたいする私たち自身のコミットメントを承認する――ことができなければならない。これらの諸原理は、私たちの物質的生と精神的生の分離不可能性を公正に扱わなければならず、優先事項をめぐる経済的問いがどのようにして個人と集団の両方の自由の行使の核心にあるかのその仕方を公正に扱わなければならない。民主社会主義の三つの原理は、自由社会についてのこれらの原理がどのようなものでなければならないかを指し示すのである。

だとすれば、民主社会主義下で、私たちは、自分たちの規範の権威の源であることの責任を所有できるようになるだろう。私たちがみずからを繋ぎとめる規範は、神や自然が定めたものではないこと、そうではなく、私たちが奉じるコミットメントや私たちが手がける行動にたいして、私たちが互いに応答可能であることを、私たちは承認するだろう。

したがって、私たちは共同的承認の儀式――宗教的儀式という形態でこれまでは疎外されてきたもの――を所有し、能動的につくり変えることができるようになるだろう。民主社会主義下では、神の名のもとに洗礼を受けることはないだろうが、新生児を、唯一無二の脆く壊れやすい個人として認め、祝福する儀式をもつことは有意義なことだろう。そうして私たちは、彼ら彼女らの幸福《ウェルビーイング》に〈各々の能力に応じてそれぞれから、各々の欲求に応じてそれぞれへ〉というかたちでコミットするのである。こうした儀式と同じように、結婚制度はもはや、宗教的な信仰や資本主義的な財産権によって仲介されることはなく、パートナー関係の制度化はさまざまな形態を取るだろう。しかしながら、まさにこれらの理由で、パートナー関係は目的それ自体として明示的に承認されるだろう。こうして、生を規定するコミットメントを誰かにたいしてもつリスクを進んで取る者を認め、祝福する儀式をもつことは、いっそう有意義だろう。最後に――第1章で追究した問題を思い出してほしい――私たちの葬式は、誰にも代えられない人の痛ましい喪失を顕彰し、公言することができるようになるだろう。永遠の生という慰めをとおして哀悼を手放すのではなく、私たちは自分たちの痛みを、死を前にして私たちが感じるべきものとして所有できるようになるだろう。そのうえ、私たちは哀悼の表現を、私たちのコミュニティの成員にたいして私たちが共有するコミットメントを実践のなかで公言するものとして肯定できるようになるだろう。私たちはコミュニティの成員にたいして、その人の有限性を承認するなかで尊厳を授け、もはやこの世に存在しなくなったときでさえ、その人にたいする責任を引き受ける。

そのような世俗的儀式は、宗教的な類似物の「代替」や「置き換え」ではない。それとは反対に、世俗的信の見地からのみ、私たちは、洗礼式、結婚式、葬式を、ほかならぬ私たちが支えなければならないからこそ重要である歴史的コミットメントの現われとして、それらの現実的な意義を理解することができる。それゆえ、宗教的実践にかんするヘーゲルの洞察――「神」は私たちが私たち自身にたいして立法化した共同体の規範の名である――は、必要ではあるが、十分ではない。私たちの解放を成し遂げるには、「神」にたいするいかなる訴えをも取り除き、究極的に重要なのは私たちの相互関係であるという明示的な民主的認識を選び取り、政治神学の残滓をすべて取り除くべきである。

政治神学の基本的前提とは、つねに、私たち民衆は、究極的には、私たちの共生にたいする責任を所有できないというものだった。煎じ詰めれば、政治神学の形態はすべて反民主的である。なぜなら、政治神学が仮定するところによれば、私たちがコミュニティとしてひとつにまとまるには、私たち民衆よりも高位の権威に従わなければならないということになるからである。こうして、民主社会主義にむかう運動は、政治神学の克服と宗教的信仰の衰退と切り離せない。私たちの有限性が、私たちの尊厳と、私たちの相互にたいする気づかい《ケア》と切り離せないことを、私たちは認識するだろう。すべては私たち民衆にかかっていることを、私たちは認めるだろう。

言うまでもなく、私たちが民主社会主義を達成することに成功する保証は何もない。たとえ成功するにしても、私たちがそうあって欲しいと想像する以上に、何世代もの時間がかかる可能性はある。私が示そうとしてきたのは、私たちはそこにたどり着くことができるということ――私たちは民主社会主義の三つの原理を私たち自身のコミットメントとして承認できること、資本主義を越えた先にある生を有意義なものにできること――、そして、待つべき時間などないことである。私たちの解放を現実《アクチュアル》のものにするには、政治的動員と理にかなった議論の両方が求められるだろう。ゼネストと体系的な省察が、労働と愛が、不安と情熱が求められるだろう。すべては、私たちが自分たちの有限の時間を使ってともに何をするかにかかっていることを私たちが把握するのなら、私たちには、民主社会主義を成し遂げるチャンスはある。私たちが互いを助け、ひとつしかない私たちのこの生を自身のものとするのなら、私たちには、民主社会主義を現実《リアリティ》とするチャンスはある。このようにして私たちは乗り越え、このようにして私たちは前に進んでいく――新たなエルサレムではなく、新たなメンフィスへ、新たなロサンゼルスへ、新たなシカゴへ、新たなニューヘイヴンへ、新たなニューヨークへ。

謝　辞

本書の執筆に取り組んだ六年間、私は、イェール大学の一員であるという幸運に恵まれた。イェール大学では、書くこと、読むこと、人文学分野で教えること——つまり私が愛していることに自分の人生を割くことができた。私はまず、学生たちに感謝したい。彼ら彼女らのおかげで私は学び続け、あたうかぎり良き人間であろうとするよう鼓舞された。

ダドリー・アンドリュー〔Dudley Andrew〕とハワード・ブロック〔Howard Bloch〕は、採用委員会を率いて私をイェールに導いてくれた。私は、終身在職権《テニュア》が与えられたことにより、広範囲に及ぶ本書の野心を実現することができた。そのようにして私に与えられた自由が意味しているのは、失敗や瑕疵のすべてが紛れもなく私自身のものだということである。本書の執筆の大部分は、二期分の研究休暇中に行なわれた。イェール大学教養学部で素晴らしいリーダーシップを発揮してくれた、タマール・ジェンドラー〔Tamar Gendler〕、エイミー・ハンガーフォード〔Amy Hungerford〕、エミリー・ベイクメイヤー〔Emily Bakemeier〕に感謝したい。多くの卓越した同僚のなかでも、原稿がひと通り書き終わった段階での本書の草稿をめぐって一日がかりのワークショップに参加してくれた、ブライアン・ガーステン〔Bryan Garsten〕、デイヴィッド・グリューワル〔David Grewal〕、サム・モイン〔Sam Moyn〕、デイヴィッド・ブロムウィッチ〔David Bromwich〕には深く感謝したい。かくも寛大で素晴らしい同僚に恵まれたおかげで、彼らの明敏なフィードバックによって本書の最終稿は大きく改善された。デイヴィッド・グリューワルはほぼ十年来の親友であり、ダニエラ・カマック〔Daniela Cammack〕とともに、ニューヘイヴンの美しい家——その家はいまや娘アルテミスの誕生によりさらに輝きを増している——に私を快く迎え入れてくれたことも特筆しておきたい。

イェール大学外での数多くの友人たちも、本書の完成を助けてくれた。ジョナサン・カラー〔Jonathan Culler〕、エレイン・スカーリー〔Elaine Scarry〕、ビル・トッド〔Bill Todd〕、リチャード・クライン〔Richard Klein〕、デレク・アトリッジ〔Derek Attridge〕からは、これまで何年にもわたって私のキャリアにたいする貴いご支援に与った。これらの方々が私の道のりを可能にしてくれたこと、彼ら彼女ら自身の著作から発想の源《インスピレーション》が得られたことには感謝してもしきれない。二〇一五年以来、私は、ニューヨークのテイラー・カーマン〔Taylor Carman〕と定期的にディナーをともにしている。真の哲学的な友情のもとでは当然だが、同意にいたる場合もそうでない場合も、それらのやりとりは深く啓発してくれる。私の生に多くの喜びを与えてくれただけでなく、活発な議論をつうじて本書をより良いものにしてくれたテイラーに感謝している。クラス・モルド〔Klas Molde〕にいたっては、鋭い洞察力をもって本書のすべての章の草稿を読み、刺激的な会話――私的なものにも、知的なものにも――に付き合ってくれたことに感謝したい。

ヘーゲルの研究の初期段階では、ロシオ・ザンブラーナ〔Rocío Zambrana〕との多くの討議が重要であった。私たちが分かち合うことのできた哲学的友情に感謝している。『おそれとおののき』を非常に厳密に扱ったノリーン・カワジャ〔Noreen Khawaja〕との読書会のおかげで、本書のキルケゴールの章は書き起こされるにいたった。二〇一六年と二〇一七年夏に行なわれたベン・ラーナー〔Ben Lerner〕との会話は、私がマルクスにかんする本書の議論を徹底的に追究するのを励ましてくれた。二〇一六年以来、フィリップ・ハフ〔Philip Huff〕はニューヨークの親友であり、本書の各章にたいする彼のフィードバックに恩恵を受けている。また、デイヴィッド・クイント〔David Quint〕、トニー・クロンマン〔Tony Kronman〕、ロブ・レーマン〔Rob Lehman〕、オードリー・ワッサー〔Audrey Wasser〕、トーマス・クラナ〔Thomas Khurana〕、アンディ・ウェルナー〔Andy Werner〕、ユーリ・ローゼンシャイン〔Uri Rosenshine〕、ハンス・ルイン〔Hans Ruin〕、サム・ハダド〔Sam Haddad〕、ミロスラフ・ヴォルフ〔Miroslav Volf〕、マイケル・クルーン〔Michael Clune〕、サラ・ヘイナマー〔Sara Heinämaa〕、ポール・コットマン〔Paul Kottman〕との交流や会話からも恩恵を得ている。ノア・フェルドマン〔Noah Feldman〕に本書の草稿を読んでもらったわけではないが、彼ならば、本書の議論が、二〇一一年に私たちが交わした一連の目覚ましい会話にどのように応答しているのかを認めてくれるのではないかと思う。

本書の執筆には、グッゲンハイム・フェローシップとボグリアスコ・フェローシップ双方の寛大な支援を受けた。イタリアの素晴らしいボグリアスコ基金では、ローラ・ハリソン〔Laura Harrison〕、イヴァナ・フォル〔Ivana Folle〕、アレッサンドラ・ナターレ〔Alessandra Natale〕、ヴァレリア・ソアヴェ〔Valeria Soave〕をはじめ、すべてのスタッフの方々の親切なリーダーシップのおかげで、私は、このうえない環境下で執筆する自由時間に与ることができた。また、そこでの卓越した仲間たちとの多くの会話、とりわけエリック・モー〔Eric Moe〕とタニア・シンガー〔Tania Singer〕との議論からの恩恵にも浴している。イェール神学校では「生きる価値のある生」コースの年間シラバスに『この生』のいくつかの章が課題として割り当てられており、光栄にもその授業を訪問して本書について議論することができた。また、ハーヴァード大学、コーネル大学、ダートマス大学、フォーダム大学、デュケイン大学、南ストックホルム大学、ニュー・スクール・フォー・ソーシャル・リサーチ、イェール・ロースクールでも、本書の一部を発表する特権を得た。これらすべての大学で、熱心な聴衆や対話者から多くを学ぶことができた。とりわけロサンゼルスのオクシデンタル大学で私の著作についての素晴らしいセミナーを開いてくれたダミアン・ストッキング〔Damian Stocking〕とシドニー・ミツナガ＝ウィッテン〔Sydney Mitsunaga-Whitten〕には格別の感謝の念を表したい。シドニーとは長年にわたって哲学や文学について多くの洞察に富んだ会話を交わしてきた。シドニーにはその点でも感謝したい。

　本書にとって、ジェリー・ハワード〔Gerry Howard〕以上に適任の編集者はいなかったであろう。ジェリーのおかげで、私は自分の考えを自由に追求できたし、必要なときには彼は手綱を引いて私を押さえてくれた。私はジェリーとの仕事から途方もなく多くのことを学んだ。その編集上のいくつもの洞察と非の打ちどころのない文体感覚によって、本書は、他の仕方ではありえなかったほどに良いものとなった。優れた出版エージェントであるキム・ウィザースプーン〔Kim Witherspoon〕は、当初から本書がどのような種類の書物たろうとしているのかを理解して、必要なときにはいつでも賢明な助言をしてくれた。

　いつものように、私の両親、ハンス＝レンナート〔Hans-Lennart〕とマルガレータ〔Margareta〕、そして妹のマリア〔Maria〕とカリン〔Karin〕の愛情は、言い表せないほど多くの仕方で私を支えてくれた。また、数年間ジン・ツー〔Jing Tsu〕と分かち合えたことにも感謝している。彼女は最初のふたつの章の草稿を読んでくれた。

　本書の誕生と完成には、四人の人物が大きな意味をもっている。二〇〇二年に来米して以降、デイヴィッド・E・ジョンソン〔David E. Johnson〕の存在は、筆舌に尽くせないほどの仕方で私を支えてくれた。いまはお互いに離れて生活しているが、喜び、信頼、愛、そして哲学的情熱を分かち合う私たちの友情は、いつも電話一本で通じ合う。デイヴィッドは、本書の全ページを入念な気づかいをもって読んでくれた。私の人生と文章がより良いものとなったのは彼のおかげだ。

　アダム・ケリー〔Adam Kelly〕との友情は、私にとっていわば世俗的恩寵の絶え間ない経験である。それは、期待したり求めたりすることもできないもの、しかし人生を変えてしまうものだ。アダムとともに時間を過ごすことは、なぜ文学や哲学が私たちの生のもっとも重要な問いに語りかけてくるのかを想い起こさせてくれる。彼が本書の可能性を信じてくれたことは、私にとってかけがえのないものであり、彼の詳細で正確なコメントは原稿全体を改善しただけでなく、いくつもの中心的な議論をさらに展開するよう私を後押しした。

　哲学的な洞察という点では、ジェンセン・サザー〔Jensen Suther〕以上に本書に貢献した人はいない。職業上では私は、彼にとっての教師であり博士論文指導者でもあったが、哲学的および政治的な自由概念について、これまでの私の人生で他の誰よりもジェンセンから多くを学んだ。私たちがともに研究したのは、ヘーゲルの『精神現象学』や『大論理学』――ヘーゲルの概念論理〔Begriffslogik〕における痛みの論理的地位について議論したことは忘れがたい時間だ――、そして、カント、ハイデガー、マルクス、コースガード、ピピン、ブランダム、マクダウェルなどの有力な著作であった。本書『この生』は、ジェンセンと私たちの継続的な会話がなければ、いまあるようなかたちにはならなかっただろう。

　スウェーデンで十代の頃に出会って以来の無二の親友ニクラス・ブリスマー・ポールソンへの献辞は、本書のうちでもっとも迷いなく書くことのできた文章である。一年の大半が大西洋で隔てられているにもかかわらず、私たちは人生のあらゆる面で近しくしている。私たちの哲学的および実存的な対話（私の側で午後のときは彼の側では夜、私の側で深夜のときは彼の側では早朝）は、本書の執筆するなかでの最大の宝物であり、かつ最重要の生命線であった。私がニクラスとの友情を説明しようとするとき、モンテーニュ〔『エセー』第一巻第二七章「友情について」の一文〕を次のように現在形で翻訳することしかできない。すなわち「それは彼であるからだし、私であるからだ」。

　執筆の最終段階で、アリサ・ジュリナ〔Alisa Zhulina〕が私の人生に現われ、私の世界のすべてをたんなる実在《リアリティ》から現実《アクチュアリティ》そのものへと変えてくれた。民主社会主義についての私の構想をめぐる彼女の問いかけによって、私はみずからの議論を拡大するにいたったのであり、劇作家であり学者でもある彼女自身の仕事は、依然として私を鼓舞する着想《インスピレーション》の源であり続けている。なぜなら、アリサとともにいることは、分かち合われた有限な生が無限に大切なものだということを日々思い出させてくれるからである。

訳者あとがき

本書は、Martin Hägglund, *This Life: Secular Faith and Spiritual Freedom*, Anchor Books, 2019の日本語全訳である（これはアメリカ版であり、イギリス＝オーストラリア版は、*This Life: Why Mortality Makes Us Free*, Profile Books, 2019として、アメリカ版とは異なる副題「なぜ死すべき生が私たちを自由にするのか」と版元で出ているが、内容は同じである）。

本書のタイトル『この生――世俗的信と精神的自由』は、「この（this）」という指示代名詞によって限定を付すことで、たんに一般概念としての生ではなく、一つひとつの特異な生を表している。私たち一人ひとりの有限な生、それが本書の主題である。

この主題は、本書を貫く次のような中心的な問いによって探究されている。すなわち「私たちは自分の時間を使って何をなすべきか」という問いである。「自分の時間」というのは、自分が生まれてから死ぬまでのあいだの限られた時間を意味しており、現代人で「いかに自分の人生を過ごすのか」という問いに直面せずにいられる者はほとんどいないだろう。

一見茫漠とした問いだが、この私のこの生にとって、これ以上にないほどに根本的な問いが立てられている。みずからの存在の意味を追究しようとする「実存の問い」と言ってもよい。本書によれば「自分の時間を使って何をなすべきか」という問いを立てうることが、なによりも「精神的自由」と呼ばれるものの基本条件をなしている（本書八頁）。本書のサブタイトルに現れている「精神的自由」――これによってこそ、私たちの有限な生は、肯定すべき当のものとなるのである。

こうして驚くほど素朴かつ率直に立てられる自由への問いが新鮮な精彩を帯びるのは、本書はこれを、一方で宗教的信仰にたいする、他方で資本主義にたいする、きわめて徹底した二重の批判として展開しているからである。そしてこれら両者の批判を結びつける存在がマルクスなのであり、前半（第I部）においていくぶん実存主義的なトーンで始まる本書の哲学的探究は、マルクスの読解を介して、後半（第II部）では、たんなる主観的な人生哲学にとどまらない社会実践としての展望を開くにいたるのである。

かくして本書は、この種の哲学書としては意表をつくような、ポスト資本主義社会のヴィジョンを打ち出している。それこそはヘグルンドが独自に「民主社会主義（democratic socialism)」と呼ぶものであり、これは、資本主義の補完物たる社会民主主義からも、手垢に塗れてしまった共産主義からも峻別されるべきものだ。私たちの有限な生への探究から引き出されたこの構想を一哲学者のユートピア的な夢想としてではなく、資本主義の外へと突破しようとする社会実践として私たちに大胆に示してみせている点が、本書の瞠目すべき特徴をなすのである。

*

本書の内容に踏み込む前に、著者マーティン・ヘグルンドに触れておこう。ヘグルンドは一九七六年生まれ、スウェーデン出身の哲学者であり、現在イェール大学比較文学部教授を務めている。ヘグルンドの名を一躍広めたのは画期的なデリダ研究『ラディカル無神論——デリダと生の時間』(二〇〇八年)であり、二〇一七年に日本語訳も出ている(吉松覚・島田貴史・松田智裕訳、法政大学出版局刊)。

『ラディカル無神論』の読解モティーフは、デリダの「生き延び(survie)」の概念である。それは、生に内在する死によって生の存続が可能になっているという論理であり、この論理にそくしてヘグルンドは、私たちの有限な生を肯定する思考をデリダのテクストのうちに縦横に展開した。まさしくこの観点は、本書『この生』がくり広げている議論の出発点とみなすことができる。

本書はしかしデリダの名に一切言及することなく、この「生き延び」の論理を生の有限性の問いとして立て直している(有限性の思考の源泉たるハイデガーがわずかに註で触れられるのみである)。ヘグルンドの経歴からすれば奇妙にみえるが、デリダやハイデガーの思想の強い磁場を避け、できるかぎりフラットに立論するための論述上の戦略と推定される。

代わりに、アウグスティヌスからスピノザ、ヘーゲル、ミル、キルケゴール、マルクス、二〇世紀以降では、チャールズ・テイラー、ロールズ、ハイエク、アドルノといった思想家たち、また文学では、C・S・ルイス、プルースト、クナウスゴールといった作家、そしてマーティン・ルーサー・キング・ジュニアにいたるまで、さまざまな人物の著作や発言を俎上にのせて、先述のような、私たちの有限な生の解放にむけた哲学を展開している。

原書でも約四五〇ページにわたる大著だが、その論述は、デリダ派にありがちな衒学趣味や蒙昧主義とは無縁の明快な筆致によって書き下ろされており、読者は、揺るぎない文体に沿って安心して読み進めることができるだろう。本書は、専門的な学術書ではなく一般書の体裁で公刊されており、二〇一九年に刊行されるやいなやアカデミズムの外でも大きな反響を得た。四〇を超える書評誌や批評誌で取り上げられ、九ヶ国語もの翻訳が進行中であり、二〇年には米国の比較文学・批評界の権威であるルネ・ウェレック賞を受賞している。

*

では、本書の内容をより詳しくみていくことにしよう。先に述べたように「私たちは自分の時間を使って何をなすべきか」という問いがヘグルンドの自由論の出発点にある。本書の第I部はこの問いを宗教批判として展開しているが、なぜだろうか。ヘグルンドは、宗教的信仰の要点が永遠の生の理想化にあるとしたうえで、これを、現世の有限な生にたいする蔑視であり、自由の否定につながると主張している。信仰によって神への愛や恩寵に与ろうとすることは、いつかは死すべき運命にある自身の生を超えて救済を獲得しようとすることだが、そのような有限性の超越は、たんに時間を無限化（永遠化）することではなく、そのじつ自由の条件である時間の観念そのものを無化してしまうのである。

ヘグルンドは、序章の冒頭で「天国は退屈なのでしょうか」と題されたカトリックの布教目的とおぼしき記事をとりあげている。それは、神を信じて天国に召されたとしても、永遠に安らぐそのような世界は退屈なところではないかと素朴な疑問を抱く人々に答えた記事だ。記事の答えはノーであり、永遠の安らぎではなく、永遠に活発で幸せな世界であると述べて疑問に答えている。

ヘグルンドにとってこの答えは、キリスト教であれイスラームであれ仏教であれ、あらゆる宗教（のみならず永遠の生を希求するすべての立場）が犯している基本的な誤りを代表するものだ。こうした答えは「問題を強調することしかしていない。なぜなら、天国にはそもそも何かについて気にかけたり関心を寄せたりすべきものがないからである。気にかけることが前提しているのは、何かがうまくいかなかったり失われたりするということがありうるということである。そうでなければ気にかけることなどないだろう」（本書二頁）。

私たちが現世に生きていて自分の時間を気にしたり他者を気づかったり身の回りのさまざまなことに関心を寄せるのは、まさにそれらが失われうるものだからだ。永遠を生きる彼岸とは異なり、それらは有限であり、だからこそ、より良くしたり、存続させようとしたり、大切にしたりする。さらには、その時間が退屈にならないように、楽しくなるように、なにをすべきかと問うたりする。

そうした関心や気づかいはまさに「自分の時間をどう使うか」という自由の根本的な問いであり、それは、終わりある時間という条件のもとでのみ生じるのである。永遠を手に入れた彼岸では、退屈や活発さという観念自体がどうでもよくなってしまうだろう。永遠とは結局のところ、ずっと続く幸福な時間のことではなく、時間性そのものの破壊のことなのである。

満たされた終わりのない生があるとして、それはそもそも生きるに値する生だろうか。もはや何をすべきかと問うこと自体が無意味になり、理解不可能になるのではないだろうか。そこには退屈もないが楽しむべき生もないし、不自由もないが自由そのものも存在しない。永遠の生は、生き続けるべき生たりえず、実のところ死に等しい。それは、死という限界を引き受けた此岸でこそはじめて肯定されうる私たちの生、生き延びの生

（ヘグルンドは言及していないが、ベンヤミン＝デリダの言う「死後の生」）ではないのだ。

宗教的信仰によって永遠の生を希求することは、現世の生の苦しみから目を背けることを意味するだけでなく、私たちの生の条件である有限な時間性そのものを否定することである。私たちが信ずるべきただひとつのことは、彼岸の無時間的な存在（神）ではなく、有限なこの世界そのものであり、ヘグルンドはこれを宗教的信仰と対置して「世俗的信（secular faith）」と呼ぶのである（「信」は「信仰」と同じ原語（faith）だが、宗教的ニュアンスの強い「信仰」と訳し分けている）。これは「精神的自由」と並ぶサブタイトルとして現れているように、本書の議論の根本条件をなしている。

世俗的信を打ち出すヘグルンドの主張が、たんに神の実在を否定する近代科学の啓蒙主義的立場とは異なることに注意しなければならない（本文にはダニエル・デネットへの言及があるが、他にもリチャード・ドーキンスのように宗教と科学をトレードオフの関係とみなす新無神論とは区別される）。ヘグルンドは啓蒙主義を否定しているわけではないが、それ以上ないしその手前の「信」を主張している。というのも「時間をいかに使うか」という自由を受け入れ、実際にみずからの生が生きるに値するものなのかどうかは、客観的に論証できない自身の実存的なコミットメントにのみかかっているからである。私たちの生は、不確実であり壊れやすいからこそ、信じることによってみずからそれを享受し、実践的にそのことを示すほかないのである。

以上から引き出しうる議論の射程は広大だ。第I部は、まずこの「世俗的信」の内実をさまざまな宗教家の議論を検討することによって「信仰」（第1章）、「愛」（第2章）、「責任」（第3章）という三つの側面から展開している。

第1章では、私たちの生にとってもっとも困難で苦しい出来事である「最愛の人の死」の事例をとりあげている。本章の目的は、宗教的な信仰を主張する人々にとってすら「世俗的信」が問題の核心となるのを示すことである。ルターにとっての娘マグダレーナの死、C・S・ルイスにとっての妻ジョイ・デイヴィッドマンの死である。彼らが篤実な宗教家であればあるほど、神と永遠にたいする彼らの信仰が、最愛の人への献身を示す「世俗的信」として現れているということが際立つのである。

第2章は、アウグスティヌスの『告白』における時間と永遠の分析を通して「世俗的信」の概念を解明している。アウグスティヌスの『告白』は、永遠を希求する明示的に宗教的な願望に反して、世俗的信が私たちの人生のあらゆる側面――至福の時であれ嘆きの時であれ喜びの時であれ苦しみの時であれ――に作用していることを示唆している。ヘグルンドはこのことへのより明示的な応答としてノルウェーの作家カール・オーヴェ・クナウスゴールの『わが闘争』を詳細に読解している。クナウスゴールの自伝が示す有限の人生への愛着は、苦難を課すその両義性ゆえにますます切実なものとして私たちに訴えかけてくるのである。

第3章は、キルケゴール『おそれとおののき』のイサク奉献を主題にすることで、宗教的信仰と世俗的信との対立を問い質している。アブラハムに息子イサクを犠牲にするよう命じた神の試練ほど、この対立が尖鋭に描き出されている例はないだろう。ヘグルンドにとってアブラハムがイサクを捧げることができたのは、神を心から信じているからである。このときアブラハムは、イサクの運命を気にかけることのない「彼岸に行ってしまった」無責任な人物になってしまう。それにたいして、我が息子のかけがえのない命に責任を果たすことができるのは、命の価値が失われうる可能性のあることを信ずる世俗的信によってのみである。本章は、世俗的な信こそが、私たちの生の運命に関与しうる自由の条件であることをアブラハムのイサク奉献という窮極の事例を通じて証示している。

以上は、生の有限性というヘグルンドが立てた問いの出発点からすれば、ある程度想定の範囲内の領域にあると言えるかもしれない。本書の特異性が際立ち始めるのは、第II部以降である。それ以降は、資本主義と宗教にたいするマルクスの批判を中心的に取り上げることで、世俗的信がけっして一人の主観的な実存的信の問いにとどまることなく、いわば資本主義を打倒すべき社会実践の問題となることを明らかにしてゆくのである。

第4章では、第5章以降で労働の問いを扱うにあたって、どことなくアーレントの『人間の条件』を髣髴とさせる仕方で、人間とそれ以外の動物の生命活動そのものが議論の主題となっている。ヘグルンドは議論の出発点に、すべての生命体が基本としている「自己維持」の活動を据えている。いかなる生命も、物質的身体に依存するという意味で有限であるため、自己保存活動に従事しなければならない。しかし多くの生物は、自己維持のためだけに自分の時間を使っているわけではない。鳥のさえずり、猫の鳴き声、犬のじゃれ合いなど、自己保存とは異なる「自由な遊び」の時間を享受することのできる動物もいる。しかしヘグルンドが「精神的自由」と呼ぶものに固有の条件としているのは、そうした自由そのものを問う能力、自分の時間をどう使うべきかを自問し、人生を無駄にするというリスクにさえ対応できるという、いっそう高度な自己享受能力である。それが、資本主義という歴史的に課された条件のもとに生きる私たちにとっての時間の問いを、決定的に切実なものとするのである。

第5章以降、マルクスの資本主義批判が本格的に論じられる。みずからの時間をどう使うかというヘグルンドの「精神的自由」の問いは、資本主義社会のもとでは、経済と価値の問題に直結している。マルクスは、労働がすべての社会的な富にとっての必要な源泉であるとする労働価値説を支持したと考えられることがあるが、これは致命的な誤解だ。スミスやリカードといった古典派経済学者とは異なり、マルクスが明確にしたのは「価値尺度としての〈社会的に必要な労働時間〉は商品形態に特有のものであり、それが価値の本質となるのは、資本主義的生産様式においてのみである。価値尺度としての労働時間は歴史横断的な必然ではなく、資本主義の時代特有の本質であり、この本質は矛盾しており、克服可能なものである」（本書二一四頁）。

そこでヘグルンドが提案するのは、労働時間という尺度を、みずからその使い方を問いうる自由時間にそくして価値づけ直すという価値原理の根本的な再転換である。資本主義下では、自分の生の時間は、商品形態に媒介された社会的に必要な労働時間という尺度によって測られてしまう。生活の自己維持という意味ではそうした労働は必要不可欠だが、本来必要のための手段にすぎないそうした消極的な尺度が、資本主義下では資本自身の増殖のためにそれ自体積極的な目的へとすりかわってしまい、そもそもそうした労働時間の前提条件をなしていたはずの私たちの自由時間は、労働時間の従属物――ふたたび働くまでの休息や余暇、退屈、失業状態等――へと反転させられてしまうことになるのである。

ヘグルンドはモイシェ・ポストンのマルクス研究の達成（『時間・労働・支配』白井聡・野尻英一監訳、筑摩書房、二〇一二年）を手がかりとしながら、マルクスが資本論執筆の途上で遺した草稿『経済学批判要綱《グルントリッセ》』を読解することで、私たちの生の時間を蝕んでいる資本主義的な価値転倒の再検討を試みている。マルクスが明晰に分析した労働力の疎外、時間搾取、生の商品化、失業の必然性、経済の自滅的危機といった資本主義の根本矛盾はそうした価値転倒に由来している。この転倒を再反転させるべく、私たちの精神的自由を問いうる有限な時間へと価値の基本尺度を位置づけ直すこと、そしてこの自由な時間のうちに私たちの真に社会的な富の源泉を再発見すること、そのことが、ヘグルンドがマルクスのうちに読み取ろうとする思想の核心にある。

続く第6章は、本書のもっとも重要な章といってよい。ヘグルンドがマルクスにそくして提示するこうした価値そのものの価値転換の試みは、実践的になにを要求するのだろうか。自由時間を基礎とした価値転換は、個人の有限な生の意味を実存的に回復することでは達成できない。そうではなく、個人の生の価値はそれ自体社会的に媒介されている以上、私たちは各々の局面でなにを集合的な価値尺度とするのかを、民主的なコミットメントを通じて模索しなければならないのである。そこに透視される資本主義以後の社会像こそ「民主社会主義」と呼ばれている本書独自のヴィジョンである。

民主社会主義という用語には歴史的な経緯があり、合衆国にはバニー・サンダースとも連帯したアメリカ民主社会主義者（ＤＳＡ）といった政党も存在するが、ヘグルンドのいう「民主社会主義」とは直接の関係はない。ヘグルンドはこの用語を自身の仕方で定義すべく、とくに社会民主主義と注意深く区別している。

ヘグルンドによれば、社会民主主義は、福祉政策や税制の改革にもとづく富の再分配によって資本主義の弊害を克服しようとするが、そうした改革自体が依然として資本主義の生産様式に依存している。つまり資本主義下の価値尺度そのものが問われていないかぎり、賃金労働や労働力の搾取は原理上存続したままとなるのであり、結局のところ資本主義の弥縫的な補完物であるほかはない。

それにたいして民主社会主義が取り組むのは、すでに述べてきたように自由時間にもとづいて価値尺度そのものを転換することである。民主社会主義は、そうして新たに設定された価値への問いにたいして、民主的な参加を通じた社会実践によって応答しなければならないのである。ヘグルンドは、ピケティの提言やベーシックインカムをも議論の俎上にのせており、富の再分配が、資本主義のもたらす格差是正の手段として必要であることを認めつつも、それではけっして資本主義の原理を批判するにいたらない点を厳しく追及している。

ヘグルンドのいう民主社会主義は、社会的に利用可能な自由時間にもとづく価値尺度、生産手段の集団的所有、各人の能力や各人の必要に応じた労働の追求という三つの原理によって構築されている（第V節）。これはポスト資本主義社会の構想として提示されているが、空想的な社会主義や中央集権的な共産主義とは異なり、あくまで私たちの社会が前提としているはずの民主主義や自由と平等の理念の内在的な展開として打ち出されている。

そうした民主社会主義のヴィジョンは、原理原則を示すだけでは画餅にもみえかねない。本書の終章は、その歴史的な実践の萌芽を、マーティン・ルーサー・キング・ジュニアの公民権運動の活動のなかに見いだしている。キング牧師の闘争は、実のところ反人種差別運動を超える射程を有しており、とりわけマルクスを学んでいた若きキング牧師が、貧困の解決、経済的正義の実現に尽力しようとしていたことが指摘されなければならない。

他方、マルクスの宗教批判は、牧師としてのキングの活動とは相容れないものに映る。しかし実際はそうではなく、キング牧師の政治的発言がヘグルンドのいう世俗的信の観点からこそ理解しうるようになる点、それこそが「精神的自由」の鍵となるという点を、本章はマルクスもキング牧師もヘーゲルの熱心な読者であったことに関連づけながら、『精神現象学』の論点にそくして論じている。

キング牧師の実践のうちにも見いだされうる「民主社会主義」の可能性は、むろん私たち自身が現代社会のうちで精緻に追求しなければならない。そして実際にいま、気候変動の問題として資本主義が私たちに突きつけている危機のうちでその可能性が試されているのだ。以上を明確にしたうえで本書は閉じられている。

＊

本書は、私たちの有限な生という実存的な問いから出発しながら、宗教批判と資本主義批判をマルクスを介して敢行することで「民主社会主義」というポスト資本主義の構想を提示する、壮大で刺激に満ちた書物だ。読者は本書のうちに、資本主義の外へと私たちの生を解き放つ、明日の革命のための綱領たろうとする野心を感じ取ることができるだろう。扱っている主題そのものはけっして単純化すべき内容ではないが、少なくとも、そうした構想をきわめて明快かつ断固たる文体で描き切っていることの功績は強調してもしすぎることはない。

しかし議論が明快であればあるほどかえって読者の疑問は大きくなることも否めない。資本主義の貨幣経済から労働を切り離して自由時間そのものに価値尺度を置くならば、この「価値」はいかにして客観的に評価しうるのか。あるいは数量的に客観化しうるものでないとしたらその価値はいかに社会的に理解共有されうるのか。また、そうして再評価された労働の価値を集団的に共有できたとして、その規模はどれくらいなのか（著者の出身国の人口一千万程度のスウェーデンであればまだこうした構想が可能かもしれないが、億を超える人口をかかえるアメリカ合衆国や日本ではどうなのか等々）。

また、本書のいう民主社会主義が、経済的な論点を通して来たるべき社会主義にある程度内実を与えているとしても、民主主義そのものが孕むさまざまな問題――たとえば『ラディカル無神論』でデリダの民主主義論について扱っていたような「自己免疫」の問いなど――が十分踏まえられているようには思われない。ポピュリズムの席捲やポストトゥルースがもたらした分断など、現代政治を取り囲む困難が問われないまま民主主義への信が楽観的に肯定されているように感じる。そうした議論全体が、サルトルをも思わせる一種の実存主義的ヒューマニズムとでもいうべき調子でまっすぐ提示されている点は、デリダ以後の理論的な水準――ヘグルンドもわかっているはずの――を知る者からすれば、いささか出来すぎた話だという印象を受けないではない。

とはいえ、こうしたことは優れた思想書にこそ生じる毀誉褒貶の一部でしかないだろう。細部に拘泥した読み方をする前に、読者はまず、本書が提示する理路の大枠を捉えること、その大胆にして繊細な議論展開に身を任せることで、資本主義の外へと突破しようとするその強靭な思考の力を存分に味読すべきだろう。本書の翻訳は、そうした読み方の助けになることを願っている。

＊

以上の解説はもともと『現代思想』二〇二二年一月号「特集＝現代思想の新潮流――未邦訳ブックガイド30」に寄せた文章を改稿したものである。あとがきを締めくくるにあたっていくつか補足説明をしておきたい。

ひとつはタイトルである。「この生」の三文字をメインタイトルとすることは、日本語訳としてはあまりにぶっきらぼうで説明不足ではないかという懸念があった。日本語の音声としても「このせい」は、やや座りが悪くわかりにくいことも事実である。

そのため、サブタイトルをメインタイトルと入れ換えるとか、まったく別のタイトルを案出するとか、とくに代案として「いまここにある生」とすることなども考えた。この代案は最後まで検討したが、これはこれで冗長さの感が否めず、なによりthis life」が示唆する生の特異性・単独性よりも、「まさにいま一瞬」という現在性が強調されすぎてしまう点でいまひとつ決め手に欠けるものだった。

結局、編集者の橘さんとも相談し、「この生」というこの簡潔で力強い三文字以上のインパクトを出せるタイトルはないという結論にいたり、当初の「この生」に落ち着いた。直訳のタイトルに工夫がないとみなす向きもあるかもしれないが、その点、ご容赦いただきたい。

もうひとつ、careという言葉について。本書の隠れたキーワードにcareがある。近年、社会格差の拡大、コロナ禍での労働問題、気候正義への関心、なによりこの言葉の支柱たるフェミニズム運動の多様な展開といった背景のなかで「ケア」をテーマとした議論の大きな高まりがある。

そうした動向に即応するかのように、本書にはcareという言葉が少なからず出てくる。というのも、まさに本書の「自分の時間を使って何をすべきか」という実存の問いは、自己へのケアのみならず、自己が社会的存在であること、要するに他者へ／とのケアから立ち上がってくるものだからである。おそらく本書の観点から独自の「ケアの哲学」を打ち立てることも可能だろう。

しかし本書では、careに一貫してカタカナの「ケア」という訳語を与えることをしなかった。名詞としては、気づかい、関心、思いやり、動詞としては、気にかける、関心を寄せる、大切に思う、等々、文脈に応じて訳し分けていることをお断りする。

哲学の文脈では、careは、ハイデガー『存在と時間』の術語Sorge（とその派生語）の英語訳として用いられている。本書の内容に鑑みて（ヘグルンドはけっしてハイデガー主義者ではないが、ハイデガーの影響は明らかである。序章註19参照）「ケア」と訳さなかったのは、そうした思想的背景を重視したからである。また単純に、ケアという訳語の頻用はしばしば日本語の訳文としての読みやすさを損なうことも考慮した。

とはいえ「ケア」という語が使われていることの重要性も無視できない。それでもそのニュアンスを含めるべきと思われた箇所には、そのつどルビを振ることで対応した。ルビの多用は訳文作成上褒められたものではないし、使用基準が恣意的になるおそれもあるが、careという言葉の多義性に対応するための苦肉の策と受け止めていただけると幸いである。

＊

本書の翻訳については、第I部を木内、第II部を小田、その他の序章や謝辞等を宮﨑が担当して第一稿を作成し、それらの草稿に、訳者が訳文検討会を通じて互いに議論しながら、訳文を練り上げていく、という仕方で進められた。そうして出来上がった訳稿にたいして宮﨑がさらに手を入れて訳語や文体などの訳文全体の統一を図った。その後、ゲラの段階でもう一度訳者全員で訳文を検討したのち、最終的に宮﨑が全体の調整を行なうことによって完成させた。したがって、訳稿の最終的な責任は宮﨑にあることを明記しておく。

本書の企画は、みすず書房のPR誌『みすず』二〇二一年一・二月号の読書アンケート特集で、私がヘグルンドのこの本について紹介していた記事に、名古屋大学出版会の編集者橘宗吾氏が目を留め、お声がけいただいたことに始まる。原書で四五〇ページに及ぶ大著の翻訳を自分が単独で短期間で引き受けることは到底不可能だと思い、当初はお引き受けすることは難しいと感じていた。しかし橘さんの熱意ある申し出により、企画実現にむけて模索が続くこととなった。幸い、木内久美子、小田透という私にとってはこれ以上にない理想的かつ強力な共訳者に恵まれたことで、本企画を軌道に乗せることができた。

最後になったが、訳文の調整や本書のタイトル等、多岐にわたって相談に乗っていただいた一方で、遅れがちな訳出作業に適切なタイミングで螺子を巻いて訳稿の完成へと導いてくださった橘氏、そして入稿後、きめ細やかな校正と、的確かつ迅速な編集作業で刊行まで伴走してくださった同出版会の三原大地氏に、心からの感謝の念を捧げたい。

二〇二四年五月二七日

訳者を代表して　宮﨑裕助

*本訳書は、宮﨑および小田の担当箇所については、日本学術振興会科学研究費助成事業（課題番号：24K03342, 24K00016, 20K12829）、また木内の担当箇所については、東京工業大学科学技術創成研究院「未来の人類研究センター」の「利他プロジェクト」による研究成果の一部である。

索　引

人名・書名

ア 行

カ 行

サ 行

タ・ナ行

ハ　行

マ　行

ヤ・ラ行

事　項

ア　行

カ　行

サ　行

タ・ナ行

ハ　行

マ　行

ヤ・ラ行

参考文献

Adorno, Theodor W. “Free Time” In Adorno, *Critical Models*, translated by Henry Pickford. New York: Columbia University Press, 2005.〔テオドール・W・アドルノ「余暇」『批判的モデル集 II――見出し語』大久保健治訳，法政大学出版局，1971 年，70–84 頁〕

———. *Negative Dialectics*. Translated by E. B. Ashton. New York: Continuum, 1973.〔テオドール・W・アドルノ『否定弁証法』木田元・徳永恂・渡辺祐邦・三島憲一・須田朗・宮武昭訳，作品社，1996 年〕

———. *Minima Moralia*. Translated by E. F. N. Jephcott. London: Verso, 2005.〔テオドール・W・アドルノ『ミニマ・モラリア――傷ついた生活裡の省察』三光長治訳，法政大学出版局，1979 年〕

———. “Something’s Missing: A Discussion between Ernst Bloch and Theodor W. Adorno on the Contradictions of Utopian Longing.” In Bloch, *The Utopian Function of Art and Literature*, translated by Jack Zipes and Frank Mecklenburg. Cambridge, MA: MIT Press, 1989.

Adorno, Theodor W., and Max Horkheimer. “Towards a New Manifesto?” *New Left Review* 65 (2010), pp. 34–61.

Ansbro, John J. *Martin Luther King, Jr.: Nonviolent Strategies and Tactics for Social Change*. New York: Madison Books, 2000.

Arendt, Hannah. *The Human Condition*. Chicago: University of Chicago Press, 1998.〔ハンナ・アレント『人間の条件』牧野雅彦訳，講談社学術文庫，2023 年〕

———. *Love and Saint Augustine*. Edited by Joanna Vecchiarelli Scott and Judith Chelius Stark. Chicago: University of Chicago Press, 1996.〔ハンナ・アーレント『アウグスティヌスの愛の概念』千葉眞訳，みすず書房，2012 年〕

Aristotle. *Nicomachean Ethics*. Translated by Terence Irwin. Bloomington, IN: Hackett, 1999.〔アリストテレス『ニコマコス倫理学』上・下巻，高田三郎訳，岩波文庫，1971/73 年〕

———. *The Art of Rhetoric*. Edited and translated by Hugh Lawson-Tancred. New York: Penguin Classics, 1992.〔アリストテレス『弁論術』戸塚七郎訳，岩波文庫，1992 年〕

———. *Politics*. Translated by Ernest Barker. Oxford: Oxford University Press, 2009.〔アリストテレス『政治学』山本光雄訳，岩波文庫，1961 年〕

———. *De Anima*. Translated by Hugh Lawson-Tancred. New York: Penguin Classics, 1987.〔「魂について」『アリストテレス全集 7――魂について／自然学小論集』中畑正志訳，岩波書店，2014 年，1–189 頁〕

Augustine. *Confessiones*. Cambridge, MA: Harvard University Press, 1912.〔アウグスティヌス『告白』全 3 巻，山田晶訳，中公文庫，2014 年〕

———. *Confessions*. Translated by Rex Warner. New York: New American Library, 1963.〔同上書〕

———. *Eighty-three Different Questions*. Translated by David L. Mosher. Washington, DC: Catholic University of America Press, 1982.

———. *On Faith in Things Unseen*. Translated by Roy J. Deferrari and Mary Francis McDonald. New York: Fathers of the Church, Christian Heritage, Inc., 1947.〔「見えないものへの信仰」茂泉昭男訳，『アウグスティヌス著作集 27――倫理論集』教文館，2003 年〕

———. *On Free Choice of the Will*. Translated by Thomas Williams. Bloomington, IN: Hackett, 1993.〔「自由意志」泉治典訳，『アウグスティヌス著作集 3——初期哲学論集（3）』教文館，2003 年〕
———. *The City of God*. Translated by Henry Bettenson. New York: Penguin Classics, 2003.〔アウグスティヌス『神の国』全 4 巻，服部英次郎・藤本雄三訳，岩波文庫，1982–1986 年〕
Berlin, Isaiah. "Two Concepts of Liberty." In Berlin, *Liberty*, edited by Henry Hardy. Oxford: Oxford University Press, 2002.〔アイザィア・バーリン「二つの自由概念」生松敬三訳，『自由論』小川晃一・小池銈・福田歓一・生松敬三訳，みすず書房，1971 年（1979 年新装版），295–390 頁〕
Bernstein, J. M. "To Be Is to Live, to Be Is to Be Recognized." In *Torture and Dignity: An Essay on Moral Injury*. Chicago: University of Chicago Press, 2015, pp. 175–217.
———. "Remembering Isaac: On the Impossibility and Immorality of Faith." In *The Insistence of Art: Aesthetic Politics After Early Modernity*. Edited by Paul Kottman. New York: Fordham University Press, 2017, pp. 257–288.
Björk, Nina. *Drömmen om det röda: Rosa Luxemburg, socialism, språk och kärlek* [*The Dream of the Red: Rosa Luxemburg, Socialism, Language, and Love*]. Stockholm: Wahlström & Widstrand, 2016.
———. *Lyckliga i alla sina dagar: Om pengars och människors värde* [*Living Happily Ever After: On the Value of Money and Human Beings*]. Stockholm: Wahlström & Widstrand, 2012.
Böhm-Bawerk, Eugen. *Karl Marx and the Close of His System*. Edited by Paul Sweezy. Clifton, NJ: Kelley, 1975.
Brandom, Robert. "The Structure of Desire and Recognition: Self-Consciousness and Self-Constitution." In *Philosophy and Social Criticism* 33, no. 1: 127–150.
———. *A Spirit of Trust: A Reading of Hegel's Phenomenology*. MA: Harvard University Press, 2019.
Calnitsky, David. "Debating Basic Income." *Catalyst* 1, no. 3 (2017).
Collins, Steven. *Nirvana: Concept, Imagery, Narrative*. Cambridge: Cambridge University Press, 2010.
———. "What Are Buddhists *Doing* When They Deny the Self?" In Collins, *Religion and Practical Reason: New Essays in the Comparative Philosophy of Religions*. Albany: State University of New York Press, 1994, pp. 59–86.
Coogan, Michael D. *The New Oxford Annotated Bible*. Oxford: Oxford University Press, 1989.〔共同訳聖書実行委員会『聖書　新共同訳』日本聖書協会，1988 年〕
Dante. *The Divine Comedy*. Edited and translated by Robin Kirkpatrick. New York: Penguin, 2012.〔ダンテ『神曲　地獄篇』／『神曲　煉獄篇』／『神曲　天国篇』平川祐弘訳，河出文庫，2008/09 年〕
Davenport, John. "Faith as Eschatological Trust in *Fear and Trembling*." In *Ethics, Faith, and Love in Kierkegaard*, edited by Edward Mooney. Bloomington: Indiana University Press, 2008, pp. 196–233.
———. "Kierkegaard's Postscript in Light of Fear and Trembling." *Revista Portuguesa de Filosofia* 64, nos. 1–2 (Dec. 2008): 879–908.
———. "Eschatological Faith and Repetition: Kierkegaard's Abraham and Job." In *Kierkegaard's* Fear and Trembling: *A Critical Guide*, edited by Daniel Conway. Cambridge: Cambridge University Press, 2015, pp. 97–105.
Dennett, Daniel. *Breaking the Spell: Religion as a Natural Phenomenon*. New York: Penguin, 2006.〔ダニエル・デネット『解明される宗教——進化論的アプローチ』阿部文彦訳，青土社，2010 年〕
Dreyfus, Hubert. "Kierkegaard on the Self." In *Ethics, Faith, and Love in Kierkegaard*, edited by Edward Mooney. Bloomington: Indiana University Press, 2008, pp. 11–23.
Dreyfus, Hubert, and Sean Dorrance Kelly. *All Things Shining: Reading the Western Classics to Find Meaning in a Secular Age*. New York: Free Press, 2011.

Dreyfus, Hubert, and Jane Rubin. “Kierkegaard, Division II, and the Later Heidegger.” In Dreyfus, *Being-in-the-World*. Cambridge, MA: MIT Press, 1991, pp. 293–340.

Epictetus. *The Discourses*. Edited by Christopher Gill. Translated by Robin Hard. London: Everyman Library, 1995.〔エピクテートス『人生談義』上・下巻，國方栄二訳，岩波文庫，2020 年〕

Fairclough, Adam. “Was Martin Luther King a Marxist?” *History Workshop Journal* 15, no. 1 (1983): 117–125.

Fanon, Frantz. *The Wretched of the Earth*. Translated by Richard Philcox. New York: Grove Press, 2004.〔フランツ・ファノン『地に呪われたる者』鈴木道彦・浦野衣子訳，みすず書房，1969 年〕

Garff, Joakim. *Søren Kierkegaard: A Biography*. Translated by Bruce H. Kirmmse. Princeton, NJ: Princeton University Press, 2005.

Garrow, David J. *The FBI and Martin Luther King, Jr.: From “Solo” to Memphis*. New York: Penguin Books, 1983.

———. *Bearing the Cross: Martin Luther King, Jr. and the Southern Christian Leadership Conference*. New York: William Morrow, 1986.

Gordon, Peter E. “Critical Theory Between the Sacred and the Profane.” *Constellations* 23, no. 4 (2016): 466–481.

———. “The Place of the Sacred in the Absence of God: Charles Taylor's *A Secular Age*.” *Journal of the History of Ideas* 69, no. 4 (2008): 647–673.

Hägglund, Martin. *Dying for Time: Proust, Woolf, Nabokov*. Cambridge, MA: Harvard University Press, 2012.

Harcourt, Bernard E. *The Illusion of Free Markets: Punishment and the Myth of Natural Order*. Cambridge, MA: Harvard University Press, 2011.

Harding, Vincent Gordon. “Beyond Amnesia: Martin Luther King, Jr., and the Future of America.” *Journal of American History* 74, no. 2 (1987): 468–476.

Hayek, Friedrich. *The Road to Serfdom*. Edited by Bruce Caldwell. Chicago: University of Chicago Press, 2007.〔フリードリヒ・A・ハイエク『新版ハイエク全集第 I 期別巻——隷属への道』西山千明訳，春秋社，2008 年〕

———. “The Use of Knowledge in Society.” In *Individualism and Economic Order*. Chicago: University of Chicago Press, 1948.〔フリードリヒ・A・ハイエク「社会における知識の利用」嘉治元郎・嘉治佐代訳，『ハイエク全集 I－3——個人主義と経済秩序』西山千明・矢島鈞次監修，春秋社，2008 年，109–128 頁〕

———. *The Constitution of Liberty*. Edited by Ronald Hamowy. Chicago: University of Chicago Press, 2011.〔フリードリヒ・A・ハイエク『自由の条件［普及版］』全 3 巻，気賀健三・古賀勝次郎訳，春秋社，2021 年〕

———. *New Studies in Philosophy, Politics, Economics, and the History of Ideas*. Chicago: University of Chicago Press, 1978.〔フリードリヒ・A・ハイエク「設計主義の誤り」長谷川みゆき訳／「先祖返りとしての社会正義」丸祐一訳，『ハイエク全集 II－4——哲学論集』西山千明監修，嶋津格監訳，春秋社，2010 年，57–73 頁〕

Hegel, G. W. F. *The Berlin Phenomenology*. Translated by Michael Petry. Dordrecht, Netherlands: Reidel, 1981.〔『ヘーゲル全集 3——精神哲学』船山信一訳，岩波書店，1996 年〕

———. *Elements of the Philosophy of Right*. Edited by Allen Wood. Translated by H. B. Nisbet. Cambridge: Cambridge University Press, 1991.〔G・W・F・ヘーゲル『法の哲学——自然法と国家学の要綱』上・下巻，上妻精・佐藤康邦・山田忠彰訳，岩波文庫，2021 年〕

———. *Faith and Knowledge*. Translated by Walter Cerf and H. S. Harris. Albany: State University of

New York Press, 1977.〔G・W・F・ヘーゲル『信仰と知』上妻精訳，岩波書店，1993 年〕
———. *Philosophy of Nature*. Translated by A.V. Findlay. Oxford: Oxford University Press, 2004.〔G・W・F・ヘーゲル『哲学の集大成・要綱　第 2 部——自然哲学』長谷川宏訳，作品社，2002 年〕
———. *The Encyclopedia Logic*. Translated by H. S. Harris. Bloomington, IN: Hackett, 1991.〔G・W・F・ヘーゲル『ヘーゲル全集 1——小論理学』真下信一・宮本十蔵訳，岩波書店，1996 年〕
———. *The Phenomenology of Spirit*. Translated by Terry Pinkard. Cambridge: Cambridge University Press, 2018.〔G・W・F・ヘーゲル『精神現象学』上・下巻，熊野純彦訳，ちくま学芸文庫，2008 年〕
———. *The Science of Logic*. Translated by George di Giovanni. Cambridge: Cambridge University Press, 2010.〔G・W・F・ヘーゲル『論理の学 1——存在論』／『論理の学 2——本質論』／『論理の学 3——概念論』山口祐弘訳，作品社，2012/13 年〕
———. *Die Phänomenologie des Geistes*. Hamburg: Felix Meiner, 1999.〔前掲『精神現象学』〕
———. *Wissenschaft der Logik*. 2 vols. Hamburg: Felix Meiner, 1969.〔前掲『論理の学』〕
Heidegger, Martin. *Being and Time*. Translated by John Macquarrie and Edward Robinson. New York: Harper & Row, 1962.〔マルティン・ハイデガー『存在と時間』全 4 巻，熊野純彦訳，岩波文庫，2013 年〕
———. *The Fundamental Concepts of Metaphysics: World, Finitude, Solitude*. Translated by William McNeill and Nicholas Walker. Bloomington: Indiana University Press, 1995.〔マルティン・ハイデッガー『ハイデッガー全集 29/30——形而上学の根本諸概念 世界－有限性－孤独』川原栄峰，セヴェリン・ミュラー訳，創文社，1998 年〕
———. *Sein und Zeit*. Tübingen, Germany: Niemeyer, 1972.〔前掲『存在と時間』〕
Henry, Michel. *Marx: A Philosophy of Human Reality*. Translated by Kathleen MacLaughlin. Bloomington: Indiana University Press, 1983.〔ミシェル・アンリ『マルクス——人間的現実の哲学』杉山吉弘・水野浩二訳，法政大学出版局，1991 年〕
Honey, Michael K. *Going Down Jericho Road: The Memphis Strike, Martin Luther King's Last Campaign*. New York: W. W. Norton, 2007.
James, William. *The Varieties of Religious Experience*. New York: Penguin Classics, 1982.〔W・ジェイムズ『宗教的経験の諸相』上・下巻，桝田啓三郎訳，岩波文庫，1969/70 年〕
Jameson, Fredric. *An American Utopia: Dual Power and the Universal Army*. London: Verso, 2016.〔フレデリック・ジェイムソン『アメリカのユートピア——二重権力と国民皆兵制』田尻芳樹・小澤央訳，書肆心水，2018 年〕
Jevons, William Stanley. *The Theory of Political Economy*. New York: Macmillan, 1931.〔ジェヴォンズ『経済学の理論』小泉信三・寺尾琢磨・永田清訳，寺尾琢磨改訳，日本経済評論社，1981 年〕
Kant, Immanuel. *Critique of Pure Reason*. Translated by Paul Guyer and Allen Wood. Cambridge: Cambridge University Press, 1999.〔イマヌエル・カント『純粋理性批判』全 3 巻，原佑訳，平凡社ライブラリー，2005 年〕
———. *Critique of Practical Reason*. Translated by Mary Gregor. Cambridge: Cambridge University Press, 2015.〔イマヌエル・カント『実践理性批判』熊野純彦訳，作品社，2013 年〕
———. *Critique of Judgment*. Translated by Werner S. Pluhar. Bloomington, IN: Hackett Classics, 1987.〔イマヌエル・カント『判断力批判』熊野純彦訳，作品社，2015 年〕
———. "What Is Enlightenment?." In Kant, *Political Writings*, edited by H. S. Reiss. Cambridge: Cambridge University Press, 1991.〔イマヌエル・カント「啓蒙とは何か」『永遠平和のために／啓蒙とは何か 他 3 編』中山元訳，光文社古典新訳文庫，2006 年，9–29 頁〕

Keynes, John Maynard. "Economic Possibilities for Our Grandchildren." In *The Essential Keynes*. Edited by Robert Skidelsky. New York: Penguin Classics, 2016, pp. 560–585.〔ジョン・メイナード・ケインズ「孫の世代の経済的可能性（一九三〇年）」『ケインズ説得論集』山岡洋一訳，日本経済新聞出版，2010 年，205–220 頁〕

Kierkegaard, Søren. *Samlede Vaerker*. 20 vols. Copenhagen: Gyldendal, 1962–1964.

———. *Christian Discourses*. Edited and translated by Howard V. Hong and Edna H. Hong. Princeton, NJ: Princeton University Press, 1997.〔セーレン・キェルケゴール『キェルケゴール著作全集 11——キリスト教談話』藤木正三訳，創言社，1989 年〕

———. *Concluding Unscientific Postscript*. 2 vols. Edited and translated by Howard V. Hong and Edna H. Hong. Princeton, NJ: Princeton University Press, 1992.〔セーレン・キェルケゴール「哲学的断片への結びの学問外れな後書（前半）」大谷長訳，『キェルケゴール著作全集 6』創言社，1989 年，253–628 頁／『キェルケゴール著作全集 7——哲学的断片への結びの学問外れな後書（後半）』大谷長訳，創言社，1989 年〕

———. *Eighteen Upbuilding Discourses*. Edited and translated by Howard V. Hong and Edna H. Hong. Princeton, NJ: Princeton University Press, 1990.〔セーレン・キェルケゴール『キルケゴールの講話・遺稿集 1』福島保夫訳，新地書房，1981 年〕

———. *Fear and Trembling*. Edited and translated by Howard V. Hong and Edna H. Hong. Princeton, NJ: Princeton University Press, 1983.〔セーレン・キェルケゴール「畏れとおののき」尾崎和彦訳，『キェルケゴール著作全集 3 上』2010 年，創言社，3–238 頁〕

———. *The Concept of Anxiety*. Translated by Alastair Hannay. New York: W. W. Norton, 2014.〔セーレン・キルケゴール『不安の概念』村上恭一郎訳，平凡社ライブラリー，2019 年〕

———. *The Sickness unto Death*. Edited and translated by Howard V. Hong and Edna H. Hong. Princeton, NJ: Princeton University Press, 1980.〔セイレン・キェルケゴール『死に至る病』鈴木祐丞訳，講談社学術文庫，2017 年〕

———. *Søren Kierkegaard's Journals and Papers*. Vol. 1. Edited and translated by Howard V. Hong and Edna H. Hong. Bloomington: Indiana University Press, 1967.

———. "At a Graveside." In *Three Discourses on Imagined Occasions*, edited and translated by Howard V. Hong and Edna H. Hong. Princeton, NJ: Princeton University Press, 1993, pp. 71–102.〔セーレン・キェルケゴール「墓にて」大谷長訳，『キェルケゴール著作全集 8』創言社，1992 年，203–242 頁〕

———. "On the Occasion of a Wedding." In *Three Discourses on Imagined Occasions*, edited and translated by Howard V. Hong and Edna H. Hong. Princeton, NJ: Princeton University Press, 1993, pp. 43–68.〔セーレン・キェルケゴール「婚礼の機に」大谷長訳，『キェルケゴール著作全集 8』創言社，1992 年，171–202 頁〕

King, Martin Luther, Jr. *Stride Toward Freedom: The Montgomery Story*. Boston: Beacon Press, 2010.

———. *Strength to Love*. Minneapolis: Fortress Press, 2010.〔マーティン・ルーサー・キング『汝の敵を愛せよ』蓮見博昭訳，新教出版社，1965 年〕

———. *Where Do We Go from Here: Chaos or Community?*. Boston: Beacon Press, 2010.〔マーティン・ルーサー・キング『黒人の進む道——世界は一つの屋根のもとに』猿谷要訳，サイマル出版会，1968 年〕

———. *The Trumpet of Conscience*. Boston: Beacon Press, 2010.〔マーティン・ルーサー・キング『良心のトランペット』中島和子訳，みすず書房，1968 年〕

———. "I Have a Dream." In *A Testament of Hope: The Essential Writings and Speeches of Martin Luther King, Jr*. Edited by James M. Washington. New York: Harper Collins, 1986, pp. 217–220.〔マーティ

ン・ルーサー・キング「私には夢がある」『私には夢がある——M・L・キング講演・説教集』クレイボーン・カーソン，クリス・シェパード編，梶原寿監訳，新教出版社，2004年，94–105頁〕

———. "Next Stop: The North." In *A Testament of Hope*, pp. 189–194.

———. "Where Do We Go from Here?." In *A Testament of Hope*, pp. 245–252.〔マーティン・ルーサー・キング「ここからどこへ行くのか」『私には夢がある——M・L・キング講演・説教集』クレイボーン・カーソン，クリス・シェパード編，梶原寿監訳，新教出版社，2004年，185–221頁〕

———. "A Time to Break Silence." In *A Testament of Hope*, pp. 231–244.〔キング「ベトナムを越えて」『私には夢がある——M・L・キング講演・説教集』クレイボーン・カーソン，クリス・シェパード編，梶原寿監訳，新教出版社，2004年，153–184頁〕

———. "Hammer on Civil Rights." In *A Testament of Hope*, pp. 169–175.

———. "I See the Promised Land." In *A Testament of Hope*, pp. 279–286.

———. "The Other America." In *"All Labor Has Dignity,"* edited by Michael K. Honey. Boston: Beacon Press, 2011, pp. 155–166.

———. "I am in one of those houses of labor to which I come not to criticize, but to praise." In *"All Labor Has Dignity,"* pp. 49–54.

———. "A New Sense of Direction." Transcript available at www.carnegiecouncil.org/publications/articles_papers_reports/4960.

King, Richard H. *Civil Rights and the Idea of Freedom*. Athens: University of Georgia Press, 1992.

Klein, Naomi. *This Changes Everything: Capitalism vs. the Climate.* New York: Simon & Schuster, 2014.〔ナオミ・クライン『これがすべてを変える——資本主義 vs. 気候変動』上・下巻，幾島幸子・荒井雅子訳，岩波書店，2017年〕

Knausgaard, Karl Ove. *Min kamp: Sjette bok*. Oslo: Forlaget Oktober, 2012.

———. *My Struggle: Book One*. Translated by Don Bartlett. New York: Farrar, Straus & Giroux, 2013.〔カール・オーヴェ・クナウスゴール『わが闘争——父の死』岡本健志・安藤佳子訳，早川書房，2015年〕

———. *My Struggle: Book Two*. Translated by Don Bartlett. New York: Farrar, Straus & Giroux, 2014.〔カール・オーヴェ・クナウスゴール『わが闘争2——恋する作家』岡本健志・安藤佳子訳，早川書房，2018年〕

———. *My Struggle: Book Three*. Translated by Don Bartlett. New York: Farrar, Straus & Giroux, 2015.

Korsgaard, Christine. *The Sources of Normativity*. Cambridge: Cambridge University Press, 1996.〔クリスティーン・コースガード『義務とアイデンティティの倫理学——規範性の源泉』寺田俊郎・三谷尚澄・後藤正英・竹山重光訳，岩波書店，2005年〕

———. *Creating the Kingdom of Ends*. Cambridge: Cambridge University Press, 1996.

———. *The Constitution of Agency: Essays on Practical Reason and Moral Psychology.* Oxford: Oxford University Press, 2008

———. *Self Constitution. Agency, Identity, and Integrity.* Oxford: Oxford University Press, 2009.

Krishek, Sharon. "The Existential Dimension of Faith." In *Kierkegaard's* Fear and Trembling: *A Critical Guide*. edited by Daniel Conway. Cambridge: Cambridge University Press, 2015.

Lewis, C.S. *A Grief Observed*. San Francisco: HarperCollins, 1996.〔C・S・ルイス『悲しみをみつめて』西村徹訳，新教出版社，1994年〕

Lippitt, John. *Kierkegaard and* "Fear and Trembling." London: Routledge, 2003.

Luther, Martin. *The Letters of Martin Luther*. Selected and Translated by Margaret A. Currie. London:

Macmillan, 1908.
———. *Luther's Catechetical Writings*, 2 volumes. Translated by J. N. Lenker. Minneapolis: Luther Press, 1907.〔ルター著作集編集委員会編「十戒の要解，使徒信条の要解，主の祈りの要解」『ルター著作集 2』聖文舎，1963 年〕
———. *Martin Luthers Werke: Kritische Gesamtausgabe.* Weimar: 1883–2009.
Luxemburg, Rosa. *Reform or Revolution.* In *Reform or Revolution and Other Writings.* New York: Dover, 2006.〔ローザ・ルクセンブルク「社会改良か革命家」喜安朗訳，『ローザ・ルクセンブルク選集 1』野村修・田窪清秀・高原宏平・喜安朗・片岡啓治訳，現代思潮社，1969 年新装版，154–246 頁〕
———. *The Russian Revolution, in Reform or Revolution and Other Writings.* New York: Dover, 2006.〔ローザ・ルクセンブルク『ロシア革命論』伊藤成彦・丸山敬一訳，論創社，1985 年〕
Marcus Aurelius. *Meditations*. Edited and translated by Gregory Hays. New York: Modern Library, 2002.〔マルクス・アウレリウス『自省録』神谷美恵子訳，岩波書店，2007 年〕
Marx, Karl. *Marx-Engels Werke*. Vols. 1–42. Berlin: Karl Dietz Verlag, 1956–1981.
———. *Economic and Philosophic Manuscripts of 1844*. In *The Marx-Engels Reader*, translated by Martin Milligan, edited by Robert C. Tucker. New York: W. W. Norton, 1978, pp. 67–125.〔カール・マルクス『経済学・哲学草稿』長谷川宏訳，光文社古典新訳文庫，2010 年〕
———. "Discovering Hegel." In *The Marx Reader*, pp. 7–8.〔カール・マルクス「父への手紙　1837 年 11 月 10 日」真下信一訳，『マルクス＝エンゲルス全集 40——マルクス初期著作集』大内兵衛・細川嘉六監訳，大月書店，1975 年，3–12 頁〕
———. "The German Ideology." In *The Marx Reader*, pp. 147–200.〔カール・マルクス『新編輯版ドイツ・イデオロギー』廣松渉編訳，小林昌人補訳，岩波文庫，2002 年〕
———. "Contribution to the Critique of Hegel's *Philosophy of Right:* Introduction." In *The Marx Reader*, pp. 16–25.〔カール・マルクス「ヘーゲル法哲学批判序説」『ユダヤ人問題に寄せて／ヘーゲル法哲学批判序説』中山元訳，光文社古典新訳文庫，2014 年，159–195 頁〕
———. "Theses on Feuerbach." In *The Marx Reader*, pp. 143–145.〔カール・マルクス「補録　［フォイエルバッハに関するテーゼ］」『新編輯版　ドイツ・イデオロギー』廣松渉編訳，小林昌人補訳，岩波文庫，2002 年，229–240 頁〕
———. "For a Ruthless Criticism of Everything Existing." In *The Marx Reader*, pp. 12–15.〔カール・マルクス「補遺二　マルクスの一八四三年のルーゲ宛て書簡」『ユダヤ人問題に寄せて／ヘーゲル法哲学批判序説』中山元訳，光文社古典新訳文庫，2014 年，219–246 頁〕
———. "Critique of the Gotha Program." In *Karl Marx: Selected Writings*, edited by David McLellan. Oxford: Oxford University Press, 2000, pp. 610–615.〔カール・マルクス『ゴータ綱領批判』望月清司訳，岩波文庫，1975 年〕
———. "Critique of the Gotha Program." In *The Marx Reader*, pp. 525–541〔同上書〕
———. *Critique of Hegel's Doctrine of the State*. Translated by Rodney Livingston and Gregor Benton. New York: Vintage, 1975.〔カール・マルクス「ヘーゲル国法論（第 261 節—第 313 節）の批判」真下信一訳，『マルクス＝エンゲルス全集 1——1839 年–1844 年』大内兵衛・細川嘉六監訳，大月書店，1959 年，233–372 頁〕
———. *Grundrisse*. Translated by Martin Nicolaus. New York: Penguin Classics, 1973.〔カール・マルクス『マルクス資本論草稿集①』資本論草稿翻訳委員会訳，大月書店，1981 年／『マルクス資本論草稿集②』資本論草稿翻訳委員会訳，大月書店，1993 年〕
———. *Capital*. Vol. 1. Translated by Ben Fowkes. New York: Penguin Classics, 1980.〔カール マルクス『資本論』第 1, 2, 3 巻，向坂逸郎訳，岩波文庫，1969 年〕

———. *Capital*. Vol. 2. Translated by David Fernbach. New York: Penguin Classics, 1992.〔カール マルクス『資本論』第 4, 5 巻，向坂逸郎訳，岩波文庫，1969 年〕
———. *Capital*. Vol. 3. Translated by David Fernbach. New York: Penguin Classics, 1991.〔カール マルクス『資本論』第 6, 7, 8, 9 巻，向坂逸郎訳，岩波文庫，1969/70 年〕
McDowell, John. *Mind and World*. Cambridge, MA: Harvard University Press, 1996.〔ジョン・マクダウェル『心と世界』神崎繁・河田健太郎・荒畑靖宏・村井忠康訳，勁草書房，2012 年〕
———. *Mind, Value, and Reality*. Cambridge, MA: Harvard University Press, 2001.〔部分訳：ジョン・マクダウェル『徳と理性——マクダウェル倫理学論文集』大庭健編監訳，勁草書房，2016 年〕
———. *The Engaged Intellect*. Cambridge, MA: Harvard University Press, 2013.
———. "Why Does It Matter to Hegel that Geist Has a History?" In *Hegel on Philosophy in History*, edited by James Kreines and Rachel Zuckert. Cambridge, Cambridge University Press, 2017, pp. 15–32.
Meister Eckhart. "Detachment." In *The Best of Meister Eckhart*, edited by H. Backhouse. New York: Crossroad, 1993.〔マイスター・エックハルト「離在について」『神の慰めの書』相原信作訳，講談社学術文庫，1985 年，134–149 頁〕
Menger, Carl. *Principles of Economics*. New York: New York University Press, 1981.〔カール・メンガー『国民経済学原理』安井琢磨・八木紀一郎訳，日本経済評論社，1999 年〕
Mill, John Stuart. *On Liberty*. Edited by Elizabeth Rapaport. Bloomington, IN: Hackett, 1978.〔ジョン・スチュアート・ミル『自由論』斉藤悦則訳，光文社古典新訳文庫，2012 年〕
———. *Principles of Political Economy*. Oxford: Oxford University Press, 1994.〔J・S・ミル『経済学原理』全 5 巻，末永茂喜訳，岩波文庫，1959–63 年〕
Mooney, Edward. *Knights of Faith and Resignation: Reading Kierkegaard's* "Fear and Trembling." Albany: State University of New York Press, 1991.
Neuhouser, Frederick. *Foundations of Hegel's Social Theory: Actualizing Freedom*. Cambridge, MA: Harvard University Press, 2003.
Nietzsche, Friedrich. *The Gay Science*. Edited by Bernard Williams. Translated by Josefine Nauckhoff. Cambridge: Cambridge University Press, 2001.〔フリードリッヒ・ニーチェ『ニーチェ全集 8——悦ばしき知識』信太正三訳，ちくま学芸文庫，1993 年〕
———. *Ecce Homo*. In *On the Genealogy of Morals and Ecce Homo*. Edited and translated by Walter Kaufmann. New York: Vintage, 1989, pp. 217–338.〔フリードリッヒ・ニーチェ「この人を見よ」『ニーチェ全集 15——この人を見よ・自伝集』川原栄峰訳，ちくま学芸文庫，1994 年，9–186 頁〕
Nightingale, Andrea. *Once Out of Nature: Augustine on Time and the Body*. Chicago: University of Chicago Press, 2011.
Nussbaum, Martha. *The Therapy of Desire: Theory and Practice in Hellenistic Ethics*. Princeton, NJ: Princeton University Press, 1994.
———. *Upheavals of Thought: The Intelligence of Emotions*. Cambridge: Cambridge University Press, 2001.
Nygren, Anders. *Agape and Eros*. Translated by Philip S. Watson. New York: Harper & Row, 1953.〔A・ニーグレン『アガペーとエロース』全 3 巻，岸千年・大内弘助訳，新教出版社，1954–1963 年〕
Oates, Stephen B. *Let the Trumpet Sound: The Life of Martin Luther King, Jr.* New York: Harper Perennial, 2013.
Piketty, Thomas. *Capital in the Twenty-First Century*. Cambridge, MA: Harvard University Press, 2014.

〔トマ・ピケティ『21 世紀の資本』山形浩生・守岡桜・森本正史訳，みすず書房，2014 年〕
Pinkard, Terry. *Hegel: A Biography*. Cambridge: Cambridge University Press, 2000.
———. *Does History Make Sense? Hegel on the Historical Shapes of Justice*. Cambridge: Cambridge University Press, 2017.
Pippin, Robert. *Hegel's Idealism*. Cambridge: Cambridge University Press, 1989.
———. *Idealism as Modernism: Hegelian Variations*. Cambridge: Cambridge University Press, 1997.
———. *Hegel's Practical Philosophy*. Cambridge: Cambridge University Press, 2008.〔ロバート・B・ピピン『ヘーゲルの実践哲学——人倫としての理性的行為者性』星野勉監訳，大橋基・大藪敏宏・小井沼広嗣訳，法政大学出版局，2013 年〕
———. *Hegel on Self-Consciousness*. Princeton, NJ: Princeton University Press, 2011.
———. "Hegel's Logic of Essence." In *Schelling-Studien*, Bd. 1, 2013, pp. 73–96.
———. "The Many Modalities of *Wirklichkeit* in Hegel's Science of Logic." In *Hegel: Une pensée de l'objectivité*, edited by J. Seba and G. Lejeune. Paris: Éditions Kimé, 2017, pp. 13–32.
———. "Hegel on Logic as Metaphysics." In *The Oxford Handbook to Hegel*, edited by Dean Moyar. Oxford: Oxford University Press, 2017, pp. 199–218.
Postone, Moishe. "Necessity, Labor, and Time: A Reinterpretation of the Marxian Critique of Capitalism." *Social Research* 45, no. 4 (1978): 739–788.
———. *Time, Labor, and Social Domination: A Reinterpretation of Marx's Critical Theory*. Cambridge: Cambridge University Press, 1993.〔モイシェ・ポストン『時間・労働・支配——マルクス理論の新地平』白井聡・野尻英一監訳，筑摩書房，2012 年〕
Proust, Marcel. *À la recherche du temps perdu*. Vol. 3. Edited by J-Y Tadié. Paris: Gallimard, 1988.
———. *À la recherche du temps perdu*. Vol. 4. Edited by J-Y Tadié. Paris: Gallimard, 1988.
———. *Sodom and Gomorrah*. Translated by John Sturrock. New York: Penguin, 2002.〔マルセル・プルースト『失われた時を求めて 8——第 4 篇　ソドムとゴモラ』全 2 巻，鈴木道彦訳，集英社文庫，2006 年〕
———. *Finding Time Again*. Translated by Ian Patterson. New York: Penguin, 2003.〔マルセル・プルースト『失われた時を求めて 12——第 7 篇　見出された時』全 2 巻，鈴木道彦訳，集英社文庫，2007 年〕
Quine, Willard Van Orman. *Word and Object*. Cambridge, MA: MIT Press, 2013.〔W・V・O・クワイン『ことばと対象』大出晁・宮館恵訳，勁草書房，1984 年〕
Ransby, Barbara. *Ella Baker and the Black Freedom Movement: A Radical Democratic Vision*. Chapel Hill: University of North Carolina Press, 2005.
Rawls. John. *A Theory of Justice*. Rev. ed. Cambridge, MA: Harvard University Press, 1999.〔ジョン・ロールズ『正義論（改訂版）』川本隆史・福間聡・神島裕子訳，紀伊國屋書店，2010 年〕
———. *The Law of Peoples*. Cambridge, MA: Harvard University Press, 1999.〔ジョン・ロールズ『万民の法』中山竜一訳，岩波現代文庫，2022 年〕
Reed, Adolph, Jr. "Black Particularity Reconsidered." *Telos*, no. 39 (1979): 71–93.
Reginster, Bernard. *The Affirmation of Life: Nietzsche on Overcoming Nihilism*. Cambridge, MA: Harvard University Press, 2006.〔バーナード・レジンスター『生の肯定——ニーチェによるニヒリズムの克服』岡村俊史・竹内綱史・新名隆志訳，法政大学出版，2020 年〕
Robbins, Bruce. "Enchantment? No, Thank You!" In *The Joy of Secularism: 11 Essays for How We Live Now*, edited by George Levine. Princeton, NJ: Princeton University Press, 2012, pp. 74–94.
Roberts, William. *Marx's Inferno: The Political Theory of Capital*. Princeton, NJ: Princeton University Press, 2017.

Rödl, Sebastian. *Self-Consciousness*. Cambridge, MA: Harvard University Press, 2007.
Scheffler, Samuel. *Death and the Afterlife*. Oxford: Oxford University Press, 2013.〔サミュエル・シェフラー『死と後世』森村進訳，ちくま学芸文庫，2023 年〕
———. *Equality and Tradition: Questions of Value in Moral and Political Theory*. Oxford: Oxford University Press, 2010.
Seneca. *Dialogues and Essays*. Translated by John Davie. Oxford: Oxford University Press, 2007.
Singer, Tania: "Empathy and Compassion." *Current Biology* 24, no. 18 (2014): 1–4.
———. "What Type of Meditation Is Best for You?" *Greater Good Magazine*, July 2, 2018.
Spinoza. "A Portrait of the Philosopher as a Young Man." In *The Spinoza Reader: The Ethics and Other Works*, edited and translated by Edwin Curley. Princeton, NJ: Princeton University Press, 1994, pp. 3–6.〔スピノザ『知性改善論』畠中尚志訳，岩波書店，1931 年，11–20 頁〕
———. *The Ethics*. In *The Spinoza Reader*, pp. 85–265.〔スピノザ『エチカ——倫理学』上・下巻，畠中尚志訳，岩波文庫，2011 年〕
Staten, Henry. *Eros in Mourning*. Baltimore: Johns Hopkins University Press, 1995.
Stork, Theophilus, ed. *The Life of Martin Luther and the Reformation in Germany*. New York: Wenthworth Press, 2016.
Sturm, Douglas. "Martin Luther King, Jr. as Democratic Socialist." *Journal of Religious Ethics* 18, no. 2 (1990): 79–105.
Suther, Jensen. "Hegel's Logic of Freedom." Manuscript under review.
———. "Hegel's Materialism." Manuscript under review.
———. *Spirit Disfigured: The Persistence of Freedom in Modernist Literature and Philosophy*. Dissertation, Department of Comparative Literature, Yale University, 2019.
Taylor, Charles. *A Secular Age*. Cambridge, MA: Harvard University Press, 2007.〔チャールズ・テイラー『世俗の時代』上・下巻，千葉眞監訳，木部尚志・山岡龍一・遠藤知子・石川涼子・梅川佳子・高田宏史・坪光生雄訳，名古屋大学出版会，2020 年〕
Terry, Brandon M. "Requiem for a Dream: The Problem-Space of Black Power." In *To Shape a New World: Essays on the Political Philosophy of Martin Luther King, Jr.*, edited by Tommie Shelby and Brandon M. Terry. Cambridge, MA: Harvard University Press, 2018, pp. 290–324.
Thompson, Michael. *Life and Action: Elementary Structures of Practice and Practical Thought*. Cambridge, MA: Harvard University Press, 2008.
Threadcract, Shatema, and Brandon M. Terry. "Gender Trouble: Manhood, Inclusion, and Justice." In *To Shape a New World*, pp. 205–235.
Tillich, Paul. *Dynamics of Faith*. New York: Harper One, 2009.〔パウル・ティリッヒ『信仰の本質と動態』谷口美智雄訳，新教出版社，1961 年〕
Uebel, Thomas. E. *Otto Neurath: Philosophy Between Science and Politics*. Cambridge: Cambridge University Press, 2008.
Varoufakis, Yanis. "Introduction." In Marx and Engels, *The Communist Manifesto*. London: Vintage, 2018, pp. vii–xxix.
Volf, Miroslav. "Time, Eternity, and the Prospects for Care." *Evangelische Theologie* 76, no. 5 (2013): 345–354.
Weber, Max. "Science as a Vocation." In *The Vocation Lectures*, edited by David Owen and Tracy B. Strong, translated by Rodney Livingstone. Bloomington, IN: Hackett, 2004.〔マックス・ウェーバー『仕事としての学問　仕事としての政治』野口雅弘訳，講談社学術文庫，2018 年，13–88 頁〕

———. *Gesammelte politische Schriften* [*Collected Political Writings*]. Edited by Johannes Winckelmann. Stuttgart: UTB, 1988.
Westphal, Merold. *Kierkegaard's Concept of Faith*. Cambridge: Eerdmans Publishing Company, 2014.
Zuckerman, Phil. *Living the Secular Life: New Answers to Old Questions.* New York: Penguin, 2014.

註

序　章

（1）この記事は以下の書物から引用している。Steven Collins, *Nirvana: Concept, Imagery, Narrative*, p. 21. 私は，本書第 4 章で，永遠の生についてのさまざまな宗教的な考え方にかんするコリンズの分析に取り組んでいる。

（2）William James, *The Varieties of Religious Experience*, p. 399.〔ウィリアム・ジェイムズ『宗教的経験の諸相（下）』桝田啓三郎訳，岩波文庫，1970 年，385 頁〕

（3）Dalai Lama, “Samtal med Dalai Lama” [“Conversation with the Dalai Lama”], interview by Peter Berglund, Swedish Television (SVT), April 10, 1989.

（4）規範「に照らして〔in light of〕」行動するという概念については，哲学者ロバート・ピピンによる先駆的な自由論に負っている。ピピンが正しく強調しているように，私たちは所与の規範に合致するように，自動的ないし純粋に受動的に行動することはけっしてできない。規範に従うことは，当の活動がどんなに拘束されて最小限のことであっても，つねに私たちが能動的に行ない維持しなければならない何ごとかなのである。たとえば，Pippin, *Idealism as Modernism: Hegelian Variations* の第 15 章や，Pippin, *Hegel’s Practical Philosophy*〔ロバート・B・ピピン『ヘーゲルの実践哲学――人倫としての理性的行為者性』星野勉監訳，大橋基・大藪敏宏・小井沼広嗣訳，法政大学出版局，2013 年〕などを参照。

（5）以下を参照。Peter E. Gordon, “Critical Theory Between the Sacred and the Profane.” チャールズ・テイラー『世俗の時代』についてのゴードンの洞察に満ちた書評として以下も参照。“The Place of the Sacred in the Absence of God: Charles Taylor’s *A Secular Age*.”

（6）Max Weber, “Science as a Vocation,” pp. 12–13, 30.〔マックス・ウェーバー『仕事としての学問　仕事としての政治』野口雅弘訳，講談社学術文庫，2018 年，42–46，85–86 頁〕

（7）民主主義は社会の「脱霊魂化（Entseelung）」と「精神的プロレタリア化（geistige Proletarisierung）」を伴うというウェーバーの主張や，私たちを導く総統が必要であるという彼の主張については，たとえば，以下を参照。Weber, *Gesammelte politische Schriften*, p. 544.〔前掲『仕事としての学問　仕事としての政治』176 頁〕

（8）Weber, “Science as a Vocation,” p. 30.〔前掲『仕事としての学問　仕事としての政治』86 頁〕

（9）将来の世代の見通しが，現在の私たち自身の多くの活動に価値と意味を与える可能性の条件であるという先駆的な説明については，サミュエル・シェフラー『死と後世』〔森村進訳，ちくま学芸文庫，2023 年〕を参照のこと。シェフラーの「後世」概念は，私の用語法では世俗的なものである。なぜならこの概念は，なんらかの宗教的な意味での永遠の死後の生ではなく，人間の時間内的な生にかんしての将来の世代へのコミットメントを捉えようとするものだからである。

（10）Bruce Robbins, “Enchantment? No, Thank You!,” p. 81.

（11）Ibid., p. 90.

（12）Ibid., p. 81.

（13）以下からの引用。Nina Björk, *Drömmen om det röda: Rosa Luxemburg, socialism, språk och kärlek*, p. 23. 私は，ローザ・ルクセンブルクと彼女が参加した社会主義と労働運動についてのビョークの深い洞察に満ちた書物に負っている。また，ビョークの明敏な著書 *Lyckliga i alla*

sina dagar での自由と生涯の関係についての重要な考察も参照のこと。

(14) Luxemburg, *The Russian Revolution*, p. 222.〔ローザ・ルクセンブルク『ロシア革命論』伊藤成彦・丸山敬一訳，論創社，1985 年，50 頁〕

(15) Ibid.〔同頁〕

(16) Ibid., p. 221.〔同書，49–50 頁〕

(17) Marx, *Economic and Philosophic Manuscripts of 1844*, p. 86.〔カール・マルクス『経済学・哲学草稿』長谷川宏訳，光文社古典新訳文庫，2010 年，149–150 頁〕

(18) Thompson, *Life and Action*, p. 12; Marx, "Discovering Hegel," p. 7.〔カール・マルクス「父への手紙　1837 年 11 月 10 日」真下信一訳，『マルクス＝エンゲルス全集 40――マルクス初期著作集』大内兵衛・細川嘉六監訳，大月書店，1975 年，9 頁〕

(19) 自由，有限性，時間性にかんする私の思考にとってもっとも重要なリソースは，ヘーゲル『精神現象学』（および『大論理学』）とハイデガー『存在と時間』――私見では，全哲学史上もっとも洞察に満ちた三冊の書物――である。思うに，ヘーゲルとハイデガーの中核的洞察を正しい仕方で追求するならば，彼らの自由の概念がなぜ相互に必要とされるのかを把握することができるだろう。そのうえ，そのような見方によるならば，人格性と行為能力についての新たな概念を展開することが可能になる。このことについては，現在執筆中の拙著 *Being a Person: The Fundamental Ontology of Time and Agency* で詳論しており，そこで私はハイデガー『存在と時間』を深く掘り下げている。

第 1 章　信

(1) C. S. Lewis, *A Grief Observed*, p. 36.〔C・S・ルイス『悲しみをみつめて』西村徹訳，新教出版社，1994 年，52 頁〕

(2) Ibid., p. 56.〔同書，80 頁〕

(3) Ibid., p. 26.〔同書，38 頁〕

(4) Ibid., p. 66.〔同書，92 頁〕

(5) Ibid., pp. 26–27.〔同書，38 頁〕

(6) Ibid., pp. 24–25.〔同書，35 頁〕

(7) Ibid., p. 68.〔同書，95 頁〕

(8) Miroslav Volf, "Time, Eternity, and the Prospects for Care" を参照。この論文は時間と永遠をめぐる議論に焦点を合わせており，これについては私の以前の著作，とくに *Dying for Time* で明確に論じた。本書ではその議論を深化・改善したうえで，さらに展開している。

(9) Aristotle, *Rhetoric*, 1382b31–32.〔アリストテレス『弁論術』戸塚七郎訳，岩波書店，1992 年，186 頁〕。ここで「信じる（believe）」と英訳したギリシア語の動詞（οἴομαι）には，非常に豊かで示唆に富んだ意味の広がり（「考える」「想定する」「期待する」「信じる」など）がある。

(10) たとえばエピクテトス『人生談義』，セネカ『対話篇』や『論考』，マルクス・アウレリウス『自省録』を参照。ストア派における情念，コミットメント，信について論じた重要なかつ核心を突いた著作に Martha Nussbaum, *The Therapy of Desire* がある。とくにクリュシッポスの判断の概念を鋭く分析した第 10 章を参照。

(11) Spinoza, *The Ethics*, Book 5, pp. 244–265.〔スピノザ『倫理学（下）』畠中尚志訳，岩波書店，2011 年，117–167 頁〕

(12) Spinoza, "A Portrait of the Philosopher as a Young Man," pp. 4–5.〔スピノザ『知性改善論』畠中尚志訳，岩波書店，1968 年，15–16 頁〕

(13) ニーチェによる価値転換については洞察に富んだ分析がある。Bernard Reginster, *The Affir-*

mation of Life〔バーナード・レジンスター『生の肯定』岡村俊史・竹内綱史・新名隆志訳，法政大学出版局，2020 年〕を参照。

(14) Nietzsche, *Ecce Homo*, p. 258.〔フリードリッヒ・ニーチェ『ニーチェ全集 15――この人を見よ・自伝集』川原栄峰訳，ちくま学芸文庫，1994 年，75 頁〕。さらに『この人を見よ』における以下のニーチェの主張を参照。「私自身はこんなことのすべてを別に苦にしていない。必然的なことには私は傷つかない。運命愛《アモール・ファティ》こそ私の内奥の本性なのだ」(p. 324〔169 頁〕)。このようにニーチェは，他の箇所で彼が批判していたストア主義的な苦しみの否定にみずから陥っている。ニーチェは『悦ばしき知識』において，ストア主義批判の真っ当な形態にもっとも近づけている。そこでは，苦しみは喜びの能力と不可分であるという論拠のもとに，ストア主義的な苦しみからの離脱を論駁している。ニーチェはこう述べている。「ところで，もし快と不快とが一本の綱でつながれていて，出来るだけ多く一方のものをもとうと欲する者は，また出来るだけ多く他方のものをもたざるをえないとしたら，どうか？――「天にもとどく歓喜の叫び」をあげようと望む者は，また「死ぬばかりの悲しみ」をも覚悟しなければならないとしたら，どうか？　おそらくそうしたものなのだ！」(p. 38〔フリードリッヒ・ニーチェ『ニーチェ全集 8――悦ばしき知識』信太正三訳，ちくま学芸文庫，1993 年，74–75 頁〕)。その結果，「あなたが人々の苦しみにたいする感じやすさを減じ弱めたいならば，その喜びの能力も減じ弱めなければならないのだ」(p. 38〔同頁〕)。ニーチェが指摘するように，喜びと痛みの構成的な相互関係はストア主義者たちの論法からも明らかである。「ストア主義者がこうあるべきだと信じたのだから，彼らが人生から出来るだけ少ない不快をしか受けないために，出来るだけ少ない快楽を望んだのは，辻褄の合ったことだった」(Ibid.〔同頁〕)。ニーチェの見立てでは，無関心を選んで生から退却しようとするのだから，ストア主義の離脱はニヒリスト的である。この点についてニーチェは『悦ばしき知識』のなかで，さらに機知を働かせてこう続ける。「われわれのこの人生は，これをストア的な生活法やその化石状態と取り換えた方が得だというほど，本当に苦痛で厄介至極なものであるのか？　ストア的な生活法で容態を悪化させなければならないほど，それほどわれわれは重態ではない！」(p. 182〔同書，339–340 頁〕)。だがニーチェのストア主義批判は，快／苦の心理的なカテゴリーと両者の質的な関係の枠内にとどまっており，生を営むということについての理解の諸条件に向き合ってはいない。むしろヘーゲルの『精神現象学』のストア主義批判――その批判については本書の結論で展開する――のほうがはるかに強力である。というのもヘーゲルは，たんに心理的な面だけでなく，そもそもひとつの人格をそなえた者であることについての理解可能性の諸条件という点からもストア主義の根本的な一貫性の欠如を論証しようとしているからである。ニーチェとは異なり，ヘーゲルは個の性格の欠陥という点からではなく，抑圧的な社会的・歴史的条件という点から，ストア派の誘惑を理解しようとする。ヘーゲルが述べているように，ストア主義が権威的な精神の理想として「君臨しうるのは，普遍的な恐怖と隷属の時代だけ」である（*Phenomenology of Spirit*, pp. 118–119〔G・W・F・ヘーゲル『精神現象学（上）』熊野純彦訳，筑摩書房，2018 年，324 頁〕)。ストア主義のさまざまな形態が，私たち自身の時代に至っても，精神についての「知恵」であるというステータスを享受し続けているということから，私たちはまだ解放された社会の完遂にはほど遠いのだということに気づくべきだろう。

(15) Taylor, *A Secular Age*, p. 3.〔チャールズ・テイラー『世俗の時代（上）』千葉眞監訳，木部尚志・山岡龍一・遠藤知子訳，名古屋大学出版会，2020 年，6 頁〕

(16) Dennett, *Breaking the Spell*, p. 221.

(17) Taylor, *A Secular Age*, pp. 4–5.〔テイラー『世俗の時代（上）』6 頁〕

(18) Ibid., p. 16.〔同書，21 頁〕

(19) Ibid., pp. 638, 639.〔チャールズ・テイラー『世俗の時代（下)』千葉眞監訳，石川涼子・梅川佳子・高田宏史・坪光生雄訳，名古屋大学出版会，2020 年，758 頁〕

(20) Taylor, *A Secular Age*, pp. 16–17〔テイラー『世俗の時代（上)』21 頁〕を参照。

(21) Ibid., pp. 720–721.〔テイラー『世俗の時代（下)』857–858 頁〕

(22) Ibid., p. 723.〔同書，863 頁〕

(23) Ibid.〔同頁〕

(24) Ibid., p. 720.〔同書，857 頁〕

(25) Ibid., p. 57.〔テイラー『世俗の時代（上)』70 頁〕

(26) Ibid.〔同書，70–71 頁〕

(27) Ibid.〔同書，70 頁〕

(28) テイラーは，アウグスティヌス『告白』第 11 巻における時間の現象学に訴えることで，私たちの時間を「集めること」と神の永遠性とのアナロジーを正当化しようとしている。テイラーによれば，時間の引き延ばしという概念は，私たちがいかにして「過去から切断され，未来との接触を喪失している」かを示しているという（*A Secular Age*, p. 57, cf. p. 56〔テイラー『世俗の時代（上)』70 頁を参照〕)。テイラーは時間の引き延ばしを，アウグスティヌスの説明に対比させる。それは私たちがメロディを歌い，次にやってくる音符を予期しながらすでに歌った音符を保持するとき，私たちはどのように時間を「集める」のかについての説明である。だがテイラーの主張に反して，アウグスティヌスのメロディの例には，時間の引き延ばしと時間を集めることとのあいだに対比などない。アウグスティヌスの例の意図するところが，時間の引き延ばしがあらゆる時間経験をかたちづくるものであり，それによって私たちは過去を保持し，未来にみずからを投企する必要があるということを示すためであることは明らかである。引き延ばしという形態は，私たちが過去や未来から心理的に切り離されたときに降りかかってくるのではない。むしろ時間の引き延ばしにおいてのみ，私たちはみずからの過去や未来と関係できるのである。ゆえにアウグスティヌスは，私たちが未来との関係において過去を保持する仕方と，神がその永遠の現前に憩う仕方とのあいだにはアナロジーが成り立たないことを強調する。「歌う人がよく知った歌を歌い，聞く人がよく知った歌を聞くとき，未来の声にたいする期待と過去の声の記憶とによって，心の印象はさまざまに変わり，感覚知覚は引き延ばされる方向に向かいますが，変わることなく永遠で，もろもろの精神の真に永遠の創造主であるあなた〔神〕には，そのようなことは起こりません。あなたは始めに天地を知りたもうたが，そのときあなたの知のうちに多様性が生じたわけではありません。そのように，あなたが始めに天地を造りたもうたときにも，あなたの行為のうちに区別が生じたわけではありませんでした」(Augustine, *Confessions*, Book 11, chapter 31〔アウグスティヌス『告白Ⅲ』山田晶訳，中央公論新社，2014 年，83–84 頁〕)。私たちは過去を保持し未来に投企することで，過去の喪失や未来を前にした傷つきやすさに打ち勝つのではない。反対に，時間を集めるとは，過去と未来のあいだの還元不可能な分岐，あらゆる時間経験を理解する条件を目撃することである。神の永遠の現前においてはその逆で，過去と未来のあいだの分岐を理解することはできない。アウグスティヌスの時間の現象学と，その世俗的な含意の可能性については，第 2 章で分析することになる。

(29) Ibid., p. 720.〔テイラー『世俗の時代（下)』857 頁〕

(30) Ibid., p. 721.〔同頁〕

(31) Ibid., pp. 721–722.〔同書，858–859 頁〕

(32) Stork, *The Life of Martin Luther and the Reformation in Germany*, p. 80 からの引用。

(33) ルターはマグダレーナの棺の隣でこのような言葉をかけた。同上書を参照。

(34) ユストゥス・ヨナス宛てのルター書簡，1542 年 9 月 23 日付。*The Letters of Martin Luther*,

p. 238 を参照。

(35) アンドレアス・オジアンダー宛てのルター書簡，1545 年 6 月 3 日付。*The Letters of Martin Luther*, p. 456 を参照。

(36) C. S. Lewis, *A Grief Observed*, pp. 69–70.〔C・S・ルイス『悲しみをみつめて』97–98 頁〕

(37) Ibid., p. 75.〔同書，105–106 頁〕

(38) Ibid., p. 61.〔同書，84 頁〕

(39) Ibid., p. 76.〔同書，107 頁〕

(40) Dante, *The Divine Comedy*, Canto 33, p. 481.〔ダンテ「第 33 歌」『神曲　天国篇』平川祐弘訳，河出文庫，2009 年，453 頁〕

(41)『神曲』の最後について同様の結論に至る読解として，洞察に満ちた以下の分析を参照。Dreyfus and Kelly, *All Things Shining*, pp. 131–132.

(42) C. S. Lewis, *A Grief Observed*, p. 15.〔C・S・ルイス『悲しみをみつめて』23–24 頁参照〕

第 2 章　愛

(1) Augustine, *Confessions*, 11:15〔アウグスティヌス『告白Ⅲ』山田晶訳，中公文庫，2014 年，38 頁〕。『告白』からの引用はすべて巻と章の番号で記す。

(2) Ibid., 11:14.〔同頁〕

(3) Augustine, *Enarrationes in Psalmos*, 121.6.〔アウグスティヌス『アウグスティヌス著作集 20/1――詩編註解（ 5 ）』教文館，中川純男・鎌田伊知郎・泉治典・林明弘訳，2011 年，教文館，655 頁〕。英語版の翻訳は以下の優れた著作から引用した。Andrea Nightingale, *Once Out of Nature: Augustine on Time and the Body*, p. 59.

(4) Augustine, *In Ioannis Evangelicum tractatus*, 38.10.〔『アウグスティヌス著作集 24――『ヨハネによる福音書』講解説教（ 2 ）』教文館，金子晴男・木田文計・大島春子訳，1993 年，196 頁〕

(5) Augustine, *Eighty-three Different Questions*, p. 62.

(6) Augustine, *On Faith in Things Unseen*, p. 453.

(7) Ibid.

(8) Ibid., pp. 454–456.

(9) 以下を参照。Augustine, *Eighty-three Different Questions*, p. 83.

(10) 以下を参照。Paul Tillich, *Dynamics of Faith*, pp. 71–73.

(11) Ibid., p. 120.

(12) Ibid., p. 130. ティリッヒの以下の主張も参照のこと。「人間の心は無限なものを求める。なぜなら有限なものは無限なものにおいて憩うことを望むからだ。無限においてこそ，有限なものはみずからの充溢を知るのである」(p. 15)。私たちは無限な憩いを選び取ることで，本質的にみずからの有限性を克服したいと切望しているという主張は，ティリッヒの『信の力学』においてくり返されている。

(13) アーレントは，アウグスティヌスの信仰の論理のこの側面について優れた議論をしている。Hannah Arendt, *Love and Saint Augustine*, p. 32 を参照。〔アーレントのこの著作には日本語訳がある（ハンナ・アーレント『アウグスティヌスの愛の概念』千葉眞訳，みすず書房，2012 年）。日本語訳の底本は 1930 年代のドイツ語版，ヘグルンドが参照しているのは英語版である。英語版ではアーレント自身の改訂が反映されており，ドイツ語版とはかなり文言が異なっている。日本語訳での内容的な該当箇所は 24 頁だが，厳密に対応する箇所はない。英語版の「序」にはドイツ語版との違いが詳細に記されている。あわせて参照されたい。〕

(14) たとえば Augustine, *On Free Choice of the Will*, 1:4〔アウグスティヌス『自由意志』『アウグ

スティヌス著作集3――初期哲学論集（3）』泉治典・原正幸訳，教文館，1989年，31頁〕を参照。

(15) アウグスティヌスによるストア派批判については『神の国』第14巻を参照。ストア派とアウグスティヌスの差異については洞察に優れた分析がある。以下を参照。Nussbaum, *Upheavals of Thought*, pp. 527–556.

(16) Augustine, *Commentaries on the Psalms* 90, 1:8.〔アウグスティヌス『アウグスティヌス著作集19/2――詩編注解』荒井洋一・出村和彦・金子晴勇・田子多津子訳，教文館，2020年，421–424頁〕。英語訳は Arendt, *Love and Saint Augustine*, p. 17 を参照。

(17) アウグスティヌスにおける「享受されること（frui）」と「使用されること（uti）」の区別，また「欲望（cupiditas）」と「愛（caritas）」の区別については，以下の画期的な著作を参照。Anders Nygren, *Agape and Eros*.

(18) Augustine, *Confessions*, 1:1.〔アウグスティヌス『告白Ⅰ』山田晶訳，中公文庫，2014年，6頁〕

(19) 体系的かつ緻密なテクスト分析にもとづいた仏教的な涅槃の概念については，Collins, *Nirvana: Concept, Imagery, Narrative* を参照。

(20) Augustine, *Confessions*, 4:4.〔アウグスティヌス『告白Ⅰ』157頁〕

(21) Ibid.〔同書，159–160頁〕

(22) Ibid., 4:8.〔同書，167–168頁〕

(23) Ibid., 4:4.〔同書，160頁〕

(24) Ibid., 1:20.〔同書，65–66頁〕

(25) Ibid., 4:10.〔同書，171頁〕

(26) Ibid., 10:34.〔アウグスティヌス『告白Ⅱ』山田晶訳，中公文庫，2014年，324頁〕

(27) Ibid.〔同書，322頁〕

(28) Ibid., 4:10.〔アウグスティヌス『告白Ⅰ』172頁〕

(29) Ibid., 4:11.〔同書，173頁〕

(30) Ibid., 10:13.〔アウグスティヌス『告白Ⅱ』319頁〕

(31) Ibid., 4:11.〔アウグスティヌス『告白Ⅰ』174頁〕

(32) Augustine, *Sermones*, no. 163, 28–30. 英語訳は，Nightingale, *Once Out of Nature*, pp. 50–51 から引用。

(33) Augustine, *Confessions*, 4:10.〔アウグスティヌス『告白Ⅰ』172頁〕

(34) Ibid., 10:16.〔アウグスティヌス『告白Ⅱ』268頁〕

(35) Ibid., 10:13.〔同書，254頁〕

(36) Ibid.〔同書，248頁〕

(37) Ibid., 10:17.〔同書，272頁〕

(38) Ibid.〔同頁〕

(39) Ibid.〔同頁〕

(40) Ibid., 10:27.〔アウグスティヌス『告白Ⅱ』296–297頁〕

(41) Ibid., 11:29.〔アウグスティヌス『告白Ⅲ』77頁〕

(42) Knausgaard, *My Struggle: Book Two*, p. 67.〔カール・オーヴェ・クナウスゴール『わが闘争2――恋する作家』岡本健志・安藤佳子訳，早川書房，2018年，86頁。『わが闘争』全六巻のうち，第1巻と第2巻は日本語訳がある。ヘグルンドは原則，英訳を参照しているが，本書の執筆時，第6巻のみ英訳は未出版だったため，原書のノルウェー語版が参照されている。日本語訳では英語版の既訳を参照したうえで，原則としてヘグルンドの本文を翻訳した。〕

(43) Knausgaard, *Min kamp: Sjette bok*, p. 365.〔Karl Over Knausgaard, *My Struggle: Book Six*, Don

Bartlett and Martin Aitken, trans., Farrar, Straus and Giroux（e-book edition), 2019, p. 372〕
(44) Augustine, Confessions, 10:30.〔アウグスティヌス『告白 II』302 頁〕
(45) Ibid., 11:1.〔アウグスティヌス『告白 III』5–6 頁〕
(46) Knausgaard, *Min kamp: Sjette bok*, pp. 610, 611.
(47) Ibid., p. 610.
(48) Ibid., p. 409.
(49) Augustine, *Confessions*, 10:17.〔アウグスティヌス『告白 II』271 頁〕
(50) Ibid., 10:3.〔同書，222 頁〕
(51) Knausgaard, *My Struggle: Book One*, p. 25.〔クナウスゴール『わが闘争――父の死』岡本健志・安藤佳子訳，早川書房，2015 年，33 頁〕
(52) Ibid., p. 28.〔同書，36–37 頁〕
(53) Knausgaard, *Min kamp: Sjette bok*, p. 227.
(54) Knausgaard, *My Struggle: Book Three*, p. 172.
(55) Ibid., p. 178.
(56) Ibid., pp. 186–187.
(57) Ibid., p. 182.
(58) Knausgaard, *My Struggle: Book One*, pp. 164–165.〔クナウスゴール『わが闘争――父の死』217–218 頁〕
(59) Ibid., p. 29.〔同書，39 頁〕
(60) Proust, *Finding Time Again*, p. 208.〔マルセル・プルースト『失われた時を求めて 12――第七篇　見出された時 I』鈴木道彦訳，集英社文庫，2007 年，431 頁〕
(61) Ibid., p. 204.〔同書，422–423 頁〕
(62) Ibid., p. 189〔同書，394 頁〕
(63) Proust, *Sodom and Gomorrah*, p. 371.〔マルセル・プルースト『失われた時を求めて 8――第四篇　ソドムとゴモラ II』鈴木道彦訳，集英社文庫，2006 年，292–293 頁〕
(64) Knausgaard, *Min kamp: Sjette bok*, pp. 1116, 1117.
(65) Knausgaard, *My Struggle: Book One*, pp. 25–26.〔クナウスゴール『わが闘争――父の死』33–34 頁〕
(66) Proust, *Finding Time Again*, pp. 345–346.〔マルセル・プルースト『失われた時を求めて 13――第七篇　見出された時 II』鈴木道彦訳，集英社文庫，2007 年，255 頁。前段落の「肉体と化した時間」は以下に出てくる。Ibid., p. 356. 同書，276 頁〕
(67) Ibid., p. 345.〔同書，272 頁〕
(68) Ibid., p. 357.〔同書，278–279 頁〕
(69) Knausgaard, *My Struggle: Book One*, pp. 3–4.〔クナウスゴール『わが闘争――父の死』7–8 頁〕
(70) Ibid., *Book Three*, p. 8.
(71) Knausgaard, *Min kamp: Sjette bok*, p. 596.
(72) Knausgaard, *My Struggle: Book Two*, p. 98.〔クナウスゴール『わが闘争 2――恋する作家』98 頁〕
(73) Knausgaard, *My Struggle: Book One*, p. 441.〔クナウスゴール『わが闘争――父の死』578 頁〕
(74) Ibid., p. 350.〔同書，456 頁〕
(75) Ibid.〔同頁〕
(76) Epictetus, *The Discourses*, p. 215.〔エピクテートス『人生談義（下)』國方栄二訳，岩波文庫，2020 年，168 頁〕
(77) Knausgaard, *Min kamp: Sjette bok*, pp. 916–917.

第3章　責　任

（1）Gen. 12:2. 聖書の引用は以下の英語訳に準じる。*The New Oxford Annotated Bible*, edited by Michael D. Coogan.〔日本語訳は以下に準じる。共同訳聖書実行委員会『創世記』12:2,『聖書新共同訳』日本聖書協会, 1988年〕

（2）Gen. 22:12.〔『創世記』22:12〕

（3）Gen. 22:16–17.〔『創世記』22:16–17〕

（4）Joakim Garff, *Søren Kierkegaard: A Biography*, p. 251 を参照。

（5）Luther, *Luther's Catechetical Writings*, vol. 1, p. 203.〔ルター著作集編集委員会編「十戒の要解, 使徒信条の要解, 主の祈りの要解」『ルター著作集2』聖文舎, 1963年, 452頁〕

（6）Kierkegaard, *Fear and Trembling*, p. 20.〔セーレン・キェルケゴール『畏れとおののき』尾崎和彦訳,『キェルケゴール著作全集3（上）』2010年, 創言社, 30頁〕

（7）Ibid., p. 52.〔同書, 73頁〕

（8）Kierkegaard, *Concluding Unscientific Postscript, vol. 1*, p. 204.〔セーレン・キェルケゴール「哲学的断片への結びの学問外れな後書　前半」大谷長訳,『キェルケゴール著作全集6』創言社, 1989年, 504頁〕

（9）Kierkegaard, "On the Occasion of a Wedding," p. 58.〔セーレン・キェルケゴール「仮想された機会での三つの談話」大谷長訳,『キェルケゴール著作全集8』創言社, 1992年, 190頁〕

（10）Ibid., p. 44.〔同書, 172頁〕

（11）Ibid., p. 50.〔同書, 180頁〕

（12）Ibid., p. 62.〔同書, 195頁〕

（13）Ibid.〔同頁〕

（14）Ibid., pp. 52–53.〔同書, 183頁〕

（15）Kierkegaard, "At a Graveside," p. 83.〔セーレン・キェルケゴール「仮想された機会での三つの談話」大谷長訳,『キェルケゴール著作全集8』創言社, 1992年, 218頁〕

（16）Kierkegaard, *Eighteen Upbuilding Discourses*, p. 23.〔セーレン・キェルケゴール『キルケゴールの講話・遺稿集1』福島保夫訳, 新地書房, 1981年, 37–38頁〕

（17）Ibid., p. 24.〔同書, 38頁〕

（18）Kierkegaard, *Fear and Trembling*, p. 31.〔キェルケゴール『畏れとおののき』43–44頁〕

（19）Kierkegaard, *The Sickness unto Death*, p. 25.〔セイレン・キェルケゴール『新訳　死に至る病』鈴木祐丞訳, 講談社学術文庫, 2017年, 46–47頁〕

（20）Ibid., p. 22.〔同書, 41頁〕

（21）Ibid., pp. 14 and 49.〔同書, 28頁, 86頁〕

（22）Kierkegaard, *The Concept of Anxiety*, p. 189.〔セーレン・キルケゴール『新訳　不安の概念』村上恭一郎訳, 平凡社ライブラリー, 2019年, 280頁〕

（23）Kierkegaard, *Eighteen Upbuilding Discourses*, pp. 23–24.〔同書, 38頁〕

（24）Kierkegaard, *The Concept of Anxiety*, p. 190.〔キルケゴール『新訳　不安の概念』282頁〕

（25）Kierkegaard, *The Sickness unto Death*, p. 38.〔キェルケゴール『新訳　死に至る病』67–68頁〕

（26）Ibid., pp. 39–40.〔同書, 70頁〕

（27）Ibid., pp. 38–39.〔同書, 68–70頁〕

（28）Kierkegaard, *Fear and Trembling*, p. 36.〔キェルケゴール『畏れとおののき』50頁を参照〕

（29）Kierkegaard, *Concluding Unscientific Postscript*, vol. 1, p. 391.〔セーレン・キェルケゴール『キェルケゴール著作全集7——哲学的断片への結びの学問外れな後書（後半）』大谷長訳, 創言社, 1989年, 130頁〕

（30）Ibid., p. 393.〔同書, 134頁〕

(31) Ibid., p. 410.〔同書，156 頁〕
(32) Ibid., pp. 410–411.〔同書，156–157 頁〕
(33) Ibid., p. 412.〔同書，158 頁〕
(34) Kierkegaard, *Christian Discourses*, p. 284.〔セーレン・キェルケゴール『キェルケゴール著作全集 11――キリスト教談話』藤木正三訳，創言社，1989 年，413 頁〕
(35) Ibid.〔同書，413–414 頁〕
(36) Ibid.〔同書，414 頁〕
(37) Ibid., p. 285.〔同書，414 頁〕
(38) Kierkegaard, *Concluding Unscientific Postscript*, vol. 1, p. 386.〔キェルケゴール『哲学的断片への結びの学問外れな後書（後半）』134 頁〕
(39) Ibid., p. 410.〔同書，156 頁〕
(40) Ibid., p. 405.〔同書，149 頁〕
(41) Kierkegaard, *Fear and Trembling*, p. 46.〔キェルケゴール『畏れとおののき』65 頁〕。〈宗教性 A〉をめぐる議論ついてはとくに *Concluding Unscientific Postscript*, pp. 556–557 も参照〔該当箇所は英語版訳者による註であり日本語版には該当箇所なし〕。キルケゴールの宗教的信仰についての体系的な説明については Merold Westphal, *Kierkegaard's Concept of Faith* を参照。ウェストファルが正確に論じているように，〈宗教性 A〉とは「〔生物分類にたとえれば〕属であり，その種がキリスト教である。クリマクス［『後書き』でのキルケゴールのペンネーム］が，〈宗教性 B〉の状態にいたるには，まず〈宗教性 B〉に身を置かねばならないというとき，彼は発達心理学を講じているのではない。ここでの意味は，コリーであるためには，まず犬でなければならないということなのである。優先されるべきは論理と概念であって，時間性ではないのだ」(pp. 208–209)。
(42) Kierkegaard, *Concluding Unscientific Postscript,* vol. 1, p. 393.〔キェルケゴール『哲学的断片への結びの学問外れな後書（後半）』134 頁〕
(43) Kierkegaard, *Fear and Trembling*, p. 45.〔キェルケゴール『畏れとおののき』63 頁〕
(44) Ibid.〔同頁〕
(45) John Davernport は，キルケゴールの「終末論的信頼」という点から，キルケゴールのこの概念を分析している。この著者による関連する論文（“Faith as Eschatological Trust in *Fear and Trembling*”, “Kierkegaard's Postscript in Light of *Fear and Trembling*”, “Eschatological Faith and Repetition”）を参照のこと。
(46) Kierkegaard, *Fear and Trembling*, p. 20.〔キェルケゴール『畏れとおののき』30 頁〕
(47) Ibid., p. 50.〔同書，70 頁〕
(48) Ibid.〔同頁〕
(49) Ibid., p. 40.〔同書，57 頁〕
(50) たとえば以下の著作や論文を参照。Dreyfus and Rubin, “Kierkegaard, Division II, and the Later Heidegger”; Dreyfus, “Kierkegaard on the Self”; Lippitt, *Kierkegaard and “Fear and Trembling”*; Mooney, *Knights of Faith and Resignation: Reading Kierkegaard's “Fear and Trembling”*; Krishek, “The Existential Dimension of Faith.” 対照的に J. M. Bernstein の鋭い分析を含む論文（“Remembering Isaac”）は，イサクの立脚点を思い起こすことが何を意味しているのかを（とくにカラヴァッジオについての素晴らしい解読をとおして）明らかにし，『おそれとおののき』がイサクを忘却することを前提として成り立っていることを示している。
(51) Kierkegaard, *Fear and Trembling*, p. 36.〔キェルケゴール『畏れとおののき』28 頁〕
(52) Ibid., p. 12.〔同書，19 頁〕
(53) Ibid., p. 14.〔同書，22 頁〕

(54) Ibid., p. 37.〔同書，51 頁〕
(55) Ibid., p. 22.〔同書，32 頁〕
(56) Ibid., p. 39.〔同書，55 頁〕
(57) Ibid.〔同頁〕
(58) Ibid., p. 41.〔同書，58 頁〕
(59) Ibid., p. 42.〔同書，58–59 頁〕
(60) Ibid., p. 46.〔同書，65 頁〕
(61) Ibid., p. 44.〔同書，62 頁〕
(62) Ibid., pp. 44–45.〔同書，63 頁〕
(63) Ibid., p. 44.〔同書，62 頁〕
(64) Ibid., p. 49.〔同書，69 頁〕
(65) Ibid., pp. 43–44.〔同書，61 頁〕
(66) Ibid., p. 48.〔同書，67–68 頁〕
(67) Ibid., pp. 46–47.〔同書，65–66 頁〕
(68) Ibid., p. 48.〔同書，68 頁〕
(69) Ibid., p. 50.〔同書，70–71 頁〕
(70) Ibid., p. 40.〔同書，57 頁〕
(71) Ibid., pp. 40–41.〔同頁〕
(72) Ibid., p. 39.〔同書，55 頁〕
(73) Ibid., pp. 39–40.〔同書，55–56 頁〕
(74) Ibid., p. 40.〔同書，56 頁〕
(75) Ibid., p. 34.〔同書，48 頁〕
(76) Ibid., p. 40.〔同書，56 頁〕
(77) Kierkegaard, *The Sickness unto Death*, p. 15.〔キェルケゴール『新訳　死に至る病』30 頁〕
(78) Kierkegaard, in *Søren Kierkegaard's Journals and Papers*, vol. 1, p. 10.
(79) Kierkegaard, *Christian Discourses*, pp. 7–22.〔キェルケゴール『キリスト教談話』18–39 頁〕
(80) Ibid., p. 14.〔同書，26 頁〕
(81) Ibid., pp. 15–16.〔同書，28 頁〕
(82) Kierkegaard, *Eighteen Upbuilding Discourses*, p. 307.〔セイレーン・キルケゴール『キルケゴールの講話・遺稿集 2』浜田恂子訳，新地書房，1981 年，191 頁〕
(83) Meister Eckhart, "Detachment," p. 91.〔マイスター・エックハルト「離在について」『神の慰めの書』相原信作訳，講談社，1985 年，192 頁〕
(84) Omri Boehm, *The Binding of Isaac*, p. 23.
(85) Kierkegaard, *Fear and Trembling*, p. 22.〔キェルケゴール『畏れとおののき』33 頁〕
(86) Ibid.〔同頁〕
(87) このパラグラフでの私の議論は，Henry Staten の重要な著作 *Eros in Mourning* の第 3 章にある『ヨハネによる福音書』をめぐる読解に負っている。

第 4 章　自然的自由と精神的自由

(1) 人間だけではなく，他の動物もまた，実際的な分類や区別の基礎的な形態を使いこなす――食物を食物として捉え，栄養になるもの（本質）と栄養があるように見えているだけのもの（外見）を実際に区別する――ことができるという洞察は，ヘーゲルが *Phenomenology of Spirit*, §109〔G・W・F・ヘーゲル『精神現象学（上）』熊野純彦訳，ちくま学芸文庫，2018 年，176–178 頁〕でほのめかしている。また，*Science of Logic*, p. 684〔G・W・F・ヘー

ゲル『論理の学　第三巻　概念論』山口祐弘訳，作品社，2013 年，224–225 頁〕も参照。ヘーゲルの議論は，Robert Brandom, “The Structure of Desire and Recognition: Self-Consciousness and Self-Constitution,” pp. 132–134 で素晴らしく明晰に展開されている。また，ヘーゲルとブランドムの議論をさらに押し進め，洞察深く展開している J. M. Bernstein, “To Be Is to Live, to Be Is to Be Recognized,” pp. 180–198 も参照。

（2）ノイラートは生涯をとおして船のモデルをさまざまに公式化したが，それを詳細に概観したものとしては，Thomas E. Uebel, *Otto Neurath: Philosophy Between Science and Politics*, pp. 89–166 を参照。〈ノイラートの船〉を，客観的知識の問題を把握するためのモデルと捉えた哲学的解説で，影響力のあるものとしては，W. V. Quine, *Word and Object*〔W・V・O・クワイン『ことばと対象』大出晁・宮館恵訳，勁草書房，1984 年〕を参照。認識論の問題を越えて，性格や美徳についての倫理的問いに〈ノイラートの船〉を展開した重要例としては，John McDowell, *Mind, Value, and Reality*, chapters 2, 3 and 9〔ジョン・マクダウェル『徳と理性——マクダウェル倫理学論文集』大庭健編・監訳，勁草書房，2016 年，第一章（英語版第二章）と第六章（英語版第九章）〕と，McDowell, *The Engaged Intellect*, chapter 2 を参照。しかしながら，マクダウェルは生を営むことに本来的に備わっている有限性や脆弱性——〈ノイラートの船〉において何が争点になっているのかを理解するために決定的であると私が論じていくもの——を分析していない。「ノイラートの船員は船を修繕する必要があるかもしれない」（*The Engaged Intellect*, p. 35）とマクダウェルは記しているものの，船を整備する必要性は，抜き差しならない構成要素ではなく，一時的で散発的なものという扱いである。それとは対照的に，私が示そうとするのは，あらゆる形態の生が，どのようにして，自身に本来的に備わっている有限性によって，構成的なかたちで自己維持を行なっているのかということ——ひとつにまとめあげておくために，船はつねに維持されなければならないというのに，船がバラバラになる可能性はつねにある——，このことが，あらゆる形態の精神的生において実践的な自己意識が第一に来ることの説明にもなること，である。

（3）「生」の概念を論理的な意味で特別扱いすることに，なんらかのたぐいの生気論が必然的に付いて回るわけではない。私が示していくように，自己維持の論理は以下のことを明らかにする。生あるものは必ず生なき物質の存在に依拠しているが，その一方で，生なき物質は必ずしも生あるものの存在に依拠していないことである。これと同じ理由で，「生」の概念を論理的な意味で特別扱いすることは，現代進化論による生の説明と両立する。現行の宇宙の進化において，生なき物質はあらゆる生ある存在に先行していたのであり，生の到来を予見させる必然性はまったくなかった。進化が因果的過程として進行していくのに，いかなる理由も最終的な目的も必要なかったのであり，進化が進んでいくために，それが誰かにとって理解可能である必要はなかった。しかしながら，進化が進化として理解可能になるには——そして，実を言えば，なんであれ，それが何かとして理解可能となるには——，生あるものの偶発的な存在が必要である。生あるものだけが，何かを何かとして受け取ることができる——実際に，質と量を，外見と本質を，生なきものと生あるものなどを区別できる——のであり，それは，私たち自身の存在を進化論的に説明し，私たち自身の活動の理解可能性の条件を哲学的に説明する私たちの能力にまで当てはまる。この路線でヘーゲルの『論理の学』を洞察深く分析したものとしては，Jensen Suther, “Hegel’s Logic of Freedom” を参照。理解可能性の条件にたいする私の全般的な強調は，『論理の学』についてのロバート・ピピンの画期的な仕事に負っている。同著者による “Hegel on Logic as Metaphysics” と “Hegel’s *Logic of Essence*” と “The Many Modalities of *Wirklichkeit* in Hegel’s *Wissenschaft der Logik*” を参照。

（4）私はここで，「形式面において区別される」生のあり方という概念に依拠しつつ，それをつくり変えているが，これはジョン・マクダウェルがアリストテレスとヘーゲルにおける生の

概念を分析するなかで定式化したものである（McDowell, “Why Does It Matter to Hegel that Geist Has a History?”を参照）。驚くべきことに，私たちが生ある存在であることが何を意味するのかについてのマクダウェルの説明のなかで，生ある存在の死の必然性はなんの役割も果たしていない。称讃に値するマクダウェルの哲学的企図（アリストテレスとヘーゲルについての論文のみならず，*Mind and World*〔ジョン・マクダウェル『心と世界』神崎繁・河田健太郎・荒畑靖宏・村井忠康訳，勁草書房，2012年〕でも追究されている）は，私たちの最高度の理性的・精神的能力ですら，本質的に生ある存在である私たちの状態に左右されていると主張している。しかしながら，死の必然性を，いかなる形態の自然的生のみならず，いかなる形態の精神的生をも構成するものとして捉え，その含意を明示的に把握し，理解しないかぎり，生ある存在としての私たちの状態の争点は薄められてしまう。これが，本書のあらゆる水準において私が試みていることである。私はこの目的のために，(1)有限性，(2)脆弱な物質的身体化，(3)生なき物質への非対称的な依存を，自己維持活動――生あるものの活動――それ自体にとっての理解可能性の条件とする必要があることを，演繹的に論じてきたのである。生ある存在の死の必然性が，自然的生と精神的生でそれぞれ異なったかたちで実現される仕方を，以下で説明していくことにしよう。

（5）私の議論は，生ある存在はすべて自己との否定的関係を引き受ける――苦痛のなかにありながらも生き続ける，分裂しながらもひとつにまとまる――能力によって特徴づけられているというヘーゲルの主張を展開する試みである（*Science of Logic*, pp. 682–685〔『論理の学　第三巻』221–226頁〕と *Philosophy of Nature*, pp. 429–441〔G・W・F・ヘーゲル『自然哲学　哲学の集大成・要綱　第二部』長谷川宏訳，作品社，2002年，564–580頁〕を参照）。苦痛――分裂すること――という否定性は，あらゆる生ある存在それ自体に本来的にそなわっているものである。なぜなら，それは，ひとつにまとまり，生き続けようとする活動を活気づけているものにとって欠かせない一部だからである。否定性を克服することは，可能でもなければ望ましいことでもないというのが，ヘーゲルのラディカルな主張である。否定の否定という観点から生ある存在の形態を記述するとき（*Science of Logic*, p. 685〔『論理の学　第三巻』225–226頁〕），ヘーゲルが言わんとするのは，生ある存在は苦痛，喪失，死にたいする否定的関係を克服することができるということではない。そうではなく，否定的なものにたいする関係は，生ある存在の実存をたんに否定するのではなく，その肯定的な構成に属しているというのが，彼の言わんとするところである。苦痛，喪失，死から放免された生は，生などではないだろう。そのうえ，生ある存在は，喪失の苦痛のなかでみずからを維持できるとはいえ，みずからの内に抱えこむ否定性を最終的に支配することはできないし，取り返しのつかないみずからの死を免れることはできない。むしろ，生ある存在はみな，死において完全に否定されるという意味で，死すべき存在である。生ある存在の苦痛とは異なり，生ある存在の死と，みずからを維持する生ある存在とは，両立しない。

（6）ヘーゲルは，ある種の動物がいかにして――植物とは明らかに違って――「自己享受」する能力をもち合わせているのかを論じるなかで，似たような区別をしている。そのような能力は，彼が「技術衝動」と呼ぶものをとおして表出するのであり，動物にそなわっている「形成衝動」の一側面である（*Philosophy of Nature*, pp. 406–409〔ヘーゲル『自然哲学』537–540頁〕）。鳥の歌は，たんなる自己保存活動とは区別可能な自己享受の能力の現われであるとヘーゲルが論じているのは，このうえなく示唆的である。鳥の歌は，観想的だからという意味ではなく，鳥にとって目的それ自体であるという意味で，歌うことそれ自体を愉しむという意味で，「欲望を離れた」活動である（*Philosophy of Nature*, p. 409〔『自然哲学』540頁〕）。

（7）Korsgaard, *Self-Constitution: Agency, Identity, and Integrity*, pp. 57–58 を参照。また，同著者の *The Constitution of Agency: Essays on Practical Reason and Moral Psychology* のなかでの「バラン

ス化原理」についての所見も参照（p. 92n22）。

（8）Korsgaard, *The Sources of Normativity*, p. 102.

（9）Ibid., p. 101.

（10）Rödl, *Self-Consciousness*, Chapter 4 を参照。

（11）この箇所の議論は本書の「終章」でさらに展開しており，そこではヘーゲルの自己意識の概念を取り上げている。

（12）Collins, *Nirvana*, pp. 25–26.

（13）Ibid., pp. 21–22.

（14）Ibid., p. 25.

（15）Ibid.

（16）Ibid.

（17）Ibid., p. 27.

（18）Ibid., p. 25.

（19）Collins, “What Are Buddhists *Doing* When They Deny the Self?,” p. 75.

（20）Ibid.

（21）Ibid.

（22）Ibid.

（23）たとえば，ドイツのライプツィヒにあるマックス・プランク人間認知・脳科学研究所の社会神経科学部門の長であるタニア・シンガーが推進する ReSource プロジェクトを参照。ReSource プロジェクトの研究成果を概観したものをふたつ挙げるなら，Singer and Klimecki, “Empathy and Compassion” と Singer, “What Type of Meditation Is Best for You?” がある。

（24）Phil Zuckerman, *Living the Secular Life*, pp. 17–20 を参照。

（25）Collins, *Nirvana*, p. 17.

第 5 章　私たちの有限な時間の価値

（1）Marx and Engels, *The German Ideology*, p. 149.〔カール・マルクス『新編輯版　ドイツ・イデオロギー』廣松渉編訳，小林昌人補訳，岩波文庫，2002 年，25 頁〕

（2）Marx, *Grundrisse*, p. 706.〔カール・マルクス『マルクス資本論草稿集②』資本論草稿翻訳委員会訳，大月書店，1993 年，490 頁〕

（3）Marx, *Economic and Philosophic Manuscripts of 1844*〔カール・マルクス『経済学・哲学草稿』長谷川宏訳，光文社古典新訳文庫，2010 年〕，とりわけ pp. 74–78〔97–107 頁〕を参照。

（4）Marx, *Grundrisse*, p. 611.〔マルクス『マルクス資本論草稿集②』340 頁〕

（5）Ibid.〔同頁〕

（6）Marx, *Grundrisse*, p. 173.〔カール・マルクス『マルクス資本論草稿集①』資本論草稿翻訳委員会訳，大月書店，1981 年，162 頁〕

（7）Marx, *Capital*, vol. 1, p. 290.〔カール・マルクス『資本論（二）』向坂逸郎訳，岩波書店，1969 年，19 頁〕

（8）何かを価値づけることと，何かには価値があるとただ信じることの哲学的区別についての洞察に富んだ議論としては，Samuel Scheffler, “Valuing,” in *Equality and Tradition*, pp. 15–39 を参照。しかしながら，以下で論じるように，何かを価値づけるという活動においては，価値にかんするこれら二側面は，たとえ重要な仕方で区別できるものの，最終的には分離できないと理解されなければならない。決定的なのは，私が何かに価値を付与する度合であり，何かには価値があるとただ信じることのほうではないが，価値にかんするこれらの二側面を分離することは究極的には不可能である。

(9) John Stuart Mill, *On Liberty*, p. 103.〔ジョン・スチュアート・ミル『自由論』斉藤悦則訳，光文社古典新訳文庫，2012 年，252 頁〕

(10) Isaiah Berlin, “Two Concepts of Liberty,” p. 171.〔アイザィア・バーリン「二つの自由概念」生松敬三訳，『自由論』小川晃一・小池銈・福田歓一・生松敬三訳，みすず書房，1971 年(1979 年新装版)，308 頁。ただしこの一文は邦訳には見当たらない。〕

(11) 実効的な自由原理の議論については，たとえば，John Rawls, “The Idea of Public Reason Revisited,” in *The Law of Peoples*〔ジョン・ロールズ「公共的理性の観念・再考」『万民の法』中山竜一訳，岩波現代文庫，2022 年〕を参照。

(12) Aristotle, *Politics*, 1259b.〔アリストテレス『政治学』山本光雄訳，岩波文庫，1961 年，62 頁〕

(13) Hegel, *Philosophy of Right*, §57, p. 88.〔G・W・F・ヘーゲル『法の哲学——自然法と国家学の要綱（上)』上妻精・佐藤康邦・山田忠彰訳，岩波文庫，2021 年，172 頁〕

(14) これはロバート・ピピンがヘーゲルの「制度的合理性」概念と呼んだものである。Pippin, *Hegel’s Practical Philosophy*, chapter 9 を参照。制度的合理性についてのピピンの議論の重要性を最初に私に気づかせてくれたのはジェンセン・サザー〔Jensen Suther〕であり，彼は博士論文 *Spirit Disfigured: The Persistence of Freedom in Modernist Literature and Philosophy* で，制度的合理性にかんしてヘーゲル／ピピンをあらためて吟味し，内在批判を展開している。この主題については，サザーとの会話に依拠している。

(15) ヘーゲルの歴史的な自由の捉え方についての素晴らしく明晰で卓越した説明については，Terry Pinkard, *Does History Make Sense?: Hegel and the Historical Shapes of Justice*，とくに第 5 章を参照。

(16) これは，英訳（Hegel, *Philosophy of Right*, p. 453）で引用されている，1819 / 20 年の『法の哲学』についての講義におけるヘーゲルの発言である〔ディーター・ヘンリッヒ編『ヘーゲル法哲学講義録　1819 / 20』中村浩爾・牧野広義・形野清貴・田中幸世訳，法律文化社，2002 年，139 頁〕。

(17) Ibid., p. 454.〔同書，140–141 頁〕

(18) Ibid., §230, p. 260.〔G・W・F・ヘーゲル『法の哲学——自然法と国家学の要綱（下)』上妻精・佐藤康邦・山田忠彰訳，岩波文庫，2021 年，§260，151 頁〕

(19) Hegel, *Philosophy of Right*, §244–245〔同書，§244–245，164–167 頁〕を参照。

(20) Ibid., §245, p. 267.〔同書，§245，166 頁〕

(21) Ibid., §245, p. 267.〔同書，§245，166 頁〕

(22) Ibid., §245, p. 267.〔同書，§245，166 頁〕

(23) Ibid., §246, p. 267.〔同書，§246，167 頁〕

(24) Ibid., §248, p. 269.〔同書，§248，170 頁〕。フレデリック・ノイハウザー〔Frederick Neuhouser〕は，*Foundations of Hegel’s Social Theory* という重要な著作のなかで，植民地主義の問題に焦点を合わせながら，別の角度から，ヘーゲルによる市民社会の説明における矛盾を強調している（pp. 173–174 を参照)。しかしながら，ノイハウザーは，念入りで洞察に富んだ分析をしているにもかかわらず，賤民の形成の問題を取り扱っていない。この問題が，市民社会の市場経済の最深部にある構造的欠陥を明るみに出し，国内レベルであれ，国際レベルであれ，現実的な制度的合理性の可能性と矛盾することはまず間違いないだろう。そのうえ，ノイハウザーは，ヘーゲルが明るみに出している社会的富の生産における矛盾を，資本主義的な賃金労働の力学についてのマルクスの分析と結び付けていない。私が論じているように，ヘーゲルの政治哲学にたいするマルクス的な内在批判の出発点となるべきは，*Philosophy of Right*, §245〔『法の哲学（下)』§245，166–167 頁〕の含意である。マルクス自身，ヘー

ゲルによる市民社会の説明のなかにある内在批判のための資源を見落としている。なぜなら，マルクスの『ヘーゲル法哲学批判』は，『法の哲学』の §261–313 におけるヘーゲルによる国家の分析にたいする注釈に限定されているからである。こうしてマルクスは，ヘーゲル自身が，市民社会について論じている §244 と，とりわけ §245 で，資本主義的な富の生産における矛盾をどのようにして発見しているかを，無視している。実のところ，マルクスによる資本主義批判はすべて，ヘーゲルの『法の哲学』の §245 の含意を体系的に詳述したものと見ることができる。

（25）したがって，マルクスは「誰かひとりが鎖につながれているかぎり，誰も自由ではないというヘーゲルの素晴らしい考え」の含意を追究していると解釈されるべきであると強調したとき，ヤニス・バルファキスは正鵠を射ていた。Varoufakis, “Introduction,” in *The Communist Manifesto*, p. xxvii を参照。

（26）Marx, *Grundrisse*, p. 245.〔マルクス『マルクス資本論草稿集①』280 頁〕

（27）Ibid.〔同頁〕

（28）Aristotle, *Nicomachean Ethics*, book 5, chapter 5.〔アリストテレス『ニコマコス倫理学（上）』高田三郎訳，岩波文庫，1971 年，189 頁〕

（29）Ibid.〔同頁〕。マルクスはこれらの一節を *Capital*, vol. 1, p. 151〔カール・マルクス『資本論（一）』向坂逸郎訳，岩波文庫，1969 年，110 頁〕で引用している〔ヘグルンドはこの一節を『資本論』から引用しているため，ここでもそれに倣う〕。

（30）Marx, *Capital*, vol. 1, p. 152.〔マルクス『資本論（一）』111 頁〕

（31）Ibid., p. 275.〔同書，286–287 頁〕

（32）この点にかんするマルクスと初期社会主義者たちの違いについての卓越した分析については William Roberts, *Marx’s Inferno: The Political Theory of* Capital を参照。ロバーツの深い洞察に富んだ『資本論』読解が刊行されたのは本書の執筆が終盤に差し掛かった時期であったが，これについては別の機会に取り組んでみたい。

（33）Mill, *On Liberty*, p. 12.〔ミル『自由論』36 頁〕

（34）Rawls, *A Theory of Justice*, pp. 358–365〔ジョン・ロールズ『正義論（改訂版）』川本隆史・福間聡・神島裕子訳，紀伊國屋書店，2010 年，534–546 頁〕を参照。

（35）新古典派経済学の限界革命にもっとも影響力を与えた二冊は，ウィリアム・スタンリー・ジェヴォンズの『経済学の理論』とカール・メンガーの『国民経済学原理』である。ジェヴォンズもメンガーも労働価値論に異議を唱えており，これはマルクスの主張した理論であるという前提に立ってもいる。マルクスのものとされた労働価値論と「価格論」にたいする新古典派批判は，オイゲン・フォン・ベーム＝バヴェルク〔Eugen Böhm-Bawerk〕が古典的論文 “Karl Marx and the Close of His System”〔Zum Abschluss des Marxschen Systems〕で展開している。

（36）Hayek, *The Road to Serfdom*, p. 128.〔フリードリヒ・ハイエク『隷属への道〈新版ハイエク全集第 I 期別巻〉』西山千明訳，春秋社，2008 年，118–119 頁〕

（37）モイシェ・ポストンはマルクスにおける価値の問題の正しい分析にもっとも接近した人物であり，私自身，ポストンの重要作『時間・労働・支配』に負っている。だが，ポストンは資本主義下での価値尺度が各時代に特有のものであることを正しく強調している一方で，資本主義下での歴史特有の価値尺度を「価値」範疇それ自体に融合させている。ポストンによれば，資本主義の克服に求められるのは，価値の価値転換ではなく，価値の廃絶である。したがって，ポストンは私が経済の分析の第四の水準と呼ぶものにはいたっていない。価値というカテゴリーそれ自体の廃絶を求めるのは筋が通らない。なぜなら，価値というカテゴリーは，あらゆる形態の経済的・精神的生にとって，理解可能性の条件だからだ。資本主義

下での価値尺度がなぜ自己矛盾しているかを説明するには，資本主義にはなぜ否定的な価値尺度をあたかも肯定的な価値尺度であるかのように扱うことが必要とされるのかを説明しなければならない。そのような説明は，経済の分析の第四の水準から始めなければ不可能である。そこから始めることで，私たちは，価値を価値として理解可能なものとし（肯定的な価値尺度），コストをコストとして理解可能なものにする（否定的な価値尺度）ための条件を把握できるようになるのである。

(38) Marx, *Grundrisse*, pp. 704–709〔マルクス『マルクス資本論草稿集②』489–496 頁〕を参照。『資本論草稿』のこれらの頁の重要性を最初に強調したのは，ポストンによる重要論文 “Necessity, Labor, and Time” である。私とポストンの説明の違いにある争点については第 6 章で取り上げる。私の議論展開はジェンセン・サザーとの会話から恩恵を受けている。マルクスとポストンにおける「自由時間」の問題を最初に気づかせてくれたのは彼である。

(39) Marx, *Capital*, vol. 3, p. 958.〔カール・マルクス『資本論（九）』向坂逸郎訳，岩波書店，1970 年，15 頁〕

(40) Ibid.〔同頁〕

(41) Ibid., p. 959.〔同書，17 頁〕

(42) Marx, *Grundrisse*, p. 706.〔マルクス『マルクス資本論草稿集②』490 頁〕

(43) Ibid., p. 705.〔同書，489 頁〕

(44) Ibid.〔同書，490 頁〕

(45) Ibid., p. 708.〔同書，494 頁〕

(46) Ibid.〔同頁〕

(47) Ibid.〔同書，494–495 頁〕

(48) Ibid., p. 706.〔同書，490 頁〕

(49) Ibid.〔同頁〕

(50) Ibid., p. 708.〔同書，494 頁〕

(51) Ibid., p. 706.〔同書，491 頁〕

(52) Ibid., p. 705.〔同書，490 頁〕

(53) Ibid.〔同頁〕

(54) Marx, “The Possibility of Non-Violent Revolution,” p. 523〔カール・マルクス「ハーグ大会についての演説　1872 年 9 月 8 日，アムステルダムの大衆集会での演説の新聞通信員による記録」村田陽一訳，『マルクス＝エンゲルス全集 18——1872–1875 年』大内兵衛・細川嘉六監訳，大月書店，1967 年，158 頁〕を参照。

(55) Marx, “Critique of the Gotha Program,” p. 538.〔カール・マルクス『ゴータ綱領批判』望月清司訳，岩波文庫，1975 年，53 頁〕

(56) Ibid., p. 537.〔同書，51 頁〕

(57) Marx, *Critique of Hegel’s Doctrine of the State*, p. 35.〔カール・マルクス「ヘーゲル国法論（第 261 節—第 313 節）の批判」真下信一訳，『マルクス＝エンゲルス全集 1——1839–1844 年』大内兵衛・細川嘉六監訳，大月書店，1959 年，265 頁〕

第 6 章　民主社会主義

(1) Marx, *Critique of Hegel’s Doctrine of the State*, p. 87.〔カール・マルクス「ヘーゲル国法論（第 261 節–第 313 節）の批判」真下信一訳，『マルクス＝エンゲルス全集 1——1839–1844 年』大内兵衛・細川嘉六監訳，大月書店，1959 年，263 頁〕

(2) Ibid., p. 88.〔同書，264 頁〕

(3) Postone, “Necessity, Labor, and Time: A Reinterpretation of the Marxian Critique of Capitalism”

と，Postone, *Time, Labor, and Social Domination*〔モイシェ・ポストン『時間・労働・支配――マルクス理論の新地平』白井聡・野尻英一監訳，筑摩書房，2012 年〕を参照。

（4）Jameson, *An American Utopia: Dual Power and the Universal Army*〔フレドリック・ジェイムソン『アメリカのユートピア――二重権力と国民皆兵制』田尻芳樹・小澤央訳，書肆心水，2018 年〕を参照。

（5）Postone, “Necessity, Labor, and Time,” p. 779.

（6）Ibid., p. 778.

（7）Mill, *Principles of Political Economy*, pp. 5–6.〔J・S・ミル『経済学原理（二）』末永茂喜訳，岩波文庫，1960 年，14–15 頁〕

（8）Ibid., p. 128.〔ミル『経済学原理（四）』108，107 頁〕

（9）Rawls, *A Theory of Justice*, p. 257.〔ジョン・ロールズ『正義論（改訂版）』川本隆史・福間聡・神島裕子訳，紀伊國屋書店，2010 年，390 頁〕

（10）Marx, *Capital*, vol. 1, p. 171, 174.〔カール・マルクス『資本論（一）』向坂逸郎訳，岩波文庫，1969 年，141，143 頁〕

（11）Ibid., vol. 3, p. 959.〔カール・マルクス『資本論（九）』向坂逸郎訳，岩波書店，1970 年，16 頁〕

（12）Rawls, *The Law of People*, p. 107n33.〔ジョン・ロールズ『万民の法』中山竜一訳，岩波現代文庫，2022 年，301 頁〕

（13）Ibid.〔同頁〕

（14）Keynes, “Economic Possibilities of Our Grandchildren,” p. 199.〔ジョン・メイナード・ケインズ「孫の世代の経済的可能性（一九三〇年）」『ケインズ説得論集』山岡洋一訳，日本経済新聞出版，2010 年，215–216 頁〕

（15）Ibid.〔同書，216 頁〕

（16）Ibid., p. 201.〔同書，218–219 頁〕

（17）Ibid.〔同書，219 頁〕

（18）Ibid., p. 196.〔同書，210–211 頁〕

（19）Ibid.〔同書，211 頁〕

（20）Calnitsky, “Debating Basic Income,” p. 3.

（21）Ibid.

（22）Ibid.

（23）Ibid., p. 4.

（24）Ibid., p. 18.

（25）Ibid.

（26）Ibid., p. 6.

（27）Piketty, *Capital in the Twenty-First Century*, p. 571.〔トマ・ピケティ『21 世紀の資本』山形浩生・守岡桜・森本正史訳，みすず書房，2014 年，601 頁〕

（28）Ibid.〔同頁〕

（29）Ibid., p. 570.〔同書，600 頁〕

（30）Ibid., p. 10.〔同書，11 頁〕

（31）Marx, *Capital*, vol. 3, chaps. 13–15, pp. 317–375〔カール・マルクス『資本論（六）』向坂逸郎訳，岩波書店，1969 年，第 13–15 章，333–419 頁〕を参照。

（32）Ibid., pp. 318–320.〔同書，334–338 頁〕

（33）Hayek, *The Road to Serfdom*, p. 124.〔フリードリヒ・ハイエク『隷属への道〈新版ハイエク全集第 I 期別巻〉』西山千明訳，春秋社，2008 年，12 頁〕

(34) Ibid.〔同書，112–113 頁〕
(35) Ibid., p. 125.〔同書，113 頁〕
(36) Ibid., p. 130.〔同書，124 頁〕
(37) Ibid., p. 127.〔同書，116–117 頁〕
(38) Ibid.〔同書，117 頁〕
(39) Hayek, "The Use of Knowledge in Society," p. 78.〔フリードリヒ・A・ハイエク「社会における知識の利用」嘉治元郎・嘉治佐代訳，『ハイエク全集 I–3 個人主義と経済秩序』西山千明・矢島鈞次監修，春秋社，2008 年，79 頁〕
(40) Ibid.〔同頁〕
(41) Ibid., p. 79.〔同書，111–112 頁〕
(42) Ibid.〔同書，112 頁〕
(43) Ibid., p. 78.〔同書，110 頁〕
(44) Ibid., p. 80.〔同書，113 頁〕
(45) Ibid.〔同頁〕
(46) Hayek, *New Studies in Philosophy, Politics, Economics, and the History of Ideas*, p. 10.〔フリードリヒ・A・ハイエク「設計主義の誤り」長谷川みゆき訳，『ハイエク全集 II–4——哲学論集』西山千明監修，嶋津格監訳，春秋社，2010 年，34 頁〕
(47) Ibid., p. 63.〔フリードリヒ・A・ハイエク「先祖返りとしての社会正義」丸祐一訳，『ハイエク全集 II–4——哲学論集』西山千明監修，嶋津格監訳，春秋社，2010 年，66 頁〕。自発的に形成される市場秩序というハイエクの概念についての素晴らしい批判的分析については，Bernard E. Harcourt, *The Illusion of Free Markets* を参照。
(48) Hayek, "The Use of Knowledge in Society," p. 78.〔ハイエク「社会における知識の利用」『ハイエク全集 I–3』110 頁〕
(49) Ibid., p. 86.〔同書，121 頁〕
(50) Ibid., p. 88.〔同書，123 頁〕
(51) Ibid., p. 87.〔同書，122 頁〕
(52) Hayek, *The Road to Serfdom*, p. 124.〔ハイエク『隷属への道』111 頁〕
(53) Ibid., p. 126.〔同書，115 頁〕
(54) Ibid.〔同頁〕
(55) Ibid.〔同書，116 頁〕
(56) もっとも包括かつ哲学的に自由を説明しているものとしては，ハイエクの著書 *The Constitution of Liberty*〔フリードリヒ・A・ハイエク『自由の条件』全 3 巻，気賀健三・古賀勝次郎訳，春秋社，2021 年〕を参照。
(57) Marx, "Critique of the Gotha Program," p. 615.〔カール・マルクス『ゴータ綱領批判』望月清司訳，岩波文庫，1975 年，39 頁〕
(58) Adorno, "Free Time," 169.〔テオドール・W・アドルノ「余暇」『批判的モデル集 II——見出し語』大久保健治訳，法政大学出版局，1971 年，73 頁。本書の議論の文脈に合わせるため，原タイトルである Freizeit〔余暇〕の英訳として使われている free time を「自由時間」，leisure を「余暇」と訳出する〕
(59) Ibid., 171.〔同書，77 頁〕
(60) Ibid., 175.〔同書，84 頁〕
(61) Ibid., 168.〔同書，70 頁〕
(62) Ibid.〔同書，71 頁〕
(63) Ibid., 169.〔同書，73 頁〕

(64) Ibid.〔同書，74，73 頁〕
(65) Ibid., 170.〔同書，74 頁〕
(66) Ibid., 168.〔同書，72 頁〕
(67) Ibid., 169.〔同書，73 頁〕
(68) たとえば，マルクスの *Economic and Philosophic Manuscripts of 1844*〔カール・マルクス『経済学・哲学草稿』長谷川宏訳，光文社古典新訳文庫，2010 年〕と *Grundrisse*, p. 705〔カール・マルクス『マルクス資本論草稿集②』資本論草稿翻訳委員会訳，大月書店，1993 年，489–490 頁〕を参照。
(69) Marx, *Economic and Philosophic Manuscripts of 1844*, p. 105.〔マルクス『経済学・哲学草稿』251 頁〕
(70) Hannah Arendt, *The Human Condition*, pp. 79–174〔ハンナ・アレント『人間の条件』牧野雅彦訳，講談社学術文庫，2023 年，149–319 頁〕と，Michel Henry, *Marx: A Philosophy of Human Reality*〔ミシェル・アンリ『マルクス――人間的現実の哲学』杉山吉弘・水野浩二訳，法政大学出版局，1991 年〕を参照。「過剰（overabundance）」はアンリの造語である（pp. 198, 298, 305）。
(71) Adorno, “Something’s Missing: A Discussion between Ernst Bloch and Theodor W. Adorno on the Contradictions of Utopian Longing,” p. 10.
(72) Ibid., p. 8
(73) Ibid., p. 10.
(74) Adorno, in Adorno and Horkheimer, “Towards a New Manifesto?,” p. 36.
(75) Ibid.
(76) Adorno, *Negative Dialectics*, p. 203.〔テオドール・W・アドルノ『否定弁証法』木田元・徳永恂・渡辺祐邦・三島憲一・須田朗・宮武昭訳，作品社，1996 年，248 頁〕
(77) たとえば，ibid., p. 207〔同書，252–253 頁〕を参照。
(78) Adorno, “Free Time,” p. 171.〔アドルノ「余暇」77 頁〕
(79) Ibid., p. 172.〔同書，78 頁〕
(80) Ibid., p. 171.〔同書，77 頁〕
(81) 退屈についての私の説明は，*The Fundamental Concepts of Metaphysics: World, Finitude, Solitude*〔マルティン・ハイデッガー『ハイデッガー全集 29/30――形而上学の根本諸概念 世界–有限性–孤独』川原栄峰，セヴェリン・ミュラー訳，創文社，1998 年〕における，ハイデガーによる退屈についての現象学的分析に依拠している。私は近刊の著作のなかで，ハイデガーが解き明かしているこれら三つの退屈の形態が，ひとりの人格であること，自由な生を営むことを構成する条件であるということを示すつもりである。
(82) Adorno, in Adorno and Horkheimer, “Towards a New Manifesto?,” p. 35.
(83) Adorno, *Minima Moralia*, p. 157.〔テオドール・W・アドルノ『ミニマ・モラリア――傷ついた生活裡の省察』三光長治訳，法政大学出版局，1979 年，238 頁〕
(84) Ibid.〔同頁〕
(85) 純粋な存在は無である――純粋な生は純粋な死であろう――という洞察は，ヘーゲルの論理が教える根本的な事柄のひとつである。暗闇がなければ光を手に入れることができない――死がなければ生を手に入れることはできない――のは，私たちの側にあるなんらかの認知的限界のせいではなく，純粋な光や純粋な生という観念が理解不可能だからである。原理的にでさえ，暗闇なき光（や死なき生）はありえない。「闇によって規定される光」――「照らされた闇」――のなかでのみ，私たちは何かを目にし，理解するのである（Hegel, *Science of Logic*, p. 69〔G・W・F・ヘーゲル『論理の学 1――存在論』山口祐弘訳，作品社，2012

年，81 頁〕）。アドルノはしばしばヘーゲル哲学を取り上げる一方で，ヘーゲルの弁証法的論理の含意は否定している。アドルノによれば，「弁証法は虚偽の状態の存在論である。正しい状態は，弁証法などからは解放されているであろう」（*Negative Dialectics*, p. 11〔『否定弁証法』18 頁〕）。この主張は，理解可能性の条件と，歴史特有の条件を，アドルノがどのように融合させているかをわかりやすく示している例である。もし弁証法的論理がただたんに「虚偽の状態」を反映しているだけだとしたら，アドルノがコミットしているのは，純粋な存在，純粋な光，純粋な生の不可能性は嘆かわしい制約——理解可能性の条件ではなく，私たちが不幸にも従属している「虚偽の」条件——であるという見方である。反対に，もし「真実の状態」が，弁証法的な理解可能性の条件から「自由」なものとして定義されるとしたら，アドルノにとっての真実の状態とは，純粋な存在——暗闇なき光，死なき生——ということになるだろう。これが，アドルノによる「宗教的な」——絶対的なものを私たちから封鎖する否定的限定としての——有限性の理解と私が呼ぶものである。以下で見ていくように，ヘーゲルはこの宗教的な有限性の理解を「不幸な意識」と診断しており，これはアドルノの哲学の悲壮感の適切な記述である。

（86）Ibid., p. 247.〔同書，391 頁〕

（87）Ibid.〔同書，392 頁〕

（88）Ibid.〔同頁〕

（89）Ibid.〔同頁〕

（90）Marx, “Contribution to the Critique of Hegel’s *Philosophy of Right:* Introduction,” p. 53.〔カール・マルクス『ユダヤ人問題に寄せて／ヘーゲル法哲学批判序説』中山元訳，光文社古典新訳文庫，2014 年，160 頁〕

（91）Ibid., p. 54.〔同書，162 頁〕

（92）Ibid., p. 53.〔同書，162 頁〕

（93）Ibid.〔同頁〕

（94）Ibid.〔同書，161–162 頁〕

終　章　私たちの唯一の生

（1）Michael K. Honey, *Going Down Jericho Road: The Memphis Strike, Martin Luther King’s Last Campaign*, p. 288 を参照。また，David J. Garrow, *The FBI and Martin Luther King, Jr.: From “Solo” to Memphis* も参照。

（2）Honey, *Going Down Jericho Road*, p. 289 を参照。

（3）King, *Where Do We Go from Here: Chaos or Community?*, p. 5.〔マーティン・ルーサー・キング『黒人の進む道——世界は一つの屋根のもとに』猿谷要訳，サイマル出版会，1968 年，6 頁〕

（4）Ibid.〔同頁〕

（5）Ibid., pp. 5–6.〔同頁〕

（6）Reed, “Black Particularity Reconsidered,” p. 77 を参照。

（7）King, *Where Do We Go from Here*, p. 6.〔キング『黒人の進む道』6–7 頁〕

（8）King, “Next Stop: The North,” p. 189.

（9）David J. Garrow, *Bearing the Cross: Martin Luther King, Jr. and the Southern Christian Leadership Conference*, p. 540 からの引用。

（10）King, “A New Sense of Direction.” スクリプトは，www.carnegiecouncil.org/publications/articles_papers_reports/4960 で入手可能。

（11）King, *The Trumpet of Conscience*, p. 16.〔マーティン・ルーサー・キング『良心のトランペッ

ト』中島和子訳，みすず書房，1968 年，25 頁〕

(12) Ibid.〔同頁〕

(13) Terry, “Requiem for a Dream: The Problem-Space of Black Power,” pp. 290–324 を参照。また，*The Trumpet of Conscience*, pp. 55–61〔キング『良心のトランペット』71–79 頁〕にある，シカゴでの組織化についてのキング自身の言葉も参照。

(14) Terry, “Requiem for a Dream: The Problem-Space of Black Power” を参照。

(15) キングの〈貧者の行進〉を階級運動として分析したものとしては，Honey, *Going Down Jericho Road* と，Douglas Sturm, “Martin Luther King, Jr. as Democratic Socialist” と，Stephen B. Oates, *Let the Trumpet Sound: The Life of Martin Luther King, Jr* を参照。

(16) Adam Fairclough, “Was Martin Luther King a Marxist?” からの引用。

(17) Garrow, *Bearing the Cross*, p. 537 からの引用。

(18) Ibid., p. 562.

(19) Fairclough, “Was Martin Luther King a Marxist?,” p. 120 からの引用。

(20) King, “Where Do We Go from Here?,” p. 250.〔マーティン・ルーサー・キング「ここからどこへ行くのか」『私には夢がある——M・L・キング講演・説教集』クレイボーン・カーソン，クリス・シェパード編，梶原寿監訳，新教出版社，2004 年，214 頁〕

(21) Ibid.〔同頁〕

(22) Ibid., p. 250.〔同書，215 頁〕

(23) Vincent Gordon Harding, “Beyond Amnesia: Martin Luther King, Jr., and the Future of America” からの引用。

(24) Garrow, *Bearing the Cross*, p. 625 からの引用。

(25) King, “I Have a Dream,” p. 217.〔マーティン・ルーサー・キング「私には夢がある」『私には夢がある』100 頁〕

(26) Ibid.〔同頁〕。歴史的に確立された自由の概念を引き継いだキングが，それをどのようにして徹底的に突き詰めようとしたかについての明晰にして貴重な解説については，Richard H. King, *Civil Rights and the Idea of Freedom*, chapters 4 and 5 を参照。

(27) King, “I Have a Dream,” p. 217.〔キング『私には夢がある』100 頁〕

(28) King, *Stride Toward Freedom*, p. 77.〔マーティン・ルーサー・キング『自由への大いなる歩み——非暴力で闘った黒人たち』雪山慶正訳，岩波新書，1959 年，105 頁〕

(29) King, “I Have a Dream,” p. 217.〔キング『私には夢がある』100 頁〕

(30) King, “The Other America,” p. 164.

(31) Ibid., pp. 164–165.

(32) Ibid., p. 165.

(33) Ibid., p. 157.

(34) Ibid., p. 156.

(35) Ibid., pp. 156–157.

(36) King, “I am in one of those houses of labor to which I come not to criticize, but to praise,” p. 51.

(37) Ibid.

(38) Luxemburg, *Reform or Revolution*, p. 3.〔ローザ・ルクセンブルク「社会改良か革命家」喜安朗訳，『ローザ・ルクセンブルク選集　第 1 集』野村修・田窪清秀・高原宏平・喜安朗・片岡啓治訳，現代思潮社，1969 年新装版，154 頁〕

(39) Ibid.

(40) King, “A Time to Break Silence,” p. 240.〔キング「ベトナムを越えて」『私には夢がある』177 頁〕

(41) Garrow, *Bearing the Cross*, p. 71 からの引用。
(42) King, “Hammer on Civil Rights,” p. 169.
(43) King, *Where Do We Go from Here*, p. 142.〔キング『黒人の進む道』142 頁〕
(44) Fairclough, “Was Martin Luther King a Marxist?,” p. 123 からの引用。
(45) King, “A Time to Break Silence,” p. 240.〔キング「ベトナムを越えて」『私には夢がある』177 頁〕
(46) テープ録音されていた箇所は Garrow, *Bearing the Cross*, pp. 591–592 に記されている。
(47) Marx, “Theses on Feuerbach,” p. 145.〔カール・マルクス「補録 〔フォイエルバッハに関するテーゼ〕」『新編輯版 ドイツ・イデオロギー』廣松渉編訳，小林昌人補訳，岩波文庫，2002 年，240 頁〕
(48) Marx, “For a Ruthless Criticism of Everything Existing,” p. 13.〔カール・マルクス「補遺二 マルクスの一八四三年のルーゲ宛て書簡」『ユダヤ人問題に寄せて／ヘーゲル法哲学批判序説』中山元訳，光文社古典新訳文庫，2014 年，238 頁〕
(49) Ibid., p. 14.〔同書，241 頁〕
(50) Ibid.〔同書，243 頁〕
(51) Ibid., p. 15.〔同書，243 頁〕
(52) Ibid.〔同書，244，243 頁〕
(53) Ibid.〔同書，244 頁〕
(54) King, *Strength to Love*, p. 100.〔マーティン・ルーサー・キング『汝の敵を愛せよ』蓮見博昭訳，新教出版社，1965 年，175–76 頁〕
(55) Ibid., p. 101.〔同書，176 頁〕
(56) Ibid., p. 128.〔同書，216 頁〕
(57) Ibid., p. 129.〔同書，217 頁〕
(58) John J. Ansbro, *Martin Luther King, Jr.: Nonviolent Strategies and Tactics for Social Change*, p. 122 を参照。
(59) ヘーゲルの生涯と，ヘーゲルの仕事の歴史的文脈ついての素晴らしい説明としては，Terry Pinkard, *Hegel: A Biography* を参照。
(60) Kant, “What Is Enlightenment?,” p. 54.〔イマヌエル・カント『永遠平和のために／啓蒙とは何か 他 3 編』中山元訳，光文社古典新訳文庫，2006 年，10 頁〕
(61) 一人称の立場から進んでいくことによって，カントの実践哲学がどのようにして自由にかんする哲学的問題を根本から変革したかについてのもっとも優れた説明については，Korsgaard, *The Sources of Normativity*, chapters 3 and 4 と Korsgaard, *Creating the Kingdom of Ends*, chapter 13 を参照。
(62) ヘーゲルは『大論理学』で，カントの自己意識の概念（「統覚」）が彼自身の思考にとって決定的な重要性をもっていることを明らかにしている（とくに，*Science of Logic*, p. 515〔G・W・F・ヘーゲル『論理の学 第三巻 概念論』山口祐弘訳，作品社，2013 年，15–16 頁〕を参照）。この主張が，ピピンによるヘーゲルの思考の体系的な再構築の核心にある。自己意識にかんするピピンの議論を展開したもののなかでは，*Hegel on Self-Consciousness* がもっとも徹底的で，もっとも重要であろう。
(63) 啓蒙と信仰の関係についてのヘーゲルの説明については，*Phenomenology of Spirit*, §§526–595〔G・W・F・ヘーゲル『精神現象学（下）』熊野純彦訳，ちくま学芸文庫，2008 年，155–265 頁〕を参照。『精神現象学』の以上の箇所についての Robert Brandom の深い分析に私は依拠している。Brandom, *A Spirit of Trust*, part 5, pp. 78–109 を参照。
(64) エラ・ベイカーと，市民権運動のフェミニズムについて有益な説明としては，Barbara

Ransby, *Ella Baker and the Black Freedom Movement: A Radical Democratic Vision* を参照。キングのジェンダー・ポリティクスについての精妙かつ鋭利な分析としては，Shatema Threadcract and Brandon M. Terry, "Gender Trouble: Manhood, Inclusion, and Justice" を参照。

(65) 受肉についてのヘーゲルの読解については，*Phenomenology of Spirit*, §§748–787〔ヘーゲル『精神現象学（下）』488–552 頁〕と「絶対知」についての終章（§§788–808〔同書，554–584 頁〕）を参照。また，ヘーゲルの初期著作 *Faith and Knowledge*, pp. 190–191〔G・W・F・ヘーゲル『信仰と知』上妻精訳，岩波書店，1993 年，169 頁〕における磔刑についての締めくくりの所見も参照。

(66) Hegel, *Phenomenology of Spirit*, §451.〔ヘーゲル『精神現象学（下）』27 頁〕

(67) Ibid.〔同書，30 頁〕

(68) Ibid., §196〔G・W・F・ヘーゲル『精神現象学（上）』熊野純彦訳，ちくま学芸文庫，2018 年，318 頁〕を参照

(69) Ibid.〔同頁〕参照。

(70) Ibid., §32.〔同書，59 頁〕

(71) Ibid.〔同書，60 頁〕

(72) Ibid., §§197–230.〔同書，319–366 頁〕

(73) Ibid., §199.〔同書，324 頁〕。ヘーゲルによるスピノザ批判については，とくに，*Science of Logic*, pp. 465–505〔G・W・F・ヘーゲル『論理の学　第二巻　本質論』山口祐弘訳，作品社，2013 年，175–207 頁〕と *Encyclopedia Logic*, §151〔G・W・F・ヘーゲル『ヘーゲル全集 1　小論理学』真下信一・宮本十蔵訳，岩波書店，1996 年，386–389 頁〕も参照。

(74) これに関連した議論については，Martha Nussbaum, *The Therapy of Desire*, chapter 8 における古代の懐疑主義についての見事な批判的分析を参照。ヌスバウムはヘーゲルに言及していないが，彼女の洞察はヘーゲルのそれと深いところで類似点がある。

(75) Luther, in *Martin Luthers Werke: Kritische Gesamtausgabe*, vol. 10.I, p. 208.

(76) Hegel, *Phenomenology of Spirit*, §§788–808〔ヘーゲル『精神現象学（下）』554–584 頁〕を参照

(77) Hegel, *Philosophy of Right*, §123A.〔G・W・F・ヘーゲル『法の哲学（上）』上妻精・佐藤康邦・山田忠彰訳，岩波文庫，2021 年，§123 補遺，292–293 頁〕。全文は以下のとおり。「誰かが生きている，ということのうちには，なんら卑下すべきことがらは存在していないし，人間というものが現存在しうるようなより高次の精神性が，彼に対立して存在するわけではない」。ヘーゲルの従属節は潜在的にはまぎらわしい。なぜなら，私たちには手が届かないが，即自的，対自的には生の条件に左右されないであろう「高次の精神性」の可能性を保持しているような印象を与えかねないからだ。しかしながら，ヘーゲルが他の箇所で明らかにしているように，どのような形態の自由や精神的現存在にとっても，生は本質的な条件である。ヘーゲルのかの有名な主人と奴隷の弁証法の教訓とは，「自己意識にとって生成するにいたるのは，自己意識にとっては生命もまた，純粋な自己意識と同じように本質的であるという消息である」（*Phenomenology of Spirit*, §189〔ヘーゲル『精神現象学（上）』308 頁〕，また，*Berlin Phenomenology*, §432〔G・W・F・ヘーゲル『ヘーゲル全集 3——精神哲学』船山信一訳，岩波書店，1996 年，300–303 頁〕も参照）。生の条件が，あらゆる「善」の概念から切り離せないことは，『大論理学』の最終巻においてヘーゲルの体系のもっとも高度な水準において確立される。

(78) メンフィスでのストライキと，その歴史的文脈についての詳細な解説については，Honey, *Going Down Jericho Road* が必携である。

(79) Garrow, *Bearing the Cross*, p. 606 からの引用。

(80) Honey, *Going Down Jericho Road*, p. 296 からの引用。
(81)「精神的大義《スピリチュアル・コーズ》」は，ヘーゲルの因果律の概念を再考するという文脈のなかでジェンセン・サザーが造語したものである。Suther, “Hegel's Materialism” を参照。私自身，世俗的信との関係でこの概念を展開しているが，それが，サザーと私のあいだで現在進行中の哲学的対話の一部をなしている。
(82) King, *Strength to Love*, pp. 128–129.〔キング『汝の敵を愛せよ』215–216 頁〕
(83) Ibid., p. 129.〔同書，217 頁〕
(84) Ibid., p. 83.〔同書，123 頁〕
(85) Ibid., p. 129.〔同書，216–217 頁〕
(86) Garrow, *Bearing the Cross*, p. 39 に引用されたキングの言葉。
(87) Ibid., p. 37.
(88) King, “I See the Promised Land,” p. 282.〔キング「私は山頂に登ってきた」『私には夢がある』237 頁〕
(89) Ibid., p. 286.〔同書，245 頁〕
(90) Honey, *Going Down Jericho Road*, pp. 303–304.
(91) Michael K. Honey による序文付きの編著 King, *“All Labor Has Dignity,”* p. 170 からの引用。
(92) Klein, *This Changes Everything: Capitalism vs. the Climate*, p. 389.〔ナオミ・クライン『これがすべてを変える――資本主義 vs. 気候変動（下）』幾島幸子・荒井雅子訳，岩波書店，2017 年，603 頁〕
(93) Ibid., p. 25.〔ナオミ・クライン『これがすべてを変える――資本主義 vs. 気候変動』上巻，幾島幸子・荒井雅子訳，岩波書店，2017 年，34 頁〕
(94) Ibid., p. 460.〔クライン『これがすべてを変える（下）』616 頁〕
(95) Ibid., p. 461.〔同書，617 頁〕
(96) Ibid., p. 22.〔クライン『これがすべてを変える（上）』28 頁〕
(97) Ibid., p. 18.〔同書，24 頁〕
(98) Fanon, *The Wretched of the Earth*, p. 55.〔フランツ・ファノン『地に呪われたる者』鈴木道彦・浦野衣子訳，1969 年，58 頁〕。これは以下に引用されたものである。Ibid., p. 396.〔クライン『これがすべてを変える（下）』614 頁〕

《訳者紹介》

宮《みや》﨑《ざき》裕《ゆう》助《すけ》

新潟大学准教授などを経て，現在，専修大学文学部教授。著書に，『読むことのエチカ——ジャック・デリダとポール・ド・マン』（青土社，2024 年），『ジャック・デリダ——死後の生を与える』（岩波書店，2020 年）他がある。

木内《きうち》久美子《くみこ》

東京工業大学リベラルアーツ研究教育院准教授。訳書に，ポール・ド・マン『盲目と洞察——現代批評の修辞学における試論』（共訳，月曜社，2012 年），編著に『ベケットのことば』（未知谷，2023 年）他がある。

小《お》田《だ》　透《とおる》

静岡県立大学言語コミュニケーション研究センター特任講師。訳書に，ピーター・クロポトキン『相互扶助論——進化の一要因』（論創社，2024 年），デイヴィッド・ガーランド『福祉国家——救貧法の時代からポスト工業社会へ』（白水社，2021 年）他がある。

この生
—世俗的信と精神的自由—

2024 年 9 月 20 日　初版第 1 刷発行

定価はカバーに
表示しています

訳　者　宮　﨑　裕　助
　　　　木　内　久美子
　　　　小　田　　　透

発行者　西　澤　泰　彦

発行所　一般財団法人　名古屋大学出版会
〒 464-0814　名古屋市千種区不老町 1 名古屋大学構内
電話(052)781-5027/FAX(052)781-0697

印刷・製本　亜細亜印刷㈱　ISBN978-4-8158-1160-0